善意の帝国

Empire of Benevolence: Britain's Imperial Philanthropy and South Africa

イギリスのフィランスロピーと南アフリカ

大澤広晃 著
Hiroaki Osawa

名古屋大学出版会

善意の帝国　目　次

凡例・略称一覧

一、引用文中の［ ］は引用者による補注である。

二、本書では、原史料を直接引用したり同時代の団体名や概念に言及したりする際に、“native” あるいは “Aborigine” の訳語として「原住民」という語を用いる。今日この言葉は差別的意味を含むとされ、本来なら使用を控えるべきだが、本書が対象とする時代にみられた人種観や差別意識を表現するためにもあえて用いる。

三、南部アフリカに住む多様な人々をいかに区分し、各々の集団をどう呼称するかは難題である。本書では、白人による植民地化以前から南部アフリカに居住していた人々を集合的に「アフリカ人」と呼ぶが、これはより具体的には、本書が対象とする時代に人口の大多数を占めていたバントゥ系の諸集団を指す。「カラード」は南アフリカ史で特有の意味をもち、コエやサンなど現在の南アフリカ共和国南西部に古くから居住していた先住民の子孫、またはインド洋から輸入された奴隷の子孫、あるいは白人とそれ以外の人たちの間から生まれた「混血」の人々などが含まれる。「非白人」はこれら有色人の総称だが、文脈により、南アフリカに限らず世界の有色人一般を指して用いることもある。他方で、ヨーロッパや北米にルーツをもち、肌色が白とされた人々を「白人」と呼ぶ。二〇世紀前半には「ヨーロッパ人」という表記が使用されることも多かったが、煩雑なため「白人」で統一する。もっとも、「白人」のうちとくにアフリカーナー（ブール人）については祖先に非白人が含まれていることも多く、実際には「白人」と「非白人」の境界線はあいまいである。

AAC	全アフリカ人会議（All African Convention）
ANC	アフリカ民族会議（African National Congress）
APS	原住民保護協会（Aborigines Protection Society）
ASAPS	反奴隷制および原住民保護協会（Anti-Slavery and Aborigines Protection Society）
BFASS	内外反奴隷制協会（British and Foreign Anti-Slavery Society）
CIC	人種間協力委員会（Commission on Interracial Cooperation）
ICU	産業商業労働者組合（Industrial and Commercial Workers' Union）
NRFA	非人種的選挙権協会（Non-Racial Franchise Association）
SAIRR	南アフリカ人種関係研究所（South African Institute of Race Relations）
SANAC	南アフリカ原住民問題委員会（South African Native Affairs Commission）
SANNC	南アフリカ原住民民族会議（South African Native National Congress）

序章　帝国の善意

二〇〇七年八月二九日、ロンドンのパーラメント・スクエアで一体の銅像の除幕式が執り行われた。南アフリカ（以下、南ア）における悪名高き人種隔離制度（アパルトヘイト）との闘いに人生を捧げ、反アパルトヘイト運動の象徴となったネルソン・マンデラを模した銅像である。八九歳のマンデラは自ら除幕式に出席し、イギリス首相のゴードン・ブラウン（以下、肩書は当時）の介添えを受けながら演壇に立った。彼は、会場に詰めかけた七千人の聴衆に向かってこう語りかけた。

南アにおける闘争の歴史は、多くのヒーローとヒロインの話で彩られています。そのなかには指導者もいれば、追従者もいます。すべての人が記憶されるに値します。暗黒の歳月の間、私たちを支援するためにたゆまぬ努力をしてくださったイギリスの方々に、いまいちど感謝申し上げます。[1]

マンデラはいったい何に感謝したのだろうか。イギリスが国際的な反アパルトヘイト運動の拠点のひとつであったことは確かだ。[2]だが、かつて南アを植民地として支配していたのはほかならぬイギリスだった。アパルトヘイトに連なる人種隔離の制度化において、イギリスが中心的役割を担ったのは周知の事実である。マンデラを、そして南アの人口の圧倒的多数を占めるアフリカ人を苦しめてきたのは、イギリスではなかったか。

むろん、マンデラの言葉を額面通りに受け取る必要はない。彼は聖人君子ではなく、リアリストの政治家だからだ。(3) イギリス人の聴衆が聞きたい言葉を語ることで、南アに対する関心を喚起しようとしたのは間違いない。とはいえ、そうしたリップサービスも、感謝を捧げるべき対象がそもそも存在しなければ成立しえない。それはいったい何なのか。

同じ年の三月二〇日、やがてマンデラ像が建立されることになるパーラメント・スクエアの正面にたたずむ下院議事堂にて、ジョン・プレスコット副首相が演説を行った。二〇〇七年はイギリスの大西洋奴隷貿易廃止二〇〇周年にあたる節目の年で、三月二〇日はまさに奴隷貿易廃止法が議会で可決された日だった。プレスコットは奴隷貿易の悲惨さを強調する一方で、イギリスがそれを率先して廃止し、世界に範を示したことを誇った。彼は議会で奴隷貿易廃止を主導したウィリアム・ウィルバフォースの名前をとくにあげて、次のように述べた。

奴隷を違法化する最初の法律を制定するための二〇年に及ぶウィリアム・ウィルバフォースの運動に賛辞を呈することに、本院が全会一致で賛同してくださることを確信しております。視野を広げてみますと、奴隷貿易廃止法が制定される前、議会は奴隷貿易を許容する百以上の法律を可決してきました。それにより、奴隷たちは法的に人間ではなく資産として扱われてきました。多くが命を落とし、幾人かは最も犯罪的な状況で殺害され、それに対する償いもなされなかったのです。(4)

二世紀前の偉人であるウィルバフォースが体現したとされるものは、現代の偉人であるマンデラが演説で感謝を捧げたものと同じだといってよい。それは、イギリスの「善意」である。悲惨な奴隷貿易の廃絶と反アパルトヘイト運動の支援は、ともにイギリス人の「善意」を象徴するものだった（とされる）。

奴隷貿易廃止と反アパルトヘイト運動には、共通点がある。両者はともに、イギリス帝国の過去と関係していた。アパルトヘイトとイギリス支配の相関性については、この後も詳しくみていくが、アフリカ人を奴隷としてアメリカ大陸や西インドに運搬する大西洋奴隷貿易もまた、イギリスの帝国支配と深く関わっていたことはよく知られている。つまり、プレスコットが称賛し、マンデラが感謝した「善意」とは、帝国に向けられた「善意」だった。しかし、そのような「善意」は、帝国を支配する（していた）側の立場にあった人々が、支配される（されていた）側の立場にあった人々に対して向けたものであった。そうである以上、これを単純な美談として片付けるわけにはいくまい。帝国を舞台に発動されたイギリスの「善意」とは、いったい何か。それはいかなる含意を有し、イギリスと南アの歴史においてどのような意義をもったのか。本書で考えてみたいのは、そのような問いである。

1　帝国フィランスロピーとは何か

本書では、イギリス帝国を舞台に発動された「善意」を指して「帝国フィランスロピー」という言葉を用いたい。多くの読者にとって耳慣れない言葉であると思われるので、まずはこの語の意味と、それを使用する狙いについて語ることから始めよう。

フィランスロピーは、弱者救済のひとつのかたちとして、近現代イギリスの形成過程においてきわめて重要な役割を果たしてきた。そのフィランスロピーとほぼ同義語として用いられていたのが「チャリティ」という言葉であり、イギリス史の分野では近年大きな注目を集めている。そこで以下では、まずチャリティの概要を述べ、そこからフィランスロピー、そして帝国フィランスロピーへと議論を展開していきたい。

（1）チャリティとフィランスロピー

チャリティは、近現代イギリスに一貫する「個性」のひとつである。民間非営利の救済を意味するこの営みは、イギリス社会に遍在し、多様なかたちをとりながら「弱者」とされた人々の生存と暮らしを支えてきた。まずはチャリティの意義と特徴を、他の救済の形式と関わらせながら整理してみよう。

近年の研究では、福祉や救貧の体制を、公助、チャリティ、互助、自助などからなる複合体として把握するのが一般的である。近現代イギリスにおける公助の制度としては、救貧法があった。一八三四年に制定された救貧法改正法は、病人や子どもなど自力で生計を立てられない者をケアする一方で、労働可能な貧民たちを救貧院に収容して勤労による自立の回復を促した。当時は、ひとは労働による自立を通じて自らを助けるべきだという自助の観念が支配的だった。救貧院外部での救済（院外救済）は、基本的に禁止された。救貧法は地域社会が貧民を支援するという理念を具現化したものであり、貧民の最後の寄る辺として最低限の生活と生存を保障した。とはいえ、当時の人々は救貧法に依存すること、とくに救貧院に入所することを忌避した。救貧院収容者のうち、労働可能とみなされた者は自立した労働者よりも劣った待遇で扱われ（劣等処遇）、自活に失敗し社会に寄生する存在というネガティヴなイメージを刻印された。実際、救貧院収容者は自立した人々を正規の構成員とする市民社会から排除され、市民権も剥奪された。それゆえ、救貧法に対しては反発の声も強く、全国津々浦々でそれが厳格に施行されたわけではなかった。とくに産業都市では、景気サイクルが原因で一時的に大量の失業者が出た場合、限られた数の救貧院ですべての貧民に対応するのは現実には不可能だった。したがって、実際には院外救済は続いたのであり、そこで救貧法体制からこぼれ落ちた、あるいはそれを忌避する人々を支えたのが、互助やチャリティだった(5)。

互助は、いわばヨコの関係に基づく助け合いの仕組みである。代表例は友愛組合で、その形態や目的は多種多様であったが、いずれも会員が支払う拠出金を積み立て、病気や失業など救済を必要とする事態が生じたときには給付金を支払うなど、会員が集団で互いを助け合う、集団的自助を体現する組織だった。より職場や職種に密着したものとしては労働組合があり、失業や疾病の際の扶助のほかに老齢年金を支給する場合もあったが、一九世紀末までその会員はもっぱら給料が高く雇用も安定している熟練労働者に限られていた。当時の労働者たちはこうした互助団体を「倹約団体」として認識しており、そこへの参加は自らが他者に依存しない自立した市民であるという誇りの拠り所にもなっていた。(6)

助けを必要とする人々を支えたもうひとつの機制がチャリティである。互助がヨコの関係に依拠した救済であるのに対して、チャリティは互助と同じく民間による自発的な救済の営為でありながらも、富者が貧者を助けるというタテの関係に基づいていた。一九世紀のイギリスでは、キリスト教の道徳規範にも促されて各地に多様な目的を掲げたチャリティ団体が創設され、弱者に救いの手をさしのべた。もっとも、チャリティはたんに困窮している人々を救うのみならず、それを通じて共同体の紐帯を強め、市民全体の福利の増進を目指す営みでもあった。すなわち、まず「救済する側＝持てる者」が目の前にある「悲惨」を分節化することで救済の対象を創出し、その結果として「救済される側＝持たざる者」が実体化する。次に、両者が救済を媒介に相互関係を深めることで、共同体の結束が強まりその福利が高まる。その結果、チャリティは共同体のアイデンティティを代表具現する存在になっていく。近現代のイギリスが、「チャリティが自然化した社会」と言われるゆえんである。(7)

だがこのことは同時に、チャリティのかたちや実践が、共同体の利益や規範についての認識に規定される側面もあったことを意味していた。たとえば一九世紀のイギリスでは、チャリティの対象は主として資本主義社会において有用とされた人々に向けられており、労働可能であるにもかかわらず物乞いや浮浪で生計を立てようとする者たちは「救済に値しない貧民」とみなされていた。そこには、救貧法と同様、選別の論理が強く働いており、一九世紀後半になると、支援の重複やそれに「値しない者」への援助で生じる「浪費」を防ぐべく、ケースワークを通じた「科学的な」救済を掲げるチャリティ組織化協会のような団体が登場してくる。さらに、チャリティは、自由主義イデオロギーのなかで生じる経済格差を積極的に是正しようとする気運にも乏しかった。その根底にあったのは就労を通じた自立の回復を促す原則であり、そこで提供される救済は最小限のものにすぎず、その内容、範囲、程度はあくまでも「救済する側」の自由意志に依拠していたのであった。(8)

さて、以上のような性質をもつチャリティとほぼ同じ意味の言葉として、フィランスロピーがある。[9] フィランスロピーという言葉をオクスフォード英語辞典（ＯＥＤ）で引くと、「人類全般への愛／他者の幸福と福利を増進しようという心構え、あるいは、そのための積極的な努力／実践的な善行、とくに大義のある主張への寛大な寄付という形態をとる」と定義されている。[10] 近現代イギリスにおけるフィランスロピーの社会的評価を論じたヒュー・カニンガムの近著によると、この言葉は一八世紀半ばから人口に膾炙しはじめた。このころ、出版文化の拡大にともない、博愛（benevolence）は人間の本性でありその対象は全世界に及ぶという思想が広がりはじめ、博愛の心構えを意味する言葉としてフィランスロピーが使われるようになった。宗教の見地からも、神が世界と人間を愛する（神のフィランスロピー）のならば人間もまた能う限りの力で同じことをするべきだという主張がなされ、フィランスロピーの普遍性が強調されるようになった。[11] フィランスロピーの思想や実践に対してはさまざまな評価があったが、一九世紀前半のイギリスでそれは、「国民の自己意識を構成する主要素」のひとつになっていった。[12]

興味深いのは、フィランスロピーの射程が、実際にブリテン諸島をこえて世界各地に及んでいたということである。フィランスロピーがその原意において特定の領域に限定されない普遍的な善行と救済を意味していた以上、このことはなんら不思議ではないかもしれない。しかし、イギリスの国内と海外では社会状況が大きく異なる。とりわけ、帝国・植民地における社会構造とそこで生じる問題群は、本国のそれと比べても異質であることが多かった。そうである以上、フィランスロピーが帝国に向けられたとき、それは国内における救済とは違う独自のかたちをとったことが想定される。だがその一方で、対象が誰／どこであれ、フィランスロピーの実践主体が同じ（イギリス人／イギリス帝国臣民）である以上、救済の具体的な営為はイギリスにおける救貧や福祉の伝統および関連する思想潮流からも影響を受けていたと考えられる。本書では、このようなイギリスの帝国に向けられたフィランスロピーを「帝国フィランスロピー」と呼び、その歴史的特質の解明を試みる。

（2）帝国フィランスロピーと人道主義

ここで用いる帝国フィランスロピーという言葉は、イギリス帝国史研究でいうところの人道主義（humanitarianism）とほぼ同義である。帝国史における人道主義は、帝国支配に組み込まれていく非白人に対する過度の抑圧や搾取を批判し、その保護と福利の向上を目指す思想および実践を指す。それはイギリス帝国の主要な政治文化・統治理念であり、一八世紀末から一八三〇年代にかけて興隆した奴隷貿易および奴隷制への反対運動がその代表例としてしばしばあげられる。後述のように、最近の帝国史研究では人道主義が高い関心を集めており、この言葉もいまや欧米の学界では定着している。そうしたなかで、本書が帝国フィランスロピーという言葉をあえて用いるのは、次のような理由からである。

まず、イギリス帝国史研究において人道主義という言葉で指示される思想や行為が、歴史的にフィランスロピーという言葉で表現されてきたからである[13]。たとえば、一九世紀前半に北米のノヴァ・スコシア植民地で先住民や解放奴隷のための教育施設を設立し、その後、南オーストラリア植民地でアボリジニ保護官を務めたウォルター・ブロムリーは、同時代人から「当世で最も偉大なフィランスロピストの一人」と評された[14]。急進的な奴隷制反対論者だったジョゼフ・スタージも、自らが刊行する機関誌に『フィランスロピスト』というタイトルを付している[15]。そもそも人道主義という言葉は、二〇世紀初頭までのイギリスにおいて、日常生活の場で頻繁に用いられたわけではなかった[16]。さらに、OEDによると、人道主義という言葉は、「初期においては犯罪者や貧民に対する過度の感傷主義を含意し、主に侮蔑の意を込めて使用された[17]」とあり、否定的な文脈で用いられることが多かった。人道主義（者）は、しばしばそれを批判する人々が特定の思想・集団を名指すために用いた語彙であり、そのように名指しされた人々の自称では必ずしもなかったのである[18]。実際、歴史家が人道主義者と呼ぶ人々は、おおむね第一次世界大戦期までは自らの活動をフィランスロピーと称することが多かった[19]。

その後、戦間期に入ると、史料のうえでもフィランスロピーに代わり人道主義という言葉が登場する頻度が増えてくる。たとえば、南アフリカ高等弁務官を務めたアルフレッド・ミルナーは、一九二二年の講演で後述する原住民保護協会（APS）に言及しつつ、「人道的意見の圧力」がもたらす有用性を評価した。[20] また、一九二六年には、APSの後継団体である反奴隷制および原住民保護協会（ASAPS）会長のノエル・バクストンが、同協会の取り組みを評して「人道主義のプロパガンダを行うあらゆる団体のなかで最も大きな成功を収めた」と称えている。[21] これを踏まえると、本書が対象とする一九世紀末から二〇世紀半ばにかけての時期は、人道主義にまつわる言葉の用法が次第に変化する転換期であったといえよう。

このことを自覚したうえで、それでもなお本書で帝国フィランスロピーという言葉を採用したいと考えるもうひとつの理由は、この言葉の使用を通じて、帝国における人道主義と国内におけるフィランスロピーや福祉とを関連づけて把握する意義を強調したいからである。イギリス史においては、しばしば国内史と帝国史の分裂が指摘されてきた。もちろん、そうした分裂を克服してより総体的なイギリス史を描く試みはこれまでもなされてきたが、次節でも述べるように、帝国史における人道主義研究についていえば、帝国と国内を相互に関連づけながら問題を分析する姿勢は概して希薄であった。だが、人道主義も時代の産物である以上、それが同時代イギリスの社会情勢や思想潮流とさまざまに絡み合いながら展開していたのは明らかであり、そうした点も考察に含めることで人道主義についての理解を深化させることができるのではないだろうか。[22] このような問題意識は、従来の人道主義研究の領域を押し広げようとするものである。

実際、人道主義者と呼ばれる人々の多くは、帝国問題だけでなくイギリス国内におけるフィランスロピーにも強い関心を有していた。人道主義が高揚した一八世紀末から一九世紀前半をみると、冒頭で言及したウィルバフォースは、公序良俗に反する行為の取り締まりを通じてイギリス社会のモラル改革を実現しようとした布告協会に参加するなど、国内のフィランスロピーでも積極的な役割を果たしていた。彼にあって、海外における奴隷貿易の廃止と国内におけるフィランスロピーは一体の関係にあったといえる。[23] さらに、ウィルバフォースの後継者として反奴隷制運動を率い、一九世紀前半の人道主義を体現する存在であったT・F・バクストンもまた、国内のフィランスロピーに積極的に従事していた。彼はイギリス帝国内外で先住民に対して加えられた暴力や搾取に絶えず目を光らせる一方、国内では、ロンドンのスピタルフィールズ近郊で救貧や学校設立に携わったり、義姉であるエリザベス・フライらとともに刑務所改革運動に取り組んだりした。[24] 実際、普遍性を本質とするフィランスロピーの救済対象は、子ども、障がい者、囚人、黒人奴隷など多種多様な人々に向けられていたとカニンガムはいう。[25]

しかし、アリソン・トウェルズによると、一九世紀中葉にかけて、それまでは一体だった国内を対象とするフィランスロピーと海外（帝国）を対象とするそれ（人道主義／帝国フィランスロピー）とを区別して、前者を優先すべきだとする主張が出てきた。[26] いわゆる「望遠鏡フィランスロピー」（帝国の非白人の救済に気をとられて、イギリス国内の貧民をないがしろにする姿勢を寓意的に描いた風刺）を批判する言説である。この立場をとった者のなかには文豪チャールズ・ディケンズがおり、彼はバクストンが主導した一八四一年のニジェール遠征（第1章参照）を「馬鹿げたフィランスロピーの最も顕著な例」だとこき下ろした。[27] だが、国内向けのフィランスロピーを海外（帝国）向けのフィランスロピーに優先させたからといって、後者が消滅したわけではない。「馬鹿げたフィランスロピー」もまたフィランスロピーの一形態であり、それは存続した。さらに、一九世紀後半以降も国内向けと海外向けのフィランスロピーがひとりの人間のうちに並存する事例は多くみられた。たとえば一九世紀を代表するフィランスロピストである第七代シャフツベリ伯爵は、一八八〇年代においても国内のさまざまなチャリティ活動に携わる一方で、南部アフリカの植民地化をめぐる人道主義者の集会にも顔を出していた。[28] また、企業福祉の先駆者で国内の貧困問題にも熱心に取り組んだクエーカー実業家フィランスロピストのジョゼフ・ラウントリーやジョージ・キャドバリーらも、当時の代表的な人道主義団体であるAPSおよびASAPSの副会長に名を連ねていた。[29] こうした傾向は、戦間期でも続いた。後でみる通り、一九二〇、三〇年代のASAPSに参加した人々の多くは、イギリス国内の労働者の救済や刑務所改革、障がい者福祉といった問題にも熱心に取り組んでいた。

以上を踏まえると、帝国における非白人の保護およびその福利の向上と、国内における弱者の救済は、おそらく同一の問題意識から発生しており、そうした意識およびそれに基づく行為の総体を指してフィランスロピーと呼んでもよいだろう。もちろん、以下でもみていくように、帝国フィランスロピーは人種論と無縁ではなく、白人と非白人を区別していたし、イギリスと植民地で社会や文化の構造に違いがある以上、国内に向けられたフィランスロピーと国外に向けられたそれではしばしば異なるかたちをとった。だが同じことは、多種多様なフィランスロピーが行われていたイギリス国内についてもいえるはずだ。よって本書では、帝国を対象とする民間の救済活動をフィランスロピーのヴァリアントとして把握し、それを「帝国フィランスロピー」と呼びたいのである。

なお、本書で帝国フィランスロピーという言葉を用いるからといって、筆者はこの分野で人道主義という用語の使用を避けるべきだと主張したいわけではない。人道主義は多様な意味を含み、現在の国際問題を論じる場でも頻繁に用いられる語である。歴史学のさまざまな領域を結びあわせ、また、国際関係論や国際政治学など異なる学問分野とも対話することで、人道主義研究は豊かな成果を生み出してきた。言葉の柔軟な定義が、研究の開放性を担保するうえで重要なのは間違いない。他方で、まさにそのような多義性ゆえに、人道主義という主題にいかなる視座から迫るのかを明示しておかなければ、議論の焦点がぼやけ、論点が拡散してしまうおそれがある。以上のような観点から、本書では、同時代におけるフィランスロピーや福祉、およびそれと関連する思想や運動に目を凝らしながら人道主義を考察するという姿勢を明確にするため、帝国フィランスロピーという言葉を用いる。

イギリス国内におけるフィランスロピーや福祉を帝国史の文脈に結びつける試みは、これまではむしろ国内史の研究者により推進されてきた。チャリティを主題に近現代イギリス史研究を主導する金澤周作は、これまでの著作でも帝国を対象とするチャリティ（「帝国チャリティ」という表現もみられる）[30]にかなりの紙幅を割き、意識的に国内と帝国の文脈をつなげようとしてきた[31]。そこでは、本書が分析するＡＰＳの活動も論及されている。金澤の関心や構えは筆者のそれとはやや異なるところもあるが、重なりあう部分も大きい。金澤がイギリス国内史から帝国史に研究対象をひらいていったのに対して、本書はそれとは逆方向から、すなわちイギリス帝国史から国内史に接近しながら、帝国を舞台とするフィランスロピーを論じてみたい。

2　課題設定と分析方法

（1）本書の課題

帝国フィランスロピーを具体的に検討するために、本書は、一九世紀末から二〇世紀半ばにかけての南アに着目する。世紀転換期に勃発した南ア戦争は、敵であるブール人（アフリカーナー）の頑強な抵抗により長期戦を強いられ、イギリス社会に甚大な影響を及ぼすに至った。同時に、戦争の大義をめぐる論争も活発に行われ、そこに帝国フィランスロピーの実践者たちもさまざまに関与した。戦争が終わると、南部アフリカの四つの英領植民地（ケープとナタール、および南ア戦争で併合したトランスヴァールとオレンジ川の各植民地）が合同する気運が高まり、一九一〇年に南ア連邦が誕生した（地図参照）。だがそこで政権を握ったのは、南ア戦争でイギリスと戦ったアフリカーナーの指導者であるルイ・ボータとヤン・スマッツだった。両者は当時の基幹産業である金鉱業と協調しながらイギリス帝国の枠内で南アを導いていく現実路線を採ったが、一九二四年に政権を奪取したJ・B・M・ヘルツォークは、白人農民および労働者の利益を重視する政策を推進しつつ南アの自立を追求することで、コモンウェルスの成立に大きく貢献した。一九二九年に始まった世界恐慌の影響を受けて政治・経済体制が動揺した結果、ヘルツォークは政敵のスマッツと結ぶが、それに異を唱えて政権を離脱したD・F・マランを中心とする純正国民党（国民党）はアフリカーナーナショナリズムを煽動しながら支持基盤を広げ、ついに一九四八年の総選挙で勝利した。以後、国民党政権の下で、アパルトヘイトとして知られる厳格な人種隔離政策が施行されていった。

地図　南アフリカ連邦（1910年）

出典）Iris Berger, *South Africa in World History*, Oxford: Oxford U. P., 2009, 88.

政治・経済の実権を握る少数派の白人にとって、人口の圧倒的多数を占めるバントゥ系アフリカ人をどう統治するかは常に最重要課題のひとつだった。マフムード・マムダニにならい、外来者（植民地支配者）による統治の安定化をめぐる諸問題を「原住民問題（native question）」と呼ぶならば[32]、南アは人種隔離にその解決策を求めた。二〇世紀前半の南アではのちのアパルトヘイトにつながる人種隔離政策が推進され、アフリカ人は政治・経済・社会面で従属的地位に押し込められ、苦しい生活を余儀なくされた。だがその一方で、貧困や差別に直面するアフリカ人の「悲惨さ」は帝国フィランスロピーの関心を引き、南ア政府に対する批判を喚起することにもなった。このように、世紀転換期から二〇世紀前半にかけての南アは、帝国フィランスロピーが最も先鋭的に発現した時空間、その主戦場だったのであり、事例研究の格好の素材といえる。

とはいえ、帝国フィランスロピーの関心対象は幅広く、あらゆる問題を網羅的に扱うことはできない。そこで本書は、アフリカ人の労働を主題に据えたい。すでに述べたように、一八世紀後半から始まる大西洋奴隷貿易および奴隷制への反対運動は、近現代イギリス帝国における帝国フィランスロピーないし人道主義の形成に大きな影響を及ぼした。環大西洋世界を舞台とする奴隷貿易や奴隷制はさまざまな角度から考察されてきたが、その本質が白人によるアフリカ人労働力の搾取にあったことは疑いない。したがって、奴隷貿易や奴隷制への反対運動から直接・間接の影響を受けて展開していく一九世紀半ば以降の帝国フィランスロピーは、「支配する側」による「支配される側」の労働搾取に常に敏感だった。この意味で、労働は帝国フィランスロピーの主要な関心事だったといってよい。もっとも、労働が人間生活の根幹を占める営みである以上、それはさまざまな問題に派生したり、関連したりしていた。よって本書でも、「アフリカ人の労働」および「労働者としてのアフリカ人」に焦点をおきつつ、関連する諸問題にも論及していく。そうすることで、植民地支配におけるさまざまな問題の相互連環を明らかにするとともに、帝国フィランスロピーの言説や実践をより広いコンテクストに位置づけながら考えていきたい。

南アを舞台とする帝国フィランスロピーの動向を考察していくうえで、本書は帝国フィランスロピーの担い手となった二つのアクターにとくに注目する。ひとつはイギリスを拠点とする原住民保護協会（ＡＰＳ）と、その後継団体である反奴隷制および原住民保護協会（ＡＳＡＰＳ）である。ＡＰＳは一八三七年に設立された老舗の帝国フィランスロピー団体で、同じく長い伝統をもつ内外反奴隷制協会（ＢＦＡＳＳ）と一九〇九年に合併してＡＳＡＰＳが誕生した。ＡＰＳとＡＳＡＰＳはともに南部アフリカの先住民がおかれた状況に強い関心を向けており、その福利向上や待遇改善を求めてさまざまな活動を行った。本書が着目するもうひとつの団体は、南アを拠点に活動していたヨーロッパ人・アフリカ人協議会（以下、協議会）である。一九二一年に誕生した協議会は、イギリスのみならず同時代のアメリカからも強い影響を受けながら、南ア現地でアフリカ人の福利増進を目的とするさまざまな活動を実践していた。組織名が示す通り、協議会にはアフリカ人の待遇改善に関心をもつリベラル派白人と呼ばれる人々だけでなく、勃興するアフリカ人ナショナリズムを率いて隔離政策や人種差別を批判していたアフリカ人エリート層も多く参加した。本書で詳述するように、二つの団体はそれぞれ宗主国と植民地を拠点とし、各々の歴史的文脈で形成された政治・社会・文化の様態に規定されながら独自の活動を行う一方で、相互に情報を交換したり協調して行動したりするなど、密接な協力関係を取り結んでもいた。イギリスのAPS／ASAPSと南アの協議会に等しく関心を払いつつ、世紀転換期から二〇世紀前半の南アを対象とする帝国フィランスロピーがいかなる主張や行動として顕在化したのか、さらに、それが複数の歴史的文脈でいかなる意義を有したのかを明らかにすることが、本書の課題である。

（2）分析方法

本書は、宗主国と植民地に視座を据えたうえで、両者の相互関係にも注目しながら、帝国フィランスロピーという主題に複眼的にアプローチする。この方法には、さまざまな利点がある。まず、帝国フィランスロピーをイギリスと南アそれぞれの歴史的文脈にそくして把握するとともに、それらをつなぎあわせることで相互の関係性を分析することが可能になる。同じイギリス帝国に属するとはいえ、宗主国イギリスと植民地南アでは人口構成や社会構造が異なっており、それは帝国フィランスロピーの実践形態や主張に差異をもたらしたと考えられる。だがその一方で、ASAPSと協議会の間には人および情報面で密接な交流があり、それが相互の活動に影響を及ぼすことで、地域をこえた帝国フィランスロピストの連携がみられた。宗主国と植民地の団体双方に関心を払うことで、イギリス史と南ア史それぞれの文脈における帝国フィランスロピーの特徴と意義を分析するとともに、それらが異なる地域間の双方向的な影響関係のなかで形成されていたことを明らかにできる。

もうひとつの利点は、帝国フィランスロピーが織りなす広域のネットワークを把握できることである。これはとくに、南アを拠点とした協議会の歴史に関わる。第4章で詳しくみていくように、協議会は白人・黒人間の人種問題を抱えるアメリカ南部での類似した取り組みから強いインスピレーションを受けるとともに、活動資金や組織運営の面でも同国のフィランスロピー団体からさまざまな支援を得ていた。それと同時に、協議会に参加した人々は、イギリス本国はもとよりオーストラリアなど他の自治領・植民地の福祉制度や非白人を対象とする政策も参照しながら、自らの主張や行動を組み立てていた。そのような南アにおける帝国フィランスロピー実践は、ひるがえって第二次世界大戦後に自らも「人種問題」を抱えるようになったイギリスにも影響を及ぼした。このようなトランスナショナルならびにトランスインペリアルな相互関係は、ひとつの地域に分析の範囲を限定すると不可視化されてしまう可能性が高い。イギリスと南アという二つの時空間に注目することで、イギリス帝国のみならずアメリカをも包摂する双方向的な言説と実践の円環、およびそれを基盤とする複層的で広範な帝国フィランスロピー・ネットワークの存在を浮き彫りにできるのである。

3　先行研究と本書の位置

一九世紀末から二〇世紀前半にかけての帝国フィランスロピーを論じる本書は、イギリス史、南ア史、およびトランスナショナル／トランスインペリアル・ヒストリーに独自の貢献をなそうとするものである。以下に、それぞれの領域における研究状況とそこでの本書の位置を示す。

（1）イギリス史

すでに述べたように、本書のキー概念である帝国フィランスロピーは、イギリス帝国史研究における人道主義とほぼ同義である。人道主義については、近年、著しい研究の進展がみられる。帝国史研究の代表的な学術誌である『帝国・コモンウェルス史研究（*Journal of Imperial and Commonwealth History*）』でも、二〇一二年に「帝国と人道主義」と題する特集が組まれた。そこでは総論と八本の研究論文が並び、人道主義研究の最前線が紹介された。また、人道主義は、現代の人道的介入や国際人道支援の起源として、国際政治学や国際関係論の専門家たちからも注目されている。そのような状況を受けて、筆者は二〇一五年に出版した論文で人道主義についての研究史をまとめたが[33]、それ以降もこの分野では重要な成果が相次いで現れている。たとえば、アマンダ・ネッテルベックは、「原住民」の権利を保護する試みを通じてイギリス帝国の法域が拡大し、植民地の法制度改革も行われた結果、それが逆説的に植民地権力による先住民の文化や生活への規制・介入の強化につながったことを示し、人道主義がはらむ権力性をあらためて指摘した[34]。二〇二二年に刊行されたジョイ・ダモーシらを編者とする論文集では、一八世紀中頃から二〇世紀末にかけての英語圏世界における人道主義が、統治、人権、介入という視座から豊富な事例とともに論じられている[35]。帝国支配の時代における多様な団体・個人が取り上げられているが、植民地（とくにオーストラリア）を拠点とする人道主義の取り組みとその国際化が強調されている点、第二次世界大戦後の国際NGOの活動にも目配りがなされている点に新たな研究動向が反映されている。日本語の研究では五十嵐元道が、人道主義の展開とそれが現代の開発援助にもつながっていく過程を長期的なタイムスパンで論じるとともに、人道主義が非西洋世界に対する西洋世界の優位を前提とすることで、むしろ後者の影響力拡大に貢献してきたことを示した[36]。これら最近の研究は、人道主義／帝国フィランスロピーに内在する帝国支配との親密性、およびそれと関わるところの権力性を強調する傾向が強い。

以上のような人道主義一般についての研究動向のなかで、本書が対象とするAPS／ASAPSについての研究も深化してきた。南部アフリカ植民地支配に対するAPSの姿勢については、H・C・スワイスランドの古典的な研究[37]があり、そこでは主に一九世紀を中心に二〇世紀初頭までの協会の組織構成や思想、政治的主張などが論じられている。近年では、ゾーイ・レイドロウがAPS草創期の中心人物だったトマス・ホジキンに着目し、彼の多彩な活動と関心を相互に結びつけながら論じることで、一九世紀中頃までの人道主義とAPSをより広い歴史的コンテクストのなかで理解することを可能にした[38]。また、一九世紀末から二〇世紀初頭にかけての人種問題と科学について論じたダグラス・ロリマーは、人種や人種関係といった概念が形成・再編されていく過程において、APSを中心とする帝国フィランスロピーの活動家たちが果たした役割を詳細に検討している。[39] 二〇世紀前半を対象に、ASAPSの活動を扱う論考も増えてきている。A・R・フォルクラッツは反奴隷制団体のトランスナショナルな交流にも注目しつつ、ASAPSの主張と活動をイギリスのみならずイタリアの帝国拡大（エチオピア侵攻）も視野に入れながら分析した。[40] またケヴィン・グラントは、世紀転換期以降にアフリカ大陸での「新しい奴隷制」が注目を集めていくなかで、ASAPSがそれらにどう取り組んだのかを論じた。[41] グラントの著書には近代イギリスにおける人道主義の類型とそれぞれの特徴についての鋭い考察も含まれており、本書でも頻繁に言及することになるだろう。

他方で、世紀転換期から二〇世紀前半にかけての南アにおけるアフリカ人の労働問題にAPS／ASAPSがどう関わり、そこでいかなる主張を行ったのかについて、従来の研究は十分な関心を払ってこなかった。本書は研究史に残された空白を埋めるとともに、APS／ASAPSによる帝国フィランスロピーを、その多面的性格にも留意しつつ読み解いていく。

先行研究のもうひとつの問題点は、対象をイギリス国内の歴史的文脈に照らして分析する意識が相対的に弱かったことにある。APS／ASAPSはイギリスで篤志協会型のチャリティとみなされていた。そうである以上、その活動は同時代のフィランスロピーや福祉の言説および実践、ならびにそれと関連するところの政治運動や社会思想などから強い影響を受けていたはずだ。実際、反奴隷制運動を含む一九世紀中葉までを対象とする諸研究では、帝国と国内の相互連関が重視されてきた。[42] だがそれ以降の時代を扱う研究については、イギリス国内の福祉や社会の動向を人道主義に結びつける発想は概して等閑視されてきた。[43] 植民地での社会政策やフィランスロピーを主題とする研究が、しばしば宗主国での福祉や人道主義の展開を視野に含めた議論を展開してきたことを考慮すると、かかる関心の欠如は意外ですらある。[44] 本書は、国内史の研究成果も参照しつつ、[45] 帝国フィランスロピーを同時代のイギリス社会の動向とも関連づけながら分析することで、従来見過ごされてきた側面を浮き彫りにしたい。

このような試みは、イギリス帝国史はもちろん、イギリス国内史にも独自の貢献をなすことになるだろう。二〇世紀前半のイギリスでは、フィランスロピーが衰退したと言われてきた。カニンガムによると、言論空間におけるフィランスロピーという語の使用頻度は二〇世紀前半に顕著に低下しており、労働者階級の間でも富者による貧者の救済を含意するこの言葉への反発心が高まったという。(46) 二〇世紀初頭のリベラル・リフォーム以降、福祉における国家の役割（公助）が増大し、やがては福祉が権利として認識されるようになる過程で、フィランスロピーの存在感が低下していったことは否めない。(47) しかし、だからといって民間の自発的な救済が完全に活力を失ってしまったわけではないことは、近年の諸研究が指摘する通りである。たとえばマシュー・ヒルトンとジェイムズ・マッケイが編んだ論文集は、二〇世紀にヴォランタリー・セクター（フィランスロピー）が衰退したという主張を批判し、国家との新しい関係の形成や変化する社会に対応するための自己変容を通じて、ヴォランタリズムが持続していたことを強調している。(48) それと同時に、ますます多くのフィランスロピーのエネルギーが、ブリテン諸島の外部にも放たれるようになった。金澤周作は、世界を舞台に活動した、現在の国際NGOの系譜に連なるフィランスロピー団体が第一次世界大戦期以降に存在感を強めていったことを指摘し、その特筆すべき事例としてセーブ・ザ・チルドレンを取り上げて論じている。(49)

本書が扱うAPS／ASAPSも、セーブ・ザ・チルドレンほどの存在感は発揮できなかったにしても、(50) ブリテン諸島の外部を舞台とするフィランスロピーの中心的な担い手のひとつであったことは間違いない。この意味で、世紀転換期から二〇世紀前半にかけてのAPS／ASAPSの活動を跡づけることは、当時のイギリスにおけるフィランスロピーへの理解に新たな知見を提供することになるだろう。それだけではない。金澤によると、帝国に向けられた人々の「善意」は、「慈悲深い帝国」という近現代イギリスの自己表象の支えになってきた。(51) そうであるならば、APS／ASAPSにそくして帝国フィランスロピーの一端を解明することは、近現代イギリスのナショナル・アイデンティティの一面を明らかにすることにもつながるはずである。同時にそれは、すでに述べたような国内史と帝国史を架橋するという課題に向けた試みにもなるだろう。

（2）南ア史

次に、南ア史研究における本書の位置を示しておこう。先行研究は、本書の第II部で焦点をあてるヨーロッパ人・アフリカ人協議会とそれが実践する帝国フィランスロピー（南ア史ではしばしばリベラリズムとも称される）をさまざまな文脈で論じてきた。協議会には、西洋教育を受けたアフリカ人エリートや、リベラル派白人と呼ばれる人々が参加した。前者の多くはアフリカ民族会議（ＡＮＣ）などのメンバーとして、二〇世紀前半のアフリカ人ナショナリズムを主導した。後者はいうなれば南アを拠点に活動する帝国フィランスロピスト（人道主義者）で、被支配者であるアフリカ人の待遇改善や地位向上を訴えていた。

このうち協議会とリベラル派については、政治的・経済的実権を握る白人内部からの植民地支配批判とその歴史的意義を論じたポール・リッチの先駆的研究がある。リッチは第一次世界大戦から一九六〇年代にかけてのリベラル派白人を主題とする著書で、協議会および同会を拠点に活動した人々の主張を、アフリカ人ナショナリズムとの関係も視野に入れつつ分析した[52]。その後も彼はイギリス系の知識人たちを主題とする評伝集を著し、そのなかでも協議会を主導した人々を取り上げている[53]。一九九一年には、協議会を主題とする博士論文がＲ・Ｊ・ヘインズによって提出された。筆者が把握する限りでは、協議会を体系的に論じたこれまでで唯一の研究である。この論文でヘインズは、協議会の組織的発展とそれが体現するリベラリズムのイデオロギー分析に力点をおく一方で、そこに参加した人々の思想的背景が多様であったことを明らかにした[54]。

二〇世紀南ア史の中心テーマである人種隔離の観点から、協議会とリベラル派白人に言及したのはソール・デュボウである。人種隔離政策とアパルトヘイトについての歴史研究においていまや古典となった著書の中で、彼は人種隔離イデオロギーの形成にリベラル派白人が果たした役割を強調した[55]。詳細は第４章で述べるが、デュボウの指摘する通り、人種隔離は当初、白人による搾取からアフリカ人を「保護」するための方策として提唱されたのであり、そこではのちに協議会に参加することになる人々が顕著な貢献をなした。加えて、アフリカ人の労働や福祉を主題とする近年の研究でも、協議会とリベラル派白人はしばしば言及されている。南アにおける貧困問題の知識社会史を著したグレイス・デイヴィは、社会調査や貧困の測定をめぐる議論に協議会のメンバーたちが積極的に参加していたことを指摘した。(56) また、西洋に由来する労働規範や自由労働のイデオロギーがアフリカ人の間でいかに浸透したかを論じたフランコ・バルキエシも、その過程で協議会の関係者たちが果たした役割に論及している。(57)

このように、協議会とそれに参加したリベラル派白人たちは南ア史研究における複数の問題系で議論されてきた。だが、協議会の活動を主題に据えて、福祉や労働の観点からリベラル派白人の言動を体系的に分析する試みはこれまでなされてこなかった。先述したヘインズの未刊行博士論文は例外だが、そこでもアフリカ人を対象とするフィランスロピーの実践や労働問題への取り組みを論じた部分は少ない。さらに、先行研究では、協議会やそこを拠点に活動したリベラル派白人は概して否定的評価を受けてきた。たとえばリッチは、協議会やリベラル派白人は人種差別や人種隔離といった問題の根本に切り込むことはせず、あくまでも白人支配を前提としたうえで、政治のアリーナではなく福祉を通じて現状の改善を試みたにすぎないと論じた。(58) アパルトヘイトにつながる人種隔離の発展に大きく寄与した事実も、こうした人々に対するネガティヴなまなざしの増幅につながったであろう。

協議会とリベラル派白人に対するこれらの評価は、誤りではない。本書においても、協議会の白人メンバーたちが人種隔離イデオロギーから強い影響をこうむっていたこと、そうした姿勢が同時代のアフリカ人たちからも批判を受けていたことが明らかにされるだろう。他方で、そのことと、二〇世紀前半の南アにおける協議会およびリベラル派の意義をどう評価するかという問題は分けて考える必要がある。協議会は大衆を動員するような巨大組織には発展しなかったが、そこに参加した白人たちは戦間期南ア社会で一定の発言力を有しており、連邦議会の議員として直接政治に携わったり、折に触れて政府とも交渉を行ったりしていた。協議会の福祉問題への注力をもって、政治活動への無関心の証左とする主張も首肯しがたい。福祉と政治は二律背反の関係にあるわけではない。公的福祉の対象に白人だけでなくアフリカ人も含めるべきか。社会政策や労働政策を通じてアフリカ人の生活水準を白人と同等のレベルにまで押し上げるべきか。これらの論点は人種隔離の存続と正当性に直接関わるものであり、ゆえに当時にあって、福祉問題とはすぐれて政治問題でもあった。福祉や労働という主題にそくしてリベラル派白人の帝国フィランスロピーを分析することで、二〇世紀前半南ア社会の理解に新たな知見を加えることができるはずだ。

次に、協議会に参加したアフリカ人に目を向けてみよう。先述の通り、その多くは西洋教育を受けて英語を流暢に話すエリートたちであり、同時代のアフリカ人ナショナリズム運動で指導的地位を占めていた者も多かった。したがって、二〇世紀前半のナショナリズムやその代表的組織であったＡＮＣの研究史でも、協議会はしばしば言及されてきた。この分野の古典であるピーター・ウォルシェの著書は、戦間期におけるＡＮＣと協議会との緊密な関係を描いている[59]。近年の研究では、アフリカ人政治指導者たちのキリスト教徒としての属性に注目して、教会関係者の存在感が強かった協議会との関係を宗教の観点から読み解く試みもなされている[60]。

しかしながら、協議会に参加したアフリカ人エリートたちは、先述したリベラル派白人に対するそれと類似したトーンで語られることも多かった。少数白人支配体制に対するラディカルな抵抗主体としてのアフリカ人を評価するナショナリスト史観は、協議会のような組織でリベラル派白人と協調しつつ、嘆願書の送付や政府への代表団の派遣といった合法的手段を通じて現状の改革を目指したアフリカ人指導者たちを否定的にみる傾向が強かった。そこでは彼らは、より急進的かつ明確な反帝国主義に基づく「あるべき」ナショナリズムの発展を阻害した「穏健派」、あるいは自らの権利獲得のために大衆の利害を軽視した「プチ・ブルジョワジー」としてみなされた。民衆の視点から歴史を語るのが重要なのは言うまでもない。だが、西洋教育を受け、多くはキリスト教徒であるエリート層の動向を無視して初期アフリカ人ナショナリズムの歴史を語れないのもまた明らかだ。デュボウもいうように、かかる「穏健派」に対する批判は歴史主体に対する公平な評価というよりも、特定の政治イデオロギー（政治的左派）に束縛された歴史観を反映しているように思える。(61) 後でもみるように、協議会に参加したアフリカ人エリートに対して、同時代においても急進主義ナショナリストや共産主義者を中心に批判が寄せられていたことは確かである。だが、イギリス臣民としての身分を根拠に、人種差別や人種隔離を実力ではなく言論で批判する、という彼らが用いた手法は、当時のイギリス帝国全体でみられたオーソドックスな抗議形式だった。実力行使をいとわない急進的ナショナリズムの台頭は歴史の必然ではなく、二つの大戦と世界各地での植民地ナショナリズムの高揚、および人権イデオロギーの普及といったグローバルな潮流からも影響を受けており、そうした諸条件を考慮せずに初期のナショナリストたちが歴史で果たした役割を軽視するのはアナクロニズムで、生産的ではない。そもそも、協議会に参加したアフリカ人たちが、白人の同僚たちと必ずしも一心同体だったわけでもない。本論でもみていく通り、彼らはしばしば白人メンバーたちとは異なる意見を表明し、異なる期待を帝国フィランスロピーに投影していた。人種差別や隔離を強く批判する彼らの言動は、ときに「穏健派」というレッテルには収まりきらないラディカルなものだった。以上の点を踏まえたうえで、協議会に参加したアフリカ人がどのような主張を展開したのか、また、組織内外のアフリカ人が協議会をどう評価していたのかを明らかにすることは、二〇世紀前半におけるアフリカ人ナショナリズムを新たな角度から考察することにもつながるであろう。

最後に、協議会の帝国フィランスロピーをより大きな南ア史の文脈に接続するための見通しを示しておきたい。キーワードは、南アフリカ主義（以下、南ア主義）である。詳細は第4章で論じるが、さしあたり南ア主義とは、南アの二つの白人集団（アフリカーナーとイギリス系）が共有可能でありながら、同時に、イギリス帝国への帰属意識とも矛盾しない国民意識、あるいは、それを基盤とする南ア社会のあり方についてのヴィジョンと表現することができるだろう。(62) 注目すべきは、南アのあるべき姿を模索する南ア主義の動きに、協議会のリベラル派白人が深く関わっていたことである。本書で頻繁に言及するハワード・ピムやJ・D・レイナールト・ジョーンズといった人々は、協議会の設立以前に南ア主義の形成と浸透を目指す運動に参加していた。そうした経験が協議会にも受け継がれ、協議会の関係者たちは、帝国フィランスロピーの実践を通じて独自の南ア主義（あるべき南ア社会の建設）を追求しようとした、というのが本書の主張のひとつである。では、協議会の南ア主義にあって、人種隔離とアフリカ人の労働・福祉はどう結びあっていたのか。本書の第II部では、先行研究で十分に検討されてきたとは言いがたいこの論点を、主にアフリカ人の都市化にかかわる諸問題にそくして考察する。

結果として、協議会が目指した白人と非白人の良好な人種関係に基づく南ア社会は実現しなかった。しかし、だからといってそれを歴史の必然とみるべきではない。フレデリック・クーパーがいうように、第二次世界大戦後の南アおよびヨーロッパ諸国が支配するアフリカ植民地の歩みは、「社会的諸力が自然に展開した」結果ではなく、「相互に関連する歴史状況でなされた政治的選択」の産物なのである。[63] 実際、一九三〇年代後半から四〇年代半ばは、製造業の発展や第二次世界大戦の影響で南ア社会が流動化した結果、南アの現在と未来をめぐる多様な可能性が現出した時代でもあった。そこでは、協議会が掲げる南ア主義も南アの将来を示す有力な選択肢として、真剣に検討されたのである。したがって、帝国フィランスロピーの視座から協議会の活動を跡づけようとする本書は、二〇世紀前半の南ア史でおこりえた「可能性」がいかなるものであり、それがどのように失われていったのかをたどる試みでもある。[64]

（3）トランスナショナル／トランスインペリアル・ヒストリー

最後に、トランスナショナル／トランスインペリアル・ヒストリーとの関係で、本書の意義を短く述べておきたい。国内を対象とするものであれ、帝国を対象とするものであれ、フィランスロピーあるいは人道主義を広域ネットワークの観点から把握する試みは、先行研究でもなされてきた。[65] そもそも奴隷制への反対運動は、アメリカとイギリスを結ぶ環大西洋世界で発展したものだった。二〇世紀前半の南アを対象とする帝国フィランスロピーについても、たとえばロブ・スキナーがアメリカと南アの間の人や情報のやりとりに注目しつつ、地域横断的なネットワークに位置づけて論じている。[66] それとも関連して、世紀転換期から二〇世紀前半にかけてのアメリカ・南ア間の白人およびアフリカ人の交流も、さまざまな観点から論じられてきた。[67]

その一方で、ＡＳＡＰＳと協議会に等しく関心を払うことで、両者の主張や活動、およびそこから紡ぎ出されたイギリス、南ア、アメリカを結ぶ帝国フィランスロピーのネットワークを明らかにする作業は、これまで十分に行われてこなかった。本書は、帝国フィランスロピーにかかわったさまざまなアクターがとりむすぶ多層的関係を分析することで広域の帝国フィランスロピー・ネットワークを描き出し、それが南アを対象とする帝国フィランスロピーにいかなる影響を与えたのかを考察する。そうすることで、「下からの」トランスナショナル／トランスインペリアル・ヒストリーのひとつの実践例を提示してみたい。

4　本書の構成

序章に続く本論部分は、二部構成になっている。第Ⅰ部（第1～3章）はイギリスを拠点とするＡＰＳ／ＡＳＡＰＳに、第Ⅱ部（第4～6章）は南ア現地で活動した協議会に焦点をあてることで、世紀転換期から二〇世紀前半にかけての帝国フィランスロピーを複眼的な視点から分析していく。第1章では、まず帝国フィランスロピーの概要を示したうえで、ＡＰＳの組織的特徴と主要人物の思想を分析する。次に、世紀転換期のイギリスと帝国に大きな衝撃を与えた南ア戦争を取りあげ、戦中および戦後のイギリス社会でアフリカ人の救済を訴える帝国フィランスロピーが、とくに労働をめぐる諸問題との関連でいかなる言説や実践として顕在化したかを検討する。最後に、二〇世紀初頭のＡＰＳと自由党政権の関係を、南ア情勢をめぐる両者の姿勢にそくして考察したうえで、協会が消滅するに至った背景を述べる。

一九〇九年、APSとBFASSが合併してASAPSが誕生した。第2章は、結成から第一次世界大戦期までのASAPSの活動を考察する。まず草創期の協会の組織構成をみたうえで、それが唱えた帝国フィランスロピーの多面的性格を主要人物の思想にそくして読み解いていく。次に、南ア連邦の結成や農村部における人種隔離政策を事例に、南アの政治・社会情勢に対するASAPSの姿勢を検討する。最後に、第一次世界大戦期のASAPSに着目し、戦後世界における帝国支配のあり方についての協会の構想を明らかにする。

第3章の主題は、戦間期のASAPSである。国際社会に新たな潮流が生じ、また、イギリス帝国内でも非白人を対象とする福祉への関心が高まっていく時代にあって、協会にどのような人々が集い、その帝国フィランスロピーがいかなる主張として顕在化したのかを論じる。後半では、当時の南ア政府が推進した人種隔離政策、とくにアフリカ人の労働や権利に関わる立法に対してASAPSがいかなる姿勢を示したのかを検討するとともに、アフリカ人の学校を支援するフィランスロピーの実践例を取り上げ、そこでみられた「救う側」と「救われる側」の相互関係を分析する。そのうえで、コモンウェルスの成立により南アがイギリスと対等の国家として処遇されるようになった結果、ASAPSが南アの国内政策に影響を及ぼすことがそれまで以上に困難になったことを指摘し、宗主国を拠点とする帝国フィランスロピーの活動にひとつの限界が訪れたと結論する。

第Ⅱ部では視点を南アに移し、現地を拠点に活動した協議会の帝国フィランスロピーを論じていく。第4章ではまず協議会創設の経緯をみるが、その過程でアメリカのフィランスロピーが重要な役割を果たした点が強調される。次に、協議会をひとつの結節点とする環大西洋帝国フィランスロピー・ネットワークを素描し、それとも関連づけながら草創期の協議会に参加した人々のプロフィールと思想を析出する。とくに協議会を主導したリベラル派白人たちの人種隔離思想と、それを科学の名の下に正当化しようとした姿勢に叙述の焦点がおかれる。最後に、協議会の活動を南ア主義という概念との関係で把握することで、主題を南ア史の大きな文脈に位置づけながら考察する意義を述べる。

第5章は、一九二〇年代から三〇年代前半にかけての協議会の活動を論じる。考察の主眼は、労働における隔離を中心とする当時の南ア政府の政策に協議会がどう向き合い、アフリカ人労働者をいかにして救済（あるいは管理）しようとしたのかという点におかれる。協議会は都市や農村の多様な問題に取り組むなかで現状認識をアップデートし、自らの主張を変化させていったが、他方で隔離思想から強い影響を受け続けていたことが明らかにされるだろう。さらに、世界恐慌期に行われたアフリカ人を対象とする救貧活動にも着目し、そこでみられた「救う側」（協議会）と「救われる側」（アフリカ人）の間の一筋縄ではいかない相互関係を浮き彫りにする。

第6章の主題は、一九三〇年代後半から五〇年代初頭にかけての協議会の動向である。一九三〇年代後半から第二次世界大戦にかけての時期は南アの将来をめぐるさまざまな可能性が現出した時代だったが、そのような文脈で協議会がアフリカ人の労働や福祉に関わる問題にいかに取り組んだかを分析する。後半では、第二次世界大戦後の協議会の活動とその影響を検討する。協議会はアフリカ人労働者の待遇改善を訴えつつも、変化する政治情勢のなかで一九五〇年代までに衰退したが、他方でその経験は、イギリスで実践された非白人を対象とするフィランスロピーに一定の影響を与えた。帝国フィランスロピー・ネットワークを構成する諸アクター間の双方向的な影響関係を確認し、本論を閉じる。終章では、本書の議論を要約したうえで、帝国フィランスロピーの歴史的意義と後世への影響を論じる。

第I部　イギリス

第1章　「資本家」を糾弾する
――一九〜二〇世紀転換期の原住民保護協会――

世紀転換期のイギリスは、揺れていた。一八七〇年代から始まる大不況により、労働者の生活は悪化した。数々の社会調査は、繁栄をきわめたはずの帝国の中枢で多くの国民が貧困にあえいでいる実態を暴露した。対外的にも、帝国主義の時代を迎えて欧米列強諸国が植民地獲得競争に乗り出すと、イギリスはもはや覇権国家としての地位に安穏としてはいられなくなった。一八九九年、アフリカ南部を舞台に南アフリカ戦争（以下、南ア戦争）が勃発する。「お茶を飲む間に終わる（teatime war）」と思われた戦争に、イギリスは二年半の歳月と四五万の兵士を費やさざるをえなかった。

イギリス国内で帝国問題がクローズアップされると、帝国フィランスロピーはにわかに活気づいた。本書の物語が始まるのは、そのような時代である。第1章では、本書の主題である帝国フィランスロピーの概要をあらためて確認したうえで、南ア戦争期からエドワード期にかけて現出したその言説と実践を原住民保護協会（Aborigines Protection Society: ＡＰＳ）の姿勢にそくして考察する。

1　帝国フィランスロピーとAPS

（1）帝国フィランスロピーの類型と歴史

イギリスは弱き民を保護し、支配地域に光をもたらす、リベラルで「善い」帝国でなくてはならない[1]。本書が検討する帝国フィランスロピーの中核にあったのは、このような確信である。「自由」と「善い統治」はイギリス帝国の自己表象であり、「善意」の源泉にしてその目的でもあった。しかし、「善い統治」の定義や「善意」の発露の仕方は時代によって異なる。本節では、ケヴィン・グラントらの議論を参照しつつ、近現代イギリスにおける帝国フィランスロピーの言説およびイデオロギーの類型と歴史的変遷を整理しておきたい。

ⓐ信託イデオロギー

近代イギリスにおける帝国フィランスロピーの発露の代表的な事例としては、一八世紀末のエドマンド・バークによる東インド会社批判があげられる。ここでバークは、東インド会社が私益のために権力を濫用していると指摘してその専制的なインド支配を弾劾しつつ、帝国支配の目的は従属異民族からの「信託」を受けてその幸福と福利を増進させることにあると主張した。イギリスは帝国臣民の「受託者（trustee）」として彼らの土地や財産を管理する権利をもつが、それに対する支配権を常に主張できるわけではない。もし統治の実態がそうした目的から逸脱した時には、イギリス帝国はその存在理由を失うことになるだろう[2]。

一九世紀末から二〇世紀前半の帝国フィランスロピーを、アフリカの植民地における労働問題にそくして検討したグラントによれば、バークが言及した信託（trusteeship）は、近代イギリスにおける帝国フィランスロピーを構成する主要なイデオロギーのひとつであった[3]。「優れた」文明をもつイギリスは、「劣った人々」の成長を見守る受託者でなくてはならない。イギリスの使命は支配下異民族の所有権および交易の自由を保護しつつ、彼らを労働者や消費者として帝国の経済体制に包摂することでキリスト教に基づく倫理観や文化を広め、もってその物質的・精神的福利を高めていくことにある。他方で、異民族に対する過度の抑圧や搾取は自制しなければならない。このような信託イデオロギーは、バーク以降、帝国の統治者たちが広く共有する基本理念となっていく。

もっとも、信託イデオロギーは支配者にとって都合のよい思想でもあった。理論上、受託者としてのイギリスの責務は「劣った人々」が一定の「文明水準」に達した時点で終わるはずであり、そこに到達した帝国臣民に対しては人種にかかわらず共通の権利が与えられなくてはならない。とはいえ、彼らが「文明」を獲得したかどうかの判定は受託者たるイギリスに委ねられており、現実には、統治権を手放す意図をもたない支配者は、被支配者への権利付与は時期尚早だと主張し続けることで、帝国支配の存続を正当化した。

ⓑ福音主義フィランスロピー

一八世紀後半以降、新たな帝国フィランスロピーのイデオロギーが登場する。福音主義フィランスロピーである。一八世紀の信仰復興を背景に、福音主義者たちは奴隷貿易や奴隷制を神に対する罪とみなし、その廃絶を訴える運動を開始した。これに対して奴隷貿易擁護派は、福音主義者を「狂信者」や「偽善者」として批判する文脈でフィランスロピーという言葉を用いた。革命フランスとの激しい戦争の最中にあった当時のイギリスでは、人類の普遍的救済を含意するフィランスロピーは、母国の戦勝を祈願する愛国主義の対義語として否定的評価を受けていたからである。だが、福音主義者たちもまた、奴隷貿易廃止を目指す自らの運動をフィランスロピーと呼んでおり、かくして福音主義とフィランスロピーの結びつきが強まった。[4]

一九世紀に入ると、福音主義フィランスロピーが主導した奴隷貿易や奴隷制への反対運動は大衆運動に発展し、それにともない帝国フィランスロピーの社会的影響力も増していった。一八〇七年に奴隷貿易を廃止し、一八三三年に奴隷制の段階的廃止を決議したイギリスでは、奴隷という言葉への忌避感情が広く共有され、それはやがて国民文化の一部となっていった。[5] 奴隷制という言葉はさまざまな形態の搾取や抑圧を糾弾する際のメタファーとなり、児童労働への規制、参政権の拡大、女性の政治権利を求める運動などでも使用された[6]。帝国フィランスロピーもまた奴隷への批判意識と、その反対の自由な労働の称揚を思想的基盤としながら展開していく[7]。帝国フィランスロピストは自らが敵とみなした相手を「奴隷主」や「奴隷商人」という言葉（比喩）で表現し、なおかつ、対象をそのような存在として理解しようとする傾向を強めていった。

その一方で、福音主義フィランスロピーは、非西洋社会を「野蛮」で「劣った」ものとみなし、「文明」とキリスト教・商業の普及を通じてそれを「改良」することが従属異民族の福利の増進をもたらすとも主張した。この考え方に基づき、帝国支配者は「文明化」とキリスト教化（宣教）の事業を積極的に支援することが求められたのだが、それが帝国支配を正当化する論拠にもなったことは言うまでもない[8]。

福音主義フィランスロピーのイデオロギーを内面化し、帝国を舞台にその実践に邁進したのがキリスト教宣教師たちであった。キリストの教えを異教徒に伝えることを使命とする福音主義の高まりは海外宣教の拡大を促し、多くの宣教師たちが世界各地に旅立っていった[9]。自らも熱心な福音主義者である宣教師たちは奴隷貿易・奴隷制反対運動でも重要な役割を果たしたが、宣教の現場ではしばしば非白人の社会・文化の改造に熱心に取り組んだ。とくにアフリカで活動する宣教師たちは、しばしば現地社会を「非キリスト教的」で「野蛮」なものとみなし、そこにキリスト教的倫理観やジェンダー規範、勤労精神を植え付けることでアフリカ社会の刷新をはかった。その一方で、宣教師たちの批判意識は白人によるアフリカ人の過剰な搾取に対しても向けられた。宣教師協会（チャリティのひとつに数えられ、その規模は全国トップクラスだった）は著名な聖職者を動員したり、労働運動に働きかけたりすることで、帝国フィランスロピーの主張を宣伝し、その拡大を助けた[10]。

福音主義フィランスロピーのイデオロギーは一九世紀を通じて影響力を保ったが、その社会に対する訴求力には波があった。まず、奴隷制の廃止で絶頂を迎えた帝国フィランスロピーの社会的影響力は、一九世紀半ばにかけて弱まっていった。重要な転機となったのは、Ｔ・Ｆ・バクストンが主導したニジェール遠征の失敗である。西アフリカで残存する奴隷貿易を廃絶するために、バクストンは同地でヤシ油などの輸出向け商品作物の栽培を促すことで、奴隷貿易に代わる「合法貿易」の普及を企図した。一八四一年、この計画の実現可能性を調査するために遠征隊がニジェール川に派遣された。しかし、過酷な気候と病気により多くの隊員が死亡し、遠征は失敗に終わった。この出来事は、帝国フィランスロピストの主張の実現可能性に深刻な疑念を生じさせることとなった。折しもイギリス国内では経済不況により貧困が拡大しており、救済において国内の白人貧民よりも海外の非白人を優先する姿勢はのちに「望遠鏡フィランスロピー」と呼ばれて批判された[11]。加えて、一九世紀中葉に南アでのコーサ戦争、インド大反乱、ニュージーランドでのマオリ戦争、ジャマイカでのモラント湾反乱などが続発すると、本国や植民地の白人社会内部では、非白人に対する敵意とそれに基づく人種差別意識が高揚した。その結果、異民族の福利増進と「公正な」統治を求める帝国フィランスロピーよりも、むしろ人種間の差異を前提とする厳格な植民地統治体制を求める声が強まった[12]。

だが、世紀末にかけて、福音主義フィランスロピーは再び勢いを取り戻す。まず、一八六〇年代以降、東アフリカで存続する奴隷貿易が世論の関心を集めるようになった。火付け役となったのは、宣教師・医師であったデイヴィッド・リヴィングストンである。一八五五年から五六年にかけてアフリカ大陸横断に成功したリヴィングストンは、帰国後にイギリス各地で講演を行い、アフリカで残存する奴隷制の廃絶と、同地におけるキリスト教・「文明」・商業の普及をあらためて訴えた。これを受けて、東アフリカにおける奴隷問題への注目が高まり、一八七三年には奴隷貿易の拠点となっていたザンジバルとの間で奴隷貿易を規制する条約が結ばれた。さらに、列強間で植民地争奪戦が激化し白人・非白人間の抗争がより頻繁に発生するようになると、非白人への過度の抑圧を監視する帝国フィランスロピストの活動機会が増加した[13]。

帝国主義時代の福音主義フィランスロピーは、抑圧下にある人々を保護しその福利を増進させるための最善の方策として、しばしばイギリス政府の積極的な介入を求めた。すなわち、非白人に対する白人植民者の暴力と搾取を規制し公正な帝国統治を担うことができるのは、白人植民者が実権を握る植民地政府ではなく、ましてや外国政府でもなく、ロンドンの帝国政府のみであるとして、イギリス政府が直轄するかたちでの植民地支配体制をすみやかに確立することが提唱された。むろんこうした主張は帝国支配と親和性が高く、帝国フィランスロピーはこの意味でもイギリス帝国拡大の片棒を担ぐこととなった[14]。

ⓒ人権イデオロギー

世紀転換期になると、帝国フィランスロピーの第三の潮流が登場してくる。ここでは、グラントの表現を借りて「人権イデオロギー」と呼んでおこう。人権イデオロギーの観点から帝国フィランスロピーを提唱したのは、主にアフリカで貿易に従事していた商人たちであった。彼らは当初、アフリカ西部やコンゴでの自由な貿易の権利を主張していたが、その過程でアフリカ人の権利にも言及するようになっていった。その代表格はリヴァプール・セクトと呼ばれる商人集団だったが、彼らは財産所有権を人権の核心とみなし、交易を通じた財の交換がアフリカ人の権利の保障につながると訴えた[15]。

詳しくみてみよう。リヴァプール・セクトの指導者は、西アフリカを商圏としていたジョン・ホルト（John Holt, 一八四一〜一九一五年）である。彼はアフリカ人が自由に財の生産を行ったり、ヨーロッパ人と交易したりする権利を擁護した。貿易からの利益に対する期待や他者との競争は、アフリカ人にとって自らの経済的価値を高める誘因となり、結果として彼らの生活水準の向上につながるはずだ。それを妨げるのが、植民地当局や現地のヨーロッパ企業がアフリカ人に課すさまざまな規制である。たとえば交易に対する過度の規制や生産者への重税は、アフリカ人が経済的に成長する機会を制限し、向上心を減退させる。したがってホルトは、白人はアフリカ人の経済活動にできるだけ介入すべきではないと説いた。ここから植民地支配を最小限度にとどめるべきだとの考えが出てくるが、さらにそれは現地社会に対する干渉を可能な限り控えるべきだという主張にもつながっていった。実際に彼は、アフリカ人の政治社会体制や生活様式を尊重し、それを利用するかたちでの統治——間接統治と呼ばれるようになる手法――を奨励している。かくして、アフリカ人が自らの「伝統」を維持しながら自由な経済活動を行うことが彼らの福利を高めるのであり、それをアフリカ人の基本的な権利として尊重しなければならないという結論が導かれるのである。(16)

もちろん、ホルトは商人であり、その主張は自身の経済的利害関心とも結びついていた。彼はアフリカ人との自由な貿易を望んでいたが、白人プランテーション経営者や植民地当局が貿易活動の制限や課税によりそれを妨げているとみており、そのような現状に不満を抱いていた。ホルトの主張の背後に、そうした制約を除去し、自身の会社がより収益をあげられるようなビジネス環境の実現を目指す思惑があったことはたしかだろう。彼はそのような野心に帝国フィランスロピーの装いを施すことで、従属異民族の救済に関する新たなイデオロギーの登場を促したのだった。(17)

リヴァプール・セクトと密接な関係をもち、その主張の宣伝者となったのはE・D・モレル（Edmund Dene Morel, 一八七三～一九二四年）である。コンゴ改革運動――ベルギー王レオポルド二世の私領であったコンゴ自由国（一九〇八年からベルギー領コンゴ）でアフリカ人労働者が厳しく搾取されている実態を批判し、その改革を約束させることで、二〇世紀初頭のイギリスにおける帝国フィランスロピーのクライマックスをなした運動――の主導者としても知られる。(18) リヴァプールの船会社で働きながらアフリカ問題についての論説も発表していたモレルは、一八九九年にホルトと出会い、共闘関係を築いていった。ホルトの主張を大部において受容したモレルも、自由な貿易が「文明化の最良の担い手」であるとし、アフリカ人にとって馴染みのない法や制度を強要するよりも、商業関係を強化する方が彼らの発展をより促すと主張した。彼はさらに、アフリカ人の土地所有権も擁護した。土地は、アフリカ人が自らの財を生産するのに不可欠で、そこからの収穫物が貿易の商品となる。逆の言い方をすれば、十分な土地がなければ、アフリカ人は交易で売るべき商品を生産できない。アフリカ人の「発展は自由な交易に依拠している。そして、自由な交易は農民の土地所有権に依拠している」のである。(19) 加えて、そのような土地において自らの裁量で労働し、その結果として得た生産物を自由に処分する権利もまた擁護されなければならない。よって、白人資本家たちがアフリカ人を安価な労働力として搾取し、現地の天然資源やそこでの生産物を収奪することは許されない。かくしてモレルは、土地、生産物、労働、身体に対する所有権を人間の基本的権利とみなし、それを保護することが帝国フィランスロピーの主目的だと定義したのである。[20]

リヴァプール・セクトとモレルに対する思想的影響という点では、女性旅行家として西アフリカを探検したメアリ・キングズリの存在が重要である。[21] 彼女はアフリカ人社会の独自性とその慣習を擁護し、アフリカ人の意に反してヨーロッパの倫理規範や物質生活を押しつけようとする福音主義者らの試みを批判したが、そうした主張は帝国フィランスロピーの言説、わけても人権イデオロギーに強いインスピレーションを与えた。ここに、現在の言葉で言うところの文化相対主義の思想が帝国フィランスロピーと結びつくことになった。他方で、キングズリはアフリカ人を白人と社会的に対等な存在とみなしていたわけではない。アフリカ人の精神は規律を欠き、とくに産業技術において劣ると彼女は言う。しかし、解決策はある。貿易である。キングズリは、白人との貿易を通じて、アフリカ人が規律意識と産業技術を発展させることができると考え、それはアフリカ人社会における福利の増大に寄与すると主張した。ヨーロッパとアフリカは対等ではないが、互いの違いを認めたうえでの貿易関係は相互に利益をもたらすだろう。このような思想はリヴァプール・セクトの主張と近似しており、実際にホルトとキングズリは親しい関係にあった。モレルもまたキングズリから多くを学びつつ、アフリカ人の自由と発展は文化相対主義に依拠することでよりよく保障されると説いた。[22]

人権イデオロギーの主張は、これまでみてきた他の帝国フィランスロピーのイデオロギーと異なる点が多い。たとえば非白人社会に対する姿勢をめぐり、福音主義フィランスロピーと人権イデオロギーはしばしば対立した。前者が文明化の名の下での現地社会への積極的介入、そしてそのラディカルな改変を主張したのに対して、後者は文化相対主義の見地から非白人に西洋文明を強要することを批判し、その独自性を一定程度尊重しようとしたからである。事実、人権イデオロギーの主唱者ホルトは、福音主義者（とくに宣教師たち）がアフリカ人の魂の救済に情熱を傾ける一方で、身体と物質における福利や彼らの権利に関心を払ってこなかったと述べている。[23] さらに、人権イデオロギーは信託イデオロギーとも見解を異にしていた。後者が被後見人の自立を留保し続けることで帝国支配の維持をはかろうとしたのに対して、前者は普遍的な権利を非白人にも認めることで帝国支配を脅かす可能性を自らのうちに秘めていたからである。[24]

他方で、三つのイデオロギーには共通点と連続性もあった。すなわち、いずれも帝国支配のあり方に条件を付してそれに該当しない統治の態様を批判する一方、イギリス帝国の存在そのものを否定することはなかった。後述のように、人権イデオロギーの唱道者たちですら、実際にはイギリス帝国支配の継続を前提に先住民の保護を訴えていた。また、三つのイデオロギーは時系列において異なる時点で出現したが、あるイデオロギーの登場によって他のイデオロギーが淘汰されてしまったわけでもない。世紀転換期に人権イデオロギーが台頭してきた一方で、帝国フィランスロピーにおける福音主義のイデオロギーは二〇世紀前半でも影響力を維持した。異なるイデオロギーを唱える人々が共通の目的のために共闘することもあったし、複数のイデオロギーが混合して新たな主張が生成されることもあった。帝国フィランスロピーは一定の共通原則をもちながら、異なる時空間で異なるかたちをとって顕在化したのである。

（2）APSの設立と組織

ⓐ設　立

一八三三年にイギリス帝国内での奴隷制廃止が決議されると、植民地やその周辺地域に住む先住民に対する白人植民者の抑圧・搾取が関心を集めるようになった。こうした問題を検討すべく、一八三五年には原住民に関する特別委員会が議会によって設置された。同委員会が一八三七年六月に提出した報告書は、帝国フィランスロピーの実践がイギリスの責務であることをうたった。

文明をもたない人々との関係については、ふたつのことを考慮する必要がある。ひとつは、私たち［イギリス人］が彼らに多大な恩恵を与える能力を有しているということ、もうひとつは、私たちが行う侵略に対してたとえそれが不正で有害であっても彼らが抵抗する術をもたないということである。両者の不均等な力関係、すなわち一方の強さと他方の無力の下で、彼らの権利を擁護していくためには、新たに、そして、否応なく、私たちの慈悲深い保護が必要とされるのである。[25]

同じ年、特別委員会の議論からも影響を受けつつ、イギリス帝国内外で非白人の救済を目指す団体が誕生した。原住民保護協会（ＡＰＳ）である。以下ではＡＰＳに焦点をあてながら、世紀転換期に現れた帝国フィランスロピーの言説と実践を具体的に検討するが、まずは協会の組織的特徴をみておこう。

ⓑ組織・ネットワーク・活動

ＡＰＳは、篤志協会型のチャリティであった。[26] 篤志協会型チャリティとは、「発起人たちがある目的を掲げて寄付を募り……おもにその寄付金収入に立脚して運営される、一七世紀の末頃からあらわれはじめたフィランスロピの一形態[27]」のことである。会員は主に中間層の男女からなり、会員が出席する年次総会で毎年の活動成果が報告され、あわせて人事案と年次報告書の内容が承認された。会員から選出された少数のメンバーが構成する運営委員会が会務を執行したが、日常業務を担う有給で専任の書記を雇用する組織もあった。ＡＰＳもその例に該当し、一九世紀後半から二〇世紀初頭までの期間にＦ・Ｗ・チェッソン（F. W. Chesson, 一八三三〜八八年〈在任一八五五〜八八年〉）とＨ・Ｒ・フォックス・ボーン（後述）が書記を務めた。彼らは実務への精通という点でも、在任期間の長さという点でも、ＡＰＳの活動や主張に大きな影響を及ぼした。実際、ＡＰＳが頻繁に連絡をとった植民地省では、「彼らこそがＡＰＳである」と認識されていたという。[28]

ＡＰＳのような篤志協会型のチャリティにとって重要だったのが、会員（寄付者）である。とくに会長、および名誉職の意味合いが強い副会長の人選は、団体の権威付けや信用を高めるために重視された[29]。Ｈ・Ｃ・スワイスランドは、ＡＰＳが人的ネットワークの形成という点では苦戦を強いられており、副会長のリストには数名の爵位貴族と国教会主教が名を連ねる程度だったと述べているが、実際には准男爵やナイト爵保有者、下院議員らが多く含まれていた。このなかには議会における反奴隷制運動の指導者で一九世紀前半のイギリスを代表する帝国フィランスロピストであったバクストンなど、協会の活動に積極的に参加した者もいた。会員の多くは専門職や商売を営むミドルクラスであり、宗教の点では非国教徒のクエーカーと福音主義者が大勢を占める。政治信条に関しても、多くが自由党支持者だった[30]。

それと同時に、ＡＰＳは植民地現地に支援者を得ることを重視した。これらの人々は年会費の支払いや寄付を通じて財務面で協会を支えるだけでなく、植民地現地の事情を知らせるインフォーマントとしての役割も担ったからである。主たる情報提供者となったのは商人や聖職者であり、とくに各地に派遣されていた宣教師は貴重な情報源だった。加えて、ミッション学校などで西洋教育を受けた非白人のなかにも、ＡＰＳと協力関係を築く者がいた。南アでいえば、一九世紀後半の東ケープで活躍したアフリカ人ジャーナリスト・政治指導者であるジョン・テング・ジャバヴ（John Tengo Jabavu, 一八五九〜一九二一年）やカークランド・ソガ（Allan kirkland Soga, 一八六一〜一九三八年）、西ケープのカラード指導者であるアブドゥラー・アブドゥラマン（Abdullah Abdurahman, 一八七二〜一九四〇年）らが、ＡＰＳと頻繁に書簡のやりとりをしていた。さらに、植民地統治に携わった行政官や法曹のなかにも、ＡＰＳの活動に一定の理解を示す者たちがいた。南ア高等弁務官のヘンリ・バークリー、マラヤ首席判事のベンソン・マクスウェル、ニュージーランド総督などを歴任したアーサー・ゴードン（スタンモア男爵）、香港やモーリシャスの総督を務めたジョン・ヘネシーらである。これらの協力者から、植民地や周辺地域での非白人や彼らに対する差別、迫害、搾取についての情報を入手し、イギリス国内でその実態を知らしめるとともに、抑圧を受けている非白人の「代理人」として国民や政府に「慈悲深い保護」を要請することが、ＡＰＳの主な活動であった[31]。

先述した帝国フィランスロピーの言説類型を念頭にＡＰＳの主張をみていくと、一九世紀末までは福音主義フィランスロピーのイデオロギーが強かったといえる。その基本的態度は、法の下の平等に基づき植民地の非白人に対しても白人と同等の権利を与えることを要請しつつ、非白人の福利を増進するために福音主義キリスト教と西洋文明の普及を奨励するというものだった[32]。同時に、非白人の土地に対する権利の保護を強く訴えた点も、ＡＰＳが唱える帝国フィランスロピーの特徴のひとつだった[33]。

一九世紀後半に列強諸国間の植民地争奪戦が激化すると、ＡＰＳは介入主義的な主張を強めていった。非白人はイギリス支配下で最良の保護を受けられるとの信念に基づき、いまだ植民地化されていない地域をイギリスが他国に先駆けて併合することで、帝国フィランスロピーの目的が最もよく達成されると考えられたのである。それゆえＡＰＳは、フィジー、バストランド、ゴールドコースト、ベチュアナランドなどでのイギリス支配の樹立を熱心に唱道した[34]。

一九世紀末までのイギリスにおいて、民間事業のフィランスロピーが自らと国家との間に一線を画そうしていたことを知る立場からすると、ここにみられるような国家との親密な関係は、フィランスロピーの原則から逸脱しているようにも映る。しかし、金澤が指摘するように、植民地住民を対象とするフィランスロピーでは、国内における官と民の相互不干渉という原則とは逆に、民間のチャリティ団体がしばしば国家の協力を歓迎し、いわば官民一体での救済を志向する事例もみられた[35]。ＡＰＳも必要とあらば国家と協働し、帝国フィランスロピーの理念を具現化していくことを目指した。

（3）世紀転換期のＡＰＳ

ⓐ世紀転換期のイギリス

一八七〇年代から九〇年代にかけての大不況は、イギリス社会にさまざまな影響を与えた。経済をマクロの視点から捉えれば、この時期にも賃金の上昇がみられたが、諸外国の工業化により国際市場での激しい競争にさらされた製造業のなかには大きな打撃を受けた業界もあった。たとえば鉄鋼業を主要産業にもつ都市では多くの失業者が生まれ、互助をベースとする民間の救済も限界に達しつつあった。景気後退期に税収が減ることで、救貧法体制も動揺した。貧困が深刻化し、失業者や貧民がこれまで以上に可視化されるようになると、人々はそこに「悲惨」をみいだし、新たな「問題」として認識するようになった。いまや貧困は「社会問題」として理解されるようになったのである。(36)

社会問題としての貧困の「発見」は、貧困へのまなざしとそれに対する救済の再編を促した。それまで貧困の主因は、労働可能にもかかわらず働いて自活しようとしない態度、すなわち怠惰に求められる傾向が強かった。この認識自体はその後も残るが、世紀転換期になると、真面目で勤勉な労働者も貧困や失業の犠牲となっている実態がさまざまな社会調査を通じて浮き彫りになり、貧困の原因として社会や経済といったシステムないし構造がクローズアップされるようになった。そうしたなかで、フィランスロピーの内部でも新しい動きが登場してくる。たとえばサミュエル・バーネットが主導したセツルメント運動は、スラム街での貧民との交流を通じて「持てる者」と「持たざる者」の間に親密な関係を築くことで、真に必要な救済を提供しようとした。さらに、芸術や学芸の振興を通じてシティズンシップの涵養をはかる文化的フィランスロピーや、経営者が率先して従業員の福利厚生を拡充する企業福祉などの試みも各地で行われるようになっていった。(37)

だが、貧困や失業が社会問題である以上、個人の自助努力や民間の自発的救済のみでそれに対応するのは限界がある。当初は地方自治体が社会政策の主体となったが、周期的な不況の影響もあり、世紀転換期にかけて財政的な負荷が高まっていった。かくして、救貧の主体としての国家に対する期待が強まり、ここにおいて貧困や失業、そしてそれを是正する福祉が国政上の課題として認識されるようになった[38]。二〇世紀に入り救貧と福祉の複合体における公助のプレゼンスが拡大すると、フィランスロピーは国家との有機的連携を志向するようになる。救援ギルドや社会サーヴィス協議会がその代表例で、国家が必要最小限の救済を提供し、フィランスロピー団体がケースワークによる貧困の実情把握や個別具体的な救済を提供するという相互補完的な役割分担が目指された[39]。

他方で、この時期には、貧困や失業に対処しつつ労働者の立場の向上や新しい社会を構想する動きが登場してくる。そのひとつは、労働運動である。大不況から最も甚大な影響を受けたのは、相対的に賃金が低く、雇用も安定しない不熟練・半熟練労働者たちだった。熟練労働者の互助組織という性格が強かった労働組合から排除されてきたこれらの人々は、一九世紀末になると自ら新しい組合を組織し、団結を強めていった。これら新組合ないし一般組合は、各地で労働争議を繰り広げてゆく。

第二に、社会主義である。社会主義系の団体としては、たとえば一八八一年にマルクス主義者のハインドマンが立ち上げた民主連盟があり、八四年には社会民主連盟に改称された。同じく一八八四年に結成された非マルクス主義のフェビアン協会には、ウェッブ夫妻やバーナード・ショーらが加わり、漸進的な社会改革を唱えることで徐々に影響力を増していった。社会主義団体は、当初は地方レベルで賃金や労働条件の向上、公共事業を通じた失業対策、公的老齢年金の創設などを主張していたが、一八九〇年代になると国政レベルでの政治活動に本腰を入れるようになっていった[40]。

当初、政治的には自由党を基盤に労働者の集団的自助をはかろうとした労働運動と社会主義団体との間には、一定の懸隔が存在していた。しかし、大不況の影響下で労組の交渉力が弱まり、技術進歩により熟練労働者の失業も増加する状況で、労働運動の内部では独自の労働者政党を立ち上げようとする動きが出てきた。その過程で、雇用の保障や公的な老齢年金といった社会主義団体の提言に対する関心が労働者の間でも高まり、一八九〇年代には、労働運動と社会主義者の関係は徐々に強まっていった。その結果、一九〇〇年には、独立労働党、フェビアン協会、社会民主連盟などの社会主義団体と、労働組合会議の政治部門が連合して労働代表委員会が結成された[41]。

もっとも、世紀転換期イギリスの社会主義とそこへの労働者の参加は、古典的な社会主義理論が描くような階級政治の形成を必ずしも意味したわけではない。むしろ当時の社会主義で用いられたのは、労働運動が内包していた民衆的急進主義の言語だった。それは、イギリス社会の構成員を「勤労者」と「不労者」に二分するもので、現状を勤労者が不労者――勤勉ならざる労働者や不労所得を得ている富裕層――の犠牲になっている状態と認識し、そうした状態を社会主義的政策により改善することを目指すものであった[42]。他方で、マルクス主義的社会主義に対する労働組合の疑念は根強く、一九〇一年には社会民主連盟が労働代表委員会から離脱している。その後、労働代表委員会は、野党自由党と秘密裏に選挙協定を結び、一九〇六年には労働党と改称し、徐々に党勢を拡大していった。

第三に言及すべきは、新自由主義（ニュー・リベラリズム）である。新自由主義は従来の自由主義（古典的自由主義）に対する批判として提起され、思想として陶冶されていった。古典的自由主義は個人を重視し、個人の自由に対する抑圧や介入を批判する一方で、自助という理念に端的に表現されるように、成功も失敗も個人の努力次第という自己責任を強調する傾きが強かった。しかし、大不況期になると、貧困の原因を個人のみならず社会や経済構造に帰する認識が広がった。そうした状況で、新自由主義者たちは、政府の圧政や他者の介入を受けないことに加えて、個人が自らの能力を高める条件を整えることもまた自由の重要な構成要件であると主張し、そのような自由を保障し社会正義を実現するためにも、国家がより能動的な役割を果たすことを求めるようになっていった。貧困との関連でいえば、たとえば新自由主義の理論的支柱であったL・T・ホブハウスは、不労所得、相続財産、地価上昇がもたらす利益は社会の共同財産（社会財）であり、社会の成員は社会財の産出者として国家に対して最低限度の保障（ミニマム）を請求する権利をもつと主張した。国民が雇用や生計を維持できない場合には、国家が社会財を分配し、生存権や労働権といった社会権を国民に保障しなければならない。こうしてホブハウスは、国家がミニマムを提供することで、社会の成員が自由を享受できる環境を整備する必要性を訴えたのである[43]。

新自由主義者たちのひとつの拠点となったのが、一八九四年に設立されたレインボー・サークルだった。機関誌の『プログレッシヴ・レヴュー』は一八九六年の創刊号に新自由主義の目的を掲載し、ここに政治社会運動としての新自由主義が本格的に始動する。ホブハウス、ハーバート・サミュエル、J・A・ホブスン、C・F・G・マスターマン、チャールズ・トレヴァリアンらが中核を占め、その多くは自由党急進派に属する人々だったが、社会主義者のJ・ラムゼイ・マクドナルド（James Ramsay MacDonald, 一八六六〜一九三七年）らも運動に参加していた。レインボー・サークルは決して一枚岩ではなく、メンバー間の意見の相違も目立ったが、個人がより高次の物質的・倫理的生活を獲得するために、合理的な政治・経済の理論に基づく社会政策の実現と、そこでの国家の役割拡大を求める姿勢を共有していた[44]。対外的には、彼らは社会主義者と同様に「勤労者」と「不労者」という急進主義の言語を用いて自らの主張をアピールしようとした。富裕層が手にする過剰な不労所得を社会に還元することで、リスペクタブルな勤労者の生活を保障するというのがその主張の要諦だった[45]。それと同時に、レインボー・サークルは帝国にも関心を向けていた。たとえばサミュエルは、植民地でも社会改革を推し進めることで、帝国の紐帯が強化されると説いている[46]。そうしたなかで、帝国主義を体系的に分析したのはホブスンであるが、彼については後述する。

ⓑ APSに集った人々

以上のような世紀転換期の社会的・思想的文脈のなかで、APSは従来とは異なる帝国フィランスロピーの主張を展開するようになっていった。従来は帝国の拡大を通じて非白人を保護するべきだと主張してきたが、いまや協会は露骨な帝国拡大論から距離をおくようになった[47]。むろん、イギリス帝国の存在そのものを否定したり、その拡大に無条件で反対したりしていたわけではなかったが、APSの帝国フィランスロピーは明らかにそれまでとは異なるトーンを帯びはじめたのである。

世紀転換期のＡＰＳの活動に携わっていたのは、どのような人たちだったのか。一八九九年の年次報告書[48]に記載された役員一覧をみながら、その特徴を探ってみたい。当時の会長は自由党下院議員のアルフレッド・Ｅ・ピース（Alfred Edward Pease, 一八五七〜一九三九年）だった。著名なクエーカー一族の出身で（のちに国教会に改宗）、一八八五年から自由党議員を務め、グラッドストン派としてアイルランド自治と自由貿易を支持した。南ア戦争を批判したが、戦後は開戦の過程で主要な役割を果たした南ア高等弁務官アルフレッド・ミルナーの招きでトランスヴァールに赴き、バーバートンの治安判事に就任した[49]。

次に、年次総会で選出され、協会の運営と業務執行を担った運営委員会のメンバーをみてみよう。一八九九年当時の運営委員会のメンバーは一七名だが、そのうち四名は現職の下院議員だった。炭鉱経営者でありながら労働者の人気が高かったとされる自由党議員トマス・ベイリー（Thomas Bayley, 一八四六〜一九〇六年[50]）、インク製造会社を経営する保守党議員Ｈ・Ｃ・スティーブンス（H. C. Stephens, 一八四一〜一九一八年[51]）、マンチェスターの商人でグラッドストン派の自由党議員だったチャールズ・スワン（Charles Schwann, 一八四四〜一九二九年[52]）、自由党急進派で南ア戦争後の自由党政権にて要職を歴任するレジナルド・マッケナ（Reginald McKenna, 一八六三〜一九四三年[53]）である。この他に、国政経験者（のちに再選され議員に復帰した者も含む）としては、ジョン・ブライトの長男Ｊ・Ａ・ブライト（J. A. Bright, 一八四八〜一九二四年[54]）、自由党急進派でジョゼフィン・バトラーの性病法反対運動や労働組合運動を支援したＣ・Ｈ・ホプウッド（Charles Henry Hopwood, 一八二九〜一九〇四年[55]）、会衆派牧師だったがリベラルな神学を唱えたことで聖職から追われ自由党急進派議員となったＪ・アランソン・ピクトン（James Allanson Picton, 一八三二〜一九一〇年[56]）、ウェスリアン・メソディストの商人で自由党議員を務めたアレクザンダー・マッカーサー（Alexander McArthur, 一八一四〜一九〇九年[57]）らがいた。女性メンバーも二名おり、このうちエレン・ロビンソン（Ellen Robinson, 一八四〇〜一九一二年）は女性参政権論者で、労働者の間でも運動を広げようとした人物である。[58] もうひとりのジェイン・コブデン・アンウィン（Jane Catherine Cobden Unwin, 一八五一～一九四七年）はリチャード・コブデンの娘で、自由党急進派に近く、アイルランド自治を支持していた。彼女も女性参政権論者である。[59]

副会長に目を転じると、一八九九年のリストでは二四名の名前を確認できる（うちスワン、スティーブンス、マッカーサーの三名は運営委員会メンバーを兼任）。副会長は団体の権威を高めるための名誉職としての色合いが強いが、なかには会の活動に積極的に参加する者もいた。その筆頭は、チャールズ・ディルク（Charles Dilke, 一八四三～一九一一年）である。ディルクは第二次グラッドストン政権で閣僚を務め、一時はグラッドストンの後継者とも目されたが、女性関係をめぐる疑惑で評判を落とし、その可能性は閉ざされた。だがその後も政治活動は続け、急進派議員として労働問題や帝国問題で発言を繰り返し、帝国フィランスロピーの主張を代弁し続けた。[60] 他にも、APSのために積極的に活動した人物としては、自由党急進派議員のレオナード・コートニー（Leonard Courtney, 一八三二～一九一八年）、[61] 自由党議員でのちにAPS会長に就任するW・ブランプトン・ガードン（William Brampton Gurdon, 一八四〇～一九一〇年）、自由党急進派議員でのちにセーブ・ザ・チルドレン会長も務めるフィリップ・スタンホープ（Philip Stanhope, 一八四七～一九二三年）[62] などがいた。

写真１　チャールズ・ディルク

出典）Dean Pavlakis, *British Humanitarianism and the Congo Reform Movement, 1896–1913*, London and New York: Routledge, 2015, 47.

以上の組織分析からまず言えることとしては、APSの主要メンバーの大部分が自由党に属しており、そのなかでも急進派と目されていた者が多かったということである。帝国主義の批判者たちの思想と系譜を分析したバーナード・ポーターの著作によると、自由党急進派の帝国に対する姿勢には、リベラリズムの二つの伝統が顕著にみられた。ひとつはコブデンとブライトが唱えた自由貿易の思想に依拠して、帝国主義を国際分業に基づく経済的利益の増大を妨げる運動とみなし、帝国の問題には可能な限り関与すべきではないと主張するものである。もうひとつは、同じく自由貿易の原理に依拠しながらも、非白人との合法的な貿易を通じて奴隷貿易と「野蛮」を撲滅し、同時に、非西洋地域に「文明の恩恵」をもたらすという考えであり、こちらは先述した福音主義フィランスロピーのイデオロギーと合致する思想といってよいだろう。前者が帝国問題への介入そのものを忌避する一方で、後者は非西洋地域の「文明化」を志向しており、その意味で帝国拡大を支持していた点に違いはあったが、自由貿易を肯定する姿勢は共通していた(63)。

だが一九世紀末になると、自由党急進派は新たな問題への関心を深めていくことになった。それは、資本家と帝国主義の関係である。たとえば南部アフリカを舞台にしたジェイムソン侵攻事件（次節）や、セシル・ローズのイギリス南アフリカ会社によるマタベレランドの征服は、資本家たちが私腹を肥やすために政治権力に圧力をかけて帝国の拡大を実現しようとした典型例とみなされ、急進派による厳しい批判の対象となった。帝国主義から利益を得ようとする資本家たちがイギリスを無益な戦いに巻き込み国富を浪費させている、カネと政治は切り離さなければならないという主張が、声高に唱えられるようになった。加えて、急進派は、弱肉強食の原理と力を崇拝し戦争を賛美する心性であるジンゴイズムに対しても批判の矛先を向けた。それが国際平和を揺るがし、イギリスに暴力を称揚する文化を浸透させることで国民の退化を招くと考えたからである(64)。

ＡＰＳの唱える帝国フィランスロピーの主張が、ここでみた自由党急進派の主張と完全に一致していたわけではない。先述の通り、急進派のなかにもさまざまな思想があり、たとえば帝国に関わる問題には可能な限り介入すべきではないと主張する人々は、ＡＰＳが訴えた非白人の保護や彼らの福利増進にはほとんど関心を示さなかったとされる(65)。他方で、ＡＰＳの帝国フィランスロピーの言説が急進派のそれと重複する部分も大きかった。とりわけ、資本家と帝国主義の関係に対する批判的なまなざしは、次に検討する南ア戦争の時期に顕在化してくる。さらに、自由貿易への支持という点でも、両者の親和的な関係がみてとれる(66)。ＡＰＳの運営委員会にコブデンとブライトの実子が名を連ねていたのは象徴的だが、次に紹介する書記のボーンも熱心な自由貿易主義者であり、それは彼（およびＡＰＳ）と帝国フィランスロピーにおける人権イデオロギーを結びつけるものでもあった。

次に、宗教の観点からＡＰＳの特徴をみておきたい。副会長にはヘリフォード主教なども名を連ねていたが、協会内部に自由党支持者が多かったことからも推測できるように、メンバーの多くは非国教徒で、わけてもクエーカーの存在感が強かった。会長のピースをはじめ、運営委員会のなかではブライト、ロビンソンがクエーカーであり、その他のメンバーにもフランシス・Ｗ・フォックス、ヘンリ・ガーニーなど著名なクエーカー一族出身者が含まれる。副会長では、会長ピースの父親ジョゼフ・Ｗ・ピースはもちろん、アーサー・オルブライト（Arthur Albright, 一八一一～一九〇〇年。リン製造業者でマッチを発明）、ジェイムズ・クロッパー（James Cropper, 一八二三～一九〇〇年。製紙業者、のち国教会に転向）、エドワード・フライ（Edward Fry, 一八二七～一九一八年。法律家、動物学者）、トマス・ホジキン（Thomas Hodgkin, 一八三一～一九一三年。銀行家、歴史家。著名な医師でもあり、初期のＡＰＳを主導した同名のトマス・ホジキンの甥）、ジェイムズ・レキット（James Reckitt, 一八三三～一九二四年。実業家。企業福祉の先駆者）、Ｒ・スペンス・ワトソン（R. Spence Watson, 一八三七～一九一一年。全国自由党連盟の幹部）、ジョージ・キャドバリー（George Cadbury, 一八三九年～一九二二年。製菓会社経営）、ジョゼフ・ラウントリー（Joseph Rowntree, 一八三六～一九二五年。製菓会社経営）などがクエーカーである。帝国政策で保守党政権に批判的な自由党急進派や、平和主義を掲げるクエーカーの存在が、ＡＰＳの帝国問題に対する姿勢、とりわけこれからみる南ア問題への態度に大きな影響を及ぼしたことは間違いない。

もっとも、すでに述べた通り、ＡＰＳの日常業務を差配し、現場でその活動を支えていたのは有給で専任の書記だった。その意味で、書記の個性と信条がＡＰＳの方針に大きく作用したのは疑いようがない。次に、世紀転換期のＡＰＳの運営を担った書記のボーンに目を向けてみよう。

ⓒＨ・Ｒ・フォックス・ボーン

Ｈ・Ｒ・フォックス・ボーン（Henry Richard Fox Bourne, 一八三七～一九〇九年〈在任一八八九～一九〇九年〉）は、

写真2　H・R・フォックス・ボーン

出典）*Aborigines' Friend* (May 1909).

ジャマイカの治安判事で奴隷制廃止論者でもあったスティーヴン・ボーンとエリザベスの子として生まれた(67)。一八五五年に陸軍省の事務官に採用されたが、役所勤めの傍らでさまざまな新聞や雑誌に寄稿するなどジャーナリストとしても精力的な活動を行った。一八六二年には、ウォリントンの製鉄工場主の娘エマと結婚している。一八七〇年、ボーンは陸軍省を退職し、ジャーナリズムの世界で身を立てていくことを決意した。その後は、自由党急進派の立場から主に労働者向けの新聞で政治改革や社会改良を訴える一方、イングランドにおける新聞についての著書を刊行するなど健筆をふるった。

一八八八年に当時ＡＰＳで書記を務めていたチェッソンが亡くなると、ボーンはその後任となった。彼は協会運営を取り仕切り、イギリス政府に請願書を送付したり、機関誌である『アボリジニの友（*Aborigines' Friend*）』を執筆・編集したり、新聞や雑誌に寄稿したりすることで、ＡＰＳの理念を世に知らしめようと努めた。

グラントによると、ボーンはコブデンを深く尊敬する熱心な自由貿易主義者であったという。その一方で、彼は貿易や商業上の利益のために、労働者を搾取することにきわめて批判的であった。ボーンはコンゴ改革運動でも主要な役割を果たし、帝国フィランスロピーにおける人権イデオロギーの主唱者でもあったモレルの主張にも影響を与えたとされる(68)。実際、ボーンも先住民の土地に対する権利をとくに重視し、それを継続的に保持することが非白人の生存に不可欠だと唱えており(69)、彼の思想が人権イデオロギーと大部において重なりあうものだったことは間違いない。

このことは、ボーンのアフリカ人社会へのまなざしからも確認できる。モレルとリヴァプール・セクトがそうであったように、彼もまたキングズリを介して文化相対主義の視点を学んだ。実際、ボーンは西アフリカに関する自著のなかでキングズリの著作にたびたび言及してこれを称賛したり、キングズリを顕彰する目的で結成されたアフリカ協会にも会員として名を連ねたりしていた[70]。また、キングズリと同様、長期的には西洋文明の普及が望ましいとしながらも、現地の人々の意向を汲まずにそれを強要することには反対していた[71]。その一方で、両者の間には意見の懸隔もあった。キングズリがアフリカの「個性」を重視するがゆえに、ミッション学校などで西洋教育を受けたアフリカ人をある種の「似非アフリカ人」と批判したのに対して、ボーンはそうした人々も擁護し、彼らが政治的・社会的に白人と同等の地位を与えられるべきだと訴えている[72]。アフリカ人が自らの意志で西洋文明を身につけることは奨励すべきであり、もしその水準が一定程度に達したら、アフリカ人にも白人と同等の市民権を与えるべきだ。他方で、アフリカ人が独自の生活様式を維持したい場合は、それを選択する自由も尊重すべきであり、アフリカ人の意に反して西洋文明を強要してはならない。これが、ボーンの思想の要諦といえるだろう。自由主義的でもあり、同時に折衷的でもあるこうした姿勢の背景には、彼自身の信念に加えて、西洋教育を受けたアフリカ人がAPSの主要な協力者であったこと、協会内では「文明化」を重視する福音主義フィランスロピーのイデオロギーがいまだに一定の影響力を保っていたことなどの事情があったと考えられる。

ボーンと新自由主義の関係にも言及しておきたい。新自由主義は帝国主義に対する批判というかたちをとることもあった。国内での過少消費（過剰貯蓄）による海外投資の拡大と、それが生み出す巨大な利潤を保護することが帝国主義の動因だと主張したホブスンは、新自由主義の主要な論客のひとりだった。ホブハウスも、帝国拡大の根底にある軍事主義的・専制的イデオロギーが、本国での民主主義の進展に及ぼす悪影響を指摘している[73]。このうち、ボーンとホブスンの関係は興味深い。ホブスンは、現在に至るまで帝国主義研究の古典として名高い『帝国主義論』を一九〇二年に上梓したが、その第二部「帝国主義の政治学」に含まれる「帝国主義と劣等人種」と題した章のなかで、帝国支配下にある非白人たちを白人たちの経済的搾取に引き渡す「狂気の」帝国主義と、それらの人々の保護、教育、自己発展の促進に貢献する「健全な」帝国主義を区別し、後者を遂行するための条件を論じている。彼の考えによると、「文明国」が「劣等人種」を管理し教育するうえで重要なのは、現地住民の歴史や慣習を深く学ぶことである。これまで「劣等人種」と関わってきた貿易業者、軍人、旅行家、宣教師たちは、偏見を有していたり「科学的精神もしくは科学的訓練」に欠けたりしていたために、「人間生活の真面目な私心なき研究」を為してこなかった。しかし、最近では現地社会をつぶさに観察することで先住民たちの要望を真剣に理解しようとする試みがなされている。ホブスンはその代表例としてキングズリとAPSの調査を挙げ、これらを高く評価している。(74) さらに、ホブスンは筆を進めるなかでボーンの著作にも言及し、その「論評の的確さ」を称賛している。(75) ホブスンはAPSの会員ではなかったが、一九〇六年のAPS年次総会に主賓の一人として出席している（後述）。こうした事例はAPSが唱える帝国フィランスロピーと新自由主義が（常に密接とは言えないまでも）一定の関係性を有していたことを示唆している。

2　南アフリカ戦争と帝国フィランスロピー

（1）南ア戦争への道程

ⓐ植民地化の開始

本節から、帝国フィランスロピーの動向をAPSの南ア問題への姿勢にそくして具体的に分析していく。最初に取り上げるのは世紀転換期のイギリスにも大きな影響を与えた南ア戦争だが、まずは南アの歴史を概観しながら戦争へと至る道程を確認しておきたい。(76)

南部アフリカへのヨーロッパ勢力の進出は、一七世紀半ばに始まる。一六五二年にオランダ東インド会社（VOC）がヨーロッパとアジアを結ぶ東インド航路の中継点として現在のケープタウンに補給基地を建設し、ケープ植民地が成立した。ケープにはオランダをはじめとするヨーロッパ諸国から移民が入植し、その領域は徐々に拡大していった。これら初期移民の子孫たちは、やがてブール人（Boers, ボーア人とも。のちにアフリカーナーを自称）と呼ばれるようになる。ケープには牧畜を生業とするコエや狩猟採集民のサンが先住していたが、白人支配の拡大にともない植民地外への移動を強いられるか、あるいは白人に奉仕する労働力として植民地社会に組み込まれていった。さらにＶＯＣは、労働力確保の目的で他のアフリカ地域やアジアから奴隷を輸入した。この結果、ケープは多人種社会になっていった。

一九世紀初頭、イギリスがケープの支配権を握る。イギリスはアフリカ人の土地を次々と征服して植民地支配を拡大していった。イギリス支配の確立が進むなかで、主として東ケープのブール人らは新たな土地を求めて植民地外への移住を開始した（グレート・トレック）。このうち、東南部沿岸地帯沿いに移動したブール人の集団はやがてナタリア共和国を建国したが、一八四三年にはイギリスに併合されてナタール植民地となった。他方、北東内陸部に進出したブール人らは、トランスヴァール（一八五二年、正式名称は南アフリカ共和国）とオレンジ自由国（一八五四年）という独自の共和国を樹立した。

ⓑ鉱業革命

一八六七年、内陸部のハーツ川近郊でダイヤモンドが発見された。これをきっかけに世界有数のダイヤモンド鉱床の存在が明らかになると、キンバリーと名づけられた拠点を中心にダイヤモンド鉱業が急速に発展した。鉱山では採掘者どうしの熾烈な競争がおこったが、じきにバーニー・バルナト、アレフレート・バイト、そしてローズら少数の鉱山主による寡占が進んでいった。一八八七年までにローズが実権を握るデビアス社がキンバリー鉱山の支配権を握り、ダイヤモンドの生産を独占するようになった。ローズはここで築いた巨富をもとに政界に進出し、一八九〇年からはケープ植民地首相を務め、ケープ主導でのイギリス帝国拡大を推し進めた。

ダイヤモンド鉱業にとっての最重要課題のひとつは、安価な労働力の確保であった。当初はダイヤモンド採掘権を取得したアフリカ人やカラードも少数ながら存在したが、彼らは次第にそうした権利から排除されていった。非白人たちは白人に使役される労働者となり、その移動は身分証あるいは労働証明書として使用されるパスによって管理されることになった。労働者といっても、機械の操作などの熟練職は白人が独占し、アフリカ人はもっぱら危険な肉体労働に従事する非熟練労働者として扱われた。ほとんどが期間雇用の出稼ぎ労働者である彼らは、鉱山に付属する宿所であるコンパウンドに隔離され、自由な外出は禁止された。ここに、その後の南ア社会を特徴づける人種隔離の先例が形作られた。

ダイヤモンドの発見は、南部アフリカの植民地化という点でも大きな転機となった。周辺の各勢力はダイヤモンド鉱山一帯の領有権を主張したが、一八七一年にイギリスがグリカランド・ウェストという名の植民地として併合した。グリカランド・ウェストは一八八〇年にケープ植民地の一部となった。この出来事は、一九世紀後半の南部アフリカにおけるイギリスの勢力拡大の先駆けとなった。一八七〇年代から八〇年代初頭にかけて、イギリスは自らの政治的・経済的覇権の強化を目的に、南部アフリカの英領植民地とブール人共和国を統合した南アフリカ連邦の創設を試みた。連邦化を推進するイギリスはいまだに独立を保っていたアフリカ人の集団を征服する一方、一八七七年にはトランスヴァールを併合した。だが、イギリス支配への不満はやがて武装蜂起に発展し、ブール人はイギリス軍を打ち破った（第一次ブール戦争）。ここに、イギリスによる連邦化構想はいったん頓挫した。

一八八六年、独立を回復したトランスヴァールの首都プレトリア南方で、豊かな金鉱脈が発見された。金鉱脈は、リンポポ川水系とオレンジ川水系の分水嶺であるヴィットヴァーテルスラント（ラント）に沿って東西に広がっていた。二〇年前のダイヤモンドのときと同様、この発見はトランスヴァールにおける金鉱業の発展を促した。こうして、南部アフリカ経済は鉱山業を主軸に展開するようになり、それは同地の社会経済構造とともに、アフリカ人と白人の関係を大きく変えていくことになった。こうした変化を指して、鉱業革命という言葉も使われる。

ラントで成立した金鉱業でも、資本力をもつ鉱山会社が小規模事業者を吸収・合併しながら成長していった。もっとも、キンバリーとは異なり特定の会社の独占は実現せず、一九世紀末の段階でも一二四の会社が存在し、出資元であるヨーロッパの金融会社を中核とする九つのグループに分かれて事業を行っていた。ダイヤモンド鉱山と同様、金鉱業でも安価な労働力の確保が主要課題となった。金本位制下で金の最高価格が決められている以上、鉱山会社が利潤を増やすためには労働コストを可能な限り圧縮する必要があった。経営者たちは賃金の高い白人労働者の雇用を抑制し、アフリカ人を安価な非熟練労働者として使役しようとしたが、会社どうしの労働力確保をめぐる競争や、同じくアフリカ人労働者を求める白人農家からの圧力もあり、その実現は容易ではなかった。その一方で、アフリカ人労働者の管理においてはダイヤモンド鉱山の先例が参照された。ほとんどが期間雇用の出稼ぎ労働者であるアフリカ人たちは鉱山会社が用意したコンパウンドに隔離され、その生活は厳しい管理下におかれた。白人労働者とは異なり、アフリカ人労働者の労働運動は苛烈に鎮圧された。

ⓒ南ア戦争へ

金鉱脈の発見により、南部アフリカ経済の重心はケープ植民地からトランスヴァールへと移りつつあった。ケープ植民地首相ローズや、一八九五年にイギリス本国の植民地大臣に就任したチェンバレンにとって、トランスヴァールは南部アフリカでの覇権確立を目指すイギリスにとって最大の障害と映るようになった。一八九五年、トランスヴァール政府の転覆をはかる謀略を実行すべく、ローズの盟友ジェイムソンがトランスヴァール領内に侵入したが、企ては失敗に終わった。いわゆるジェイムソン侵攻事件である。首謀者のローズはのちに失脚した。

一八九七年、チェンバレンはミルナーを南ア高等弁務官に任命した。ミルナーはトランスヴァールに対して強硬な姿勢で臨んだ。トランスヴァールへの介入の手段として彼が利用したのが、アイトランダー（uitlander）の参政権問題である。アイトランダーはトランスヴァールにおける外国人の意味で、主に鉱山関連の職に就いており、多様な出自の人々から構成されていたが、大部分は英語を話した。金鉱業の発展とともにアイトランダーが増加するなかで、人口が少ないトランスヴァールはアイトランダーに対する参政権付与の条件を厳格化し、彼らが共和国の政治を支配するのを阻止しようとした。アイトランダーの多くはイギリス出身で、高い生活費やトランスヴァールの非効率な行政制度に不満をもっており、その雇い主である鉱山会社も、トランスヴァール政府による水・鉄道・ダイナマイト（鉱山開発に不可欠）の独占を批判していた。他方で、アイトランダーがトランスヴァール当局から迫害を受けていたわけではないし、そのほとんどが短期就労を目的にラントに来ており、参政権を強く求めていたわけでもなかった。

にもかかわらず、ミルナーは、アイトランダーの不満を誇張してトランスヴァールに改革を迫った。同時に彼は、一部のアイトランダーに働きかけてイギリスの介入を求める嘆願書を提出させ、トランスヴァール政府と鉱山会社の直接交渉を妨害した。その結果、イギリスとトランスヴァールの関係は悪化していった。ケープ植民地では一八九八年に成立したウィリアム・シュライナー政権が戦争回避に努めたが、ミルナーはトランスヴァール大統領ポール・クルーガーとの会談を打ち切り、戦争は不可避の状況になっていった。一八九九年一〇月、イギリス軍が増強される前に先制攻撃を仕掛けることを決意したクルーガーは最後通牒を送り、ここに南ア戦争の幕が切って落とされた。

（2）戦争を正当化する

ⓐ南ア戦争の開戦と戦争の大義

南ア戦争期のイギリスでは、開戦の原因や戦争の目的などをめぐりさまざまな議論が巻きおこった。当時のイギリス政府は、主に三つの論点を掲げて戦争を正当化した。トランスヴァールに住むイギリス系アイトランダーの参政権を確保すること、経済的に豊かな土地を手に入れてイギリス労働者階級に新たな雇用を創出すること、アフリカ人をブール人の抑圧から解放することである。[77] ここで注目したいのは、三つ目の点である。トランスヴァールとオレンジに住むアフリカ人はブール人から過酷な搾取を受けている、かかる抑圧から彼らを「救済」するのはイギリスの責務である、この戦争は残酷なブール人からアフリカ人を解放するための戦争である――このような、一見すると帝国フィランスロピーの言説と親和的な主張が、南ア戦争期を通じてさかんに喧伝された。ソールズベリ首相は、開戦から一週間を経た一八九九年一〇月一七日の貴族院での演説で次のように語っている。

将来において、イングランドの主権が［南アで］至上の地位を獲得することに疑いの余地はありません。白人たちは平等な地位を享受することになります。そして、私たちがしばしばその運命を忘れてしまいがちな多数の先住民族については、慈愛の精神に基づき、寛大で、よりよい待遇が受けられるよう十分な配慮がなされるはずです。……アフリカにおけるイングランドの権勢と国家の良き統治、そして、あらゆる人種の権利という崇高な目標こそ、現在イギリス政府が追求し、また、それが実現するまで周到に粘り強く追求し続ける目標であるということ、このことをぜひとも明記しておく必要があります。(78)

その二日後に下院で行われた討議でも、チェンバレンが「トランスヴァールでの原住民の扱いは、恥ずべきもので、残酷で、文明国にふさわしいものではありません(79)」と述べ、アフリカ人の救済がイギリスの主要な戦争目的であると力説した。こうしたイギリス政府首脳の発言も受けて、南ア戦争期にはアフリカ人の救済をめぐる多様な帝国フィランスロピーの言説と実践が顕在化することとなった。

ⓑアフリカ人の反応と親ボーア派

イギリス政府が唱えたアフリカ人救済の約束は、さまざまな反応を引きおこした。かたや、救済の対象であるアフリカ人たちは、この約束を大きな期待とともに受け止めた。とりわけ、ミッション学校などで西洋教育を受けたアフリカ人政治指導者層（エリート）の多くはイギリス支持の立場を鮮明にし、その戦争遂行への協力を惜しまなかった。こうした期待と信頼の背景には、ケープ植民地における非人種的（non-racial）選挙制度の存在があった。

南部アフリカにおけるイギリス支配の拠点であったケープには、一定の財産資格を満たす成人男子に人種の別なく選挙権を与える政治制度があり、実際にアフリカ人の有権者も存在していた。アフリカ人政治指導者らはケープの非人種的選挙制度をイギリスの「公正さ」の象徴として高く評価していた[80]。これとは対照的に、ブール人共和国はアフリカ人の政治参加を法的に排除していた。それゆえ、一部のアフリカ人政治指導者は、イギリスの勝利により共和国のアフリカ人はブール人のくびきから解放され、政治、教育、経済における権利と機会の拡大を享受できると信じていた[81]。これこそが、彼らが考える救済であった。

一八九九年一〇月にはケープタウンで大規模なアフリカ人の集会が開かれ、イギリスへの忠誠を誓う請願書が採択された。戦時中は、多くのアフリカ人が、斥候、スパイ、通訳、荷持、土工などとしてイギリス軍に協力する一方、エリートたちもマスメディアなどを通じてさかんにイギリス支持の論陣を張った[82]。一九〇一年にミルナー高等弁務官が「政治的権利をもつ能力があるか否かは人種ではなく文明の度合いが決定する」と発言すると、アフリカ人向け新聞の『南アフリカ・スペクテイター』は、イギリスの勝利によって隷属状態にあるアフリカ人が「抑圧から解放され、自由な人間となることができるだろう[83]」と論じ、イギリスの勝利に強い期待を表した。

もっとも、アフリカ人政治指導者のなかにも戦争を批判する者はいた。『インヴォ・ザバンツンドゥ』の編集者であったジャバヴは、そのひとりである。ケープのアフリカ人知識人のなかでも抜群の知名度と影響力を誇っていたジャバヴは、イギリスへの強い忠誠心を保持していたが、植民地政治において彼と友好的な関係にあった白人政治家（リベラル派）、および当時リベラル派と同盟関係にあったブール人の政治団体アフリカーナー・ボンドの動向にも留意する必要があった。リベラル派の一部とボンドはイギリス本国が主導する南ア戦争に反対していたので、ジャバヴも彼らと歩調を揃えて戦争を批判した。しかし、ジャバヴのような主張はアフリカ人政治指導者層のなかでは少数派であり、『インヴォ』の読者数は減少し、一九〇一年八月にはイギリス軍によって発刊停止に追い込まれた[84]。ジャバヴはＡＰＳと頻繁に書簡をやりとりしており、南ア問題に関する主要な情報源でもあったことから、協会は『インヴォ』に対する措置を「恣意的な弾圧」で、「ケープの原住民が獲得してきた独立と文化に戦争が及ぼした悪しき影響」と評して批判した。[85]

アフリカ人社会と同様、イギリス社会でも南ア戦争は賛否両論を巻き起こした。このうち、戦争を批判した人々は、戦争支持派からしばしば親ボーア派（Pro-Boer）と呼ばれた。もっとも、親ボーア派という言葉はそのようなレッテルを貼られた人々の信条を必ずしも正確に表してはいない。親ボーア派のなかでブール人の勝利を祈願していた者はほとんどおらず、多くは開戦に至るイギリスの外交・帝国政策や戦争の目的およびそのやり方を批判していたと言うほうが正しい。親ボーア派のなかには、アフリカ人の解放という戦争の大義を欺瞞として攻撃する者もいた。バプティスト牧師でフェビアン主義者でもあったジョン・クリフォードは、「原住民」という言葉は開戦間近まで語られていなかったとして、アフリカ人のための戦争という旗印は偽りであると喝破した。[86]とはいえ、親ボーア派は少数にすぎず、イギリスの世論は圧倒的に戦争を支持した。

（3）帝国フィランスロピーと戦争の大義

ⓐ戦争の評価をめぐって

南ア戦争は、帝国フィランスロピーの旗を前進させるか。この問いをめぐり、帝国フィランスロピストの内部に亀裂が生じた。一方では、戦争を支持する人々がいた。南アで宣教師および行政官として活躍しＡＰＳとの関係も深いＪ・Ｓ・モファットは、多くのアフリカ人がイギリスの勝利を期待しその戦争遂行を支援していると指摘したうえで、次のように主張した。「南ア全体をブール人が支配するのか、あるいはイギリス国旗の下であらゆる人々が正義と平等を享受するのか、この点が明確になるまで私は平和を唱えることはできません。これは、二者択一の問題なのです」。[87]

他方で、帝国フィランスロピストのなかには戦争に批判的な親ボーア派も多かった。とくにＡＰＳで顕著な存在感を誇っていたクエーカーは、平和主義の立場から戦争に賛同するのは難しかった。[88] これらの人々にとって、アフリカ人を解放するための戦いという大義名分にどう立ち向かうかは悩みの種だったが、多くは次のような論理を仕立てることでそれを乗り越えようとした。[89] すなわち、アフリカ人に対する暴力や搾取はブール人だけでなく南アのイギリス系植民者も行っており、ブール人の不正のみをことさらに強調して戦争を正当化することはできないという論理である。たとえばAPS副会長のレキットは、親ボーア派の立場から、「南アの多くのイギリス人植民者が同様の罪を犯しているにもかかわらず、ブール人による原住民の扱いのみを非難するのは公平とはいえない」と論じ、戦争を批判した。[90] もっとも、彼のような親ボーア派は、戦争支持派から「われらの敵を慰めることに精力を傾ける」フィランスロピストと呼称され、批判されていた。[91]

帝国フィランスロピストの内部で戦争への賛否がせめぎあうなかで、APSは戦争の評価について明言することを避けながら、アフリカ人の救済を訴えていく必要があった。そうした姿勢は、協会が一九〇一年一月に植民地省に送付した請願書からも読み取れる。ここでAPSは、戦後における白人住民の繁栄とともにアフリカ人の利益も念頭においた政策を実施するよう要請したが、戦争の是非には最後まで言及しなかった。[92] 帝国フィランスロピーの内部分裂を避けたいAPSの配慮を読み取ることができる。

ⓑボーンとアレン

しかし、一九〇一年後半になると、戦争に対するAPSのあいまいな姿勢が公共空間で批判にさらされることになった。それは、APS書記ボーンと、内外反奴隷制協会（British and Foreign Anti-Slavery Society: BFASS）名誉書記C・H・アレンとの論争というかたちをとった。BFASSはジョゼフ・スタージによって一八三九年に創設された団体で、平和主義を掲げ、当初はアメリカの奴隷制に主たる関心を置いていた。ほぼ同時期に創設されたAPSとは会員における重複も多く、とくに一八七〇年代以降は互いに活動領域を分けあいながら帝国フィランスロピーに取り組むなど、おおむね協調関係にあった。[93] その名誉書記であるアレンは、ボーンとともに当時を代表する帝国フィランスロピストだった。

事の発端は、一九〇一年八月三〇日の『タイムズ』に掲載された「APSとブール人」というボーンの投書である。[94]当時のAPSは、先述した事情もあり、戦争に対する態度を明言することを避けていたが、戦争支持派のなかには、ブール人の抑圧からアフリカ人を解放するための戦争をAPSも支持すべきであると指摘する者もいた。ボーンの投書は、そうした指摘への応答というかたちをとっている。ここでボーンは、ブール人に対するAPSの姿勢を次のように説明する。たしかにAPS内部では、ブール人の下でのアフリカ人の待遇、そしてそれを改善するとの名目で戦われている南ア戦争についてさまざまな見解が存在しているが、APSの基本原則は「原住民の権利」を擁護することにある。アフリカ人に対するブール人の抑圧は事実であり、APSもかねてからそれを批判してきた。[95]しかし近年では、ブール人のみならず現地のイギリス系植民者もまた「大規模で破壊的な圧迫を黒人に加えている」。そうであるならば、ブール人の下であれイギリス人の下であれ、アフリカ人が正当な待遇を受けられるよう政府に要請するのがAPSの責務である。イギリス系植民者への批判とブール人へのあいまいな姿勢のために、APSは親ボーア派のそしりを受けている。だが協会の最大の関心はアフリカ人の利益の保護にあり、アフリカ人の問題は「戦争をめぐる論争から切り離し、それ自体として」扱われるべきだ。

しかし、イギリス政府自らがアフリカ人の救済を戦争目的のひとつとして掲げている以上、アフリカ人の問題を戦争についての評価から切り離して論じることは困難だった。帝国フィランスロピストのなかにも、旗幟を鮮明にしないAPSに不満をもつ者がいた。アレンはそのひとりである。ボーンの投書を読んだアレンは、BFASS書記トラヴァース・バクストン（Travers Buxton, 一八六五〜一九四五年）に宛てた書簡のなかでそれを厳しく批判した。[96]ここでアレンは、ブール人がこれまでアフリカ人を「奴隷」として扱ってきたとし、ボーンがそれを無視していることを非難している。先述の通り、反奴隷制を基本理念のひとつとする帝国フィランスロピーでは、奴隷という言葉は自らの「敵」を攻撃するためのメタファーとして頻繁に使用された。そのような帝国フィランスロピーの伝統に照らせば、ブール人という「奴隷主」からアフリカ人という「奴隷」を解放するのは「反奴隷制」を国是とするイギリスの当然の責務ということになろう。少なくともアレンはそう考えており、そのような立場からすると、ブール人に対するボーンの姿勢はいかにも歯がゆいものだった。

さらに、アレンは親ボーア派にも厳しい言葉を投げかける。「ブール人は、［アフリカ人を］死ぬまで奴隷として用いた。もし独立が認められれば、彼らは同じことをするだろう。これこそが親ボーア派の望むことなのだ」[97]。明言こそしないが、アレンもまたボーンを親ボーア派とみなしていたと考えられる。実際、ボーンがイギリス人もブール人に劣らずアフリカ人を抑圧しているという親ボーア派に典型的な言説を用いていることに鑑みれば、ボーン自身が心情的に親ボーア派に近かったのは間違いない。そうした自明の事実を隠し、戦争の是非に対する明言を避け続けるボーンの姿勢がアレンをいらだたせたのである。

アレンはブール人に対するAPSの姿勢を糺す投書を送り、それは九月一一日の『タイムズ』に掲載された[98]。その際にアレンは自らとボーンの間で交わされた私的なやりとりを公表したため、これに怒ったボーンは『タイムズ』に反論を送った。ここでボーンは、ブール人に対する批判の手は緩めないとしつつも、イギリス系植民者も同様の搾取を行っておりそれを見逃すことはできないと繰り返した[99]。こうして、ブール人という「奴隷主」からアフリカ人を「救済する」ための戦争を支持するアレンと、イギリス人もブール人と同じ罪を犯しているとして戦争への支持を留保するボーンの対立が、『タイムズ』という巨大なマスメディアを媒介として公衆の目にさらされることになってしまった。

事ここに及んだいま、求められるのは迅速な対応である。APSとBFASSは帝国フィランスロピストの分裂を阻止すべく、すみやかな事態の収拾をはかった。まず、BFASS書記のバクストンがボーンに書簡を送り、アレンの見解がBFASSを代表するものではないことを断ったうえで、現下の情勢では両団体が「戦争についての意見の相違にかかわらず団結を示すこと」が重要だと訴えた[100]。ボーンもこれを受け入れ、アレンとのいさかいにより「[両団体]の友好関係が損なわれない」ことを望むと返答した。(101)では、アレンはどうなったのか。実はBFASS内部では、以前からアレンの好戦的な見解に対する批判の声が強かった。ある会員は、バクストンに対して次のような苦言を呈している。

最近届いた『反奴隷制報告』[BFASSの機関誌]では、C・H・アレンの署名付きで原住民に対するかつてのブール人の行為をけなす記述が多くのページでみられます。昨今イングランドを覆っているブール人へのきわめて反キリスト教的な感情をさらに煽るのは得策とはいえません。(102)

その後、ボーンとの「公開論争」を経て、アレンへの風当たりはますます強くなっていく。元インド高等文官でBFASS会員でもあったロバート・カストは、アレンの振る舞いを批判し、彼が名誉書記という肩書で「何かを発言したり書いたりする権利はない」と断じた。(103)逆風が強まるなかで、アレンは一九〇二年三月に名誉書記を辞任した。

南ア戦争は、アフリカ人「奴隷」を解放するための戦争として正当化されうるのか。この問いをめぐり、帝国フィランスロピーは分裂した。他方で、こうした対立にもかかわらず、ボーンとアレンの論争からは当時の帝国フィランスロピストが共有していたコンセンサスも確認できる。第一に、戦争への態度はともかく、ブール人がアフリカ人の救済を阻む障害であるという認識は双方が共有するものだった。また、両者とも、イギリス帝国がアフリカ人の福利に責任をもつべきとの信念は堅持し続けた。戦争批判派のボーンでさえ、イギリス支配が「部族間の戦いに終止符を打ち」、「文明」の恩恵をアフリカ人にもたらしたとし、母国がそうした「文明」の「長所をさらに拡大し強化していく」ことを大いに期待していた。(104)ここにみられるのはイギリス帝国への信頼であり、戦争を批判する帝国フィランスロピストは、帝国支配をも否定していたわけではなかった。

以上、戦争の是非をめぐる帝国フィランスロピーの内部対立をみてきたが、ひとつの問題が未解決のまま残されている。親ボーア派の帝国フィランスロピストらは、戦争への支持を留保する理由として、イギリス人もブール人に劣らずアフリカ人を抑圧していると語っていたのだが、それはいったいどういうことなのか。実は、ここで主に念頭におかれていたのは、特定の集団に属するイギリス人であった。すなわちそれは、南ア経済の原動力であるトランスヴァールの金鉱山を支配する資本家たちのことであり、彼らこそがアフリカ人の福利に対する最大の脅威であるとの言説が、世紀転換期の帝国フィランスロピー内部で広がりをみせていたのである。次にこの問題を検討していきたい。

(4) 資本家への不信と帝国への信頼

ⓐ金鉱山とアフリカ人労働者の問題

ラントの金鉱山で操業する鉱山会社にとって、労働コストの圧縮が喫緊の課題であったことは先述した。鉱山会社はアフリカ人を安価な労働力として用いることに解決策をみいだそうとしたが、必要な労働力を安定的に確保するのは容易ではなかった。この問題に対処すべく、一八八九年には鉱山会社が加盟する鉱山会議所が設立され、アフリカ人労働者の安定供給と賃金抑制がはかられた。鉱山会議所は先住民の有力者や政府と交渉を行うなどして労働力の確保に努める一方で、アフリカ人労働者の統制を強化するための諸制度の設立をトランスヴァール政府に働きかけた。たとえば一八九五年に鉱山会社の圧力の下で成立したパス法は、鉱山地区で働くアフリカ人労働者にパス(労働証明書、先述)の携帯を義務づけ、労働契約に違反した者には厳しい罰則を課すことで、労働者の移動・居住・就業を管理しようとするものだった。しかし、金鉱業の発展にともない労働需要も増大した結果、労働コストも上昇し、これまで以上に鉱山会社の利潤を圧迫するようになっていった。この過程で、鉱山会社は、労働力確保のために効果的な方策をとることができないトランスヴァール政府に対するいらだちを強めていった[105]。ホブスンの『南アフリカにおける戦争[106]』以来、こうした不満が南ア戦争開戦への圧力になったと言われることもある。南ア戦争がときに「金（gold）のための戦争」と評されるゆえんである。

実際には、当時金鉱山で働いていたアフリカ人労働者の多くがトランスヴァールの東方に位置するポルトガル領モザンビークから供給されていたことに鑑みれば[107]、トランスヴァール政府を打倒することがアフリカ人労働力の安定的確保に資するという説明はあまり説得力をもたない[108]。とはいえ、同時代の言説のレベルでは、戦争の背後に鉱山資本家と彼らに投資していたロンドンの金融資本家たちの野心があったという主張がそれなりに受容されていたこともまた確かである。野党自由党の大物政治家ウィリアム・ハーコートは、一九〇一年六月に次のように発言している。

> すでに述べたように、金の投機家がオランダ人［ブール人］との戦争を主導したのです。注意を怠れば、彼らは原住民の反乱を引き起こすでしょう。彼らの……目的は、強制労働と安価な労働力なのです[109]。

安価な労働力を求める資本家の策謀が南ア戦争を引きおこしたという説は、当時、自由党急進派、労働組合主義者、社会主義者、新自由主義者などによってさかんに喧伝された[110]。

南ア戦争における金鉱業の責任を論じるのはここでの目的ではないが、戦争中、鉱山会社が自らの利益にかなった政策が施行されるよう政府に働きかけていたのは事実である。実際、金鉱山の労働力不足は深刻だった。南ア戦争開戦までの一カ月で約八万人のアフリカ人が鉱山地区から離れており[111]、戦時中は高い賃金を支払うイギリス軍に多くのアフリカ人労働者が引き寄せられたため[112]、鉱山会社は操業もままならない状態だった。こうした状況で、鉱山会社は労働力を確保しその管理を強化するためのさまざまな方策を練った。まず、アフリカ人労働者を一元的に徴募するための組織としてウィットウォーターズランド（ラントの英語発音）原住民労働協会を設立し、労働者をめぐる鉱山会社間の競争を緩和することで労働力の安定供給と賃金コストの削減をはかった。また、労働力の主要な供給源であったモザンビークで引き続き労働者の募集を行うべく、政府にポルトガルとの交渉を訴えこれを実現させた。[113] 政府の側も鉱山会社をさまざまに支援した。労働者の抵抗に関しては、旧共和国で施行されていた厳格な労務管理制度を継続して運用することでこれに対処しようとした。加えて、イギリス軍とミルナー高等弁務官は、軍での雇用を終えたアフリカ人を鉱山会社がそのまま労働者として調達できる仕組みを作ることで金鉱業の労働力需要を満たす手助けをした。[114] このように、政府の協力も得つつ、鉱山会社はアフリカ人労働力の確保に努めた。

ⓑ帝国フィランスロピーとアフリカ人鉱山労働者問題

鉱山会社の資本家たちがアフリカ人労働者を搾取しており、彼らこそが南ア戦争の元凶だという言説は、帝国フィランスロピストらの現状認識とそれに基づく実践のありようを強く規定した。APS書記のボーンは、金鉱業が求めているのは自らの「利益実現のためにあらゆる手段を用いて原住民を使役する力」[115] であるとして、資本家への警戒感を露わにした。そのうえで、「原住民の正当な利益よりもヨーロッパ人雇用主の必要を優先するあらゆる方策」を拒絶し、「原住民の公正な扱いを最優先に考慮する」よう植民地省に要請した。[116]

金鉱山におけるアフリカ人労働者の待遇を論じるうえで、帝国フィランスロピストたちは再び「奴隷」の比喩を使用した。BFASS書記のバクストンに宛てた書簡で、ロバート・カストは、トランスヴァールには「先住民や外部から調達してきた人々を用いて新たな奴隷制を導入しようと目論む資本家階級が存在している」として、政府がそうした動きを阻止することを求めた。[117] また、イプスウィッチの国教会聖職者であるサム・ガラットも、「反奴隷制の原理を掲げてブール人を征服したにもかかわらず、それが達成されるやいなや、私欲のために奴隷制を再興する」ことの偽善を指摘し、イギリスが態度を悔い改めなければ神の怒りを招くと警告した。[118] このように、資本家とアフリカ人労働者の関係を「奴隷主」と「奴隷」の関係になぞらえる言説を構築することで、帝国フィランスロピストらは自らの主張を正当化しようとした。

では、誰が資本家の抑圧からアフリカ人を保護すべきなのか。ブール人とイギリス系植民者の双方に不信感を抱いていた帝国フィランスロピストからすると、彼らが実権を握る植民地政府にその役目を委ねるわけにはいかない。ならば、この重要な役割を担うことができるのは、帝国の中枢にあってその統治全般を監督していたロンドンの帝国政府をおいて他にはない。植民者ないし植民地政府がもたらす「悲惨」に対応すべく、帝国統治体制においてより上位に位置する帝国政府による監視が求められたのである。「原住民の権利を尊重するならば、その統治は植民地政府ではなく帝国政府が行うべき[119]」だというのが、APSやBFASSに代表される帝国フィランスロピストたちの主張だった。

3　南アフリカ戦争後のアフリカ人労働問題

(1) 戦後の南アとAPS

ⓐ戦後の南ア

一九〇二年五月、南ア戦争は終結した。南アの再建にあたり当面の舵取りを任されたのは、現地のイギリス植民地行政トップに君臨するミルナーであった。ミルナーは、カナダやオーストラリアを念頭に、南アのイギリス植民地も将来的にはひとつの大きな連邦を形成すべきだと考えていた。その主人は言うまでもなく白人であり、ブール人もここに参加するが、イギリス系が優越的地位を占めなくてはならない。他方、人口の大部分を占めるアフリカ人に白人と対等な権利を認めるわけにはいかない。「黒人労働力に支えられた白人自治共同体」こそが、ミルナーの目指す南アの姿だった[120]。

このことは、ブール人の圧政からアフリカ人を解放するというイギリスの約束が守られなかったことを意味していた。戦争がアフリカ人の政治的・経済的地位の向上につながる、ケープの非人種的選挙制度が旧ブール人共和国に拡大される――そのようなアフリカ人の期待は裏切られた。東ケープのアフリカ人向け新聞で南ア戦争期にはイギリスの大義を支持した『イズヴィ・ラバンツ』は、講和条約の内容と戦後のイギリスの姿勢に対し、怒りをあらわにした。[121] ナタールを拠点とするアフリカ人政治指導者のひとりジョン・デュベ（John Langalibalele Dube, 一八七一〜一九四六年）は、次のように述べて同胞たちの不満を代弁した。

ブール人との戦争で、諸君は忠実にイギリスを支援しました。ブール人よりもイギリス人の方が諸君をよりよく扱ってくれると期待したからです。しかし、信頼は失望へと変わりました。ブール人の支配下にあるのと比べてよい待遇を受けるという保証はありません。むしろ現状は、それよりも悪いといえます。[122]

そうしたなかで、新たにイギリス帝国に併合されたトランスヴァール植民地（旧トランスヴァール）とオレンジ川植民地（旧オレンジ自由国）では、さまざまな集団に属するアフリカ人たちが連携し、自らの主張を発信する動きをみせはじめた。アフリカ人の政治運動は新たな局面に入っていく。[123]

アフリカ人と同様、帝国フィランスロピストたちも戦後における南アの動向を注視していた。ミルナーは経済復興を最優先したが、その基軸はもちろん金鉱山であった。すでに述べたように、鉱山会社にとっての主要課題は安価なアフリカ人労働力の確保であり、ミルナーは彼らをさまざまなかたちで支援した。しかし、労働力調達のための官民一体の取り組みは、帝国フィランスロピーの強い警戒心を喚起することになった。

ⓑ二〇世紀初頭のＡＰＳ

以下では、南ア戦争後のＡＰＳの動向を検討するが、その前に当時の協会関係者のプロフィールを確認しておこう。一九〇七年の年次報告書[124]をみると、主要メンバーという点では戦争前からの継続性がみられる。書記のボーンは変わらず精力的に活動していたし、副会長のディルク、コートニーなども従来のように議会内外でＡＰＳの主張を代弁していた。運営委員会にもガーニーやフォックスなどのクエーカーが残り、コブデン・アンウィンの名前も引き続き確認できる。

他方で、運営委員会には新顔も加わった。著名なジャーナリストにして自由党急進派の議員であったＪ・Ｍ・ロバートソン（John Mackinnon Robertson, 一八五六～一九三三年）や、外交史家で女性参政権運動支持者、第一次世界大戦中には民主的統制連合の主要人物となる自由党議員Ｇ・Ｐ・グーチ（George Peabody Gooch, 一八七三～一九六八年）などである。両者ともに新自由主義者の団体であるレインボー・サークルのメンバーでもあった。ポーターが「新しい急進派」と呼んだこれらの人々は、資本家と帝国主義の関係やジンゴイズムを批判する点で急進派の伝統を受け継いでいたが、後者の一部にみられた帝国への不介入を唱える立場からは距離をおいた。かわって彼らは、支配する側による権力濫用の危険性や、帝国問題を調停する国際機関の不在を指摘しつつ、国際社会における倫理と進歩の担い手としての役割をイギリス帝国に期待した。ホブスンの『帝国主義論』は、まさにそうした思想を体現するものだった。加えて、当事者の意に反して西洋文明を非白人に押しつけることを批判したが、ここにはキングズリの影響がみられる。[125] 南ア戦争後のＡＰＳの活動は、こうした同時代のさまざまな思想潮流との関係で考えていく必要がある。

（２）戦後の金鉱山とアフリカ人の労働

ⓐ「労働税」

戦争により、金鉱山を含むトランスヴァールはイギリス領となった。帝国フィランスロピストたちは、イギリス支配下でアフリカ人の待遇と労働条件が改善されることを期待した。しかしそれは、ほどなくして失望に変わった。

金鉱山では、戦争終結後もアフリカ人労働者の不足が続いた。そうしたなかで、トランスヴァール植民地政府は、一九〇二年九月にアフリカ人への課税に関する新たな布告を公示した。新たな税制度の下では、第一に、すべてのアフリカ人成人男性については年額二ポンドが、第二に、一夫多妻制という現地の慣習に基づき複数の妻をもつ男性については、二人目の妻からひとりごとに年額二ポンドが追加で課されることになった。アフリカ人への課税を正当化する根拠として持ち出されたのは、勤労精神の涵養という目的であった。税金を課せば、それを貨幣で納税するためにアフリカ人は賃金労働に従事せざるをえない。そうすれば「怠惰な」アフリカ人は勤労精神を学ぶであろう。南アを訪問中の植民地大臣チェンバレンは、次のように述べて新税を擁護した。「[税金を導入するのは、アフリカ人が]一夫多妻制を続けるのを抑制し、豚のような生活を送るのを阻止するためである[126]」。

この税制度に対して、多くの帝国フィランスロピストはすぐさま批判の声をあげた。APSは、年額二ポンドという金額はアフリカ人の担税能力をこえているとして税額の減免を政府に訴える一方で、こうした動きの背後に労働力の確保を狙う白人雇用主の存在をかぎとった[127]。税金を貨幣で支払うために多くのアフリカ人は白人の下で出稼ぎ労働に従事していたが、課税額が上がればそれに比例してアフリカ人の労働供給も増えると想定され、もって白人雇用主の労働力需要を満たすことが期待された。新たな課税が「労働税[128]」と呼ばれたゆえんである。では、トランスヴァールでの新たな税制度から最も恩恵を受けるのは誰か。帝国フィランスロピストらの見立てでは、それは当時深刻な労働力不足にあえいでいた鉱山会社であり、彼らこそが政府に圧力をかけて自らに有利な制度を作らせた張本人だった。かかる現状認識のもとで、APSは税制をめぐる今回の論争を、「資本家の利害を唱道する人々と原住民の権利を代弁する人々[129]」との戦いと表現した。

では、ここで守るべき「原住民の権利」とはなにか。「労働税」を批判する根拠としてAPSが持ち出したのが、出稼ぎ労働がアフリカ人社会の家族とジェンダー関係、とくにそこでの女性の立場に悪影響を与えるという論理だった。一般的に、アフリカ人社会では女性が食料生産と家事労働を、男性が牧畜を担うという性別役割分業がみられた。婚姻に際しては、男性が妻となる女性の父親や親族に家畜（とくに牛）などを婚資（ロボラ）として贈与する慣行があったが、これは、耕作、家事、出産、育児を担う女性を家畜と交換して獲得することを意味していた。一夫多妻制のアフリカ人社会では、家畜を多く所有する男性、すなわち多くの婚資を支払うことができる男性は多くの妻を娶ることができ、そのようにして得た女性を用いてより大きな土地を耕しより多くの子孫を残すことができた。それゆえ、家畜は富の源泉であり社会的地位の象徴でもあった。しかし、こうした社会構造とその基礎単位である家族ないし世帯のかたちは、植民地支配の拡大とともに揺らぎはじめた。そのひとつのきっかけとなったのが、税である。税は農村部のアフリカ人男性を出稼ぎ労働に誘引したが、彼らが不在の間は女性がその仕事を肩代わりせねばならず、労働負担が増した。また、賃金労働が男性と結びつけられることで、男が外で働き女は家庭を守るというジェンダー規範も強化された。[130] 出稼ぎ労働が先住民社会に及ぼす弊害について、ボーンは次のように語る。

もし鉱山資本家たちの言い分が認められて、ほとんどすべての働き盛りの男性が鉱山で労働することを強いられるようなことになれば、……妻たちは夫や父親が遠方で働いている陰で農業と牧畜に関するあらゆる仕事を一手に引き受けなくてはならず、結果として、奴隷の地位に貶められてしまうだろう。[131]

資本家の強欲を体現する「労働税」は、アフリカ人社会が拠って立つジェンダー関係を歪め、家族の安定を揺るがし、とくにそのなかでのアフリカ人女性の立場を悪化させる。帝国フィランスロピーにおける人権イデオロギーの信奉者として、アフリカ人が自らの社会や文化を維持する権利を重視するボーンの立場からすると、そのような政策は容認できなかった。西洋のフィランスロピー文化では一八世紀末頃から家族の安定が強調されるようになり、一九世紀以降のイギリスでも、健全な家族、およびそれが依拠するところの規範的ジェンダー関係の形成・維持がフィランスロピーの主要な課題となったが、[132] かかる動向も家族とそこでの女性の立場を重視するボーンの主張に影響を与えたかもしれない。次章以降でもみていくように、出稼ぎ労働がもたらす弊害やジェンダー関係および家族にまつわる問題に対して、帝国フィランスロピーは強い関心を寄せ続けた。

ⓑ「南アにおける原住民の労働」会議

金鉱山での労働問題が新たな展開を迎えるなかで、APSは一九〇三年四月二九日にBFASSと共催で「南アにおける原住民の労働」を主題とする会議を開いた。この会議には両団体の代表と並んで、さまざまな立場や思想信条を代表する多彩な顔ぶれが揃った。トーリー・デモクラシーの立場から社会改革を主張する保守党議員のジョン・ゴースト、労働代表委員会議員のウィリアム・クロックス、新自由主義者で自由党議員のサミュエル、元インド高等文官でありながらインド国民会議派を支持していたヘンリ・コットンなどである。会議ではまず、議長を務めたゴーストやBFASS会長T・F・バクストン（第2章参照）が、新たな税制度の下でアフリカ人は土地を耕す機会を奪われ白人雇用主の下での労働に強制的に従事させられるとし、労働税が拙速に導入されることに強く反対した。[133] また、サミュエルは、南アの植民地政策に隠然たる影響力を及ぼしていると目された鉱山資本家たちを非難する一方で、労働問題を解決するための方策として、賃上げ、白人労働者の雇用、単純労働を代替する機械の導入などを提案した。[134] 最後に、APS会長ブランプトン・ガードンが、もしアフリカ人に労働を促すために税を課すのであれば、無職の白人イギリス人にも同様の課税がなされるべきだが、そのような制度は存在していないとして、異なる人種に異なる原則が適用されることを批判した。[135]

「原住民の労働」に関する会議は広範な人々を集めたが、その一因は参加者に共通する「資本家」への批判意識に求められるだろう。当時のイギリスでは、さまざまな文脈で資本家を攻撃する言説が広がりをみせていた。その一翼を担ったのが、労働者の生活保障を求めていた労働運動、社会主義、新自由主義である。おのおのが目指す社会像やそれを実現するための手段は異なるが、いずれも労働せずに巨富を得る資本家を「不労者」とみなし、彼らの不労所得を社会に還元することで勤勉な労働者の生活保障を実現すべきだと主張していた。そのような時流に乗り、APSは金鉱山に関係する資本家たちを主敵と定め、その搾取からアフリカ人労働者を救済することを訴えた。ラントの資本家たちはいわば「帝国の不労者」であり、彼らに搾取される「悲惨な」アフリカ人労働者を救わなければならない——そうした想像力をかき立て、それへの共感を求める帝国フィランスロピーの言説は、不労者たる資本家への批判意識を共有する多くの人々の心に響くものだったといえよう。

さらに、「帝国の不労者」と「悲惨なアフリカ人労働者」を対置させる構図は、勃興しつつある労働代表委員会（のちの労働党）からの支持も得られるものだった。代表委員会内には多様な勢力があったが、独立労働党や労働組合会議に属する人々の多くは、ホブスンの主張も参考に、安価なアフリカ人労働力の確保を目指す資本家たちの欲望が南ア戦争を引きおこしたと解釈し、それを批判していた。彼らは南アの鉱山で搾取されるアフリカ人労働者をイギリスで資本家に搾取される白人労働者と重ねて見る向きが強かったとされ、たとえば独立労働党指導者のＪ・キア・ハーディ（James Keir Hardie, 一八五六〜一九一五年）は南アにおけるアフリカ人労働者問題に絶えず気を配っていた。[136] ここに帝国フィランスロピーと労働代表委員会が接近する余地が生まれたのであり、同会所属のクロックスの「原住民の労働」会議への出席はそれを示すものだった。

ⓒ勤労精神の涵養と自由労働イデオロギー

その一方で興味深いのは、アフリカ人——具体的には納税の義務を負い、賃金労働に従事する男性[137]——に勤労精神を身につけさせることの必要性は、会議出席者の多くが認めていたということである。たとえばゴーストやバクストンは、アフリカ人に労働を促すのは必要かつ有益であるとして、課税がその目的にかなうと主張した。同様の声は、会議の外でも聞かれた。ＢＦＡＳＳの支持者で、のちにダラム主教を務めたＨ・ヘンスリー・ヘンソン（Herbert Hensley Henson, 一八六三〜一九四七年）は、トランスヴァール金鉱山の状況はそこで労働に従事するアフリカ人にとって望ましいものとは言えないとしつつも、「原住民に労働をさせるためにはある程度の強制は必要」だと述べ、労働は「原住民が受け継いできた野蛮を克服する最良の機会」であると主張した。[138]

実はこの点において、「労働税」の批判派と推進派の認識は共通していた。先述の通り、「労働税」推進派は課税の強化によってアフリカ人男性の「怠惰」を矯正することを新たな税制度を正当化する根拠としたが、その総帥であるミルナーは次のように述べている。

黒人は白人よりもはるかに無為を好む気質が強い。……黒人は、自らが住む国の生産力向上に何ひとつ貢献することなく、全くの怠惰のうちに毎日を過ごすことになるだろう。……黒人が納税に必要な貨幣を稼ぐために労働せざるをえない状況を創り出すことが、彼らにとって格段の苦役になるとは思わない。(139)

先行研究はアフリカ人を怠惰とみなす同時代人の主張を批判し、アフリカ人はむしろ植民地が生み出した経済機会に主体的かつ戦略的に反応していたこと、また、怠惰と形容される振る舞いはアフリカ人固有の社会観や労働文化ならびに時間意識に対する白人の無理解への反発ないし抵抗の表現であったことを明らかにしてきた。(140) アフリカ人が生来的に怠惰かどうかは「労働税」批判派の間でも見解が分かれたが、他方で、労働を通じて勤労精神を身につけることの重要性は広く共有されていた。彼らの批判の矛先は、あくまでも納税者の意思に反した制度の強要と、支払い能力をこえた税額の設定に向けられていた。(141)

イギリスにおける福祉と救貧の基本原理は、救済に値する有用な弱者とそれに値しない無用な弱者に対象を選別することにあり、しばしばその基準となったのが労働だった。これはフィランスロピーの思想と実践によくみられただけでなく、(142) 世紀転換期のイギリスで台頭してきた労働運動や社会主義、新自由主義も共有する理念だった。後者は賃金や雇用の保障を唱え、福祉において国家がより大きな役割を担うべきだと主張したが、すべての人間を同一の水準で無差別・無条件に救済せよとは言わなかった。新自由主義者は、稼働能力をもつにもかかわらず自発的に働かない者や浮浪者は、引き続き救貧法体制の原則にそくして懲罰的な扱いを受けても仕方がないと考えていたし、フェビアン社会主義者も、そのような人々に労働コロニーで職業訓練を受けさせることを主張していた。(143) とりわけ、当時のジェンダー規範に照らして主要な稼得者として家計を支えるべき立場にあった男性が、労働の責務を果たさず「怠惰」に浸ることは、強く非難された。(144) 勤労を通じた家族の扶養は、リスペクタブルな労働者が体現すべき男性性、ならびに彼が享受するシティズンシップの要件であり、労働意欲をもつ真面目な貧民（男性）は救済に値する一方で、他者からの支援に依存するばかりの「怠け者」は救済に値しないと考えられたのである。[145]

かかる態度は、近代イギリスの自由労働イデオロギーとも関係していたと考えられる。自由労働イデオロギーとは、不自由労働者である奴隷との対比で、自らの意志で雇用契約を結ぶ賃金労働者を自由な存在とみなす考え方である。だがそれは、別の側面も併せもっていた。自由労働者は労働を強制される奴隷よりも高い勤労意欲をもつとされ、それが奴隷制に対して自由労働が優位である根拠とされた。にもかかわらず、あるいはそれゆえに、彼が勤労意欲を喪失している場合、責めは労働者本人に帰された。[146] 怠惰は非難されたのである。

クーパーによると、かかる自由労働イデオロギーはアフリカの植民地支配と密接な関係にあった。西洋列強諸国はアフリカ征服を進める過程で、現地でみられた奴隷制やそれに類似した形態の労働を自由労働イデオロギーに反する不自由な労働とみなし、そこからアフリカ人を解放することを植民地支配の大義名分に掲げた。だが、そのようにして獲得した植民地を維持し発展させていくためには、アフリカ人を労働力として使役しなければならない。そこで、支配者たち（資本家も含まれるだろう）は奴隷制や強制労働をできるだけ狭く定義し、それ以外の広範な、ときにかなりの程度の強制性をともなう労働を許容した。[147]

その結果、植民地におけるアフリカ人労働者の「自由」は不分明であいまいとなったのだが、まさにこの点を問題視したのが帝国フィランスロピーだった。奴隷制を忌避する帝国フィランスロピストは自由労働イデオロギーを信奉していたといえるが、その見地から南アにおける自由な労働の理念と実態の乖離を指摘し、アフリカ人を白人と同じ自由労働者として扱うべきだと訴えたのである。他方で、自由労働イデオロギーの論理に従えば、アフリカ人（男性）が自由労働者として適切な待遇を受けるためには、彼はそれにふさわしい存在、すなわち勤勉な労働者でなくてはならない。明らかに過剰な課税を通じて労働を強要したり、ましてやそれを鉱山資本家の利益のための手段として用いたりすることは、アフリカ人労働者の自由を侵害し、彼らを「奴隷」に貶めるので容認できない。

しかし同時に、帝国フィランスロピーの救済に「値する者」となるためには、アフリカ人（男性）は怠惰でいることは許されないのだ。このように、アフリカ人労働問題に対する帝国フィランスロピーの姿勢は、労働者の権利と義務／責任の双方を強調する自由労働イデオロギーによっても規定されていた。「原住民の労働」会議の出席者がアフリカ人の勤労精神を強調した背景には、このような事情があったと考えられる。

ⓓ一九〇三年トランスヴァール労働委員会

もっとも、「労働税」の導入は金鉱山の労働力不足を解決しなかった。その結果、一九〇三年には労働問題を調査する目的でトランスヴァール労働委員会という特別委員会が設置された。同委員会の多数派報告（一三人の委員のうち一一人が署名）は、農業、鉱業、その他産業を含め、二二万人分の労働力が不足していると指摘し、労働力不足は今後数年間でさらに悪化するとの見通しを示した。これに対して、二人が署名した少数派報告は、多数派報告が現在の労働力不足を過大評価しており、とくに金鉱山は白人労働者を雇用し、労働力を節約するための機械を導入することで、アフリカ人労働力への依存を減らすことができると主張した。そのうえで、少数派報告はアフリカ人を安価な労働力として使役するための制度（具体的には「労働税」）を批判し、それが雇用主と被用者の関係に負の影響を与え、深刻な社会問題を引きおこすと警告した。[148]

しかし、多数派報告は、アフリカ人の代替労働力として白人労働者を雇用すべきという少数派報告の提言を、白人はアフリカ人がするような重労働に従事すべきではないとして退け、新しい地域で労働力を探す必要性を唱えた。多数派報告は、トランスヴァールの政治的・経済的支配者層の意向を反映していた。まず、鉱山会社はアフリカ人と比較して高賃金の白人労働者の雇用には消極的だった。また、ミルナーら統治者たちも、トランスヴァールの白人人口は一定以上の階級に属する穏健な人々が構成すべきであり、非熟練の肉体労働に従事するような白人プロレタリアの増加は社会の安定を損なうと考えていた。[149]

トランスヴァール労働委員会の議論を追っていたＡＰＳは、少数派報告を支持した。金鉱山が必要な数のアフリカ人労働者を集めたいのならば、適切な賃金と労働者募集の仕組みを設ければよいというのが協会の主張だった。[150]
一九〇四年のAPS年次総会でも、トランスヴァールでの労働問題が主要な論点のひとつになった。総会の舞台には、APSの主要メンバーであるコートニー、ディルクらに加え、サミュエル、T・R・ブキャナン、J・B・ロバーツなどの現職下院議員（いずれも自由党）、さらには、南ア戦争中にブール人強制収容所の悲惨な実態を暴露し、この問題がイギリス国内で議論されるきっかけを作ったエミリ・ホブハウスなどがあがった。興味深い演説を行ったのは、ディルクである。彼は、イギリス社会のなかに、国内に喫緊の問題があるにもかかわらず国外の問題に関心を払うAPSとその帝国フィランスロピーを批判する声があることをまず指摘する。それでもAPSは、「これからの世界における労働のあり方全般について問題提起を行っている」として、その存在意義を擁護した。トランスヴァールの労働力不足について、ディルクは、「カファー［アフリカ人］の賃金を以前の半分に切り下げるという鉱山主たちのきわめて無知で愚かな行い」がそれを引きおこしたと断言した。APSはブール人のアフリカ人に対する姿勢を批判してきたが、現在のイギリスの振る舞いはそれと大差ない。イギリスがトランスヴァールに樹立しようとしているのは「ある種の奴隷国家であり、そのトップをウェルナー＝バイト商会［ロンドンを拠点とするマーチャント・バンカーで、多くの鉱山会社を傘下にもつ］が占め、中間層に彼らの支配人や監督者がおり、最下層に奴隷プロレタリアというべき黒人と白人の奴隷が位置しているのだ[151]」。そのうえで、ディルクはそうした「奴隷国家」は「非キリスト教的、反キリスト教的で、反進歩的だ」と非難した。問題は、鉱山主たちが市場価格に満たない賃金しか払おうとしないことにあり、その解決策は労働者に対する「よい賃金と適切な待遇」しかないというのが彼の主張だった。[152]
ディィルクの演説には当時の帝国フィランスロピーの言説にみられる特徴がいくつか表れており、興味深い。まず彼は、イギリスの政治文化に定着した「反奴隷制」の修辞を用い、鉱山資本家を「悪役」に仕立てあげることで、トランスヴァールにはびこる「不正義」を具体的に描写し、そこで苦しむアフリカ人労働者の救済を唱えている。

反奴隷制の文化・伝統を援用して自らの主張の正当性を訴えるのは、帝国フィランスロピーの常套手段である。

次に、ディルクが用いた「反進歩的（unprogressive）」という言葉に注目したい。それは、この言葉が同時代において特有の意味をもっていたからである。彼は『タイムズ』の記事を引きながら、鉱山資本家が利潤を高めたいのであれば、機械の導入を通じて生産効率を上げるべきだと述べている。また、賃金を減らすのではなく、むしろ「よい賃金」を支払うべきだと主張する。それが、ディルクのいう「進歩的」な施策である。実はこの考えは、同時代の新自由主義やフェビアン社会主義の考えに近い。新自由主義の論客ホブハウスは、労働者に支払われるべき賃金が、たんなる生存だけでなく、文化的な生活を送るための費用をも保障すべきであるとして、それを公正賃金と呼んだ。公正賃金の導入は賃上げにつながるので、経営者は機械による労働者の代替を検討するようになり、その結果として、生産効率が増すと考えられた(153)。

一方、フェビアン社会主義の立場からは、ウェッブ夫妻が、標準賃金率（生活賃金(154)）、標準労働時間、衛生・安全の最低水準を定めたコモンルールを産業界に適用すべきだと唱えていた。まずそれは、労働者の生活、健康、技能の向上に資する。また、コモンルールは賃金の上昇につながるため、雇用主が新しい設備や機械の導入により生産効率を上げるインセンティヴとしても作用する。それに対応できない劣等企業は市場から淘汰されることになるだろう。その結果、産業進歩が実現される。だが現実には、コモンルールを導入せず劣悪な賃金と労働条件を強いる苦汗産業が存在している。ウェッブはかかる「寄生的産業」を撲滅するために、最低労働条件の規制を全国規模で制定することを主張し、それをナショナル・ミニマムと呼んだのだった(155)。ディルクは社会主義者ではないが、彼が「(反)進歩的」という言葉を用いて訴えようとした主張と、新自由主義者およびフェビアン社会主義者のそれとの間には明らかな相関が認められる。

以上のような認識に基づき、イギリス統治下のトランスヴァールにおけるアフリカ人と労働の問題について、ＡＰＳは次のように結論せざるをえなかった。

いまや公式に認められているように、これらの原住民の助けを得ることで、三年の戦いの後、われわれは黒人とブール人の主人となったのだ。しかし、黒人たちは、多くの点において、自分たちの立場が以前よりも悪化したと考えている。[156]

これは、先に引用したアフリカ人政治指導者デュベの現状認識と符合するものだった。

（3）中国人労働者問題とＡＰＳ

トランスヴァール労働委員会多数派報告が深刻なアフリカ人労働力の不足を指摘し、新しい地域で労働者を探す可能性を提起したことを受けて、トランスヴァール政府はアジアから労働者を雇い入れることを決めた。一九〇三年の鉱山労働機械法と〇四年のトランスヴァール労働輸入法により、年季契約労働者として輸入されるアジア人は熟練職から除外されること、三年の契約が終了した後には母国に送還されることが定められた。これらの法令により、金鉱業における職種を人種別に分類するという原則が確立したが、それは二〇世紀前半に段階的に制度化されていく労働における隔離のさきがけとなった。[157]

労働者の調達先となったのは中国である。[158] 一九〇六年一一月に送り出しが停止されるまでに、合計六万三六九五人の中国人年季契約労働者が南アの金鉱山に導入された。彼らの多くは危険な地下での作業に投入されたが、低賃金や居住環境への不満、鞭打ちのような過酷な体罰への反発から、暴動やストライキをおこしたり逃亡を試みたりする者も少なくなかった。鉱山主たちは植民地当局に働きかけて、労働者に対する統制を強化することでこれに応えた。[159] 中国人労働者も使役することで、ラント金鉱山の産金額は、一九〇三年の一二六二万八〇五七ポンドから、一九〇七年には二七四〇万九九二ポンドまで上昇した。[160]

金鉱山での中国人労働者問題はしかし、予期せぬ展開をたどった。イギリス本国では、すでに最初の中国人労働者が出発する前の一九〇四年初頭からこの問題が注目を集めていた。当時の政治情勢は流動的だった。与党保守統一党内では、一九〇三年に植民地大臣のチェンバレンが自由貿易からの方針転換を訴えて関税改革運動を開始したことで、内部分裂が生じていた。野党自由党は、南ア戦争をめぐる意見対立が尾を引いていたが、保守党の分裂という絶好の機会を捉えて攻勢をかけようとしていた。そのようなタイミングで浮上したのが、トランスヴァール金鉱山での中国人労働者問題だった。自由党および自由党と秘密裏に選挙協定を結んでいた労働代表委員会は、中国人労働者を「奴隷」にたとえ、それが反奴隷制を国是とするイギリスの政治文化にそぐわないとして、中国人労働者の導入に反対した。これに対して保守勢力は、中国人労働者問題を政治目的に利用しようとする人々を「政治的フィランスロピスト」と呼び、「無責任な感傷」に身を任せてはならないと主張した。[161]

さらに、中国人労働者ではなく白人労働者を雇用することで労働力不足を解決すべきだ、との主張もなされた。先述の通り、南ア戦争期のイギリス政府は、新たな領土の獲得によりイギリスの労働者階級に雇用を創出することを戦争目的のひとつとして掲げていた。にもかかわらず、中国人労働者を導入するのであれば、政府が約束したイギリス労働者の雇用拡大は実現しないのではないか。こうした懸念は、とくに労働代表委員会によって強調された。他方で、そのような言説では中国人が白人から職を奪い白人の文明に脅威を与えるネガティヴな存在として表象されており、アジア人に対する人種差別の増幅につながったことも銘記しておく必要がある。[162]

中国人労働者反対運動は、トランスヴァールでも展開された。とくに現地の白人労働者（多くはイギリス出身）は、中国人労働者の存在が自分たちの賃金と雇用に悪影響を及ぼすのではないかと懸念し、鉱山会社と政府の方針に強く抗議した。労働組合の組織力が弱かったこともあり運動は成功しなかったが、南アは白人の国であるべきだと考える現地白人住民の大部分は、いかなる理由であれアジア人の大量流入には否定的だった。南アでも、中国人労働者反対論の根底には、経済的動機と人種差別があったのである。[163]

一九〇六年一月の総選挙で、自由党と労働代表委員会は中国人労働者問題を争点化し、保守党を攻撃した。[164]結果は自由党の地滑り的大勝で、労働代表委員会も三〇議席を得た。中国人労働者問題の選挙結果への影響を過大評価すべきではないにしても、その重要性は否定しえない。選挙が終わると、キャンベル＝バナマンを首班とする自由党政権は、トランスヴァールとオレンジ川植民地に自治を与えることを約束する一方で、金鉱山への中国人労働者の新規輸入は許可しないという方針を公にした。とはいえ、それは中国人労働者を即時解放するものではなく、彼らの一部は一九一〇年まで鉱山に残った。この間、イギリス国内では、自由党政権による福祉政策（リベラル・リフォーム）や人民予算などがさかんに議論された一方で、中国人労働者問題に対する関心は急速に薄れていった。[165]

「中国人奴隷」の問題は、当然のことながらＡＰＳの関心を捉えた。早くからこの問題に注目していたボーンは金鉱山への中国人労働者の導入に強く反対し、それを「新たな名前での新しい奴隷制」と評した。[166] ＡＰＳのメンバーたちはさまざまな論点を引き合いに中国人労働者の導入を批判したが、その多くは先述した自由党や労働代表委員会らの主張と重なっていた。一九〇四年の年次総会で演説した副会長のコートニーは、中国人労働者の職種が非熟練の肉体労働に限定されていること、移動の自由が制限されていること、労働契約に雇用主の意向が強く働く可能性があることなどを指摘し、「中国人奴隷」は「われわれが廃止した黒人奴隷制よりも劣悪だ」と述べた。[167] また、鉱山の経営者たちが、賃金が高く労働争議をおこす可能性がある白人よりも安価で従順な中国人を望んでいるとして、資本家の欲望が白人労働者の雇用拡大を阻げているとも論じた。[168] 他方でコートニーは、黒人奴隷がアメリカにもたらした影響に言及しつつ、中国人労働者の導入はアメリカと同様の政治的・社会的問題を南アでも引きおこすと予想した。「黄禍が南アに来ることで新たな扉が開かれるが、われわれは全力でそれに抗議しなくてはならない」という発言には、「中国人奴隷」に対する彼の人種意識が鮮明に表れている。[169] 中国人は同情を引くだけでなく、南アにとって「望ましからぬ」存在なのであった。

ところで、ＡＰＳは中国人労働者問題の根幹に安価な労働力の確保を目論む資本家の思惑があると疑っていたが、興味深いのはそのような「資本家」をしばしばユダヤ人と同定していた点である。ＡＰＳの機関誌『アボリジニの友』に掲載されたある記事には、ヨハネスブルク在住の情報提供者が送って寄こした書簡の一部が引用されているが、それによると資本家たちの中核を占めているのは「ドイツ系ユダヤ人」である。金鉱山を支配している彼らはいまや政府の指名で高い地位を得て、「旧体制〔共和国〕下では獲得できなかった強大な影響力を手にしている」というのである。[170] ＡＰＳ自体が「ユダヤ人の影響力」について特段の言及をしているわけではないが、このような文言を含む記事を機関誌に掲載するという判断それ自体が、資本家に対する批判がユダヤ人に対する猜疑心と一体のものであったことを示唆している。その後も『アボリジニの友』には、「大多数がイギリス人でもない、悪徳な金融業者と資本家の集団による愚かな要求の前に、健全な文明の基本原理がないがしろにされている」[171]との一文が載るなど、「ユダヤ人資本家」の隠然たる影響力を疑う姿勢は消えなかった。これは、ホブスンが『南アフリカにおける戦争』で披瀝した、「ユダヤ人資本家」の策謀が南ア戦争を引きおこしたという言説[172]の再利用と考えざるをえないが、機関誌の執筆と編集をほとんど一手に担っていたボーンがホブスンと近い立場にあったことに鑑みると、前者が後者から影響を受けた可能性は高いといえるだろう。

さて、中国人労働者問題を検討するうえで、ＡＰＳはそれが現地のアフリカ人労働者にどのような影響を及ぼすのかにも注目した。すでに一九〇四年の年次総会で、ディルクが、中国人労働者の導入には「カファー労働者の賃金を引き下げる狙いがある」のではないかとの疑念を呈していた。[173] 実際、金鉱山はアフリカ人労働者に対する賃金を引き下げた。一九〇五年一月時点でのアフリカ人労働者の賃金は五六シリング七ペンスだったが、この数字は次第に下がり、一九〇五年平均では五一シリング九ペンスになった。[174] 一九〇六年の年次総会で演説した自由党議員のＰ・Ａ・モルテノ（Percy Alport Molteno, 一八六一～一九三七年）は、アフリカ人が中国人労働者との競争に追いやられており、結果として、前者は鉱山が定めるいかなる労働条件も受け入れざるをえない状態にあると述べた。[175]

中国人労働者がアフリカ人にもたらす影響はそれだけではない。ボーンは、中国人をアフリカ人の文化を汚染する存在ともみていた。たとえば閉鎖的な鉱山コンパウンドに住む中国人労働者の間では同性愛がみられるとして、それがアフリカ人労働者にも広がることを懸念していた。中国人労働者はアフリカ人にも悪しき影響を及ぼす人々として、否定的にみられていたのである。[176] 中国人労働者問題をめぐるＡＰＳの帝国フィランスロピーには、中国人に対する同情心だけでなく、彼らに対する嫌悪感も投影されていた。

4　帝国フィランスロピーと隔離

（1）南ア原住民問題委員会（ＳＡＮＡＣ）

ⓐＳＡＮＡＣと報告書

南ア戦争により南部アフリカの政治地図が再編されると、植民地当局は新たなアフリカ人統治の指針を策定しようとした。その任を担ったのが、ミルナー高等弁務官の肝煎りで一九〇三年に設置された南ア原住民問題委員会（South African Native Affairs Commission: ＳＡＮＡＣ）だった。委員会は約二年間にわたり調査や聞き取りを行い、その成果を報告書にまとめて一九〇五年に提出した。ＳＡＮＡＣ報告書の内容については前川一郎が手際よくまとめているので、[177] それも参考にしつつ報告書の概要を確認しておこう。

まずアフリカ人の統治について、ＳＡＮＡＣは「伝統」の利用を提言した。すなわち、アフリカ人に固有の「部族制度」と「原住民首長（チーフ）」の影響力を確認し、アフリカ人の社会生活や文化的営みを律する「慣習法」によってアフリカ人を支配することが推奨された。各植民地では、植民地総督が「最高首長」として君臨してアフリカ人のチーフやヘッドマンを従え、慣習法を布告する権限を行使する。植民地当局がアフリカ人を直接統治するための人的・経済的リソースには限りがあるので、アフリカ人を「部族」に分節化し、「部族」の有力者を介して統治を行うのが現実的だとされた。

SANACはまた、西洋文明がアフリカ人に及ぼす悪影響にも言及する。西洋文明と接触することで、「原住民は……新たな形態の性的不道徳、不節制、不実に染まることは明白だ。同時に、「文明社会のもとで」自然と「白人の」真似をしたがる傾向、強い性欲［をもっている状態］、家庭と部族の影響力から解放されている現実は、新たに覚えた悪徳にさらに耽溺する土壌をなしていることも明らかである」[178]。そう指摘することで、報告書はアフリカ人の慣習や制度への介入を可能な限り控えるべきだと論じた。

SANACはアフリカ人に固有の文化や慣習の「保護」を主張したが、ではアフリカ人が公共の場で自らの意見を表明する機会をどう確保すべきか。委員会は、間接代表と直接代表を組み合わせた政治制度の創設を提案した。前者に関わるのが、原住民評議会である。同評議会ではアフリカ人チーフと有力者たちが評議員となり、自らの「部族」の声を代表し、議論する。SANACはこれを、「部族」内部でチーフと側近が協議して物事を決めるアフリカ人の「伝統」に依拠した制度だと主張した。次に、直接代表の仕組みとして奨励されたのは、分離投票制度であった。ケープのような非人種的選挙制度を維持すると、やがてアフリカ人有権者が白人有権者を数的に凌駕するだろう。それは白人の「敵意と反感」を招くし、アフリカ人統治が政争の具となることで、選挙結果に「不当」な影響を及ぼすことが懸念される。さりとて、アフリカ人が自らの代表を政治の場に送る権利を完全に剥奪するわけにはいかない。よって、SANACは、各植民地で「原住民利害」を代表する白人の議員を一定数設け、アフリカ人はこれらの議員の選出に対してのみ選挙権を行使できる制度の創出を提案した。委員会はニュージーランドでも同様の制度が運用されていると述べて自案を正当化したが、その真意は、共通の政治制度に参加する権利をアフリカ人から実質的に奪うことにあった。

SANAC報告書は、アフリカ人の統治という、各植民地によって制度が異なり相互調整が困難だった問題を検討することで、来たるべき南ア連邦の結成に向けて植民地間統合の地ならしをはかるものだった。では、宗主国イギリスは南アにおけるアフリカ人統治をどうみていたのか。一九〇六年に成立した自由党政権は、国内においてはリベラル・リフォームと総称される多様な社会政策を推進する一方で、南ア政策については基本的に現地の判断を尊重し、可能な限り介入を控える方針をとった。南アのアフリカ人社会の実態を把握しておらず、ましてや植民地が自治権を有している以上、本国政府が現地の問題に口を出してもむしろ植民地側の混乱と反発を招くだけだと考えられたからである。他方で、「アフリカ人の保護」という帝国の伝統と帝国フィランスロピーの理念を完全に放棄するわけにもいかない。そこでイギリスは、アフリカ人に固有の慣習を「保護」し、それに基づいてアフリカ人が発展するのを促すという立場をとった。これはまさにSANAC報告書の主張の核心であり、それはつまり、帝国政府が委員会の提言と現地当局の政策を大部において是認したことを意味していた[179]。

ⓑ「文明」と「伝統」のあいだ——SANAC報告書における土地と労働の問題

SANAC報告書の趣旨とそれに対するイギリス政府の姿勢について、以上の前川による解釈はおおむね首肯できる。だがその一方で報告書には、「慣習」や「部族制度」の維持という基本路線からやや離れているようにみえる提言も含まれていた。たとえば土地の保有形態について、報告書はアフリカ人が概して「部族」単位での共同保有を好むと指摘する一方で、西洋文明との接触を通じて自立と個人主義の思想に染まったアフリカ人のなかには、土地の個人所有を求める声もあるとする。土地の私有を強制するのは望ましくないが、個人所有を希望するのは文明の発展に照らして健全な傾向で、そうした要望を満たす方向で調整がなされるべきだ[180]。この点について範例とすべきはケープのグレン・グレイ法で、それを南部アフリカの他地域にも拡大適用する可能性が示唆された[181]。同法についてはすぐ後で述べる。

アフリカ人の労働についても、SANAC報告書の論調はやや複雑である。報告書は、アフリカ人労働者が労働市場の需給に照らして三〇万人分不足した状態にあるとする。この認識は、先述したトランスヴァール労働委員会多数派報告のそれと共通している。では、アフリカ人を労働力として活用するために何をすべきか。委員会はまず、アフリカ人が「本質的に怠惰である」との評価は事実ではないと断ったうえで、白人雇用主の下での賃金労働がアフリカ人に与える影響を論じる。とくに都市部で賃金労働に従事するアフリカ人の多くは出稼ぎ労働者であり、家族から離れた場所で、危険で負荷の高い仕事を担っている。そうした状況で雇用主に約束を破られたり、雇用斡旋人に騙されたり、労働現場で劣悪な待遇を強いられたりすると、白人雇用主の下での賃金労働に不信感を抱き、それをますます嫌悪するようになるだろう。[182]では、十分なアフリカ人労働力を得るために何が必要か。賃上げは困難だ。それは高賃金を払う特定の産業への労働力の集中を招くし、多くの収入を得たアフリカ人が労働へのインセンティヴを失う結果、労働力不足がむしろ悪化するだろう。[183]さりとて、強制労働は不公正で、経済合理性を欠く。先述した「労働税」のような、間接的に労働を強制する機制も望ましくない。[184]とはいえ、労働の意欲と必要性を刺激するような何らかの働きかけは不可欠である。そこでSANACは、土地開発会社などの大地主が所有する土地で相対的に低額の地代を払って住むアフリカ人の管理強化や、国有地に住むアフリカ人への地代賦課、「怠惰な者」を追放するための浮浪法の強力な執行などにより、アフリカ人の労働意欲を喚起することを推奨した。他方で、このような「ムチ」だけでなく、いわば「アメ」として、教育を通じたアフリカ人の労働生産性向上と市場の商品に対する需要の喚起、そしてより良好な労働環境の整備なども必要であると提言した。[185]

(2) APSとSANAC報告書

ⓐ SANAC報告書へのAPSの批判

以上のような内容を含むSANAC報告書が公刊されると、かねてより同委員会の重要性を認識していたAPSは、ただちに『アボリジニの友』上で論評を行った。APSがとくに注目したのが、土地の保有に関する問題だった。アフリカ人からの求めに応じて土地の個人所有を認めるべきだとのSANACの勧告に対し、『アボリジニの友』は手厳しい批判を加えた。というのも、その際の範例としてグレン・グレイ法が言及されていたからである。グレン・グレイ法は、ケープ植民地首相ローズの主導下で一八九四年に制定された法律である。一九世紀末までに、ケープ植民地内のアフリカ人の一部はリザーブと呼ばれる指定居留地に居住を制限されるようになっていた。リザーブの土地はそこに住む「部族」の共同保有とされたが、グレン・グレイ法の下でそれは一定の区画に分割され、それぞれの区画が個人に割り当てられることになった。これは土地の個人所有概念を導入するものだったが、他方で、そのようにして設定された土地区画の数は住民の人口に満たなかったため、土地区画の割り当てを受けられない者が現れた。彼らは「スクウォッター」とされ労働税の納付が義務づけられたが、納税のためには白人雇用主の下で賃金労働に従事せざるをえず、もって白人の労働力需要の充足が図られたのである。こうした性格をもつグレン・グレイ法を、APSは、「部族による……土地の共同保有という制度の根幹を揺さぶる」ものだとして批判していた[186]。

SANACはグレン・グレイ法をケープ以外の地域にも拡大適用する可能性をほのめかした。だが、アフリカ人リザーブは場所によってはすでに人口過密状態で、しかもSANACはリザーブを増やすことに前向きではない。そうした条件の下でグレン・グレイ法を適用すれば、土地をもたないアフリカ人が増え、彼らは白人雇用主の下で賃金労働に従事せざるをえなくなるし、そうなると農村部のアフリカ人社会は崩壊の危機に瀕するだろう。その一方で利益を得るのは、アフリカ人を安価な労働者として使役する白人たち、とくに金鉱山の資本家たちである。よって、『アボリジニの友』はSANAC報告書の主張を「専制的な提言」と断罪し[187]、そうした提言の背後に鉱山主たちの思惑があるのではないかと疑った[188]。イギリスは、「金鉱山を中心とする資本家たちの徒党の利益」に資するやり方で振る舞っている。その結果、アフリカ人はこれまで以上に「奴隷階級」として扱われるのではないか[189]。かかる事態を阻止するためには、アフリカ人が十分な広さの土地を継続的に保有する権利を認めることが重要なのである。

ここにみられるように、APSは先住民の土地に対する権利を重視しており、実際、南アにおけるアフリカ人の土地権利保護の重要性をこれまでも繰り返し主張してきた。一九〇二年の年次総会で演説に立ったAPS副会長ディルクは、「［南ア］戦争後に新たに占領した土地のうち、主に白人が占拠している土地の外部に原住民リザーブを設置する」のが喫緊の課題だと論じた。[190] 一九〇二年六月九日に植民地省に送った嘆願書のなかでも、ＡＰＳは、トランスヴァール北部および東部と他の地域で、十分な土地をアフリカ人向けリザーブとして恒久的に確保すること、また、鉱山や白人農場におけるアフリカ人労働者の雇用を厳格に管理することの必要性を訴えている。[191] よって、『アボリジニの友』は、アフリカ人の土地への権利を弱体化しその社会制度の解体につながる道をひらくとされたグレン・グレイ法と、それを称揚するＳＡＮＡＣ報告書を批判したのである。

次に、『アボリジニの友』が注目したのは、アフリカ人の労働問題だった。同誌は、ＳＡＮＡＣ報告書が言及したアフリカ人に対する教育の拡充や労働環境の改善には賛意を示しつつも、白人所有地や国有地に住むアフリカ人の厳格な取り扱いを批判した。「原住民が……農村生活から追い出されたり誘引されたりして［鉱山の］コンパウンドに住まうのは、原住民ではなく、雇用主の利益にかなうものにすぎない」というのがその理由だった。[192]

もうひとつの論点は、政治制度である。ＳＡＮＡＣはケープの非人種的選挙制度を批判し、現行制度の代わりにアフリカ人独自の政治制度を創設することで、植民地政治からアフリカ人を分離せよと唱えた。これに対して、『アボリジニの友』は、アフリカ人の伝統的な自治の仕組みを活用することに利点はあるかもしれないと認めつつも、それは、将来において白人と対等の立場で共通の政治制度に参加するための訓練として位置づけるべきであり、アフリカ人が現に保持するきわめて限定的な政治権利にさらなる制限を課すものであってはならないと主張した。また、ＳＡＮＡＣが分離投票の導入を正当化するために、ニュージーランドの事例を取り上げたことにも疑問を呈した。ニュージーランドでは白人人口が先住民マオリを数的に上回っているが、南アではその逆である。「九五名の、多くはアフリカ人に敵対的なケープ議会に、アフリカ人を代表する数名の議員を加える」のと、「七〇名の白人議員のなかに四名のマオリ議員を配置する」のとでは、話の前提が全く異なるのであり、ニュージーランドの事例は「南アの前例になりえない」。よって、分離投票は「反動的な提言」であるというのが『アボリジニの友』

の結論だった。[193]

ⓑアフリカ人の「伝統」と隔離

以上のように、『アボリジニの友』（とその実質的な執筆者であるボーン）は概してSANAC報告書に批判的だったが、その一方で、両者の間でおおむね見解の一致がみられた論点もあった。アフリカ人の「伝統的制度」を可能な限り維持すべきだという主張が、それである。チーフを中心とする「部族制度」の維持とそれを利用したアフリカ人の統治をうたうSANACの提言に対して、『アボリジニの友』が何もコメントしていないのは興味深い。帝国フィランスロピーの人権イデオロギーを信奉するボーンは、アフリカ人独自の文化と社会を尊重する立場だった。つまり、両者ともアフリカ人の慣習や制度をできるだけ温存するのが望ましいと考えていたのであり、この点に関わるAPSからの批判の不在は理屈のうえでは当然だった。

だがその一方で、ボーンは、すべてのアフリカ人に対して一律に「部族的生活」を強要するのも誤りだと考えていた。当時の南アには、西洋教育を受けてヨーロッパの価値観や慣習を身につけたアフリカ人もおり、そのような人々に対して「部族的生活に戻れ」と強いることはできない。むしろ、「文明化したアフリカ人」には白人と同等の権利を認めるべきである。植民地省に宛てた嘆願書のなかで、ボーンはAPSの基本原則を次のように語る。

文明国が文明化されていない地域およびそこに住む人々に対して支配を樹立することについて、もしそれらの人々が文明の域内に導かれ、白人の制度に適応するのであれば、彼らには白人の隣人がもつ市民権と同等の権利を与えるべきだ。他方で、白人の制度がそれらの人々に馴染まないのであれば、彼らはそこから距離をおき、特異な振る舞いをしないという条件の下で、彼らの排他的使用のために確保された十分に広く生活に適した土地のなかで、原始的な暮らしの営みを維持する権利を認められるべきだ。[194]

アフリカ人は、自身がおかれた状況に応じて自らの立場を選択する権利をもつべきだ。ここには、自由主義を信奉し、そのもとでのアフリカ人の権利を重視するボーンの思想――彼の帝国フィランスロピー――がよく表現されているといえよう。それと同時に、南アにおけるＡＰＳの主要な情報提供者がそのような「文明化したアフリカ人」であったこと、そうした人々の多くが「伝統的な生活」への回帰よりも白人と同等の政治権利の獲得を目指していたことに鑑みれば、[195] ボーンの主張は協会関係者の利害を代弁するものであったともいえる。

「文明」を受け入れる権利とともにそれを拒絶する権利をも認める帝国フィランスロピーの主張は、二〇世紀前半のＡＰＳ、およびその後継団体の基本線となっていく。ただしそれは、論理の上でも、実態としても、大きな問題に直面することになる。アフリカ人の文化と社会制度に固有の価値を認め、それを維持する権利を擁護するために外部からの介入は控えるべきだという主張は、アフリカ人と白人は別の領域で異なる生活様式に従って生きるのが望ましいという考えにもつながる。これは、隔離という思想である。

南ア史において、隔離とは異なる人種間の強制的分離を意味するが、それは「領域的隔離（territorial segregation）」と「制度的隔離（institutional segregation）」という二つの側面を有していた。領域的隔離とは、白人と非白人を空間的に分けることを指し、リザーブにアフリカ人の居住を制限する試みなどはその典型である。人口のマジョリティを占めるアフリカ人を狭隘なリザーブに押し込めることで、アフリカ人は生活費や納税に必要な現金を稼ぐために出稼ぎ労働者として鉱山や農場で働かざるをえず、安価な労働力として使役されることになる。しかし、アフリカ人がそうした実態を認識すると、彼らは不満を強め、支配の安定が脅かされることになる。さらに、産業の発展によりアフリカ人が都市部に誘引されるようになると、都市での白人の優位が揺らぐ危険性が高まる。そこで、アフリカ人を共通の権利体系や政治制度から排除する制度的隔離が導入される。つまり、慣習法や「伝統的」指導者を通じた統治を適用することで、アフリカ人を異法域に分離しようとする機制である。具体的には、アフリカ人から参政権を実質的に奪ったり、彼らを熟練職から排除するジョブ・カラーバーを制定したりする政策が追求されたが、それはアフリカ人に固有の文化と発展経路を保護する分離発展論の見地から正当化された。[196]

ではAPSの隔離に対する姿勢はどうだったのか。これまでの議論を踏まえれば、まず領域的隔離については、「資本家」が支配する産業社会とそこでの労働搾取からアフリカ人を保護するための方策として、おおむね肯定的にみられていたといってよいだろう。ただし、その前提として、耕作と牧畜を営むのに十分な広さのリザーブを確保するようAPSは強く求めた。一九〇八年のAPS年次総会で演説した運営委員会メンバーのR・L・オウスウェイト（R. L. Outhwaite, 一八六八～一九三〇年）[197]は、「原住民問題は隔離政策（policy of segregation）によってのみ解決できる」と主張したが、これは南アの植民地当局によるアフリカ人の土地収奪を批判する文脈での発言だった。[198]

他方で、制度的隔離についての姿勢はより複雑である。アフリカ人が「伝統社会」を維持する権利と、それに基づく分離発展の可能性は認める。しかし、アフリカ人のなかには植民地社会で白人とともに生活を営む者もおり、そうした人々を白人とは異なる政治制度や労働体系に隔離するのは許容できない、というのが協会の基本スタンスだった。

その後の南アでは、アフリカ人の政治的・経済的権利を実質的に剥奪する隔離政策が次々と実行に移されていく。ここにみたような姿勢は、隔離政策とその下でのアフリカ人の労働という問題に対する、帝国フィランスロピーの向き合い方に対し、複雑に作用していくことになるだろう。

5　「フィランスロピーの衰退」——世紀転換期イギリス社会におけるAPS

（1）イギリス政治とAPS

ⓐ APSと政治の関係

世紀転換期のイギリスでは、南ア戦争と中国人労働者問題、コンゴ改革運動の高揚もあり、帝国フィランスロピーはイギリス政治文化の「よき伝統」として影響力を強めていたとも考えられる。そうしたなかで、当時のイギリスの政治と社会におけるAPSの位置はどのようなものだったのか。

一九〇二年、当時植民地大臣であったチェンバレンは、APSからの嘆願書に目を通し、次のようにコメントした。「どうしても必要でない限りは、この協会とまともに取りあわないようにせよ。それは一人の男［ボーン］が動かしており、会員の多くはさほど賢くもなく、［帝国の］問題に詳しいわけでもない」[199]。ここにみられるように、政策決定者のAPSに対する評価は好意的とは言いがたいものだった。グラントもAPSの活動について、「体系的だが新味のないもので、一八八四年の第三次選挙法改正後のイギリス議会政治、労働組合運動の興隆、世紀転換期に登場した巨大な発行部数を誇る大衆紙が体現する騒がしい世界で人々の関心を喚起しようとするものとして、あまりにも抑制的だった」と結論づけている[200]。

とはいえ、チェンバレンは南ア戦争開戦の責任者であり、当時は戦争に批判的なAPS関係者（ボーンも含む）の多くと政治的に対立する立場にあったので、その発言は多少なりとも割り引いて考える必要がある。実際、これまでみてきたように、APSは当時興隆しつつあった労働組合運動や社会主義、新自由主義の活動家たちとも一定の関係を築いていた。とくに南ア戦争期に大きな論点となった資本家と労働という問題に関して、これらの人々の主張と重なりあう部分は大きかった。APSとBFASSが共催したアフリカ人の労働に関する会議に労働代表委員会や新自由主義の関係者が出席したのも、そのような事情からだった（第3節第2項）。

二〇世紀初頭のイギリスは、政治の再編期だった。貿易政策をめぐる保守党の分裂、労働代表委員会の結成、その労働代表委員会と結んだ自由党の復活といった政治のめまぐるしい展開を、APSは注視していた。そうしたなかで、一九〇六年一月刊行の『アボリジニの友』は、巻頭の論説で来たるべき総選挙の話題を取り上げた。会員にはさまざまな政治信条の持ち主がいるので、協会は特定の党派への支持を公言することを避けてきた。それでも今回は、トランスヴァールの統治とそこでの中国人労働者問題を取り上げ、「イギリス帝国の少なくとも一〇分の九を占める従属異民族に最も同情的な候補」に投票するよう要請した[201]。中国人労働者問題についての各党の見解は明確なのだから、これはAPSが表向きは政治的中立を掲げながらも、実際には自由党勢力への支持を呼びかけたに等しい。事実、これまでみてきたように、APSの中核を占めていたのは自由党急進派に近い人々だった。したがって、選挙で自由党およびそれと協調した労働代表委員会（選挙後に労働党と改称）の陣営が大勝利を収めたことは、APSがイギリス政治での存在感を高めるうえでの好機となるはずだった。

ⓑ自由党政権への期待

選挙の結果、自らの主張に好意的な政権および議会が誕生したと考えたAPSは、二月に下院議員にアンケートを送付した。協会の方針に好意的で、議会で協会の主張を代弁してくれそうな議員の名簿を作成することが目的だった。その結果、五五名の議員が好意的な返事を送ってきた。多くは自由党議員だが、キア・ハーディやマクドナルドといった労働党議員も含まれていた。資本家による非白人労働者の搾取を糾弾してきたAPSとは、帝国政策をめぐる思想的位置が近いと考えたのだろう。この他、政府の一員となったために特定団体に肩入れできないが、過去の経緯からAPSに好意的であるはずの議員として、マッケナ、サミュエル、ジョン・モーリー、アルフレッド・エモット（APS運営委員会議長）などの名前（いずれも自由党）が挙げられている[202]。

アンケートの結果をどう解釈するかは難しい。それでもAPSは、この五五名以外にも自らの理念を共有してくれる議員はさらに多くいるはずだと考え、結果を肯定的に受け止めようとした。南アにおけるアフリカ人の保護を求めるAPS会長ブランプトン・ガードンの書簡に対して、キャンベル＝バナマン首相とエルギン植民地大臣が好意的な返事を寄こしたことも、協会の自信を深めた[203]。

APSの現状分析が、現実を無視した自意識過剰を反映したものだったと言い切ることもできない。一九〇六年以降の議会では、主に自由党急進派に属する議員たちが、いかにして先住民の福利を保護しつつ帝国を倫理的に統治できるかについて積極的に論じた。労働党も帝国問題への関心を強めていた。マクドナルドらは帝国問題に頻繁に言及し、非白人の労働者としての権利を擁護した。南アにおけるアフリカ人の待遇はとくに多く取り上げられ、アフリカ人の土地権利と労働の自由が唱道されるとともに、人種を理由にアフリカ人を市民権から排除しようとする政策は批判された(204)。これらはいずれもAPSが繰り広げてきた主張であり、協会の活動には追い風となっただろう。

そうしたなかで、一九〇六年のAPS年次総会には、自由党の現職議員、新自由主義の代表的論客ホブスン、さらには、同時期に展開していたコンゴ改革運動からロジャー・ケイスメントやジョン・H・ハリス（第2章参照）も出席するなど、「多数の参加者」が得られた(205)。同大会で演説したAPS副会長ディルクは、南アのアフリカ人を保護すると明言した政府に対して議会で感謝の決議を提起すると述べ、それは「実質的に当協会の政府に対する決議でもあり、［政府の］保証は非常に素晴らしく、称賛に値する」と述べた(206)。自由党政権と連携を深めることでAPSが自らの存在感と影響力を強め、イギリスの政治文化である帝国フィランスロピーを再び盛り上げる役割を主導する、そうした好機がたしかに訪れたといえよう(207)。

（2）「フィランスロピーの衰退」

ⓐ自由党政権への失望

しかし、翌一九〇七年の年次総会の様相は、前年とは打って変わったものになった。参加者リストには運営委員会メンバーなど元来からの関係者の名前が多くを占め、数も少ない。「多数の参加者」があったとの記述もない(208)。演壇に立ったディルクは、「フィランスロピーの衰退」に言及した。一九〇七年は奴隷貿易廃止百周年にあたるが、「われわれはここ数年で前進というよりも後退している(209)」。コンゴ改革運動は世論の関心を集め、盛り上がりをみせている。しかし、イギリス政府の「だらしなさ、そしてそれ以上に、人道的な思想に対する世論の鈍感は、世界に働きかけて顕著な害悪を除去しようとするわれわれの試みに大きな打撃を与えている(210)」。前年にみられた高揚感は霧消してしまった。何がおこったのか。

一九〇六年中旬以降、ＡＰＳの南ア問題についての見解は自由党政権の政策と鋭く対立するようになっていった。まず、ナタールにおけるバンバタ蜂起である。ナタール植民地では、一九〇五年に導入された人頭税がアフリカ人支配者層や大衆の不満を招いていたが、一九〇六年にアフリカ人の一団が白人徴税官を殺害する事件がおこると、事態が一気にエスカレートした。事件の首謀者とされたバンバタはゲリラ戦で抵抗し、それに刺激された武装蜂起が各地でおこったが、植民地当局は戒厳令を敷き民兵も投入することで、これを苛烈に鎮圧した。バンバタは同年六月に殺害され、一連の掃討戦で犠牲になったアフリカ人の数は三千を超えた（白人の犠牲者は数十人程度）。現地のアフリカ人指導者たちの失望は大きなものだった。ケープを拠点とするアフリカ人の新聞『インヴォ』と『イズウィ』は、南ア戦争の評価をめぐっては対立したものの、バンバタ蜂起へのナタール政府への対応をともに厳しく批判した。『イズウィ』編集長のソガ（前出）は、アフリカ人労働力の確保を目指す鉱山主たちが植民地当局に働きかけて人頭税を導入させ、アフリカ人を貧困に追い込むことで労働に駆り立てようとしたと主張し、ラントの資本家に疑惑の目を向けた[211]。

ＡＰＳは、人頭税が過大な負担をアフリカ人に押しつけるとして、早くからこれを問題視してきた。一九〇六年一月には植民地省に嘆願書を送り、帝国政府がナタールに介入して新税を撤回させるよう求めた[212]。また、戒厳令の下で、アフリカ人が軍事法廷で裁かれること、ならびに軍事力による脅しを通じて税を強制徴収することにも懸念を示した[213]。権力の濫用につながりかねない戒厳令を批判するのは、帝国フィランスロピーの伝統である[214]。さらに、イギリス本国と南ア現地で中国人労働者問題への批判が高まるなかで、鉱山資本家たちが課税を通じてアフリカ人を鉱山での労働に駆り立てようとしたことが、アフリカ人の不満を招いたとの疑いも示した[215]。これは直前でみた『イズウィ』の主張と重なるが、ＡＰＳとソガが書簡のやりとりをする間柄だったことを踏まえれば、両者は互いの見解を参照しあっていたと考えてよいだろう。

四月末にはＡＰＳと関係の深い議員団がエルギン植民地大臣を訪問し、協会の要望を伝えた。同代表団には、ＡＰＳ副会長のディルクを筆頭に、モルテノ、ロバートソン、トレヴァリアン（以上、自由党）、マクドナルド（労働党）が加わった。与党陣営に所属する議員として、彼らはエルギンにできるだけ友好的な姿勢を保ちながらナタール問題に関するＡＰＳの懸念を伝え、政府がそれを念頭において行動するよう要請した。エルギンは代表団の態度に感謝しつつも、ＡＰＳが求めるナタールへの帝国政府の介入は、植民地自治の侵害につながるので不可能だと応答した。[216]その後もＡＰＳはさまざまな提案を行ったが、政府は植民地自治への不介入を盾にことごとく斥けた。[217]

ＡＰＳと自由党政権は、トランスヴァール植民地に対する自治権の付与をめぐっても対立した。一九〇六年総選挙で大勝した自由党政権は、金鉱山での中国人労働者問題に対応する一方で、トランスヴァールに自治権を付与することを約束した。問題はその内容である。一九〇六年のＡＰＳ年次総会で演説したモルテノは、ケープの政治制度を参照に、トランスヴァールが自治植民地になる暁には現地のアフリカ人に白人と同じ基準で選挙権を与えるべきだと主張した。[218]しかし、南ア戦争後のイギリスの政策やＳＡＮＡＣ報告書の勧告に照らせば、その実現可能性は著しく低いと言わざるをえなかった。自治権付与にあたり現地を視察したイギリスの特別委員会も、アフリカ人が白人と同等の政治的権利をもつことは期待できないと報告した。アフリカ人政治指導者たちはアフリカ人にも選挙権を与えるよう訴えたが、無視された。[219]

白人のみが政治参加を許される植民地において、アフリカ人を保護すべきは誰か。それは、ロンドンの帝国政府をおいて他にはないとＡＰＳは考えていた。ＡＰＳは植民地省に嘆願書を送り、トランスヴァールが自治権を獲得した後も帝国政府がアフリカ人を保護する責任を堅持し、必要であれば国王大権を行使して現地に介入すべきであると主張した。[220]しかし、ナタールの場合と同様、政府は植民地自治の原則を尊重し、トランスヴァールの内政に介入することを拒絶した。選挙権についても、現地白人の意見に従い非白人を除外することを決定した政府に対して、『アボリジニの友』は不満を表明した。[221] ディルクは、トランスヴァール新憲法を可決することで、「イギリス帝国におけるカラーバーが帝国議会によって承認される最初の事例をつくってしまった」と嘆いた。[222]

自治権を付与されたトランスヴァールでは立法府の選挙が行われ、イギリスの期待に反してブール人主体の政党ヘット・フォルクが勝利した。この選挙結果は南ア戦争に敗れたブール人の怒りと不満を示すものであり、イギリスの南ア政策に痛烈な打撃を与えるものだったが、[223] 同時に、APSの不安をかきたてるものでもあった。トランスヴァール首相に就任したルイ・ボータは南ア戦争でイギリスと戦った指揮官だが、中国人労働者問題では「資本家の陰謀」を唱えて政府の計画を攻撃しており、その意味でAPSと同じ側に立っていた。しかし彼は、中国人労働者を輸入する代わりに、アフリカ人のリザーブを解体し彼らを労働に駆り立てることで労働力不足を解消すべきだとも主張していた。[224] これまでの議論から、それがAPSの立場と相容れないことは明らかである。たしかにブール人のアフリカ人に対する圧政は、鉱山資本家のそれよりもましかもしれない。しかし、「圧政は圧政である」。こののち南アでは、イギリス植民地が合同して連邦を結成する動きが加速していく。新たに誕生する南ア連邦内部でのアフリカ人の地位と待遇は、現状よりも悪化するかもしれない。APSはそう懸念した。[225]

だが、自由党政権が動かない以上、協会の行動の余地は限られていた。南ア政策をめぐる政府とAPSの懸隔の根底には、植民地自治の問題があった。APSは、植民地自治が濫用されて非白人住民の利害が損なわれる場合には、帝国政府が介入して過ちを正すべきだと主張していた。こうした意見は、ホブスンやマクドナルドらによっても唱えられていた。しかし、自由党政権は非白人の自由や権利よりも植民地自治の原則を優先する方針を変えなかった。[226] かくして、新政権に対する当初の期待は、失望へと変わっていった。

ⓑAPSの終焉

自由党政権と連携して帝国フィランスロピーの理念を押し広げていこうというAPSの目論見は破綻した。先述したディルクの「フィランスロピーの衰退」演説は、このような状況を受けてのものだった。もっとも、事ここに至った理由としては、グラントが指摘するようなＡＰＳの硬直性もあるだろう。それは、ＡＰＳの実務を差配していた書記ボーンの性格とも関係していたように思われる。彼の主張はたしかに一貫しているが、原理原則に過度に縛られ、柔軟性を欠いたものも多かった。帝国政府に植民地自治への介入を求める姿勢は、その好例である。それでも政府を動かそうというのならば、広範な利害に訴求する運動を組織し、世論を盛り上げる必要がある。中国人労働者問題が関心を集め、自由党政権が誕生した一九〇〇年代中頃は、そうしたキャンペーンを仕掛ける絶好のチャンスだった。だが、ボーンがそうした計画に取り組んだ様子はない。

さらに、会員に対する時折の訴えを除き、ボーンやＡＰＳ執行部には、組織拡大やその宣伝のために積極的な手を打つ姿勢もみられなかった。ここで参照すべきは、チャリティ団体と潜在的寄付者の関係を「市場」として把握しようとしたサラ・ロディらの研究である。[227] ＡＰＳのような篤志協会型フィランスロピー団体は、独自に救済すべき悲惨をみいだしそれへの救済を提供する。救済は「商品」としてフィランスロピーの市場で「売られ」、寄付者が自らの興味にあったものを「買う」。市場で寄付者に「買って」もうらためには、自らが提供する「商品（＝救済）」を魅力的なものとして宣伝しなければならない。この点、成功を収めたフィランスロピーは、広告と宣伝に長けていた。ロンドンのイーストエンドで浮浪児の救済などに従事したバーナードズや、都市スラムで貧民救済を試みた救世軍などは、子ども向けの雑誌を製作したり、音楽隊を組織したり、大規模な炊き出しを行ったりして熱心なＰＲ活動を行った。[228] しかし、この時代のＡＰＳが、自らの存在をアピールして潜在的な寄付者を掘り起こすために特別な工夫をした形跡はみられない。そうである以上、フィランスロピーの「市場」で協会への関心が高まる理由はなかった。

かかる受動的姿勢にいらだつ者もいたようである。ホレイショ・ワトソンを名乗る人物は一九〇三年、『モーニング・リーダー』への投書（編集部の判断で掲載されず）で次のように述べてボーンを批判した。

原住民保護協会は、協会の存続のために人々が支払っている会費［の徴集］を正当化するだけの活動をしているといえるでしょうか？　協会の創設者たちは、個人［ボーン］の生活費を保障する名誉職を維持するために組織を作ったわけではありません。……協会の相対的な沈黙をみるに、私は、協会がアフリカの原住民に現に加えられている過ちを黙認しているか、少なくとも大目にみており、そうすることで、その気質と美徳を失ってしまったと考えざるをえません。もし現在の書記が活発に動けない、あるいは、健康状態が悪く職務に十分な力を注げないのであれば、なぜ彼は［組織に対する］障害となり続けているのでしょうか？　なぜ彼は辞職しないのでしょうか？　卑見では、協会はイギリス中で大規模な集会を組織し、国民に対して語りかけるべきです。大衆は、帝国の原住民族の福利を害する「強制労働」という最も深刻な問題について、啓蒙を必要としています。とくに、政府が南アで奴隷制の再建を認可することで罪を犯そうとしている今こそ、それが求められているのです。[229]

この時期に帝国フィランスロピーへの関心が完全に消失してしまったわけではない。同時期に展開していたコンゴ改革運動は、広範な人々を動員する国民運動となった。だが、コンゴ改革運動を率いたモレルが積極的に表舞台に立ち、ポレミカルな言論活動を通じて自らの大義を宣伝していったのに対して、ボーンは表舞台に出るのを好まず、事実を淡々と提示することで読者ないし聴衆が自発的に行動するのを期待したのみだった。[230]　広報と宣伝が重視される時代にあって、いまや七〇代にさしかかろうとしていたボーンは時流から置き去りにされつつあった。結果として、ＡＰＳは、国内の福祉やドイツとの建艦競争に注力していく自由党政権と世論の関心を十分に集めることができなかった。協会は、組織拡大の機会を逸したのである。

一九〇九年二月、世紀転換期のＡＰＳを牽引してきたボーンが死去した。それは、ＡＰＳ自体の終焉でもあった。同年、『アボリジニの友』五月号（同誌の最終号となった）はＡＰＳとＢＦＡＳＳの合併を発表した。新組織は反奴隷制および原住民保護協会（ＡＳＡＰＳ）という名称で、ＡＰＳの名前は残るが、会長のブランプトン・ガードンはＡＳＡＰＳの副会長に就任することになった。事務局は、ＢＦＡＳＳの本部に統合されることが決定した。[231]これはつまり、ＡＰＳがＢＦＡＳＳに実質的に吸収合併されたことを意味している。ＡＰＳの将来に展望をもてなかった人々が、組織の再編により帝国フィランスロピーの再活性化を目指した動きとも解釈できるだろう。以後、新たに結成されたＡＳＡＰＳが南アにおける帝国フィランスロピーの問題に取り組んでいくことになる。その最初のイシューは、南ア連邦の結成であった。

第2章　「救う側」の論理、「救われる側」の不満
――草創期の反奴隷制および原住民保護協会――

一九〇九年、ＡＰＳとＢＦＡＳＳが合併し、反奴隷制および原住民保護協会（Anti-Slavery and Aborigines Protection Society: ＡＳＡＰＳ）が誕生した。新組織は二つの団体の問題意識や課題を引き継ぎつつも、新たなメンバー構成の下で変化する時代に対応すべくさまざまな活動に取り組んだ。本章では、結成から第一次世界大戦期までのＡＳＡＰＳの組織および思想的特徴を、同時代のイギリスや国際社会の動向とも関連づけながら明らかにしていく。同時に、草創期のＡＳＡＰＳが南アのアフリカ人の地位や待遇をめぐる問題にどう対応したのかを考察する。

1　ＡＳＡＰＳの創設

（1）二〇世紀前半のフィランスロピー

二〇世紀初頭の自由党政権によるリベラル・リフォーム以降、イギリスの福祉における国家の役割は増大していった。このことは、フィランスロピーのあり方にも影響を与えた。まず、フィランスロピーと公助の連携が唱えられるようになり、前者は行政と国民の接点として社会政策の「窓口業務」を担うなど新たな役割を果たすように

なった。[1] それと同時に、フィランスロピーには「科学的」な態度が求められるようになった。複雑な社会問題を分析し、それに対する合理的な施策を講じる専門家（たとえばソーシャルワーカー）の育成が唱えられはじめる。[2]

戦間期になると、公的福祉はさらなる拡大をみせた。一九一九年には福祉分野におけるフィランスロピーと国家の連携促進を目的とする社会サーヴィス全国協議会（後のヴォランティア組織全国協議会）が設立された。国家は社会サーヴィスを提供するチャリティ団体に補助金を支出することで活動を支援するようになり、一九三〇年代にその額は登録チャリティ団体の総収入の三分の一を占めるまでになった。こうした状態を指して、当時リヴァプール大学でソーシャルワークを講じていたエリザベス・マカダムは「新しいフィランスロピー」という言葉を用いた。その一方で、一九三八年に『自発的な市民――共同体におけるフィランスロピーの位置についての一考察』を刊行したコンスタンス・ブレイスウェイトは、シティズンシップの強化という観点からフィランスロピーの意義を再評価しようとした。彼女は共同体が抱える諸問題への市民の自発的な取り組みをフィランスロピーと呼び、それが能動的な社会参加の姿勢を育み、共同体の自立性と紐帯の強化を促すと説いた。そこでは、フィランスロピーが有為な市民としての素養を学ぶ「学校」、（全体主義に対する）民主主義の防壁とされた。戦後福祉国家の青写真を描いたウィリアム・ベヴァリッジも、セツルメント運動に参加した経験からフィランスロピーを重視していた。[3] なお、フィランスロピストたちがシティズンシップの基本要件のひとつに労働を置いていたことは、本書の議論にとって重要である。勤勉な労働者たちが互いを支え合いながら自らの能力を高め、責任ある市民として共同体の福利と発展のために貢献できる機会と環境を整備することが、当時のフィランスロピーの中心課題だった。[4]

しかし、二〇世紀前半のイギリス社会では、フィランスロピーという言葉の使用頻度は大きく低下していった。[5] この語は社会的上位者による教導を含意しており、非科学的で、無分別で、いまや時代遅れとみなされるようになったのである。とくに「救われる側」にあった労働者階級の間で、フィランスロピー（チャリティ）という言葉に対する忌避感情は強かった。戦間期にフィランスロピーに代わりヴォランタリズムや社会サーヴィスという語も

使われるようになった背景には、このような事情もあった。(6)

他方で、ブリテン諸島の「外」を舞台とするフィランスロピーは活況を呈していた。二〇世紀前半には、現在では国際NGOと呼ばれるような団体が数多く誕生した。(7) なかでもセーブ・ザ・チルドレンは、戦間期における国際主義の潮流にも乗り、さまざまな地域で子どもの救済に取り組むとともに、各国の類似団体を糾合してトランスナショナルなネットワークを構築し、グローバルな援助組織へと成長していった。ただしイギリス国内において、国際主義がしばしば、高度な自治——その恩恵にあずかれたのはもっぱら白人のみだったが——を与えられた諸地域（自治領）の連合体たるイギリス帝国を模範として語られ、その発展が自国の影響力拡大と同一視されていた点には留意しておく必要がある。(8) 国外を対象とするフィランスロピー団体のひとつであるASAPSもまた、このような時流からも影響を受けつつ、多様な活動に携わっていった。

（2）組織と人

ⓐ草創期のASAPS

フィランスロピーという語の使用頻度が低下していく傾向にもかかわらず、当時のイギリスでは帝国フィランスロピーへの関心がむしろ増大していたようにみえる。コンゴ改革運動やトランスヴァール金鉱山中国人労働者問題が喚起した議論（第1章）は、非白人が直面する苦難や過酷な労働環境を世論が再認識する契機となった。ASAPSには多様な人物が参加し、議会や政府に対するロビー活動を行うのみならず、講演会やイベントの開催を通じた草の根運動を展開し、帝国フィランスロピーの大義を広めることが目指された。(9)

それと同時に、ASAPSは帝国フィランスロピーのネットワークを拡大することにも力を注いだ。植民地や自治領を拠点として類似した活動に従事する白人・非白人の諸団体と接点を築きつつ、他のヨーロッパ諸国やアメリカ合衆国の人道主義者たちとも関係を深めようとした。国民国家を基盤とする帝国主義世界体制には排他的で競争的な側面もあったが、交通・通信網が発達しグローバルな規模でヒト・モノ・情報のやりとりが活発化する時代にあって、人々はしばしば帝国・植民地の境界をこえて相互に連携しあい、また、学びあっていた。トランスインペリアルないしトランスナショナルな協力関係は二〇世紀におけるフィランスロピーの特徴だが、[10] ＡＳＡＰＳもそのような時流に乗りながら、広域の帝国フィランスロピー・ネットワークの構築を目指した。

ⓑ教会関係者たち

ＡＳＡＰＳの発足にともない、ＡＰＳの主要メンバーの多くは新組織にそのまま参加した。ＡＰＳとＢＦＡＳＳでも会員はおおむね重複していたため、ＡＳＡＰＳ成立後も主たる顔ぶれはさほど変わらなかった。新組織で引き続き強い存在感を示したのは、宗教である。二〇世紀初頭のイギリスでは世俗化の進展がみられたものの、キリスト教はいまだに「イギリスらしさ」の核心を占めていた。議会における討論時間の多くは宗教に関わる問題に割かれていたし、海外宣教活動も活発に行われていた。[11] 教会はまた福祉の領域においても引き続き重要な役割を担っており、宗教とフィランスロピーは密接不可分の関係にあった。[12] 加えて、宗教は帝国にも強い関心を向けており、「聖書と国旗」は多様な関係を取り結んでいた。[13] キリスト教の理念を帝国支配に反映させることの重要性は、ことあるごとに強調された。たとえばカンタベリー大主教ランドル・デイヴィッドソン（Randall Thomas Davidson, 一八四八〜一九三〇年。一九一二年からＡＳＡＰＳ副会長）は、「帝国主義という、不適切に使用され、誤解されがちな言葉にキリスト教的な意味を加え、国王陛下の支配地の隅々でキリスト教的要素が成長し輝きを強めること」の重要性を説いている。[14]

この観点から教会がとくに重視したのが、人種問題である。教会内部では、聖書的世界観に照らしてすべての人間を兄弟・姉妹とみなす言説が影響力を保っていた。二〇世紀に入り、自由主義神学の広がりとも関係しつつ非西洋文化や他宗教を理解する姿勢が強まったことも、「科学的人種主義」を批判して人類の共通性を強調する言説の広がりを後押しした。他方で、現にみられる人種間の格差や差異を西洋キリスト教界が否定していたわけではない。人間の共通性を唱えつつ、知識や「文明」の点で西洋世界が非西洋世界に優るという思考様式は広くみられた[15]。二〇世紀に発展するエキュメニズムの里程標となった一九一〇年エディンバラ世界宣教会議では、西洋の観点からみた「文明の度合い」に基づく非キリスト教地域の序列化がなされ、「文明」の段階と統治の形態ごとに、教会と現地政府（独立国家であれ植民地であれ）がどのような関係を取り結ぶべきかが議論された。そこでは、「文明」の度合いにおける差異はあくまでも暫定的で相対的なものにすぎないとされつつも、とくにアフリカのような地域では、教会と現地人キリスト教徒の安全を守るため、必要に応じて植民地支配国の保護を求めるべきだとの主張が支持された。西洋文明を基準とする人間社会の類型化と序列化の思想は、宗教と帝国の親密な関係を示している[16]。その一方で会議では、アヘン貿易、アルコール取引、強制労働がキリスト教倫理に反すると宣言され、ベルギー領コンゴでのアフリカ人労働者の搾取・虐待が強く非難されるなど、宗教が帝国支配の現状をすべて是認していたわけではなかった[17]。

こうした姿勢は、宗教とASAPSの間に共闘の余地を生み出した。一九一〇年四月に開催されたASAPS第一回年次総会には、国教会ヘリフォード主教のジョン・パーシヴァル、ウェスリアン・メソディスト教会のJ・スコット・リジェット、長老派のC・R・ギリー、会衆派のJ・F・T・ハロウズ、バプティストのジョージ・フーパーら主要教派に属する聖職者が多く参加した[18]。冒頭で挨拶を行った会長のT・F・バクストン（Thomas Fowell Buxton，一八三七〜一九一五年）は、協会に対するクエーカーの貢献にあらためて言及し、その精神が帝国フィランスロピー遂行の大いなる支えとなってきたことを称賛した[19]。国教会を代表して演壇に立ったのは、パーシヴァルだった。熱心な自由党支持者で非国教徒との連携を重視する広教会派に属し、ラグビー校校長などを歴任する一方で労働者教育協会の創設に携わるなど、教育分野のチャリティでも活躍した人物である。演説でパーシヴァルは帝国内の従属異民族が公正に扱われるよう訴え、一部植民地でのアフリカ人に対する抑圧を糾弾するとともに、イギリス国内においては被支配者たちの利害と権利を重視する健全な世論の形成に力を尽くすべきだと主張した[20]。パーシヴァルに続いて発言したスコット・リジェットは、コンゴ改革運動に言及したうえで、植民地における改革の停滞はアフリカ大陸全体での文明とキリスト教の大義を傷つけると述べ、イギリス政府がさらなる働きかけをベルギー政府に行うべきだと訴えた。(21)帝国の存在を前提としつつ、そこにキリスト教の精神を反映させることでよりよい統治を求める点において、宗教と帝国フィランスロピーは目的を共有していた。

もっとも、旧APSのメンバーのなかには、宗教との連携を重視するASAPSの方針に違和感を覚えた者もいたようだ。中核メンバーの多くがクエーカーだったように、APSでも宗教は重要な基盤をなしていた。しかし、世紀転換期のAPSでは、自由党急進派の政治思想に依拠して帝国フィランスロピーを実践する傾向も強かった。名実ともに協会の牽引車だったボーンは、バーナード・ポーターの言葉を借りれば、「神をおそれぬ」(22)人間だったし、南ア戦争後にAPSの代弁者として活躍したロバートソンに至っては、宗教に敵対的な世俗主義者だった。こうした人々は、宗教色がより濃厚な新組織に居心地の悪さを感じたかもしれない。ロバートソンはASAPSに残ったが、以後はかつてほどの発言はみられなくなった。

ⓒ政治との接点──下院議員委員会

篤志協会型のチャリティ団体であるASAPSには、多数の有力者や著名人が副会長や運営委員会メンバーとして名を連ねた。しかし、帝国フィランスロピーの大義を主張するだけでは物事は動かない。これはAPSの歴史から得られた教訓でもある。大事なのは協会が掲げるヴィジョンに基づく世界を実現していくことであり、そのためには自らの主張を反映する政策が採用され、着実に履行される必要があることを関係者たちはよく心得ていた。

この目標を達成するには、政治との関係を強化する必要がある。一九一〇年三月、ASAPSの活動に関心をもつ下院議員たちが、相互の連携を深めることを目的に会合を開いた。帝国フィランスロピーの推進に貢献してきたディルクが司会を務めたこの会合には一三名の議員が出席し、別に四名が書面で参加の意向を表明した。出席者のプロフィールは、次の通りである。まず、伝統的に帝国フィランスロピーと関わりが深い家系に属する者として、バクストン家のC・ロデン・バクストン（Charles Roden Buxton, 一八七五〜一九四二年）[24]とノエル・バクストン（Noel Buxton, 一八六九〜一九四八年）[25]、ウェッジウッド家のジョサイア・ウェッジウッド（Josiah Clement Wedgwood, 一八七二〜一九四三年）[26]がいた。T・E・ハーヴェイ（Thomas Edmund Harvey, 一八七五〜一九五五年）[27]とアーノルド・ラウントリー（Arnold Rowntree, 一八七二〜一九五一年）[28]は、ASAPSで顕著な存在感を誇るクエーカー実業家一族の出身である。ハーヴェイとノエル・バクストンはセツルメント運動に参加し、都市貧民を対象とするフィランスロピーの実務経験を有していた。この他、思想的に新自由主義に近いとされるジョージ・ホワイト（George White, 一八四〇〜一九一二年）[29]、親ボーア派で帝国主義に批判的な自由党急進派のH・J・ウィルソン（Henry Joseph Wilson, 一八三三〜一九一四年）[30]、協同組合運動に取り組み、田園都市計画や社会政策にも携わったアナイリン・ウィリアムズ（Aneurin Williams, 一八五九〜一九二四年）[31]などが参加した[32]。出席者たちはASAPSの活動を支持する下院議員委員会を組織し、議場内で定期的に会合をもつことを決議した[33]。

興味深いことに、会合出席者の一三名と書面で参加の意志を表明した四名は、いずれも当時自由党に所属していた。ASAPSには多様な思想信条をもつ人々が集ったが、創設初期の段階ではやはり自由党とのつながりが強く、ASAPSからの継続性がみられる。また、労働者の待遇改善に取り組んできた者も多く、国内の救貧や福祉への関心と帝国フィランスロピーとの相関がうかがえる。

とはいえ、特定の党派との関係性が強すぎることは、新規会員獲得の阻害要因にもなりうる。潜在的寄付者の裾野を広げるためには、議員委員会が超党派であるのが望ましい。そこで他党の議員にも働きかけを行った結果、労働党のマクドナルドと自由統一党のJ・C・リトルトン（John Cavendish Lyttelton, 一八八一〜一九四九年）が参加に同意した。ASAPS下院議員委員会は、一九一一年二月二七日に最初の会合を開いた。議長に就任予定だったディルクが前月に死去したため、J・W・ウィルソンがその地位に就いた[34]。一九一一年のASAPS年次総会で演説したノエル・バクストンによると、協会と委員会の関係は次のようなものだった。ASAPSの書記たちは委員会に属する議員たちに必要な情報を提供し、委員会での決議を経て、議員団が関連部署の大臣と面談したり意見交換したりする。自由党以外の政党からも参加者を得たいま、委員会は真に国民世論を代表する組織となった。ノエル・バクストンいわく、「われわれは弱小人種に対する感情を代弁するために全力を尽くす集団である」。しかし、帝国政策の決定権はあくまでも政府と閣僚にある。よって、具体的な政治目標を実現するためには議会内外でのロビー活動が重要になってくる。この点において、ＡＳＡＰＳ組織担当書記のジョン・ハリス（後述）はコンゴ改革運動の中心人物として豊富な経験を有しており、バクストンによれば、交渉や組織化に秀でていた[35]。ＡＳＡＰＳ機関誌の『反奴隷制報告およびアボリジニの友（*Anti-Slavery Reporter and Aborigines' Friend*）』には毎号「議会での討論」というコーナーが設けられ、協会の主張を代弁する議員たちの活躍が紹介された。ＡＳＡＰＳは、政治と一定の距離をおくよりも、むしろ政治権力と協調しながら目的の実現をはかろうとしたのである。

（3）思想と主張

ⓐ帝国フィランスロピーにおける土地と労働——ジョサイア・ウェッジウッド

草創期のＡＳＡＰＳが唱えた帝国フィランスロピーには、どのような思想的特徴がみられたのか。以下では、三人の人物に焦点をあて、彼らの主張を同時代の文脈にそくして分析することで、協会が掲げた帝国フィランスロピーの特質を明らかにしていきたい。

最初に取り上げるのは、ジョサイア・ウェッジウッドである。陶器製造業で名高いウェッジウッド家に生まれ軍人の道を歩んだジョサイアは、青年期から自由党の政治活動に関わり、一時はフェビアン協会にも所属した。南アフリカ戦争に従軍して戦後はトランスヴァールで治安判事を務め、帰国後に自由党下院議員に当選し、ディルクを指導者と仰ぐ自由党急進派に参加した[36]。その後、第一次世界大戦に出征しガリポリの戦いで負傷して勲章を受ける一方、戦間期には英領インドの自治やシオニズムを支持するなどした。一九一九年に労働党に移り、死去する直前まで政治活動を続けた。[37]

以上の略歴からは左派政治家ないし社会主義者としてのウェッジウッドの姿が浮かんでくるが、それは彼の実像とは異なる。彼の思想はイングランドにおける急進主義の伝統を受け継いでおり、独占と特権を批判し自由な市場を信頼するコブデン主義者で、スペンサーの信奉者でもあった。それゆえ、ウェッジウッドは、集産主義の立場をとる社会主義や、福祉の領域における政府の役割を強調する新自由主義には懐疑的だった。「大きな政府」が社会保障費の負担を個人に強制したり、個人や家族が果たすべき社会的役割を国家が肩代わりしたりすることで、国民の責任感や倫理観が低下するのを恐れたからである。とはいえ、ウェッジウッドはヴィクトリア時代風の社会格差を前提とした自由放任を支持していたわけではなく、福祉政策に常に反対していたわけでもない。より平等な社会の実現に寄与し、個人（とくに労働者）の権利の強化につながる政策ならば、彼は支持した。つまりウェッジウッドの思想は「進歩的個人主義」とでも呼ぶべきものであり、それは個人の自由と権利の擁護に至上の価値をおくものだった。[38]

ウェッジウッドがとくに情熱を傾けたのが、土地問題だった。彼はヘンリ・ジョージの信奉者で、二〇世紀初頭のイギリスにおける土地課税推進派の代表的論者だった。ジョージは開発されていない土地や鉱物資源に市場評価額に基づく税を課し、労働や資本への税金を撤廃することを唱えた。土地の寡占を不平等の最大の要因とみなし、土地への課税を唱道した理論は、世紀転換期の自由党急進派に大きな影響を与えた。ウェッジウッドもそのひとりであり、彼はジョージを「神がこの世に遣わした人間」[39]と評していた。独占や特権を廃止して不平等の是正を唱えつつ、個人の自由や権利を重視する立場から集産主義と大きな政府の双方を批判するのは当時の社会思想の布置に照らすと容易ではなかったが、そうした難題に直面していたウェッジウッドにとって、ジョージの理論は政府による強制というかたちをとらずに社会格差の是正を実現する解決策を示してくれたのである。土地課税への支持は一九〇六年に成立した自由党政権の時代に高まり、一九〇九年にロイド・ジョージ蔵相が提出した「人民予算」にも反映された。政府が土地課税派の主張を全面的に受け入れたわけではないが、地価に基づく課税の原則と全国的な土地評価額の調査が認められたことにウェッジウッドは満足した。土地課税や個人の自由を擁護する姿勢は多くの労働者から支持を得ており、彼は労働者階級が多数を占めるニューカッスル・アンダー・ライム選挙区で一九〇六年から四二年まで途切れることなく議席を守り続けた[40]。

自由および土地の問題とともに、ウェッジウッドが強い関心を示したのが帝国問題だった。彼は先述の通りASAPSの下院議員委員会にも初期から参加しており、生涯を通じて協会の主要メンバーとして活躍した。そのウェッジウッドは、一九一一年七月に刊行された『反奴隷制報告およびアボリジニの友』に「原住民の土地と直轄植民地」という論考を寄稿している。以下ではこの論文の内容を検討することで、当時のASAPSが唱えた帝国フィランスロピーの一側面を明らかにしていきたい。

前章でみたように、二〇世紀初頭の帝国フィランスロピスト——とくに人権イデオロギーの唱道者たち——はしばしばアフリカ社会における独自の「伝統」を尊重し、そこにできるだけ介入しないことがアフリカ人の福利を増進させると主張していた。そうした思想は一面では、アフリカ現地の慣習法や社会制度を温存し、「有力者」を介して植民地を統治する手法、すなわち間接統治とつながりうる。実際、人権イデオロギーの主唱者であったE・D・モレルは、間接統治の実践で名高いフレデリック・ルガードが総督を務めていたナイジェリアを評して、そこでのイギリス支配が「きわめて独創的で……その価値が世間から高く評価される仕事だ」と称賛していた[41]。

ウェッジウッドも間接統治それ自体は否定しない。実際に彼は、議会でルガードの業績を評価する発言も行っている[42]。しかし、「原住民の土地と直轄植民地」では、間接統治の運用と実情が批判的に検討されている。まず、植民地支配下にあるアフリカ人の土地と労働の問題を念頭に、たとえ奴隷制が廃止されても、「経済的奴隷制(economic slavery)」がそれに取って代わるようでは意味がないと主張する。では、「経済的奴隷制」はどのような契機により生起するのか。そのプロセスは、アフリカ人からの土地収奪と関係している。たとえばルガード総督時代の北ナイジェリアでは、「自由な労働力（free labour）」を確保するために「地主階級（landlord class）」の創出がはかられた。まず「原住民チーフ」を「地主」に見立て、そこに土地権利を集約する。すると、土地への権利を失ったアフリカ人たちは他者のための労働に従事することで「労働階級（labouring class）」を形成するようになり、かくして必要な労働力が調達される。奴隷制廃止にともない労働力の確保が困難になり、さらにアフリカ人が自らの土地の耕作に専念することで賃金労働者が稀少になってしまったことへの解決策として、ルガードはアフリカ人から土地を奪おうとしたのである。しかし、これは皮肉な結果をもたらすことになった。ルガードが唱道する間接統治は、アフリカ現地の政治・社会制度（と白人が考えるもの）を温存し、それを利用した統治を試みる。だが、北ナイジェリアには土地の「私的所有権」なる概念はなく、「原住民チーフ」を「イングランドの地主」に見立てることは、アフリカ現地に存在しないものを無理やり創出しようとする「虚飾」に他ならない。西洋の制度をアフリカに適用することで、ルガードは「ヨーロッパの「文明」を暗黒のアフリカに導入することを目論む人々に道をひらいてしまった」が、それが間接統治の原理と矛盾するのは明らかである。同時に、土地を奪うことは、アフリカ人を自らの意に反して強制的に賃金労働者に転化させることを意味しており、これをウェッジウッドは「経済的奴隷制」と呼ぶのである。「個人ないし企業による原住民の土地の獲得は、原住民の経済的自由にことごとく反するものであり、より広範に行われ、より統制しにくいものなのである[43]」。

では、「経済的奴隷制」は誰を利するのか。土地の私的所有権を得たチーフは白人にそそのかされて、白人が経営する企業に土地を売るだろう。土地への権利を失ったアフリカ人は、次第に「地主」となった白人が経営するプランテーションでの労働を求められるようになり、いずれは安価な労働者として重労働を課されることになる。ここから最も利益を得るのは誰か。ウェッジウッドの見立てでは、それはプランテーションを経営する事業主と、彼に出資した投資家たちである。「それは非常に都合のよいやり方なので、ロンバード街［ロンドン・シティの一角。金融市場のたとえ］の利益のために……［アフリカ各地で］再導入されることになるだろう[44]」。ここには、世紀転換期の帝国フィランスロピーでもみられた「資本家」への疑念が表れている。資本家による労働者の搾取、および彼らと帝国支配との密接な関係への批判は、引き続き帝国フィランスロピーの主要な言説をなしていた。

アフリカ人から土地を収奪するもうひとつの類型は国家を主体とするものであり、その典型例はコンゴ自由国である。こうした植民地では、開墾されていない、あるいは占有されていないとみなされた土地は「公益」のための王領地ないし公有地とされ、「信託」のかたちで保有される。もっとも、「公益」や「信託」の意味は多様で、多分に恣意的でもある。たとえばコンゴ自由国では、輸出商品の生産という「公益」のために多くのアフリカ人が重労働に駆り立てられ、過酷な扱いを受けた。「信託」という概念についても、利益保護の対象が宗主国の国民なのか、投資家なのか、白人植民者なのか、はたまた「原住民」なのかは時と場合によって異なる。[45]

ウェッジウッドの関心は、あいまいな概念である「信託」の意味を、アフリカ人の利益につながるような政策の実行を通じて明確化していくことにあった。彼によると、望ましい変化がおこりつつある。たとえば北ナイジェリアでは、先住民の慣習的権利の維持をうたいつつ、アフリカ人に土地の使用権のみを与える政策が採用された。先住民は七年ごとに改定される地代を払う義務があるが、土地改良から得られる利益をすべて手にすることができる。関税や間接税も賦課されない。アフリカ人の「受託者」たる植民地政府の下で、先住民は割り当てられた土地を自由に使い、それが生み出す生産物を自らのものにすることができるのである。その後、人口が増えて占有されていない土地が減少すると、地代――ウェッジウッドは単一税（the Single Tax）という言葉を使う――は引き上げられるが、それは住民が必要とする公共政策の財源となるので、利益はアフリカ人に還元される。ヘンリ・ジョージの信奉者であるウェッジウッドにとって、「税金」を土地課税（地代）に一本化した制度はまさに自身の理想を体現しており、高い評価に値するものだった。[46]

問題は、アフリカ人のなかにも多様な意見があることである。北ナイジェリアでは、西洋教育を受け、西洋の制度を模範とみなすエリートたちが土地の私的所有権を求めている。しかし、彼らはそれが搾取につながることを理解しておらず、その結果として形成される「土地なしのプロレタリア」に対する配慮が不足している。よって、植民地のエリートと大衆の間で利害が異なるときには、「奴隷制に反対し、教養がなく無力な原住民のために活動する協会［ASAPS］は、［エリートとは］逆の立場を支持しなければならない」のだ[47]。

結論として、ウェッジウッドは、非白人の労働搾取（「経済的奴隷制」）を阻止するための要諦が土地にあると主張した。

われわれの仕事は、人々の関心を一点に集中させること、そして、植民地総督たちと植民地省にその一点について同意させることにある。その一点とはつまり、［植民地の］土地がその住民に対する信託として保有されること、そして、黒人あるいは白人に売却するためにその土地を手放すのは決して許されないということである。……この方法によってのみ、原住民は真の自由——自らのために働く自由、賃金奴隷からの自由、土地をもたず搾取されるばかりのプロレタリアートという無力な状態からの自由——を獲得できるのである[48]。

以上の分析からは、ウェッジウッドがイギリス国内の改革を念頭におきながら帝国問題を論じていたことが分かる。彼にとって、土地課税の原理はイギリス国内のみならず植民地にも適用されるべきであり、植民地支配者には、アフリカ人が土地にアクセスする権利と、土地の改良から得られる利益を自らのものとする権利を尊重し、「資本家＝地主」による搾取から彼らを保護することが求められた。他方でそれは、イギリスがアフリカ人に無条件の保護を与えることを意味しない。進歩的個人主義の立場からすると、アフリカ人は自らに課された社会的責任を遂行する義務がある。その第一はもちろん地代（土地税）を払うことであり、アフリカ人は労働により富を蓄え、納税者としての務めを果たさなければならない。イギリス帝国は「受託者」としてアフリカ人の土地への権利と労働の自由を保護するが、そうした権利はあくまでも義務（勤労）の対価として保障されるのである。

ウェッジウッドの帝国フィランスロピーは、帝国支配における「信託」の語彙を使いながら、先住民の土地と労働への権利を強調し、なおかつ西洋文明を先住民の意に反して押しつけることを批判するものだった。帝国のパターナルな保護の下、アフリカ人の経済的自由を重視する姿勢ともいえる。(49) それは、帝国フィランスロピーにおける人権イデオロギーを基軸に据えながら、それを信託イデオロギーと接合しようという試みだった。

ⓑイギリス帝国の精髄としての帝国フィランスロピー――ハリー・ジョンストン

ウェッジウッドとは異なる角度から帝国フィランスロピーの存在意義を主張したのが、ハリー・ジョンストン（Henry Hamilton〈Harry〉Johnston, 一八五八～一九二七年）だった。まず画家としての研鑽を積んだジョンストンは、一八八〇年代に中央アフリカの探検隊に参加し、冒険家としての名声を得た。アフリカ問題についての権威と目されるようになった彼は、「ケープからカイロへ」というスローガンの下でアフリカ大陸でのイギリス支配拡大を訴え、保守党やセシル・ローズらの支援も得ながら、中央アフリカの北ローデシアとニヤサランド獲得に貢献した。中年以降は、アフリカの動植物や言語の研究に力を注ぎ、ケンブリッジ大学から名誉博士号も授与されている。信仰面では、彼自身は不可知論者だったが、社会の進化を促すアクターとしてのキリスト教宣教師の活動を高く評価していた。(50)

ジョンストンはもともと典型的な帝国主義者で、アフリカ人を平然と「野蛮人」と呼ぶような人物だった。しかし、一九〇八年から〇九年にかけてのアメリカ合衆国と西インドへの旅が、彼の人種観を一変させた。滞在先で優れた知性をもつアフリカ系の人々と交流したジョンストンは、自らの人種観を改め、肌の色にかかわらない人間平等を強調するようになったとされる。(51) 彼はまた、コンゴ改革運動にも参加し、帝国フィランスロピーのサークルとも関わりをもつようになった。一九一一年に第一回世界人種会議（Universal Races Congress）がロンドンで開催されると、ジョンストンは同会議を支持する声明を発し、現時点における白人の優位を認めながらもすべての人間は単一の人種に属していると訴え、アフリカ人の恒久的劣位を説く理論を厳しく批判した。(52)

そのジョンストンは、一九一三年四月にASAPSがアフリカ協会と共同で開催した「ロンドンにおけるアフリカ人」と題する会議に出席している。会議の目的は、ロンドン留学中のアフリカ人学生の現状を知り、待遇改善のための方策を検討することだった。演壇に立ったジョンストンはまず、「ニグロの教育がアフリカで始まりアフリカで終わるべきだという人は少々合理性を欠いている」と述べた。なぜなら、そのように主張することで、「すべてのニグロを低い地位にとどめおき、特定の水準までしか教育を認めないことを望むことになるからである」。同様に、アフリカ人がムスリムでも構わないとか、アフリカ人の生活様式がそのままでもよいという意見にも同意できない。彼は文明化の必要性を強調した[53]。

ジョンストンは、植民地支配下のほとんどのアフリカ人には基礎教育のみで十分だとしつつ、一部のアフリカ人には高等教育を施すべきだと訴えた。その際には、英領植民地のアフリカ人が宗主国で優れた教育を受けることが肝要だ。現状において、ロンドンは魅力的な留学先と考えられていない。多くのアフリカ人は、アメリカのタスキーギ学院（後述）、あるいはハンブルクやベルリンなどへの留学を希望している。しかし、「もしわれわれが真に帝国を愛するならば、……ただちになすべきことのひとつは、アフリカの原住民が受けることのできる大学教育をオクスフォードやケンブリッジとともに、ロンドンでも提供することである」[54]。なぜジョンストンは宗主国での高等教育にこだわるのか。それは、外国（とくにアメリカ）での教育がイギリスの帝国支配を揺るがす可能性があるからだ。

> アフリカ人は、アメリカ文化を身につけて帰国します。だがそれは、帰国後のアフリカにおける生活や労働に必ずしもふさわしいものではありません。というのも、イギリス帝国臣民としてニグロが劣った地位を占めているという状態を、あまりにも急速に認識させてしまうからです[55]。

つまり、ジョンストンがイギリス植民地のアフリカ人に宗主国で高等教育を受けさせることを推奨する理由のひとつは、帝国支配の維持にあった。外国（とくに帝国支配への忌避感情が伝統的に強いアメリカ）で教育を受けた従属異民族が帝国内での自らの劣等的地位を認識し、植民地支配に対する不満を抱き、ただちに白人と同等の権利を求めるのは危険だ。そのようなリスクを減らすには、宗主国で教育を受けさせるべきなのである。

この観点からすると、イギリスに留学生としてやってきたアフリカ人に対して、ホスト社会の人々はできるだけ手厚い支援を施さなくてはならない[56]。明言はされてないが、そうすることでアフリカ人留学生が宗主国に親しみを抱き、イギリスへの忠誠心が高まることをジョンストンは期待していたと思われる。ここでは教育とアフリカ人の生活支援というフィランスロピーが、帝国支配と戦略的に結びつけられている。ジョンストンによれば、イギリス帝国を維持するためには、帝国フィランスロピーが不可欠なのであった。

帝国支配と帝国フィランスロピーの関係についてのジョンストンの考えは、一九一四年のＡＳＡＰＳ年次総会でより直接的に語られた。彼は欠席したものの事前に書簡を送っており、総会ではそれが代読された。冒頭でジョンストンは、「帝国主義者を自任する者」はＡＳＡＰＳを支援すべきだと訴える。一部の人種理論は「弱小民族」がやがて絶滅するはずだと予測したが、現実はその通りにならず、とくに白人が定住困難な熱帯地域では、非白人がこれからも生き残る。白人はそうした人々を「保護し、教育し、引き上げ、励ます」責務がある。植民地に住む非白人の社会・文化にできるだけ介入しないという選択肢は現実的ではない。これまで何世紀にもわたりイギリスは世界各地に介入してきた。すでに「賽は投げられた」のである。非白人社会における変化のアクターとして、ジョンストンは宣教師を評価する。だが、宣教師から知識と自尊心を学んだ非白人たちは、もはや支配者である白人に常に従順なわけではなく、不満があれば抵抗をする。まさにそうであるがゆえに、イギリスにはＡＳＡＰＳのような組織が欠かせない。協会が帝国における不正や搾取に目を光らせ、イギリスの「善い面」を体現することで、「密かに巨悪がなされたり、「それに対する被支配者の」復讐心が怒りとともに燃え上がり無秩序なかたちで暴発したりする」事態を防ぐことができるからである。ＡＳＡＰＳの影響力が強まれば、熱帯植民地で反乱がおこる可能性は減るだろう[57]。

このように、ジョンストンの思想において帝国支配と帝国フィランスロピーは密接に結びついていた。彼は白人がアフリカ人の労働力を搾取するような支配には批判的だが、自由党急進派などの帝国観に顕著な「資本家」に対する敵対心はあまりみられない。加えて、彼は帝国フィランスロピーとキリスト教倫理をほぼ一体のものとみなしている。ASAPSの帝国フィランスロピーは「本質において典型的にキリスト教」の倫理を体現しているので、ASAPSは「あらゆるキリスト教宣教団体と協働してきた」との発言がそれを示している。[58] 帝国フィランスロピーと宣教は同じ目標を共有していると考えるジョンストンは、宣教師との協働、そしてそれを通じた非白人社会の改造（文明化）を肯定的に評価していた。

ジョンストンの帝国フィランスロピーは、明らかにイデオロギー分類に基づくところの福音主義フィランスロピーの立場に近い。ただし彼は、福音主義フィランスロピーの特定の側面には批判を加えた。それは、「感情」に訴えるスタイルである。福音主義教会の説教や運動のスタイルは、以前から「感情的」との批判を受けてきた。二〇世紀初頭においてもそのような言説は流布しており、たとえばコンゴ改革運動への支持を訴えるバプティスト教会の集会に出席したある女性は、講演の内容を評価する一方で、「［賛美歌の］合唱などを通じて集会に煽情的（sensational）で感情的（emotional）な性質を与えようとする試み」に疑念を抱いたと述懐している。[59] そうした批判を意識してか、ジョンストンは帝国フィランスロピーから感情の要素を努めて排除しようとした。実際に彼は、新たな人道主義団体設立のためにアメリカ合衆国を訪問した際に、同地におけるフィランスロピーの「宗教的で感情的な側面」に驚いたという。感傷（sentiment）への訴えがもつ効果を認めつつも、新団体を感情から切り離すべく、彼は聖職者ではなく大学所属の研究者に会長職を打診することを提案した。宗教界のみならず、「科学界の人々にも協会への関心をもってもらうように努力しなければならない」というのがジョンストンの持論だった。[60]

ジョンストンが懸念するように、当時は「感情的」との批判が福音主義だけでなくフィランスロピー全般に対しても向けられていた。二〇世紀のイギリスで、フィランスロピーは専門性を欠いた「非科学的」な営為とみなされ、その問題解決能力に対する疑念が強まっていたことはすでに述べた。その際、フィランスロピーを批判する人々は、しばしばそれに「感傷的」というレッテルを貼って攻撃した。公共空間における感情の表出がネガティヴに評価される時代にあっては、教会関係者からも帝国フィランスロピーと感情の関係を相対化しようとする声が発せられた。長老派教会の聖職者であるギリーは、一九一〇年のＡＳＡＰＳ年次総会で、協会が国外の「哀れな人々」に対する感傷を利用して活動を行っているとの批判があると指摘したうえで、実際にはＡＳＡＰＳが感傷主義(sentimentalism)を極力排除しようとしており、それが協会の価値と存在意義を高めていると主張した。(61) 科学的フィランスロピーが重視される時代に対応すべく、帝国フィランスロピーは絶えず自己改革をはかろうとしていたのである。

ⓒＡＳＡＰＳの牽引車──ジョン・Ｈ・ハリス

ＡＳＡＰＳの創設から第二次世界大戦期にかけて、協会の牽引車として活躍したのは書記のジョン・Ｈ・ハリス(John Hobbis Harris, 一八七四〜一九四〇年)だった。(62) 職人の家に生まれ敬虔な福音主義キリスト教徒として育ったハリスは、青年期の多くの時間をロンドンでのセツルメント運動を含めたさまざまなチャリティへの参加に費やした。その一方で、宣教師になることを夢みて訓練を積み、一八九八年にバプティスト宣教師としてコンゴに派遣された。アフリカでの経験は、彼の生涯を大きく変えることになった。妻のアリスとともに赴任したコンゴ自由国では、アフリカ人が白人たちから過酷な搾取を受けていた。ハリス夫妻は、現地のイギリス領事ロジャー・ケイスメントやジャーナリストのモレルらとともにコンゴ自由国におけるアフリカ人の虐待を糾弾するコンゴ改革運動を開始し、情報提供や宣伝活動で顕著な役割を果たした。とくにアリスは、写真撮影のスキルを活かして「被害者」であるアフリカ人の写真を提供することで、運動の拡大に貢献した(後述)。この過程で夫妻は、同じく運動に参加したディルクやボーンなど、ＡＰＳ関係者たちの知遇を得た。

もっとも、コンゴ改革運動の内部は決して一枚岩ではなかった。(63) 運動を率いたモレルやボーンは政治的急進派に属しており、宣教師たちは改宗と宣教団の利害を重視するあまり、アフリカ人の物理的な苦痛や苦難に目をつぶる傾向があると批判していた。他方で宣教師たちの側も、モレルとジョン・ホルトらリヴァプール商人との密接な関係（前章参照）を指摘し、モレルが商業利害の代弁者と見られていることに懸念を示した。アフリカ人の文化への介入をめぐっても、西洋文明の強制に批判的なモレルと、文明化とキリスト教化を通じた社会改造に前向きな宣教師との間で意見の懸隔が存在していた。にもかかわらず、モレルはコンゴ改革運動の拡大のためには、イギリス社会でいまだに強い影響力を保つ教会との連携が不可欠であると認めざるをえなかった。コンゴ改革運動は、宗教の力も借りることで巨大な運動へと成長していった。

コンゴ改革運動のプロパガンダを担った宣教師たちのなかでも、とくに目覚ましい活躍をみせたのがハリス夫妻だった。夫妻はイギリス各地をめぐってランタン・スライド・ショーを開催し、コンゴ自由国の残虐さを証明する写真を人々に見せながら、運動への参加を呼びかけた。ハリス夫妻は一九〇六年だけでも三百回以上の講演を行い、世論の喚起のみならず運動の推進主体であるコンゴ改革協会の収入増にも貢献した。しかし、ハリスはモレルの承諾を得ずに独自の動きをみせることもあり、両者の関係は必ずしも良好ではなかった。その結果、一九一〇年三月にハリス夫妻はコンゴ改革協会から正式に離脱した。[64] 同年、ハリスはＡＳＡＰＳに加入し、亡くなる一九四〇年まで書記（当初は組織担当。のちに議会担当）を務め、協会の実質的な代表者として、さらには、イギリスにおける主要な帝国フィランスロピストとして精力的な活動を続けた。一九二三年から二四年にかけては自由党下院議員も務め、また、国際連盟協会の幹部として奴隷制廃止と「原住民の保護」を訴えた功績が評価されて、一九三三年にはナイト爵を与えられた。信仰面では、第一次世界大戦後にクエーカーに転向している。[65]

写真３　ジョン・Ｈ・ハリス

出典）*Anti-Slavery Reporter and Aborigines Friend* (July 1940).

宣教師としての活動やコンゴ改革運動への参加を通じて、ハリスはアフリカにとくに大きな関心をもっていた。彼はアフリカ人が十分な広さの土地を保有し、それを活用して自ら生産した作物を売買する権利を重視して、そのようなアフリカ人の権利や生活を白人資本家による搾取から保護することを、帝国フィランスロピーの最大の使命と考えていた。同時に、弱者救済や福祉の実践において、イギリス国内と帝国を分離する姿勢を彼は批判した。ハリスに言わせると、労働党やフェビアン協会は国内の労働者の待遇と社会改革に関心を集中させる一方で、「帝国の労働者」とも言うべきアフリカ人の搾取や労働環境を等閑視しており、そうした姿勢を「自己満足」と呼び糾弾した。[66] 一九世紀半ばに帝国フィランスロピーを批判する目的で用いられた「望遠鏡フィランスロピー」の寓意を逆転させたような言説である。ハリスのフィランスロピーにあって、イギリス国内と帝国の間に境界線はなかった。

ハリスの活動を詳しく論じたグラントは、宣教師であった彼を文明化の使命の熱心な信奉者として描いている。ハリスがキリスト教倫理を重視したことは間違いないが、同時に彼はアフリカ人の文化的個性の尊重をうたったキングズリから一定の影響を受けていた。[67] 一九一二年の著作で西アフリカにおける一夫多妻制を論じた箇所では、白人宣教師が一夫一婦制をアフリカ人キリスト教徒に強制することで信者が教会から離れていくリスクを指摘し、一夫多妻制を認めるアフリカ人独立教会の姿勢を許容するかのような見解を示している。[68] もちろん、だからといってハリスが西洋文化の優位性を否定していたわけではない。彼はアフリカ人が主体的に西洋教育を受けて「文明」を身につけることを奨励しており、また、後でみるようにアフリカ人に対してはしばしばパターナルな態度で接した。その後、第一次世界大戦期から戦間期にかけては、被支配民からの「信託」に依拠した植民地統治の実践をさかんに唱えるようになる。

帝国フィランスロピーのイデオロギー分類を用いるならば、ハリスは福音主義イデオロギーの伝統を継承しつつ、人権イデオロギーの論点も取り入れ、同時に、信託イデオロギーの語彙を新たな歴史的文脈で用いようとしたといえるだろう。このような複合的な思想は、二〇世紀前半における帝国フィランスロピーの多面的性格を体現するとともに、多様な動機や背景をもつＡＳＡＰＳの関係者たちを糾合するうえでも有益であったと思われる。他方で、折衷的な思想と被支配民に対するパターナルな態度ゆえに、ハリスのイギリス政府や帝国支配に対する批判意識は、前章でみた世紀転換期のＡＰＳと比べると相対的に穏健だったとも言われる。[69] それゆえ、協会のメンバーたちが常に彼に追従したわけではなかった（後述）。

（４）帝国フィランスロピーを宣伝する

ⓐ宣伝の重要性

チャリティの分類上、ＡＳＡＰＳは篤志協会に該当する。そうである以上、組織の存続のためには寄付者の獲得が不可欠だった。そこで必要とされたのは、効果的な宣伝活動である。

一九一〇年一〇月に刊行された『反奴隷制報告およびアボリジニの友』には、「われらが協会の必要性」という記事が掲載されている。ＡＳＡＰＳの主要な関心は、労働問題にある。「文明の中心から遠く離れた新領土で資源を開発するとき、それに必要不可欠な原住民の労働力を調達するために用いられる方法は、残酷とまではいえなくとも、しばしば道義に反するものである」。だが、人間はその本性からして人類一般の基本的な権利を忘れ、「望ましい成果を生むために用いられる手法から目をそむけ、耳をふさぐ傾向がある」。このような問題に絶えず目を光らせ、その存在を継続的に知らしめることにＡＳＡＰＳの存在意義がある。[70]

国内では自由党政権がリベラル・リフォームを通じて公的福祉を段階的に拡充し、その財源確保のために提案された「人民予算」が大論争を巻きおこし、それが貴族院と下院の関係をめぐる国制上の変化を引きおこそうとしていた時代である。労働運動、アイルランド問題、女性参政権運動も耳目を集めていた。コンゴ改革運動の盛り上がりがみられたとはいえ、「遠くの見知らぬ他者」への共感を喚起し、支援を獲得するのは容易ではない。ゆえに、ＡＳＡＰＳは自らの存在とその使命を積極的に宣伝し、寄付者の心をつかみ、新たな支援者を掘り起こしていかねばならなかった。

ⓑハリスの宣伝活動

協会の宣伝や支援者の新規開拓において重要な役割を担ったのは、書記のハリスである。コンゴ改革運動での経験は、彼に宣伝の重要性を教えた。ハリスはさまざまな機会を捉えてＡＳＡＰＳへの支援を訴えた。第一は、年次総会である。年に一度開かれ、組織の基本方針を決定する総会でさらなる支援を求めるのは、フィランスロピーの慣例である。一九一二年の総会におけるハリスの演説は、この慣例に沿うものだった。彼はまず西アフリカ視察旅行の詳細を語り、ＡＳＡＰＳの活動成果と課題を示した。そのうえで最後に、「われわれの旅の結果、また、世界各地の原住民の救済についてのさらなる要請がわれわれに寄せられていることに鑑みれば、協会のすべての会員がわれらの活動に対するより広範な支持を確保するために努力をしなければならないことは明白です」と述べて、協会へのさらなる支援を求めた[71]。具体的な活動実績を示すことで寄付者が払った金が有益な目的のために使われたことを実証し、ＡＳＡＰＳへの献金が「浪費」にあたらないことを納得させたうえで、継続的な支援と新たな寄付者の獲得が目指されたのである。

とはいえ、人は言葉のみでは容易に動かない。ＡＳＡＰＳを成長させ、活動規模を拡大するためには、工夫が必要だ。ハリスはさまざまな提案を行った。たとえば、会費の値下げである。会費を下げれば、協会の活動に関心はあっても懐に余裕がなく献金できない人々を取り込み、支援者の裾野を広げることができるかもしれない。ハリスは、国民のより広範な層から協会の活動に対する支援と関心を獲得することが、「組織的宣伝が成功するためのカギ」だと明言している[72]。一定の財産をもつ安定的な「顧客（寄付者）」に頼るだけでなく、勧誘の対象を階級社会における下方に向けて拡大することで、いわば「広く、薄い」支援を獲得しようとしたのである。

ハリスの提案は、組織の名称にも及んだ。彼は協会の名前が支援者拡大の障壁のひとつになっていると指摘する。「反奴隷制および原住民保護協会」という正式名称は、小切手や封筒に書くにはいかにも長すぎる。これが献金を敬遠する理由のひとつになっているのではないか。さらに、「反奴隷制」という語句は、人々に誤解を与える可能性がある。一九一四年に南アを訪問したハリスは、同地で会った白人住民が、「南アではすでに奴隷制が廃止されて久しい」にもかかわらず反奴隷制協会の関係者が調査を行っていることに憤慨していることを知った（後述）。「どれほど丁寧に説明しても、［現地白人住民のASAPSに対する］不快な印象を払拭することはできなかった」。南アで面会したインド系住民たちも、協会の名前がその活動と目的を正確に表していないと指摘した。[73] ハリスの提案に対して、年次総会ではさまざまな意見が出された。ジョンストンは、「奴隷」という言葉を削除し、組織名称を「原住民保護協会」にすることを提案したが、別の会員は「反奴隷制」の語句を維持するよう求めた。[74] 組織名をめぐる議論はその後も続いたが、[75] 結局のところASAPSは一九四〇年代まで既存の名称を使い続けることになる。

ハリスによる宣伝活動のもうひとつの特徴は、写真の活用である。一九世紀後半以降、宣教団体やチャリティ団体は自らの活動を人々に知らしめ、さらなる支援者や寄付者を集めるために写真を用いるようになった。とくに非ヨーロッパ地域でキリスト教の布教活動に従事していた宣教師たちは、現地住民の苦しみや物質的な欠如を表象する写真や、非白人がキリスト教と西洋文明の到来により変化をこうむる前と後のコントラストを示した「ビフォー&アフター」写真を用いることで、自身の活動の意義とそれへの支援を訴えようとした。写真は従属異民族に対する抑圧や搾取を批判する帝国フィランスロピーによっても頻繁に用いられ（人道主義的写真と呼ばれる）、広報宣伝活動でも利用された。[76] 人道主義的写真やそれを用いたランタン・スライド・ショーでは、とくに非白人の子どもに焦点があてられ、見る者たちの共感を喚起することが目指された。[77] この点において、ハリスは豊富な経験を有していた。コンゴ改革運動の中心人物として、ハリス夫妻はアフリカ人に対する苛烈な搾取を示す写真を用いたランタン・スライド・ショーをイギリス各地で開催して運動の拡大に貢献した実績があり、写真の有効性を熟知していた。[78] 実際、『反奴隷制報告およびアボリジニの友』には、アフリカをはじめとする世界各地の写真が頻繁に掲載

写真4　コンゴで手足を切断されたインポンギ少年に読書を教えるハリス（左）と，成長したインポンギが村の子どもたちに読み書きを教えている風景（右）

注）アリス・ハリス撮影。
出典）WL, ASP, BE. s. 17, Box 7, 8, in Kevin Grant, 'Anti-Slavery, Refugee Relief, and the Missionary Origins of Humanitarian Photography ca. 1900–1960', *History Compass*, 15: 5, 2017, 12.

され、自らの献金が誰にどう使われるのか、読者（寄付者）が明確にイメージする助けとなった。写真はまた、協会の活動・実績を宣伝するイベントでも利用された。一九一一年に視察でコンゴを再訪したハリス夫妻は、コンゴ自由国によって見せしめのために片手と片足を切断された少年が、帝国フィランスロピストや宣教団の保護下で教育を受けていまや教師として活躍している写真を撮影し、それをASAPSのイベントで展示することで、帝国フィランスロピーの意義を宣伝しようとした[79]（写真4）。

以上のように、ASAPSは、ハリスの主導下で協会の存在をアピールするためのさまざまな広報活動を行い、さらなる支援と寄付者を確保しようとした。その結果、第一次世界大戦期にかけて、協会の財務基盤は強化されたという[80]。こうした宣伝への注力は、世紀転換期のASPSではみられなかったものであり、新組織の特徴といえよう。

2　南アフリカ連邦の誕生と隔離政策

（1）南ア連邦の誕生と非白人の位置

ⓐ南ア連邦憲法案

一九一〇年、南アにある四つの英領植民地が合同し、南ア連邦が成立した。カナダやオーストラリアと並ぶ自治領のひとつとして内政における広範な自治を獲得した南アは、領内に居住する非白人を領域的にも制度的にも白人社会から分離することを目指す隔離政策を推進していく。人口のうえでは少数の白人が支配する体制から利益を得たり、それに協力する姿勢を示したりするアフリカ人がいた一方で、共通の権利や制度から排除しようという試みは多くのアフリカ人の反発を招いた。搾取や抑圧からアフリカ人を保護することを目指すASAPSは、南ア問題に強い関心を寄せていた。

一九〇〇年代の末になると、イギリス議会では南ア連邦の基本法というべき南アフリカ法（以下、憲法と呼称する）の法案審議が本格化した。憲法案の骨格は南ア現地の白人政治家たちが議論して決定したものだったが、そこには非白人たちがもつ政治権利の剥奪につながりかねない内容も含まれていた。危機感を抱いた南アの非白人エリートたちは、集会を開いたり嘆願書を送付したりすることで、人種を理由に共通の権利から排除されることがないよう強く求めた[81]。

南ア戦争の終結から連邦成立に至る時期において、APSが現地白人のアフリカ人に対する姿勢をしばしば批判し、植民者（アフリカーナーとイギリス系の両方）を政治主体とする高度な自治権の付与に懸念を示していたことは前章で論じた通りである。一九〇九年五月のAPS年次総会（APSとしては最後の総会）では、南ア連邦の結成にあたり、条件を満たした非白人の選挙権を認めるケープ植民地の政治制度が維持され、さらにはそれが南ア全体に拡大されるべきだとの決議案が可決された。加えて、憲法案が、新たに設置される連邦議会における議員資格を「ヨーロッパ人の祖先をもつイギリス臣民」に限定することで人種隔離の原則を導入しようとしているとして、それを阻止することも同意された[82]。これらの決議案を支持する演説で、自由党議員のG・P・グーチは、憲法案が南ア全人口のわずか七分の一を代表する人々（白人）によって起草されたという事実を指摘し、政治権利における隔離を導入しようとする動きを批判した。そのうえで彼は、「優越人種が劣等人種に対する責務を放棄したとき、苦難に直面するのは自分自身である」との格言をもちだし、南アの現状を座視すべきではないと説いた[83]。南ア憲法案の問題は、帝国フィランスロピーが内包する非白人への優越意識とともに、一九〇九年に発足したＡＳＡＰＳに引き継がれた。

ⓑ南アからの使節団

一九〇九年六月、憲法案に抗議する使節団が南アからイギリスにやって来たのにあわせて、ＡＳＡＰＳは会合を開催した。会合には、使節団代表でケープ植民地元首相のＷ・Ｐ・シュライナーを筆頭に、カラードの指導者であるアブドゥラー・アブドゥラマン、著名なアフリカ人指導者のジョン・テング・ジャバヴ、ウォルター・ルブサナ（Walter Rubusana, 一八五八～一九三六年）、ジョン・デュベなどが出席し、迎えるＡＳＡＰＳ側からは会長のＴ・Ｆ・バクストンと書記のトラヴァース・バクストンのほかに、協会と縁の深い下院議員や宣教団体関係者らが参加した。演壇に立ったシュライナーは、憲法案の再考をイギリス議会に促すのではなく、所定の条件を満たした非白人が選挙権を行使できるケープの政治制度を連邦の下でも維持することが使節団の目的だと述べた。法案第三五条は、新たに設置される連邦議会において、上下両院を合わせた議員総数の三分の二以上が賛成することで「ヨーロッパ人の祖先をもつ」人々以外を選挙権から排除できると規定している。これは将来的にケープの選挙制度を破壊して非白人有権者から選挙権を剥奪することを企図しており、そのような条文は「原住民とカラードに対する不信感に依拠するもので、彼らに対する信義と名誉に反する」とシュライナーは訴えた[84]。

シュライナーとともに会議に参加した非白人たちも，憲法草案に含まれる「ヨーロッパ人の祖先をもつ」という文言への強い不満を表明した。アブドゥラマンは，この語句によってカラードは「蔑み，刺痛，恥辱」を感じたと述べ，選挙権を喪失する可能性への不安を吐露した[85]。アフリカ人のルブサナも，アフリカーナーはアフリカ人の権利を奪ったがいまやイギリス人も同じことをしようとしていると述べ，「民族としての彼らに対して無礼であり侮辱的な「ヨーロッパ人の祖先をもつ」という言葉を含む条文を取り除く」ことへの支持を求めた。それと同時にルブサナは，自身のような西洋教育を受けたアフリカ人エリートがこれまでの「イングランドによる努力の賜物だ」とも述べた。とくに「原住民は宣教師に深く感謝しており，原住民もカラードも白人の優越を理解している[86]」。支配する側と支配される側の非対称的な権力関係を前提に，後者が前者に謙譲の姿勢をとりながら要望を伝えるやり方は，国王や議会に対する嘆願書がその典型であるように，当時の「弱者」たちが頻繁に用いた戦略だった。ルブサナはそうしたコードにそくしたパフォーマンスを実践することで，本国の人々の共感を獲得しようとしたと考えられる。同様にジャバヴも，一九世紀半ばに当時のリベラルな政権が非人種的選挙制度をケープに与えたことを評価しつつ，それがいまや本国の自由党政権の下で骨抜きにされようとしていることを嘆き，「誇りをもってリベラルを自称すること」が難しくなったと述べた[87]。この会議には複数の自由党議員も出席していたので，ジャババヴの上記の発言は，逆説的に自由党とリベラリズムに対するアフリカ人の期待を表明することで，本国の政治家たちの支持を獲得しようという修辞上の戦略とも読める。

ＡＳＡＰＳの側からは，長きにわたり帝国フィランスロピーの代弁者を務めてきたディルクが演壇に立ち，肌の色に基づき人間を区別するのは誤りだと述べた。彼は，「ヨーロッパ人の祖先をもつ」という不明瞭な言葉で非白人の政治権利を奪おうとする試みを批判し，そのような内容を含む憲法案は「イギリス帝国の国制に永遠の汚点を残す」と語った[88]。だが，使節団やＡＳＡＰＳの抗議は実を結ばなかった。

（2）領域的隔離への姿勢——一九一三年原住民土地法をめぐって

ⓐ南アフリカ党政権と隔離政策

かくして一九一〇年に成立した南ア連邦では、ルイ・ボータとヤン・スマッツを中心とする南アフリカ党が政権を握った。両者はともに南ア戦争でイギリス軍と戦ったアフリカーナーの指導者たちであったが、イギリス帝国の支配を受け入れ、南アの基幹産業である金鉱業と協調する現実路線を歩んだ。ボータを首班とする南ア政府は、政治や住居、労働の領域で白人と非白人を強制的に分離する隔離政策を推進していった。一九一一年には鉱山での労働に関わる職種にカラーバー（人種隔離）を導入する鉱山労働法や、アフリカ人出稼ぎ労働者の雇用や就業に関する規則を定めた原住民労働規制法が制定された。また、土地開発会社などの大地主や白人農家が所有する土地で、相対的に低額の地代を払って住むアフリカ人（「スクウォッター」）の管理強化を目的とするスクウォッター法案なども提出された。

連邦政府の隔離政策は、アフリカ人の間に強い懸念と反発を引きおこした。南ア各地のアフリカ人指導者（西洋教育を受けたエリートとアフリカ人社会の伝統的指導者であるチーフ）たちが団結して自らの権利を主張する気運が高まり、一九一二年にそれは南ア原住民民族会議（South African Native National Congress: SANNC）の設立に結実した。

南ア政府の動向を注視していたASAPSも、警戒心を強めた。一九一一年にボータ首相がイギリスを訪問すると、ASAPS運営委員会はイギリスの世論が労働におけるカラーバーに批判的であることをボータに伝え、人種にかかわりなく一定の条件を満たしたすべての人間に選挙権を認めるべきだとの決議を採択している[89]。スクウォッター法案についても、それが白人の所有地からのアフリカ人の立ち退きにつながり、結果として行き場を失った大量のアフリカ人がすでに過密状態のリザーブか産業都市に流れ込むことで、深刻な問題を引きおこすであろうと警告した[90]。だがその一方で、ASAPSの帝国フィランスロピーは、保護の対象であるアフリカ人の要望と常に一致していたわけではなかった。それは、一九一三年に制定された原住民土地法をめぐる議論で顕在化した。

ⓑ ASAPSとアフリカ人の対立

一九一三年原住民土地法は、アフリカ人の居住をリザーブに限定し、リザーブ外でのアフリカ人の土地購入や占有を原則として禁止する法律で、農村部における隔離政策のさきがけとなった[91]。この時にリザーブとして指定されたのは国土のわずか七％（二二〇〇万エーカー）にすぎず、同法は将来におけるリザーブの拡大を勧告したが、白人の反発もありその実現は容易ではなかった。農村部における隔離は南アにおける資本主義経済の発展とも密接に関係していた。人口の七割を占めるアフリカ人を限られた面積のリザーブに押し込めると、農業で生計を立てられないアフリカ人はリザーブの外で白人のために働かざるをえない。かくして、白人雇用主がアフリカ人出稼ぎ労働者を安価な労働力として使役することで資本主義経済が発展をとげる一方、アフリカ人たちは貧困に苦しむこととなった。

土地法の根底にあったのは、農村部こそがアフリカ人の「部族的」生活および慣習の拠点だという思想である。アフリカ人を自給自足的な農村生活と本質的に結びつける観念からは、隔離を正当化するさまざまな実践や制度が生まれた。出稼ぎ労働者に対する低賃金は、出身地域である農村社会が労働者の再生産を担うことを前提に設定されたし、アフリカ人に対する福祉の水準が他の人種と比べて低いのも、農村社会の共同体がその面倒をみるという前提に立っていた。都市に住むアフリカ人は一時滞在者にすぎないという言説も、アフリカ人は本質的に農村社会に根ざした存在であり、農村部に住むべきだという信念を反映したものである[92]（第4章も参照）。

土地法が連邦議会で可決されると、翌一九一四年にSANNCは代表団をイギリスに派遣して、国王による裁可を阻止しようとした。メンバーは、議長のデュベとルブサナのほか、ソル・プラーィキ（Solomon Tshekisho Plaatje, 一八七六～一九三二年）、トマス・マピケラ（Thomas Mtobi Mapikela, 一八六九～一九四五年）、ソール・ムサネ（Saul Msane, 一八五六年頃～一九一九年）であった。彼らが代表的な帝国フィランスロピー団体であるASAPSに支援を

写真5　SANNC代表団（1914年）

注）左から，ルブサナ，マピケラ，デュベ，プラーィキ，ムサネ。

出典）Peter Limb, *The ANC's Early Years: Nation, Class and Place in South Africa before 1940*, Pretoria: UNISA Press, 2010, 125.

求めるのは自然の成り行きだった。しかし、SANNC代表団に対するASAPSの姿勢は、諸手を挙げての歓迎とはほど遠いものだった。

原住民土地法をめぐるASAPSとSANNCのやりとりについては、ブライアン・ウィランの古典的論文ですでに詳述されている。それによると、ASAPSの実務を担っていた組織担当書記のハリスは、土地法とアフリカ人の政治行動についてSANNCのメンバーたちとは異なる見解をもっていた。第一に、ハリスは土地法を肯定的に評価していた。彼も含めた当時の帝国フィランスロピストのなかにはアフリカ人の土地に対する権利を重視する者が多かったが、その観点からすると、居住領域におけるアフリカ人と白人の分離は必ずしも否定されるべきものではなかった。原住民土地法はアフリカ人がリザーブの外部で土地を購入するのを禁止しようとしたが、同時に、リザーブの土地を白人が購入する権利も否定された。それはつまり、リザーブ内部ではアフリカ人が比較的安定して土地を使用できるということでもあり、この点において、土地法は帝国フィランスロピストの目にはむしろ望ましい政策と映った[93]。前章の語彙を用いるならば、ハリスは土地法によって実現する領域的隔離に肯定的だったということである。なお、ウィランは、領域的隔離を支持する姿勢がハリスによって初めてASAPSにもちこまれたと述べているが、少なくとも前身のAPSの時代からそのような主張が行われていたことはすでに論じた通りである。

第二に、ハリスは本国政府との良好な関係を重視しており、SANNC代表団のイギリス訪問がそれに悪影響を及ぼすことを懸念していた。当時のＡＳＡＰＳの主たる関心は、南アに隣接する南ローデシアに向けられていた。協会は南ローデシアを実質的に統治するイギリス南アフリカ会社との間で土地権利をめぐる論争を繰り広げており、自らの主張に沿うかたちで事態を収めるために本国政府との関係強化を模索していた。そのようなタイミングにあっては、ＳＡＮＮＣの訴えを全面的に支援するのは控えるべきだと判断された。というのも、アフリカ人たちの主張は要するに南ア連邦の決定に対して本国政府が拒否権を行使することを求めるものだったが、ＡＰＳの前例に照らしても当時のイギリス政府が自治領の内政に介入する可能性は低く、そのような要求を支持することでＡＳＡＰＳに対する政府の心証が悪化するのを避けたかったからである[94]。

したがってハリスは、南アからやって来たアフリカ人たちの動向を警戒し、彼らの言動を統御しようとした。実際に彼は、ＳＡＮＮＣ代表団に対して、本国政府に土地法そのものの廃止を要求したり、イギリスで同情的な世論を喚起するためのキャンペーンを行ったりしないよう助言した。これに対してアフリカ人たちは、ハリスの助言に従うそぶりをみせつつ、結局は植民地大臣に対して土地法への拒否権行使を求めるなど、主体的な動きをみせた。ハリスは対応に苦慮したが、第一次世界大戦の勃発を機にアフリカ人たちにすみやかな帰国を促すことで、この問題に区切りをつけようとした[95]。だが、事は簡単に収まらなかった。

ⓒソル・プラーィキの活動とＡＳＡＰＳの内紛

ＳＡＮＮＣのアフリカ人たちは一九一四年九月中に帰路についたが、代表団の一員であったソル・プラーィキはイギリスに残り、その後も土地法への反対を訴え続けた[96]。著名なジャーナリストでアフリカ人政治指導者の代表格でもあったプラーィキは、一九一六年に『南アにおける原住民の生活』をイギリス国内で出版し、白人支配下でのアフリカ人の厳しい生活を具体例とともに示しながら、アフリカ人が土地法にあくまでも反対していることを知らしめようとした。土地法を支持するハリスはすぐさまプラーィキに反論し、『原住民の生活』が「事実を歪曲し」、「意図的に虚偽を語っている」と批判した[97]。

一九一六年、土地法の勧告にもとづき将来におけるアフリカ人リザーブの拡大を検討したボーモント委員会が報告書を提出し、新たに一八〇〇万エーカーの土地をリザーブに追加することを提言した。しかし、白人農家を中心に激しい反発が巻きおこったため、提言がただちに実行に移されることはなかった。ＡＳＡＰＳ運営委員会は、ボーモント委員会報告書の内容も検討したうえで、土地法によって示された居住領域における「分離という基本原則」を支持する決議をあらためて採択した。また、ＳＡＮＮＣ議長デュベが、リザーブの拡大、およびアフリカ人に関連するローカルな問題をアフリカ人自身が処理する制度の導入を訴えたのに対して、ボータ首相が好意的な内容の返事を送ったことについても、謝意が示された。[98]

一九一六年一〇月には土地法をテーマとする会議が開かれた。そこでは、「原住民の多くが現状において［土地法で］規定された土地の分離に反対していることをよく知りつつも」、ＡＳＡＰＳは居住空間における隔離を支持するとの文言を含む意見書が承認され、[99]翌月にボータに送られた。[100]ＡＳＡＰＳは、自らが救済の対象としていたアフリカ人の意向に反するかたちで物事を推し進めようとしたのである。フィランスロピーにおける「救う側」と「救われる側」の関係は非対称で、両者の間にはしばしば権力の磁場が形成されたが、ここでのＡＳＡＰＳの振る舞いはそのような「タテの関係」に基づくフィランスロピーの本質、すなわち救済の対象と方法は「救う側」が決めるという原則を浮き彫りにするものだった。

ところで、ボータへの意見書に言及した『反奴隷制報告およびアボリジニの友』には、興味深い記述がみられる。意見書の草稿を執筆したのはハリスだが、文言を確定する作業では「会議参加者の多くが有益な提案を行った」とある。これはしかし、不都合な事実を糊塗する表現だった。実は会議の場は大荒れだったのである。

再びウィランの論考に依拠しながらこの点をみていきたい。土地法と隔離について、ＡＳＡＰＳの関係者がみなハリスの見解を支持していたわけではなかった。ＡＳＡＰＳ運営委員会メンバーのなかには、むしろＳＡＮＮＣ代表団やプラーィキが示した不満をすくい上げ、土地法に反対していた人々もいた。その代表格がジョージアナ・ソロモン（Georgiana Margaret Solomon，一八四四〜一九三三年）とジェイン・コブデン・アンウィンである。前者は、一九世紀後半のケープ植民地で活躍した著名なリベラル派の政治家でAPSとも書簡のやりとりをしていたソール・ソロモンの未亡人である。夫の没後はイギリスに居を定め、女性参政権運動にも身を投じた。後者の名前は前章で言及したが、リチャード・コブデンの娘で自由党急進派の思想をもち、女性参政権運動の活動家でもあった人物で、APSの時代から運営委員を務めてきたベテランである。ソロモンとコブデン・アンウィンはプラーィキの活動を支援する一方で、領域的隔離を肯定するハリスの方針を強く批判した。隔離政策の導入によって植民地社会からアフリカ人を除外することは帝国フィランスロピーの理念に反すると考えたコブデン・アンウィンは、「土地法は……専制的な法であり、南アにおけるかくも非イギリス的（un-British）な施策を支持することで、われわれの協会は自らの大義を貶めている」と主張した。[101] 彼女はボータへの意見書を議論する先述の会議でも、ハリスに対して、「[彼が] ひそかに［アフリカ人］の利益に反するような振る舞いをしているにもかかわらず、原住民の友を装っている」ことを面罵したという。[102] 会議の雰囲気は、「参加者の多くが有益な提案を行った」という言葉から想像される穏和なものからほど遠かったようである。その後、コブデン・アンウィンとソロモンは、ハリスらの圧力により、一九一七年四月の運営委員会定例会で委員から除名されてしまった。[103] 土地法と隔離に帝国フィランスロピーがどう向き合うかをめぐり、ASAPSの内部が一枚岩だったわけではなかった。それはとりもなおさず、帝国フィランスロピーの内部多様性を示すものでもあった。

(3) 帝国フィランスロピー・ネットワークの拡大

ⓐハリス夫妻の南部アフリカ視察旅行

この間、一九一四年から一五年初頭にかけて、ジョンとアリスのハリス夫妻は南部アフリカへの視察旅行に赴いた。旅行の主たる目的は先述した南ローデシアをめぐる問題に対処するためであったが、夫妻は南ア連邦も訪問して現地の実情を自らの目で確かめようとした。この時期のハリスは、南アにおける白人コミュニティの変化に強い期待を寄せていたようである。南ローデシアのブラワヨからＡＳＡＰＳのもうひとりの書記であるトラヴァース・バクストンに宛てた書簡で、彼は次のように語っている。

> ここで私が述べた一般的見解を運営委員会にも伝えてください。［南アでは］原住民に対する白人の姿勢が大きく変化してきており、白人コミュニティのかなりの部分が原住民の問題に対して深く同情的な関心を寄せるようになってきたと感じています。そうした関心を集約すべく、［一九一五年］一月には、ヨハネスブルクでわれわれの協会に類似した団体が創設される運びとなっています。私は彼らに協力すべく、最初の一週間を同地で過ごすことを約束しました。[104]

原住民土地法を高く評価するハリスの目には、同法が制定された事実それ自体が、白人社会のアフリカ人へのまなざしが好意的なものに変化してきている表れと映ったのだろう。

それと同時に、引用した史料からは、今回の視察旅行にこめられたもうひとつの狙いがみえてくる。それは、帝国フィランスロピーの理念を共有する現地の人たちと直接会い、交流を深めることであった。当時の南アでは、本国におけるＡＳＡＰＳと同様、アフリカ人の貧困や搾取、白人とアフリカ人の関係向上に関心をもつ人々が寄り集まって結成したフィランスロピー団体が各地に存在していた。その主体となったのが現地でアフリカ人の待遇改善や権利擁護を訴えていた白人たちであり、リベラル派白人と呼ばれる。リベラル派白人と本国を拠点とする帝国フィランスロピー団体との関係は前世紀から存在していたが、今回の南ア訪問を通じて、ハリスは帝国フィランスロピー・ネットワークの地理的拡大と人的結合の強化をはかろうとしていた。

ⓑリベラル派白人との連携

南ア各地を訪問したハリスは、行く先々でリベラル派白人たちと交流し人脈の構築に努めた。ヨハネスブルクでは、金鉱山やコンパウンド、病院などを視察するとともに、引用でも言及された、アフリカ人の救済を目的とするフィランスロピー団体の立ち上げに関わった。[105] ナタールでは、モーリス・エヴァンズが中心となってＡＳＡＰＳの活動を議論する会議が開催され、エヴァンズを介してハリスはナタール原住民問題改善協会の人々とも交流している。[106] エヴァンズは、一九〇六年におこったバンバタ蜂起（第1章参照）の調査委員会に加わり、原住民問題の専門家としての名声を高めており、課税と白人支配地域の拡大を蜂起の主因とみなして当時のナタール政府と植民地議会を批判するなど、アフリカ人に寄り添う姿勢をみせたリベラル派白人のひとりだった。そのエヴァンズが人種間対立の解決策として提唱したのが、居住空間における白人とアフリカ人の分離（領域的隔離）だった。

エヴァンズは隔離こそがアフリカ人の福利増進をもたらすと主張する、代表的なリベラル派隔離主義者（liberal segregationist）であった。エヴァンズの一九一一年の著作である『南東アフリカにおける黒人と白人』は広範な影響を及ぼし、隔離をめぐる政治議論においても頻繁に参照された。アフリカ人の福利に配慮した白人の支配を前提に、人種の退化を予防し、各々の人種に固有の社会を発展させるための方策として人種間の分離を説くエヴァンズの主張は、植民地支配に特有な、被支配民に対するパターナリズムと信託イデオロギーにも馴染むものだった。それと同時に、彼の思想は優生学から影響を受けており、異なる人種の混淆による白人の退化への懸念がその背景をなしていた。異人種間の混淆はさまざまな人々が寄り集まって暮らす産業都市でおこる可能性が高いことから、アフリカ人は原則として農村部のリザーブを拠点に伝統的な生活を送るべきだというのがエヴァンズの見解だった。[107] エヴァンズの思想は、帝国フィランスロピーの名の下で（領域的）隔離を支持するハリスの姿勢に大きな影響を与えたとされる。[108]

次にケープタウンを訪れたハリスは、南アフリカ協会の運営委員会会合に出席した。同協会は一九一四年四月に発足したばかりで、南ア現地で帝国フィランスロピーの実践を目指す組織であった。会長に就任したのは、アフリカ人統治に豊富な経験を有する行政官で、当時は連邦上院議員の職にあったウォルター・スタンフォードである。

所定の条件を満たした者には人種の別なく選挙権を与えるべきだというのが持論で、典型的なケープのリベラル派白人であった。同協会の名誉副会長には、南ア連邦憲法案に抗議する代表団を率いたW・P・シュライナー、エヴァンズ、連邦上院議員のT・L・シュライナーらが名を連ねた。南アフリカ協会の第一回年次総会では、一九一三年土地法を容認しつつも、「連邦に住む人々の最良の利益」のためにはさらなる立法措置が必要であり、そのための助力を惜しまないという決議が採択された。また、ヨハネスブルクやナタールを拠点とするリベラル派白人が結成した諸団体との関係強化を目指すという方向性も承認された。[109] ハリスは南アフリカ協会とＡＳＡＰＳが協力関係を築いていくことを提案しているが、[110] それはすなわち、イギリスと南アを結ぶ超域的な帝国フィランスロピー・ネットワークの拡充を目指す試みだった。これに対して、前者からも、「二つの協会の間で友好的協力関係の感情が永続すること」を希望するという意志が表明されている。[111] 実際にその後も南アフリカ協会からは年次報告書や書簡などがＡＳＡＰＳに届いており、その活動は『反奴隷制報告およびアボリジニの友』でも随時紹介された。[112]

視察旅行を通じてハリスは多くの人々と親睦を深めたが、そのなかにはＦ・Ｂ・ブリッジマン（Frederick Bainerd Bridgman, 一八六九～一九二五年）やハワード・ピム（James Howard Pim, 一八六二～一九三四年）など、[113] 本書で今後再び出会うことになる人物も含まれていた。彼は、こうしたネットワーキングが将来のＡＳＡＰＳと帝国フィランスロピーの発展に不可欠であると確信していた。「[自分と妻の努力の成果は]私たちが関わる事案で少なからず重要な役割を果たすであろうし、協会にも恒久的な利益をもたらすだろう」とハリスは述べている。[114] 後でみるように、この点においてハリスの見立ては正しかったといえる。

3　先住民支配と「信託」――第一次世界大戦とＡＳＡＰＳ

（1）戦後世界の「原住民問題」をめぐる構想

ⓐ第一次世界大戦と帝国統治

一九一四年、第一次世界大戦が勃発した。ヨーロッパの交戦国は国家の政治的・経済的・人的資源をフル活用し、総力戦を遂行した。大戦はまた、帝国どうしの戦争でもあった。イギリス、フランス、ドイツなどは海外に植民地を保有しており、宗主国の参戦にあわせて植民地も戦争に加わることになった。ヨーロッパの戦争が文字通りの世界戦争へとスケールを拡大していったのは、このためである。

植民地の戦争参加、とりわけ非白人の貢献は、将来の植民地支配とそこでの彼らの地位に大きな影響を与えるであろう――ＡＳＡＰＳは開戦当初からそう予想していた。『反奴隷制報告およびアボリジニの友』の一九一五年七月号に掲載された「戦争と人種問題」という記事は、「戦後に人種問題がまったく新たな光の下でその姿を現すのは疑いない」と語る。フランスはアフリカで、イギリスはインドなどで多くの兵士を調達した。日本も参戦した。これらは人種問題に新たな展開をもたらすであろう。白人のなかには、現在の人種秩序の動揺や反乱の可能性を恐れて、非白人を兵士として利用することに反対する声もある。しかし、今次の大戦のような「生死をかけた戦い」において、非白人からの支援は絶対に必要だ。南アのアフリカ人のように、国王への忠誠を表明し、イギリスのための戦いに志願する者も多い。「自らが恩恵を享受してきた帝国の防衛に有色人種が進んで参加し、その勝利が白人と黒人に等しく不幸と自由の喪失をもたらすような侵略者と戦う時……、この［人種］問題はその総体において、間違いなく変化をこうむるであろう(115)」。

大戦が植民地支配とそこでの非白人の待遇にとって転機となるならば、いまこそＡＳＡＰＳは積極的に動かなければならない。それまでの白人と非白人の関係を再定義し、帝国フィランスロピーの理念に基づく戦後世界の実現を目指すべきなのである。一九一七年一月、ASAPSは「原住民と講和」についての意見書をバルフォア外相宛に送付した。[116]そこでは、大戦後の帝国支配における先住民の扱いについて、土地、労働、囚人労働者の利用、リンチ、性暴力、原住民慣習法などの項目ごとに具体的な提言がなされている。本書のテーマと関係する事項として、土地と労働についての主張を詳しくみてみよう。

まず土地について、ASAPSは「原住民部族が排他的かつ安定的に使用できる十分で用途に適した土地」を確保することの重要性を説いた。これは、従来からの協会の主張を繰り返したものだ。その一方で、意見書では、「純粋に原住民に関わる問題を担当する健全な行政の発展において原住民たちを教導するために」、白人宣教師と行政官がそのような土地に出入りする権利を保護すべきだと説かれている。[117]宣教師の活動に配慮を示している点は、ASAPS内部での教会関係者の顕著な存在感を反映しているように思われる。

意見書は次に、労働問題に言及する。非白人先住民はさまざまな形態の搾取をこうむってきた。たとえば、金銭的な理由で労働者を第三者に引き渡す行為は、実態として奴隷売買と変わらないので、国際的にもそう宣言されるべきだ。強制労働も許容すべきではないが、それを即時全面的に禁止するのが困難であるならば、「私益のための強制労働［原文イタリック］をヨーロッパとアメリカの諸列強によって断罪する」ことを目指してほしい。第三に、契約労働に関しては、「農業労働と鉱山労働それぞれで契約期間の上限を定め、契約期間の終了に際して、労働者が雇用主を選択する自由」を認めるよう提案した。契約労働についてはこの他にも、労働者の旅費は雇用主が支払うこと、労働契約の違反に刑事罰を適用すべきではないこと、労働者の帰郷後に一括して賃金を払うのべ払いを国際的に認めるべきことなどが訴えられた。[118]

その後に執筆された一九一九年のパリ講和会議出席者宛の書簡では、以上の主張を補足する論点が記された。[119]ひとつ目は「信託」の原理についてである。先述の通り、国家は従属地域を私的な目的のために搾取してはならず、そこに住む人々の「受託者」として振る舞わなくてはならないという思想であり、この点についてはすぐ後で論じる。次に労働については、先住民社会の規範である「慣習法」を無視して労働を強要してはならない。さらに、産業および工業において特定の職種を白人のみに限定するカラーバーも、「正当化しえず良識に反するものだ」として強く批判された。また、先住民が自らの労働の果実である農作物や資源を取引する際、それを阻害する関税は撤廃すべきであるとして、あらためて自由貿易が支持された。

では、戦後の帝国支配体制において先住民はいかなる発言権をもつのか。別の機会でＡＳＡＰＳは、「彼らに「発言する」権利を与えないことは道理に反する」という。しかし、アフリカや太平洋の先住民が「ロシア、フランス、ドイツの外交官たちと同じテーブルを囲むのは馬鹿げている。理性的な人間は、あらかじめ大惨事になると分かっている試みを提案したりしない」[120]。支配される側の運命を決めるのは、あくまでも支配する側なのである。

ⓑ植民地と敗戦国旧領の国際管理

非白人の統治に関する原則を論じる一方で、この時期のＡＳＡＰＳは、植民地や敗戦国の旧領の国際管理についても積極的な意見表明を行った。大戦末期から直後にかけてのイギリスでは、とくに熱帯地域の植民地支配に国際的な組織が関与することを求める主張がさまざまな勢力によって唱えられた。ただし、植民地の国際管理をめぐっては、主権国家による統治を国際組織の監視下におくやり方と、国際組織が植民地を直接管理するやり方の二つの方法が提起されていた[121]。ＡＳＡＰＳが支持したのは、前者である。一九一八年の外務省宛書簡では、植民地における労働、移民、アルコール取引、疾病、土地の割り当てなどは、いまや多くの植民地に共通するのみならず、複数の植民地にまたがる国際的な問題なので、「植民地を保有するすべてのヨーロッパ諸国が参加する協同機関」が検討・管理すべきであると主張されている。また、これらの問題についての国際的な取り決めに違反があった場合、それを審理するための仕組みとして、上訴法廷の設置も提案された。ただし、国家主権を超える権限をもつ行政府を創設し、そこに植民地の直接管理を委ねるべきではない。戦後に創設されるであろう「諸国家の連盟（league of

Nations)」が、「国際的に合意された諸原則が忠実に履行されているかを見守る監視者」としての役割を果たすのが望ましい[122]。

次に、敗戦国の旧領・旧植民地を国際社会がいかに管理すべきかについては、一九一九年七月に戦勝国の代表団に送付した覚書で詳しく論じられている[123]。まず、敗戦国の旧領・旧植民地の管理は当該地域の住民の意思を尊重して行われるべきだとの大原則が確認されたうえで、現地の人々の「道徳的・物質的福利を実現する」ために、再び信託の理念が強調された。敗戦国の旧領・旧植民地の管理を委託された国々は、現地住民の信託を受けてこれを行うのであり、そうである以上、現地住民の利益を第一とする施政を心がけなければならない。具体的な管理の指針については、先述した植民地統治に関わる原則とほぼ同じだが、敗戦国の旧領・旧植民地を管理する国々に対しては、国際連盟に設けられる委任統治委員会に年次報告書を提出する義務を課すべきだとした。また、委任統治委員会の事務局スタッフのうち少なくとも一人は、アフリカ出身者が任命されるよう求めた。

周知のように、戦後に生まれた国際連盟では、「文明の神聖なる信託」という考え方に基づき、大国が連盟の監督下で敗戦国の旧領・旧植民地を現地住民に代わって統治する委任統治制度が導入された[124]。一見すると、覚書の内容は実際の委任統治制度と多くの点で類似しているようにみえる。だが、戦後の政策形成過程にＡＳＡＰＳが大きな影響力を及ぼしたとは言いがたい。むしろイギリス政府は、ＡＳＡＰＳ代表がパリ講和会議で自らの主張を世界の首脳たちに訴える機会を制限したり、協会がとくに重視した奴隷制廃止の国際条約締結にも慎重な姿勢を示したりすることで、ＡＳＡＰＳから距離をおこうとした[125]。同じ方向を向きながらも帝国フィランスロピーを掣肘しようとする姿勢の背景には、信託という言葉をめぐる解釈の相違があった。

（2）帝国支配における「信託」とASAPS

ⓐ「信託」の理念

植民地統治における「信託」という言葉は，第一次世界大戦期からイギリスの政治家や行政官らの間でさかんに用いられるようになった。その代表は，信託の理念を基礎に国際連盟とその下での委任統治制度を提案した南アの政治家，スマッツである。もっとも，当初スマッツの念頭にあったのは，大戦で崩壊したオーストリア・ハンガリーの旧領を，同地のナショナリズムを制御しながらいかに国際的に管理するかという問題であった[126]。南アの統治者であるスマッツはアジアやアフリカにおける帝国支配体制の継続は当然と考えていたが，イギリス政府はそのような地域でも，「信託」という言葉を用いて統治の手直しをする必要性を認識していた。背景には，大戦前後の政治・社会情勢があった。大戦前には，帝国フィランスロピストらが従属異民族の経済的搾取に対する非難を繰り広げ，コンゴ改革運動の高揚などがみられた。大戦中および戦後には，アイルランドやインドで帝国支配を批判するナショナリズムが勢いを増していた。さらに，大戦後のイギリスは，経済の低迷と失業率の上昇に直面しており，植民地統治に多額の支出を許す余地は少なかった。つまり，イギリス政府は，植民地支配にともなう抑圧や搾取というイメージを和らげながらも実質的に帝国支配体制を維持し，しかして帝国統治に対する過剰なコミットメントを回避するという難問に直面していた。そうした状況にあって，政治的に「未熟」な人々の「受託者」としてその自立を支援することを意味する「信託」という語は，帝国支配の現実を見栄えのするヴェールで覆い隠すと同時に，帝国に対する関与の度合いを不分明にする効果をもつ点で，都合のよい言葉だった[127]。

他方で，信託の概念はまさにその汎用性ゆえにあいまいでもあり，さまざまな矛盾や混乱を内包していた。大戦後のイギリス帝国では，主に熱帯植民地で間接統治の手法が普及する一方，開発を通じた植民地経済の発展にも力が注がれた。どちらも被支配民の福利の向上を目指す信託の実践といえるが，バーバラ・ブッシュが指摘するように，論理的には前者が（ときに植民地に「新しい伝統」を創造しつつ）在地社会の温存と利用を目指すものだったのに対して、後者はむしろその改変を企図しており、両者のベクトルは異なっていた。こうした方向性の違いは、非白人社会に可能な限り介入せず白人とは異なる経路での発展を容認する分離発展論（隔離主義）と、教育などを通じてゆくゆくは非白人を共通の文明社会に包摂することを目指す同化主義との論争につながった。[128] もっとも、実際の政策では、二つの方針のいずれかを選ぶというよりも、両者の折衷がはかられた。間接統治の唱道者として知られる元ナイジェリア総督のルガードが、主著『英領熱帯アフリカにおける二重の使命』（一九二二年）で、現地住民と国際社会の利益のためにアフリカの開発を唱えたのはその一例である。

ⓑ「信託」の多義性

だがそうであったとしても、信託の名の下で具体的に何を追求すべきかについては多様な見解が並存していた。グラントは、政治家や行政官が用いる「信託」という言葉が、ＡＳＡＰＳの帝国フィランスロピーで用いられてきたそれと完全に同義ではなかったことを指摘している。信託の対象を自治能力に欠ける未熟な存在とみなし、「優れた」人々がその「受託者」を務めるべきであること、「未熟」な人々の自立の可否を決定する権利は「受託者」に属することなどの点において、両者の見解は一致していた。他方で、先述の通り、ＡＳＡＰＳが唱える信託は、現地住民の物質的生活のみならずその「道徳的福利」の向上をも目指すものだったが、政治家や行政官が語る信託は道徳的福利を等閑視しており、この点で両者の理念には懸隔が存在していた。実際、後者が思い描く信託を具現しているとされるルガードの著書（『二重の使命』）には、「キリスト教徒の責務」のような表現はほとんど登場しない。また、ＡＳＡＰＳが唱える信託には、奴隷制・奴隷貿易の国際的禁止や植民地統治に関わる国際的な規則および基準が織り込まれていたが、政府はそのような原則に縛られるのを好まなかった。それゆえ、政府はＡＳＡＰＳから距離をおき、むしろその影響力を抑制しようとしたのである。[129]

信託の具体的な意味をめぐり、ＡＳＡＰＳと為政者の間で見解の不一致があったというグラントの指摘には大いに首肯するところがある。しかしだからといって、ＡＳＡＰＳが第一次世界大戦後の帝国支配体制や国際社会の構造を全面的に否定していたわけではない。むしろ、その後のASAPSは、帝国フィランスロピーの理念を国際協調の下で実現していくための枠組みとして、国際連盟と委任統治制度に強い期待を寄せ続けた。[130] さらに、グラントの研究はASAPSの主張をもっぱら書記であるハリスのそれと重ね合わせ、あたかもハリスが協会関係者の声を余すところなく代弁していたかのように論じている点にも問題がある。[131] ASAPSにおけるハリスの存在感と影響力が顕著であったことに疑いの余地はないが、先述した一九一三年原住民土地法をめぐる論争でもあらわになったように、協会内部には帝国フィランスロピーをめぐる多様な言説が並存しており、さらに、個別の言説の構造や異なる言説間の相互関係は変化する歴史的文脈のなかで再編されていった。次章では、戦間期におけるASAPSの活動と南ア問題への対応を検討する。

第3章　救済をめぐる同床異夢
——戦間期の反奴隷制および原住民保護協会——

戦間期は、希望と失望の時代だった。第一次世界大戦の災禍に対する反省から国際連盟が創設され、一九二〇年代には平和運動が盛り上がりをみせた。だが、一九三〇年代にはファシズム諸国が台頭し、世界は再び戦火に覆われることになった。同時代を生きたE・H・カーは、国際政治の規定因子としての「力」を軽視し、単純な理論で複雑な現実を整序することが可能だと信じたユートピアニズムにその責の一端を負わせた[1]。

ＡＳＡＰＳは、カーが言うところのユートピアンに近い。主要メンバーの多くは国際連盟に大きな期待を寄せ、国際的な規範の整備と強化を通じて帝国フィランスロピーの理念が実現すると考えた。それは根拠なき夢想だったわけではない。だが、理想と現実は容易に一致しない。とりわけ、複雑な人種問題を抱える南アは常に難問を突きつけた。本章では、戦間期におけるＡＳＡＰＳの活動を考察する。

1　国際化と新機軸の模索——一九二〇年代の組織と思想

（1）組織と人

ⓐ宗　教

第一次世界大戦が終結した時点で、ＡＳＡＰＳは創設から一〇年を迎えていた。戦間期にいかなる人々が帝国フィランスロピーに関わったのかについては、『反奴隷制報告およびアボリジニの友』に掲載された人事情報を手がかりにある程度の見通しを得ることができる。多様な背景をもつ人々が協会の活動に関与したが、その構成要素や比率については創設当初から一定の継続性がみられる。

まずは宗教についてみてみよう。イギリスでキリスト教文化がいつ衰退したのかについては諸説あるが、少なくとも福祉の領域では、戦間期における公助の拡大にともない教会の役割は相対的に縮小したとされる(2)。そうしたなかで、宗教はこれまで以上に海外や帝国での活動に傾注していった(3)。実際、戦後のＡＳＡＰＳ内部では教会関係者の存在感が引き続き強かった。名誉職の強い副会長のポストではあるが、国教会からは、ランドル・デイヴィッドソン、コスモ・ラング（Cosmo Gordon Lang, 一八六四〜一九四五年。両名ともカンタベリー大主教）、ウィリアム・テンプル（William Temple, 一八八一〜一九四四年。ヨーク大主教を経てカンタベリー大主教）、ヘンスリー・ヘンソン（ダラム主教、前出）、ジョージ・ベル（George Bell, 一八八三〜一九五八年。チチェスター主教）など最高位の聖職者が就任している。興味深いのは、彼らが他教派との連携に積極的であったり、自由主義神学に理解を示したりしていたことである。二〇世紀初頭の国教会では、教義面での解釈の幅を広げながら国民を包摂する度合いを高めていこうとする動きや、自由主義神学を一部受容することで教会と教義の近代化をはかる動きがみられた。前者の中心的な論者がヘンソンで、彼は国教会を含む諸教派は互いを完全なキリスト者として認め合うべきだと唱えた。他方で、デイヴィッドソンやテンプルは明確に自由主義神学の立場はとらなかったものの、神学に関する自由な議論の機会を保障し、とくにテンプルは宗教を同時代のさまざまな思想との対話へとひらいていくことに積極的だった。(4) ベルも、教派間の対話や協力関係の促進を目指すエキュメニズムを支持していた。ＡＳＡＰＳに参加した国教会幹部たちのこのような思想傾向とも関連してか、運営委員会にはエキュメニズムの指導者であるＪ・Ｈ・オルダム（Joseph Houldsworth Oldham, 一八七四〜一九六九年）やウィリアム・ペイトン（William Paton, 一八八六〜一九四三年）も名を連ねていた。キリスト者どうしの連携に積極的な価値を認める教会関係者がＡＳＡＰＳには多かったといえる。

オルダムは一九一〇年のエディンバラ世界宣教会議で書記を務め、戦間期にはエキュメニズムの指導者として宗教界のみならず政界でも一目置かれた人物である。そのオルダムは、帝国問題にも強い関心を寄せていた。彼が主導した宣教師の国際会議やエキュメニズム運動の機関誌ではしばしば帝国支配が論題となり、戦間期には植民地の労働・衛生・教育など福祉に関連する事柄も活発に議論された。(5) オルダムは一九一七年にＡＳＡＰＳ運営委員会に加わり、一九二七年からは副会長を務めた。彼は一九二四年に出版された『キリスト教と人種問題』（第3節参照）で科学的人種主義を強く批判し、異なる人種間の関係をめぐる問題を社会・経済・政治の観点から考察することの重要性を主張した。そのうえで、よりよい共同体を構築するために、異なる人種間の協力、専門知に基づく社会・経済開発の推進、公正・善意・友情の精神の涵養を説いた。(6) 他方で、オルダムは、知識、経験、文明の点ですべての人種が現時点において対等とはいえないとも語っている。(7) 聖書的世界観に依拠した人類の共通性を強調しつつ、西洋文明を参照基準に非西洋社会を序列化するという認識枠組みは残存していた。

ⓑ政　治

次に、政治の観点からＡＳＡＰＳの組織的特徴を考察してみよう。戦間期に協会の副会長ないし運営委員会メンバーに名前を連ねた下院議員を党派別に分類すると、保守党一〇名、(8) 自由党二二名、(9) 労働党一六名、(10) 独立派一名(11)であった（所属政党についてはＡＳＡＰＳと関係していた時期のもの）。一九三一年からは会長が三名おかれる共同会長体制になったが、この三名は三つの政党をそれぞれ代表しており[12]、ＡＳＡＰＳの超党派的な性格を体現していた[13]。とはいえ、実態としては自由党議員の比率が高く、この傾向は大戦前とさほど変わらない。思想という点でも、戦間期の自由党在籍者の帝国フィランスロピーは、大戦以前のそれを大部において継承するものだった。また、保守党議員をみても、労働者の救済を唱え「左翼急進派トーリー」を自称したアーノルド・ウィルソン（Arnold Wilson, 一八八四～一九四〇年。運営委員会メンバー）や、中等教育の普及で重要な役割を果たしたＲ・Ａ・バトラー（Richard Austen Butler, 一九〇二～八二年。運営委員会メンバー）など、相対的にリベラルな人物が多く含まれている。運営委員会議長を務めたヘンリ・キャヴェンディッシュ＝ベンティンク卿（Henry Cavendish-Bentinck, 一八六三～一九三一年）は、刑務所改革や労働者階級の待遇改善、障がい者福祉の拡充にも尽力した[14]。帝国フィランスロピストは国内の社会的弱者にも引き続き関心を寄せながら、イギリス帝国のあるべき姿を模索していた。

それと同時に、戦間期におけるイギリス政党政治の再編も反映し、労働党関係者の存在感が強まった。当時の労働党の帝国に対する姿勢を分析したスティーヴン・ハウによると、議会政治に基づく社会主義の推進を標榜する労働党は、帝国への姿勢という点で、第1章でみた世紀転換期の自由党急進派の思想から大きな影響を受けていた[15]。それはホブスンの帝国主義論や倫理的な反帝国主義の伝統を柱とするもので、イギリス帝国それ自体の存続は認めつつも、物理的な力を用いた領土拡大や非白人の生活基盤の破壊、およびそこから利益を得ようとしている「資本家」を批判するものだった[16]。実際、労働党の外交・帝国問題の専門家には、いずれもＡＳＡＰＳメンバーであるE・D・モレル（第1章参照）やジョサイア・ウェッジウッド（第2章参照）など自由党から労働党へ鞍替えした人物も多く、彼らは「外人部隊（Foreign Legion）」とも呼ばれた[17]。戦間期の労働党では、植民地における急速な社会・経済変化への対応や開発政策などがさかんに議論された[18]。一九三三年に発表された「植民地」と題する政策文書は、西アフリカや東アフリカのタンザニアなどにおいてアフリカ人の土地への権利を擁護しつつ農業振興や樹木栽培を促す一方、ケニアや南アのようにアフリカ人がリザーブに押し込められて「土地なしのプロレタリア」として奴隷のごとく搾取されている地域では、先住民の産業育成を後押しするべきだと論じている。[19]

ASAPSは、帝国問題に関心をもつ労働党関係者たちとの間に強いコネクションを築いていった。かねてより協会の活動に関与してきた労働党議員のラムゼイ・マクドナルドは、一九二四年の第一次政権で植民地大臣に任命されたJ・H・トマスに対して、ASAPS書記のジョン・ハリスとすみやかに連絡をとり、帝国問題についての助言を受けるよう促したとされる。[20] また、当時の労働党で帝国問題についての議論をリードした帝国問題諮問委員会には、ハリス、ロデン・バクストン、シドニー・オリヴィエ（Sydney Haldane Olivier, 一八五九～一九四三年。詳細は後述）など、戦間期のASAPSで主導的な役割を果たす人物たちが参加していた。[21] このうち、ロデン・バクストンはレナード・ウルフとともに「アフリカにおける帝国――労働党の政策」という文書を一九二六年に作成し、白人によるアフリカ人の経済的搾取を批判するとともに、土地から得られる経済資源を開発する機会をアフリカ人に保障すべきだと訴えた。[22] 資本家への批判とアフリカ人の土地への権利の擁護は、次にみるASAPSの主張と一致している。

（2）思想と主張

ⓐ「新しい奴隷制」と「資本家」への批判

ここでは、一九二〇年代におけるASAPSの思想と主張をみていこう。一九二〇年の年次総会で演説した会長のチャールズ・ロバーツ（Charles Henry Roberts, 一八六五～一九五九年。第一次世界大戦期にインド省政務次官や国民健康保険共同委員会議長などを歴任）によると、協会の使命には狭義の奴隷制を廃絶することに加えて、「遅れた人々」が慣習に依拠して保有する土地への権利やその他の個人的・政治的権利を保護すること、また、アルコール取引、不当な税制度、肌の色に基づく差別や偏狭な思考様式に異議申し立てを行うことなども含まれていた。さらに、「未開の人々」に適切な教育を提供する手助けをするとともに、白人と「後進民族」の間で正義に基づく人種関係を構築していくことも目標とされた[23]。

こうした言説が、前章で検討した戦間期の信託をめぐる議論から強い影響を受けていたことは明らかである。ASAPSは帝国統治や国際政治の潮流に目をこらしながら、自らの位置を定め、巧みに舵取りしていく必要があった。そのうえで、この時期のASAPSの主張には、以前からの継続性とともに新機軸もみられる。継続性という点では、「資本家」に対する厳しいまなざしがあげられよう。一九二四年の年次総会で、運営委員会議長キャヴェンディッシュ＝ベンティンクは、次のように述べて「資本家」を批判している。

イギリスの資本家たちがアフリカで多額の配当金を得るという目的のために、巨額の金が後進地域の開発に使われているのであれば、原住民をたんに白人資本家に奉仕する木こりや水汲みとするのではなく、自立した生産者として育成するという目的のためにこそ、その金……が使われるべきです[24]。

同様にウェッジウッドも、アフリカの開発や白人の入植を条件つきで認める一方で、資本家によるアフリカ人の労働搾取を「新しい奴隷制」と呼び、強く非難した[25]。彼によると、

新しい奴隷制は、原住民の土地を奪うことで生み出されます。アフリカ問題を調査した諸々の委員会の報告書やそこに収録された証拠資料を読みさえすれば、安価な労働力を調達するためには土地を奪うのが肝要だということを雇用主たちがよく理解しているのが分かるでしょう[26]。

先住民は主に農業で生計を立てている。土地を奪われると、生活必需品を購入したり植民地政府に納税したりするのに必要な貨幣を手に入れることができない。よって、貨幣を得るために自らの労働力を白人雇用主（資本家）に売らねばならず、かくして安価に労働力を調達した資本家は利潤を増やすのである。ウェッジウッドはあらためて、新しい奴隷制を阻止するために、先住民が十分な土地を得てそこで生産を行う権利を保障する必要性を説い

た。

ⓑ国際社会の一員として

ウェッジウッドがいうように、土地問題と労働問題は相互に関係しており、ＡＳＡＰＳの主たる関心もまさにそこにあった。戦間期にはＡＳＡＰＳも信奉する自由労働イデオロギーの規範が、（さまざまな例外や矛盾も含みつつ）国際社会の準則として定着していく。国際連盟や国際労働機関（ＩＬＯ）では植民地の労働問題が議論されるようになり、[27]一九二六年に成立した奴隷制条約の下で、奴隷制や奴隷貿易の廃絶に向けた取り組みが強化された。その四年後には、強制労働を規制する条約も採択された。

ダニエル・ゴーマンによると、第一次世界大戦の惨禍を踏まえ、平和と協調を理念に掲げる新たな（ただし帝国支配体制を前提とし、欧米が主導する）国際社会が形成された一九二〇年代には、人道主義／帝国フィランスロピーの言説が国際規範として浸透していった。そこでは、国際連盟のみならず、ヴォランタリー団体、キリスト教会、国際主義者たちの国境を越えた連携・運動が重要な役割を果たした。ＡＳＡＰＳもまたそのようなアクターのひとつであり、ゴーマンもとくに書記のハリスの名前を挙げ、「一九二〇年代における帝国、国際、人道主義の言説の結節点となった」[28]人物と評している。直前に言及した奴隷制や強制労働を規制する国際条約の締結にあたっては、ハリスのロビー活動が一役買ったとされる。[29]

実際、ＡＳＡＰＳはイギリス政府だけでなく国際機関とも連携しながら、非白人への労働搾取に対する監督・規制の強化を実現しようとした。たとえば同協会は一九二七年にＩＬＯに意見書を提出し、私企業による強制労働の禁止を訴えている。[30]ここで目を引くのは、先住民の「部族生活」、ことに「家族」を維持することの重要性が繰り返し説かれている点である。「家族生活は何物にも代えがたい」ので、その「崩壊をもたらすような労働奉仕」を強いてはならない。遠隔地で労働に従事させる場合にも、「家族および部族生活が壊れぬよう、短い間隔で定期的に帰郷する」のを認めるべきだ。「健全な家族生活」は、個人と共同体の福利にとっての基礎条件とみなされた。[31]

先述の通りフィランスロピーは伝統的に家族を重視してきたが、戦間期のイギリスでは、悲惨な戦争から平和な日常への復帰の象徴として、また、出産の奨励や子どもの養育との関係で、男性稼ぎ主モデルに基づく家族の安定がそれまで以上に強調されるようになった。(32) 同時代の福祉に関わる議論が、帝国フィランスロピーの言説にも影響を及ぼしていたといえるだろう。

植民地での労働問題に対する国際社会の関心の高まりは、ASAPSの活動にとって追い風となったはずだ。一九二八年の年次総会ではILO事務次長（のちに事務総長）のハロルド・バトラーを招聘し、植民地における非白人の強制労働の禁止や、労働搾取の背景にある先住民の土地への権利といった問題が議論された。(33) また、ASAPSがILOなどの国際機関と連携しながら活動することの意義も強調された。(34) 並行して、協会はセーブ・ザ・チルドレンや婦人国際平和自由連盟（Women's International League for Peace and Freedom）などと協調しながら、帝国内外での女性や子どもの保護にも取り組んだ。(35) さまざまなアクターとの協働により、非白人の福利の向上が目指された。

写真6　シドニー・オリヴィエ

出典）Photo by Walter Stoneman, ©National Portrait Gallery, London.

ⓒ資本主義・人種・宗教――シドニー・オリヴィエ

その一九二八年のASAPS年次総会で討論をリードしたのは、労働党員のシドニー・オリヴィエだった。植民地省の官僚でジャマイカ総督などを歴任する一方、一八八五年にはフェビアン協会に入会し名誉書記を務めた。名優ローレンス・オリヴィエは甥である。一九二四年のマクドナルド政権にインド大臣として入閣し、男爵位を授与された。(36) そのオリヴィエは、一九二〇年からASAPS運営委員会副議長を務め、爵位を得てからは副会長に就任している。戦間期を通じて、協会の年次総会で頻繁に演説をしたり特別会合で議長を務めたりするなど、AS

APSの活動に深く関わった。一九二九年に新版が刊行された『白人の資本と有色人の労働』は、彼の帝国支配に対する見方が体系的に論じられており興味深い。以下、この著作を手がかりにオリヴィエの帝国観を検討することで、戦間期における帝国フィランスロピーの一側面を析出してみよう。

オリヴィエの態度の根本にあったのは、人間の平等への信念だった。「人種に基づく分断は合理的ではない。言葉に基づく理屈も事実に基づく理屈も、それを正当化しない」[37]。さらにオリヴィエは、混血の人々が多く住む西インドで長年勤務した経験に照らして、彼らに対する差別や偏見をなくすのは難しいとしながらも、白人と黒人の混淆は「必ずしも悪いことではなく」、むしろ「利点」だと説いた[38]。優生学や人種論の観点から、植民地はもちろんイギリス本国でも白人と非白人の間の性交渉が否定的にみられていた時代である[39]。ASAPS内部ですら人種混淆に対する忌避感が一般的だったなかで[40]、このような踏み込んだ主張を行っている点に彼のユニークさがうかがえる。グレゴリー・クレイスによると、人種差別に対するオリヴィエの鋭利な批判意識は、実証主義（positivism）に由来していた。オーギュスト・コントを師と崇め、人類全体の進歩と発展を唱える実証主義者は、（イギリスも含めた）帝国支配をラディカルに批判することで、反帝国主義の理論と言説の発展に大きな貢献をなした。彼らはまた非西洋世界の文化や慣習にも固有の価値を認め、異文化間の相互理解を促す立場から、人種差別を糾弾した[41]。オリヴィエもコントを通じて社会主義に接近し、青年期には実証主義者の集会にも顔を出していた。植民地官僚でもあったオリヴィエが自らを実証主義者と名乗っていたわけではないが、人種問題にかんする彼特有の主張には実証主義の理念が刻まれていた[42]。

では、帝国支配において人間の平等という原理を歪めているのは何か。オリヴィエによると、異なる人種間の友愛は、「経済的自己利益の領域とは区別された人間関係の範囲で実現しうる」[43]。換言すれば、人種間の友愛の対極にある人種差別は、資本主義経済システムにより生み出されるのである。アメリカや南アの例にみられる通り、資本主義社会において人種間対立が先鋭化するのは、白人と非白人が労働市場で競合する時である。政治化した白人労働者は非白人労働者の規制を訴える一方で、白人主体の労働組合もまた後者を職場から排除しようと試みる。その顕著な例が、南アのカラーバーだ（後述）。他方で、アフリカ人労働力にほぼ全面的に依存するコンゴのような地域では、アフリカ人に人権は認められず、白人の経済的欲望を満たすために搾取されるのみである。(44) 資本主義の下での白人雇用主・労働者による経済利益の追求は、人種差別と深く関わっているのだ。

以上の観点から、オリヴィエは、アフリカ植民地の開発・文明化という企てにも注意を促す。開発の看板を掲げてアフリカに進出した白人が先住民を賃金労働者として雇用するようになると、経済的利益を優先して後者を搾取する可能性が高い。よって、白人を雇用主、アフリカ人を労働者とする経済関係の導入が、後者に利益をもたらす保証はない。(45) さらに、西洋人との経済関係を通じてアフリカ人が文明化されるという主張にも留保が必要だ。白人雇用主の下で賃金労働者となったアフリカ人が西洋の商品を購入し、次第に西洋的生活様式を取り入れることで文明化が進展すると言われてきた。しかし、そのような文明は皮相的なものにすぎない。なぜなら、こうした「資本主義的帝国主義の経済哲学――原住民は安価なヨーロッパ製品を買い、賃金労働に基づく資本主義システムに組み込まれることで文明化されるという信念――は、それ自体がマルクス主義者の唯物史観」にほかならないからだ。代わってオリヴィエは、文明を産業や経済のみならず、道徳や学芸といった要素も含めて捉えるべきだと主張する。しかるに、西洋とその植民地における資本主義は、「学芸と道徳に依拠するところの文明に対して明らかに敵対的で破壊的ですらある。そこにこそ、［労働党を拠点とするイギリスの］社会主義者が資本主義を批判する最も根本的な理由があるのだ(46)」。

オリヴィエによれば、経済的利益を至上目的とする資本家の対極にいるのが、キリスト教宣教師たちである。アフリカに西洋文明の枠を伝えるうえで最も大きな貢献をしてきたのは彼らであり、「アフリカで事業を行うシティの金融業者や入植者のパイオニアではない(47)」。さらに、白人が非白人よりも優れた権利をもつとの主張はキリスト教の基本原理から逸脱しており、キリスト教が影響力をもつ社会においては敗北を決定づけられている。(48) 資本主義や資本家に対する厳しいまなざしとは対照的に、宗教と宣教師が好意的に評価されているのは興味深い。労働党と帝国についての先駆的研究を著したP・S・グプタは、オリヴィエの主張とモレルのそれをほとんど同一視しているが、[49] すでにみたように後者は宣教師に懐疑的だった点で前者とは立場が異なる。オリヴィエの父と兄弟が聖職者だったことと関係しているのかもしれないが、彼の帝国に対する姿勢は、資本主義と帝国主義の結合に対する政治的左派の立場からの批判意識と、キリスト教的倫理観との複合によって形作られていた。[50]

先行研究では、帝国フィランスロピーにおける福音主義イデオロギーと人権イデオロギーの対立が強調されてきた。[51] しかし、オリヴィエの思想をそうした二項対立の枠組みに位置づけるのは困難である。彼は白人資本家によるアフリカ人の搾取を批判する点で人権イデオロギーの唱道者たちと歩を揃えていたが、宣教師を評価する点で見解を異にしていた。他方で、福音主義者のようにキリスト教化と文明化を強く主張するわけではなく、ましてやそれを大義名分とする帝国拡大を唱えたわけでもなかった。労働問題に焦点をあてながら資本主義と人種問題を関連づけて論じ、さらには宗教の観点から資本主義的帝国主義を批判するオリヴィエの所論は、従来の帝国フィランスロピーのイデオロギー分類には収まりきらないものであり、帝国フィランスロピーの言説に新機軸をもたらしたといえよう。

2　産業化と福祉——一九二〇年代末〜三〇年代の組織と思想

（1）「原住民族に対するイギリスの政策」

ⓐ労働党政権への期待

さまざまな要素を包摂したＡＳＡＰＳの帝国フィランスロピーは、一九二九年六月二五日付でマクドナルド首相に提出された「原住民族に対するイギリスの政策」と題する意見書に凝縮された。この文書には、ＡＳＡＰＳの主要メンバーに加え、労働党左派のＡ・フェナー・ブロックウェイやノーマン・レイズ[52]も署名した。このタイミングで意見書が提出されたのは、同年に労働党政権が成立したためである[53]。先述の通り、当時のＡＳＡＰＳは労働党との関係が強く、協会が新政権に帝国フィランスロピーの理念にそくした政策の推進を求めたのは当然のことだった。国際社会でも「原住民問題」が高い関心を集める時代にあって、それは決して空虚な期待ではなかった。

だが、結論を先取りすると、政府は東アフリカに関する政策方針を公表する以外に具体的な対応はとらなかった。理由のひとつは、植民地大臣のパスフィールド卿（シドニー・ウェッブ）がマクドナルドに述べたように、本国政府がＡＳＡＰＳの書簡に応じて明確な帝国統治の方針を示すことで、自治領から内政干渉と受け取られるのを恐れたからである[54]。一九二六年の「バルフォア報告書」を経て、自治領を本国と対等な独立国家として処遇する原則が確立しつつあった時代である。労働党政権は帝国フィランスロピーよりも自治領の意向を重視した。第1章では二〇世紀初頭の自由党政権が植民地自治への不介入を盾にＡＰＳの請願を斥けたことをみたが、ここでも似た情景が異なる演者により再現されることとなった。

ⓑＡＳＡＰＳの主張

「原住民族に対するイギリスの政策」では、イギリスの信託の下で徐々に自立しつつある有色の帝国臣民が経済および政治の面で完全な市民としての地位を得られるよう、彼らの権利をあらためて宣言することが必要だと前文で述べたうえで、その際に留意すべき三つの原則が提言されている[55]。第一は土地に対する先住民の権利を尊重することで、ＡＳＡＰＳはこれを植民地統治における最重要課題と位置づけている。先住民が自らの伝統的な「部族制」の下で土地を使用する権利を保護しつつ、リザーブなどが設定されている場合はそれが十分な規模であることを保障し、リザーブの外でも自由に土地を購入する権利を認めるべきだ。さらに、先住民が主として輸出目的で換金作物を栽培する自由も制限すべきではない。

第二に、産業における人種差別をなくし、労働の自由を保障すべきだ。差別の具体例としては、特定の職種を白人に限定するカラーバー、先住民に白人雇用主の下での賃金労働を強いる税制度、先住民にパスの携帯を課すことで移動を制限するパス法などがあげられている。また、人種・性別・信仰で区別されない完全な市民権を認めることも要請されている。ただし、市民権付与の対象は、「文明の水準に基づく参政権付与の要件（civilisation franchise test）」を満たした者に限られる。

この点は、先住民が自らの声を政治に反映させる権利を擁護した三つ目の原則とも関わってくる。ＡＳＡＰＳは、先住民が選挙で自らの代表を直接選ぶのは時期尚早であり、当面の間は植民地政府が任命した代表者が間接的に先住民の利害を代弁するのはやむをえないとした。ただしその場合でも、代表者の指名は先住民との十分な対話を経て行われなければならない。また、従属植民地において先住民が政治的に成熟し、立法府や行政府で責任を果たせるようになるまでは、ロンドンの帝国政府がその福利の向上に責任をもつべきだ。イギリスでは一九二八年に男女平等の普通選挙制度が成立したが、ＡＳＡＰＳは植民地に本国と同様の民主主義を一律に適用することには懐疑的だった。植民地支配下にある従属民族の権利を擁護しながらもその政治参加を制限し、信託の名の下で帝国支配それ自体を肯定する姿勢があいまいなものであることは否めない。

以上の内容を含む意見書の作成過程では、関係者からさまざまな意見が寄せられた。たとえば労働党左派のレイズ（前出）は、最終的に意見書に署名はしたものの、「原住民（native）」という語の使用に異を唱えた。この言葉は、そのように呼称される人々を蔑視する「誤った心性」を含意している。どこで生まれたかではなく、出自を理由に「特権の有無」が決められている状況こそが問題なのだ、というのが彼の主張だった。[56]

ⓒフェミニストからの批判

他方で、まったく異なる角度から意見書の草案を批判したのが、エメリン・ペシック＝ローレンスだった。[57] 著名なフェミニストにして第一次世界大戦に反対した平和主義者でもあり、婦人国際平和自由連盟の創設にも関わった人物である。[58] 彼女はしばしばＡＳＡＰＳと書簡のやりとりをしてきたが、「原住民族に対するイギリスの政策」に女性への言及がないことに失望感をあらわにした。植民地支配下で先住民男性が搾取されてきたのは事実である。だが、たとえば南アの先住民女性たちは、「部族のしきたり」のみならず「残酷で専制的なイギリス法」によっても劣位を強いられてきた。

以前であれば、こうした状況は、女性に関する問題にイギリス政府は口を挟まないという口実で放置されてきたかもしれません。しかし、いまやこの国では女性に参政権が与えられたのですから、女性を男性親族の財産とみなすのを許容するかのような主張はとうてい容認できません。[59]

その後、意見書には、性別にかかわらず平等な市民権を認めるべきだとの文言が追加された。ペシック＝ローレンスはこの修正を歓迎したが、それでも先住民女性の隷属がイギリス支配下で許容されている状況への言及が足りないとし、「もし協会が時代とともに歩みを進めたいのであれば、この問題を後景に置き去りにすることはもはやできない」と警告した。[60]

ペシック＝ローレンスがいうように、一九二〇年代の国際社会では女性や子どもの権利が注目を集めるようになり、「女性化した人道主義・帝国の言説」が拡大した。[61] ＡＳＡＰＳがそうした問題に無関心だったわけではないが、「原住民族に対するイギリスの政策」にこの点を意識した形跡がほとんどみられないのは確かだ。結局、ペシック＝ローレンスは意見書に署名しなかったが、彼女の指摘は当時の帝国フィランスロピーがはらむ問題を露呈させた。第一に、帝国フィランスロピーの指導者の多くが男性であり、そのこともあってか、保護や支援の対象として暗黙裏に男性を想定する傾向が強かったことは否めない。一面では、それはイギリスの福祉モデルに規定されていたともいえる。イギリスの福祉思想は伝統的に男性稼ぎ主モデルに依拠しており、キリスト教規範ともあいまって、男は外で働き女は家事・育児に専念すべきだという家族観が浸透していた。[62] よって、救援においては家族の扶養義務を負う既婚男性が優先されたが、こうした傾向はたとえば戦間期の失業対策でも引き続き顕著にみられた[63]。かかるジェンダー規範と家族モデルの下では、先住民男性の救済をもって彼の家族および彼が所属する共同体の救済は事足りるという発想に至りやすかったと言えよう[64]。

第二に、協会は、非白人が望むならば伝統的な「部族制」を維持する権利を保護すべきだと主張したのだが、これに対してペシック＝ローレンスは「部族制」への介入を求めた。彼女が例にあげた南アのアフリカ人社会をみると、男性が（とくに若い）女性の保護者として相対的に強い立場にあったのは確かであり[65]、男性の監督権（家父長制や「部族制」に由来する）を承認することで彼らに女性を管理させ、もって「部族生活」の維持・安定化をはかるべきだという発想は、植民地当局のみならず帝国フィランスロピストらの間でも共有されていた。つまり、女性の統制をめぐり、アフリカ人男性、植民地権力、帝国フィランスロピーは共犯関係にあった[66]。そうしたなかで、西洋フェミニズムの原理に基づきアフリカ人女性の地位改善を実現しようとすれば、先住民社会のジェンダー関係、とくに家父長制への攻撃は避けられない。だが、アフリカ人に独自の生活様式――とくにその根幹に位置するジェンダー関係――を外圧によってラディカルに改変することは、協会の方針にそぐわない。女性の立場からアフリカ人の福利を考えた場合、帝国フィランスロピーの目標はどこにおかれるべきかという問題に答えを出すのは容易ではなかった[67]。

ⓓＡＳＡＰＳの社会的評価

植民地で非白人のナショナリズムが高揚する一九三〇年代になると、先住民の救済を唱えながらも帝国支配体制を容認するＡＳＡＰＳの両義的な姿勢が、公の場で批判される事態もおこった。一九三六年の年次総会では、共同会長のひとりであるメストン卿が植民地の他国への割譲について論じ、被支配民の同意を含む厳格な条件を満たす場合のみそれが許されるべきだという決議案を提出した[68]。メストンに続いて登壇したのはゲストのノーマン・エンジェルだった。外交・国際関係の専門家で、第一世界大戦後にはドイツに懲罰的なヴェルサイユ条約を批判する論陣を張り、国際連盟協会の幹部としても活躍した。一九三四年にはノーベル平和賞を受賞している。帝国支配については、植民地から得られる利益はその獲得と統治にかかる費用に見合わない、という実利的観点に基づきこれを批判していた[69]。

年次総会でエンジェルは、植民地を宗主国の所有物とみなし、それを他国に譲渡するという発想そのものを批判した。植民地は「われわれの不動産ではない。……［そこに住む］人々を所有する権利なるものは存在しない[70]」。信託の理念に依拠した植民地資源の開発というかけ声に対しても、言行が一致していないとして疑念を投げかける[71]。さらに、彼は一歩踏み込んだ発言を行う。「われわれは帝国主義の再分配という方向に進んではならない。われわれの進むべきは帝国主義の完全な廃絶という道なのだ[72]」。この姿勢を明確に打ち出さない限り、ASAPSは「実質的に自身が掲げる原則に反する立場に流されてしまうであろう[73]」。最終的に彼はメストンが提出した決議案を支持したが、信託や植民地支配それ自体への根本的批判は、決議案の趣旨を大きく超えるものだった。

ASAPSに対するエンジェルの警告の背景には、当時のエチオピアをめぐる問題もあったと考えられる。一九三五年にエチオピアに侵攻したイタリアは、同地に残存する奴隷制・奴隷貿易を撲滅することが戦争の目的であるとのプロパガンダを展開した。イギリス国内では多くの人々がイタリアを非難したが、ASAPS書記のハリスらは当初、奴隷貿易廃絶に有益であるとしてイタリアの政策を支持した。イタリア軍の残虐さや、戦争によるエチオピア社会の動揺により奴隷貿易がむしろ活性化したことが明らかになると、ハリスは侵攻を批判する立場に転じたが、一時的にもイタリアを擁護する姿勢を示したことは協会の評判を傷つけた[74]。これに対してエンジェルは、帝国支配に批判的な立場からエチオピア侵攻を一貫して断罪していた[75]。かかる当時の言論状況も、ASAPSに対するエンジェルの苦言につながったと考えられる。非会員である彼の発言は、協会の帝国支配に対する両義的な姿勢が外部者の目にどのように映っていたかを示す一例である。

（2）アフリカ会議

ⓐアフリカ人の労働と福祉への関心の高まり

一九三〇年代は、イギリス帝国支配における画期をなす。植民地の近代化や開発、福祉への関心が高まり、より介入主義的な政策が採られるようになったからである。背景には、非白人たちの抵抗があった。世界恐慌の影響が植民地経済にも及ぶなかで、アフリカや西インドの植民地では非白人によるストライキや暴動が続発したが、これらの騒擾は都市や鉱山で働く労働者の組織的運動という新たな形態をとった。アフリカに話を限定すると、従来、アフリカ人は農村社会で伝統的な生活を営み、出稼ぎ労働など限られた期間だけ産業社会と接点をもつ存在として把握されてきた。だが、一九三〇年代の混乱はそのようなイメージに修正を迫った。いまや帝国政府と植民地政府は、都市に定住し産業労働者として賃金労働に従事することで生計を立てている非白人が存在していること、そうした人々が貧困や劣悪な生活環境に不満を抱いていること、そのような不満をなだめ植民地支配の安定を維持するためには新たな政策が必要とされていることを認めざるをえなくなった(76)。

処方箋は、福祉であった。ジョアンナ・ルイスはこの時期に植民地統治において福祉が注目を集めるようになった要因として、第一に国際社会の規範をあげている。国際連盟の委任統治やＩＬＯの活動は、「遅れた人々」を統治する列強諸国が遵守すべき基準（信託）を実践的に示してきたが、それらは絶えず更新されながら国際規範として日々重要度を増しており、イギリスも無視することはできなかった。第二の要因は、貧困に対する認識の変化である。一九三〇年代には、植民地を本国の延長線上に位置づけ、そこでの福祉にこれまで以上に力を注ぐべきだという主張が広く受容されるようになった。植民地問題の専門家であるマージェリー・パーラムがアフリカ植民地を「熱帯のイースト・エンド」と形容したのは、そうした意識の表れだった。かかる時流にあって、植民地省は労働問題担当顧問のポストや社会サーヴィス局を新設したり、ヘイリー卿による「アフリカ調査」を実施したりしたが、これらは福祉を重視する新しい植民地統治の理念を反映していた。その集大成として、一九四〇年にはイギリス帝国の福祉の歴史に画期をなした植民地開発福祉法が制定された[77]。

「信託」のポートフォリオにおいて、開発と福祉の比重が増していくのにあわせて、ASAPSが主張する帝国フィランスロピーの言説にも変化がみえはじめた。たとえばロデン・バクストンは、一九三四年の論文で、アフリカ人の土地への権利と伝統文化を保護する一方で、ヨーロッパ文化とキリスト教の教育にさらに力を入れるべきだと主張した。現にアフリカには西洋文化を体得した「インテリゲンツィア」がいる。政治運動で頭角を現しつつある彼らと対話し、その要望に真摯に耳を傾けることが、「この先百年の帝国の真の繁栄」に不可欠だ[78]。彼が所属する労働党でも、植民地での資本主義と産業化をひとまず既成事実として受け入れたうえで、それが生み出す社会・経済の変化を制御しつつ産業労働者としての非白人の権利強化を目指す方針が打ち出された[79]。このような文脈のなかで、帝国フィランスロピーは、産業労働者としてのアフリカ人の保護と、彼らを対象とする福祉をこれまで以上に重視するようになった。

ⓑアフリカ会議の結成

変化の風が吹くなかで、新たな動きをみせたのはASAPS書記のハリスである。彼はアフリカ植民地の問題に関心をもつ協会内外の人々に声をかけ、意見交換の場を設けることを提案した。ここではアフリカ会議と呼ぶ。一九三六年一〇月二〇日に開かれた第一回会合には、ASAPSのハリスとロデン・バクストンに加えて、F・S・リヴィ・ノーブル（アフリカ問題についてのロンドン・グループ[80]）、A・クリーチ・ジョーンズ（労働党下院議員で、一九三八年からASAPS運営委員会メンバー。のちにアトリー政権で植民地大臣）、トレーシー・フィリップス（元植民地行政官）、G・セントジョン・オーデ゠ブラウン（植民地労働問題担当の植民地大臣顧問）、アラン・ピム（元インド高等文官、南アのリベラル派白人であるハワード・ピムの弟）など、多彩な顔ぶれが揃った[81]。南ア関係者としては、W・M・マクミラン[82]（元ウィットウォーターズランド大学教授、第4章で詳述）やジュリウス・レウィン（同大学講師）がおり、両者とも第II部の主題であるヨーロッパ人・アフリカ人協議会と関わりをもっていた。宣教団体関係者や先述のパーラムもメンバーに名を連ねている。パーラム、マクミラン、オーデ＝ブラウンは、一九四〇年植民地開発福祉法の制定にも影響を与えた(83)。

アフリカ会議の第一回会合では、アフリカ植民地に関心をもつ個人・団体が、それぞれ独立性を保ちつつも、情報の収集と共有において相互に連携することの意義が確認された。同年一二月に開催された第二回会合では、会議の関心対象を北アフリカと西アフリカを除くアフリカ大陸全体と定めたうえで、レウィン、リヴィ・ノーブル、マクミラン、ハリスからなる小委員会が中心となって、税、労働、産業社会におけるアフリカ人、植民地開発、アフリカ人の政治権利、南アのアフリカ人政策が他の植民地に与える影響などのテーマについて覚書を作成することが決まった(84)。

ⓒ「アフリカ人の産業化」

ここでは、本書の内容にとくに関係のあるものとして、産業社会におけるアフリカ人と労働についての覚書に焦点をあてよう。アフリカ会議からの委託を受けて覚書の原稿を執筆したのは、当時ＩＬＯに所属していたウィルフリッド・ベンソンだった。ベンソンは一九三七年二月までに草稿を仕上げ、ハリスに送付した(85)。その後、草稿は当該問題に詳しいアフリカ会議のメンバーに送られ、フィードバックを受けた。たとえばオーデ＝ブラウンは、草稿の内容が概してイギリスの植民地行政に「好意的すぎる」とし、アフリカ人労働者を対象とする健康診断や労務管理の義務化、医療制度の拡充などを通して、より高次の労働者福祉の実現を訴える文言を加えるべきだと述べた(86)。他方、同じく会議に参加していたレイズは、アフリカ人労働者の諸権利が重要なのはもちろんだが、土地売買権や参政権が認められなければそれらは無意味だとコメントし、悪しき植民地支配の典型例としてとくに南アをあげた(87)。

こうした共同作業を経て、ベンソンの覚書は「アフリカ人の産業化」というタイトルで公表された(88)。その論旨は次のようなものである。近年ますます多くのアフリカ人が農村部から都市部に移動し、賃金労働に従事するようになった。しかし、都市の労働市場ではアフリカ人どうしの競合がおきている。すなわち、一方に都市に定住するアフリカ人労働者がおり、他方に農村部から一時的に都市に出てきて就労する出稼ぎ労働者がいる。前者は物価の高い都市で家族を養うのに必要な賃金を求めるが、後者のほとんどは単身で相対的に低賃金でも働くので、より雇用主に好まれる傾向がある。その結果、労働市場での競争において、都市に定住するアフリカ人労働者は出稼ぎ労働者に対して不利な立場におかれている。実際、アフリカ人産業労働者に支払われる賃金は低い。だが低賃金は労働者の生産性向上に制約を課すし、生産効率の向上に無関心な雇用主による安価な労働力の搾取を許容することで、本来ならば市場から退出すべき事業者が生き残るのを可能にしている。

以上の分析を踏まえたうえで、覚書は、異なる植民地間での労働政策の調整および均質化、そして長期的に労働環境の改善を目指す政策を実行すべきだと訴える。第一に、雇用に際しては、一九三六年のジュネーヴ条約に則り就業場所までの旅費を労働者に支払わなければならない。第二に、南および東アフリカの英領植民地では、契約に違反した場合に罰金や投獄が課されるなど労働者は雇用主に対して圧倒的に不利な立場にあるが、こうした罰則規定はただちに廃止すべきだ。ヨーロッパ人労働者と同様、アフリカ人労働者に対しても、自由な労働市場で自らの意志に基づき契約を結ぶ権利を認めるべきだ。第三に、白人と非白人の間の賃金格差は許容できない。賃金の多寡は、人種ではなく能力により決定されるべきだ。この他にも、アフリカ人労働者（とその家族）に対する適切な住居、食事、衛生環境、医療の提供は雇用主の義務であること、労務災害への補償を制度化することなどが提言された。

興味深いのは、出稼ぎ労働を分析した箇所である。覚書は、都市部と農村部のアフリカ人双方に悪影響を及ぼすとの理由でそれを批判している。前者については、出稼ぎ労働者の存在が都市でのアフリカ人労働者の賃金体系を押し下げることで、貧困問題を生み出している。後者に関しては、出稼ぎ労働がアフリカ人の家族生活に与える影響があげられている。男性が不在の期間、残された女性たちは彼らの仕事もこなさなくてはならない。それは、アフリカ人の「社会生活、とくに女性に甚大な害悪を及ぼしている」。

現在、アフリカは「部族生活」から産業社会へ移行する過渡期にある。ヨーロッパは長い時間をかけて産業社会に適応してきたし、その過程で民主化が進展して労働者の地位も上昇した。だが、植民地支配下で急速に産業社会が形成されたアフリカでは、先住民は未知の制度に容易に適応できず、労働者の保護も不十分だ。よって、アフリカ人労働者にも白人労働者と同じ権利を与え、また、前者が自らの能力にふさわしい職を得る機会を保障すべきだ。他方で、覚書は、こうした制度を実現するためには白人の保護と教導が必要であるとも述べる。「かくも無知で無力な人々が、産業革命という成果を生み出してきた大いなる知恵をもつ者たちによって、その生活を整えてもらう」のは当然のことなのだ。

「アフリカ人の産業化」には、帝国フィランスロピーの主張が凝縮されている。低賃金での労働搾取が非効率な雇用主の生き残りを許しているとの認識は、第1章でみたフェビアン協会の産業進歩と寄生的産業についての議論や、新自由主義者の公正賃金についての主張を彷彿とさせる。また、出稼ぎ労働が農村部の女性に追加の負担をもたらすとの見方も、第1章でみた世紀転換期のＡＰＳの主張の焼き直しだが、あらためてアフリカ人の福祉における家族の重要性が強調されている点が目を引く。健全で安定した家族は、国内と帝国を対象とするフィランスロピー双方に共通する関心事だった。なお、出稼ぎ労働が都市の賃金水準に悪影響を与えるとの認識は、後でみる南アの協議会のそれに近い（第5章参照）。

アフリカ会議の参加者たちの主張や思想はさまざまで、帝国支配に対する向き合い方も異なっていた。たとえばマクミランやレイズは、帝国主義や信託の理念に対してハリスよりも批判的だったとされる[89]。他方で、覚書草稿の執筆から校正、発表に至る過程で多様な個人・団体が関与していたことを踏まえれば、「アフリカ人の産業化」を帝国フィランスロピー・ネットワークの共同作業と表現してもよいだろう。ＡＳＡＰＳはさまざまなアクターと連携しつつ、非白人の救済と保護を実現しようとした。

3　隔離の両義性と支援の実践——一九二〇年代の南アフリカとＡＳＡＰＳ

（1）南アフリカ党政権の時代

ⓐ戦間期の南ア

本節では、戦間期におけるＡＳＡＰＳの南ア問題への姿勢を検討する。まずはこの時代の南アの政治と社会を素描しておこう。[90]一九一〇年の南ア連邦結成とともに成立した南アフリカ党政権では、ボータとスマッツが首相を務めた。しかし、第一次世界大戦中に反英的なアフリカーナーが起こした反乱を容赦なく鎮圧したことや、戦後に金鉱山の白人労働者が起こした蜂起（ラント反乱）を武力で粉砕したことで、白人人口の過半数を占めるアフリカーナーや労働者が離反し、政権の支持基盤は揺らいだ。その結果、一九二四年の総選挙では、主にアフリカーナーの支持を受けた国民党が勝利した。国民党は白人労働者の利害を代弁する労働党と連立政権を樹立し、Ｊ・Ｂ・Ｍ・ヘルツォークが首相に就任した。

ヘルツォーク政権は、自らの支持基盤であるアフリカーナー農民の利害を重視しつつ、産業においては白人労働者を非白人労働者との競争から保護するなど、白人の利益にそくした政策を推進した。また、アフリカーンス語を公用語にするなど、アフリカーナーの民族意識にも配慮を示した。しかし、一九二九年にはじまった世界恐慌が南アを直撃して国内情勢が混乱すると、一九三三年に国民党は南アフリカ党と連合することを決め、翌年には両党が合併して連合党が結成された。新たに成立した連合党政権では、ヘルツォークが首相、スマッツが副首相に就任した。

戦間期の南アでは、支配する側の白人が非白人を統制するための手段として、隔離政策がさらに強化されていった。南ア史研究の泰斗ソール・デュボウによると、戦間期の隔離政策は産業社会の発展という文脈のなかで生まれてきたものであり、二〇世紀半ば以降に体系化されていくアパルトヘイトの前身となった。その特徴は、第一にアフリカ人の土地保有を限定的に認めることと引き換えに政治的権利を含む市民権を剥奪すること、第二に白人「受託者」の「慈悲深い」教導の下、アフリカ人が独自の経路で発展するのを奨励することにあった[91]。

農村部では、第2章で述べた一九一三年原住民土地法により隔離の試みがすでに開始されていたが、戦間期には都市部における隔離政策も強化された。従来、都市では、ミッション学校などで西洋教育を受け主に専門職に従事する人々や家事奉公人として働く人々が非白人人口を構成していたが、その数はさほど多くなかった。だが、世紀転換期以降、金鉱業の発展にともない、ヨハネスブルクなどの都市では多くのアフリカ人出稼ぎ労働者がみられるようになった。やがて、都市の労働者からは、賃上げや待遇改善を求めてストライキや政治運動を行う者も現れはじめた。そうしたなかで、一九二三年には原住民（都市地域）法が成立し、都市自治体はアフリカ人をロケーションと呼ばれる指定領域に隔離する権限を得た[92]。

その後、隔離を具体化するためのさまざまな法律や制度は、ヘルツォーク政権の下で大幅に拡充されていった。職業におけるカラーバーを強化した一九二六年鉱山労働修正法（次項）、アフリカ人を「部族」に再編しその統治を原住民法に依拠して行うことをうたった一九二七年原住民行政法、リザーブの面積を拡大する一方でその外部に住むアフリカ人の管理を厳格化した一九三六年原住民信託土地法、ケープ植民地のアフリカ人有権者から実質的に選挙権を剥奪した一九三六年原住民代表法（次節）などが、その主なものである。

隔離政策の進展と白人支配の強化に直面して、非白人たちもさまざまな抵抗を試みた。一九世紀末以降、西洋教育を受けた非白人エリートらが政治団体を結成して自らの権利を訴える運動が現れはじめ、第2章で前出のＳＡＮＮＣ（一九二三年にアフリカ民族会議〈African National Congress: ＡＮＣ〉と改称）の他に、カラードが主体のアフリカ政治機構（African Political〈のちにPeople's〉Organization）、インド系の団体である南アフリカインド人会議（South African Indian Congress）などが設立された。これらの団体は大衆との接点はいまだ少なかったが、戦間期にはより広範な裾野をもつ非白人の運動も出現した。たとえば第一次世界大戦直後に誕生したクレメンツ・カダリー率いる産業商業労働者組合（Industrial and Commercial Workers' Union: ＩＣＵ）は、最盛期には一〇万もの支持者を得た。だが、指導者層内部での対立のすえに、具体的な行動指針を示すことができないまま衰退していった。貧困に苦しむ農村部でも、白人支配体制に対する不満が高まっていた。リザーブや白人農場で生計を営むアフリカ人は、労働搾取の強化を目的とする政策や新たな税制に反発し、さまざまな形態の抵抗を実践した。ＩＣＵはそのような不満をすくい上げることで、農村部にも浸透した。ケープ東部のトランスカイでは、ミッション教会内での人種差別などへの反発から設立された独立教会を拠点に、千年王国思想を掲げるウェリントン運動が広がりをみせた。[93]もっとも、非白人の大衆運動が勢いを増せば増すほど白人社会の内部では秩序悪化への不安が高まり、これを解決するための方策として隔離政策が支持を受けるようになっていった。

この時期のアフリカ人の運動は、多くの点でアメリカの黒人運動からインスピレーションを受けていた。ブッカー・Ｔ・ワシントン、Ｗ・Ｅ・Ｂ・デュボイス、マーカス・ガーヴィーなど、それぞれの思想的スタンスや運動方針は異なるが、いずれも抑圧状態にある人々が活路をみいだすための思想が大西洋の彼岸から伝わってきた。アメリカの黒人は、奴隷解放後に刻苦勉励して自らの地位を向上させた先駆者として仰ぎ見られる存在だった。このうち、ワシントンとデュボイスは後で触れるとして、一九二〇年代に大きな影響を与えたのが、ガーヴィーであった。ジャマイカ出身でのちにニューヨークのハーレムを拠点に活動したガーヴィーは、「アフリカ人のためのアフリカ」を説き、万国黒人地位向上協会（Universal Negro Improvement Association: ＵＮＩＡ）を創設して多くの黒人から支持を得た。ガーヴィー自身は一度も南アを訪れることはなかったが、アメリカ帰りのアフリカ人やＵＮＩＡの機関誌『ニグロ・ワールド』を通じて彼の思想は南アに伝わり、多くのアフリカ人の心を捉えた。ＩＣＵやウェリントン運動、西ケープにおけるＡＮＣの活動は、いずれもガーヴィーから強い示唆を受けていた。次章以降で詳しくみていくが、アメリカは二〇世紀前半の南アにさまざまな意味で決定的な影響を及ぼした。[94]

ⓑ南アフリカ党政権への姿勢

変化する南ア情勢に対して、ASAPSは引き続き強い関心を寄せ続けた。一九一九年七月号の『反奴隷制報告およびアボリジニの友』には、リベラル派白人のモーリス・エヴァンズとカラードの指導者であるアブドゥラマンの演説が転載され、南アの非白人がおかれた状況とそれを改善するための方策が紹介された[95]。

同年後半には、ヨーロッパを訪問中のSANNC代表団を迎え、意見交換を行っている。大戦中には、ウィルソン米大統領が提案した一四カ条からも刺激を受け、来たるべき講和会議で植民地問題が真剣に議論されるとの期待がアフリカ人の間で高まった。SANNCはパリ講和会議に参加する南ア代表団にアフリカ人を含めるよう求めたが、要望は無視されたため、国際社会に自らの主張を直接訴えるべく会議に代表団を派遣することを決めた。代表団はロイド・ジョージ首相との面会を実現させたが、具体的な成果をあげることはできなかった。その後にイギリスを訪れたアフリカ人たちは、とくに土地制度やパス法に対する不満を表明したが、植民地省が問題の是正に消極的であることに失望を表した。代表団の一員であるプラーィキは今回もまたイギリスにとどまり、独立労働党や民主的統制連合といった左派団体の指導者らと人脈を築いている[96]。代表団の一部が南ア帰国時に乗船予定だった船から強制的に下船させられるという事件がおこると、ASAPSは帰国までの支援を提供するとともに、当局と連絡をとりあいながら問題解決をはかった[97]（後述）。

このようにアフリカ人たちに寄り添う姿勢を示す一方で、協会の帝国フィランスロピストとアフリカ人エリートたちの間には、相変わらず意見の懸隔が存在していた。たとえばそれは、一九二〇年に成立した原住民問題法をめぐる論争にみられる。同法は、アフリカ人に関係する問題を議論するための機関として原住民評議会（農村部）と諮問委員会（都市部）の創設をうたったものである。一見するとアフリカ人の自治を促す施策にみえるが、為政者たちの真意は、アフリカ人が自らの政治的意見を述べられる場を地域の原住民評議会や諮問委員会に限定することで、彼らの見解が中央の議会で直接表明される機会を制限することにあった。言いかえると、アフリカ人を独自の政治制度に包摂し、それを共通の政治制度から分離することで、白人が支配する国政からアフリカ人を排除することが原住民問題法の真の狙いだった。一九二〇年に原住民問題法案が議会に提出されると、法案の主旨を説明したスマッツ首相は、アフリカ人が自らのやり方で独自に発展する仕組みを整備することがアフリカ人の利益になると論じたが、他方で「白人の議会が主権をもち続ける」とも述べて、あくまでも白人とアフリカ人の関係においては前者が上位に立つことを明言した。これに対してSANNC内では多様な意見が出されたが、法案に反対する声が強かった。ケープ州のアフリカ人指導者であるZ・R・マハバネ（Zacharias Richard Mahabane, 一八八一～一九七一年）は、法案が「政治的隔離という受け入れがたい原則を恒久化する」ものだと断じた。(98)

アフリカ人らが反対するなかで、ASAPSは法案への支持を表明した。『反奴隷制報告およびアボリジニの友』は、今回の法案を「原住民の利益を促進しようという真心から起草されたものであり、完全な市民権の付与へと向かう方向性を含んでいる」と評価し、法案に反対するアフリカ人たちの態度を「遺憾」とした。(99) これまでもみてきた通り、ASAPS、とくにハリスを中心とする人々は、一九一三年の原住民土地法制定以来、南アフリカ党政権を信頼し、概してその政策に賛意を示してきた。一九一七年にボータ首相が死去すると、ハリスは故人を評して、土地の所有と領有における隔離に先鞭をつけ「建設的な統治制度の傑作のひとつ」(100) を創り出したステイツマンであると述べ、その功績を称えている。こうした言動を踏まえれば、協会が原住民問題法を支持したのは驚くことではない。

同様のことは、都市部における隔離政策の端緒となった一九二三年都市地域法の制定をめぐる議論でもみられた。ANCメンバーを中心とするアフリカ人エリートたちは、法案が都市部におけるアフリカ人の土地所有権を認めず、さらにはアフリカ人の移動と居住に対する制約を強化したことから、反対を唱えた。(101) だが、ASAPSはその事実を認識しつつも、南ア政府が事前にアフリカ人の意見を聴取しなかった点を問題視するのみで、彼らの反対運動を積極的に支援するそぶりはみせなかった。(102)

この時期のアフリカ人の運動に対するＡＳＡＰＳの姿勢の背景には、共産主義やガーヴィーの思想に対する懸念もあった。戦間期の帝国フィランスロピーに参加した人々は概して共産主義を敵視しており、アフリカ人の救済への取り組みには、ボルシェヴィズムの拡大を阻止するという狙いもあった[103]。当時のアフリカ人の運動に共産主義が一定の影響力を及ぼしていたのは確かであり[104]、ＡＳＡＰＳはそうした運動からある程度の距離をおこうとしたのだろう。同様に、「アフリカ人のためのアフリカ」を唱えるガーヴィー主義も、「反白人」を掲げる危険思想として警戒されていた。やや後のことだが、ハリスは、「人種問題についての不正義」というテーマで論考を著したアメリカの友人に対して、ガーヴィーに触れた箇所を削除するよう助言している。ガーヴィーの活動は「きわめて不幸なものであり」、「彼への言及はできるだけ少ない方がよい」というのがハリスの考えだった[105]。オルダムもまた、ガーヴィー主義には批判的だった[106]。一九二〇年代前半の南アにおけるアフリカ人の政治運動にガーヴィーが及ぼした影響を考慮すれば、ＡＳＡＰＳはそれを一定の猜疑心とともにみていたといえよう。

加えて、南アにおける協力者たち（リベラル派白人）の動向がＡＳＡＰＳの言動に与えた影響も重要である。リベラル派白人、すなわち南アを拠点とする帝国フィランスロピストの活動については次章以降で詳しく論じるが、彼らの多くは南アフリカ党政権下での隔離政策を概して肯定的に評価していた。たとえばヨハネスブルクの会計士でリベラル派の代表格であるハワード・ピムは、急速に進展する産業社会のなかでプロレタリア化したアフリカ人たちが伝統的な規範意識を失っていくのを目の当たりにして、そうした産業社会の毒牙からアフリカ人を保護し、彼らの「伝統的な生活様式」である農村社会を維持することで社会秩序を保つ必要性を説いた。この目的のためには、アフリカ人を土地が保障されたリザーブに隔離するのが望ましいというのがピムの主張であった[107]。第2章でも言及した通り、大戦中のハリスの南ア訪問を通じて宗主国と植民地を結ぶ帝国フィランスロピー・ネットワークが拡充されたが、ＡＳＡＰＳ関係者たちは、そのような回路を通じて入手したリベラル派白人たちの意見や見解も参考にしつつ、南ア問題への対応を決定していた。この点はすぐ後で触れる。

（2）ヘルツォーク政権の時代

ⓐ労働におけるカラーバーへの批判

一九二四年に国民党と労働党の連立政権が誕生すると、帝国フィランスロピストの姿勢には変化がみえはじめた。イギリス帝国の利害よりも南アの利害を重視することを公言するヘルツォークの台頭は、イギリスでも不安とともに受け止められ、新政権が抑圧的な政策をとることで非白人の大規模な蜂起を誘発するのではないかとの懸念が広まった。[108] ASAPSも、南アの新政権が「原住民問題」に深刻な影響を与え、彼らの権利のさらなる剝奪をともなう反動的な政策を推し進めていくのではないかと恐れた。[109] 協会は南アについての最新情報の収集と現状把握に努めたが、その際に頼りとしたのは南ア現地のリベラル派白人だった。たとえばハリスは訪英中のピムと連絡をとり、彼の「豊富な知見」から学ぶべく、協会幹部に加え、セルボーン卿とバクストン卿（ともに元南ア総督）、アルフレッド・ミルナー、レオ・エイマリー（のちの植民地大臣）ら有力者を招いた会合を開くことを提案している。[110]

一九二五年、ヘルツォーク政権は、鉱山労働における特定の職種を白人に限定するカラーバー――労働における隔離――を強化すべく、鉱山労働修正法案を議会に提出した。「カラーバー法案」とあだ名された同法案に対して、ASAPSはすぐさま反応した。大戦中に外務省に提出した意見書でもすでに産業におけるカラーバーへの批判は記されていたが、一九二五年の年次総会ではこの問題が中心的に取り上げられ、[111] 会長のロバーツは「アジア人とアフリカ人の双方を熟練職から排除しようという反動的な立法に対して、われわれは厳重に抗議すべきである」と述べ、同法案を強く非難した。[112] ハリスも『ネイション』への寄稿で、同法により「六百万の有色人が自らの祖国で奴隷となる」ことで南アは「半奴隷、半自由」の国になってしまうと警告したうえで、インド、中国、日本とともにカラーバーに抗議し、あわせて国際連盟にもアピールすることで、南ア政府の動きを阻止するべきだと訴えた。[113]

ASAPS内部では南アの隔離政策に対してさまざまな意見がみられたが、先述の通り、領域的隔離についてはは、アフリカ人の土地への権利とそれを基盤とする「伝統」社会を保護する観点から、（十分な土地がリザーブとして確保されることを前提に）肯定的に評価する声も強かった。他方で、カラーバーのような制度的隔離については、都市などで白人の隣人として生きることを選んだアフリカ人を共通の法体系や制度から強制的に分離する試みとして、批判的に受け止められることが多かった。白人社会に適応したアフリカ人に対しては白人と同等の権利を付与すべきだとの考えは、ＡＰＳ以来の帝国フィランスロピーの基本理念である（第1章参照）。一九二六年にカラーバー法案が可決されると、ＡＳＡＰＳはこれを「イギリスの責務に矛盾するだけでなく、肌の色によってイギリス臣民の権利を合法的に剥奪する前例なき［事態］」と評して断罪した。[114] ハリスも、カラーバー法を「五億人のアジア人とアフリカ人、ならびにイギリス海外帝国が拠って立つ原則」に対する少数の「反動的な白人」による挑戦と表現し、あらためて強く非難した。[115] その後、ＡＳＡＰＳはヘルツォーク首相に意見書を送付し、南アの現政権の政策は「権利と正義の基本原則に矛盾し、人種間の闘争を誘発する」ものだと述べたうえで、労働市場で非白人と競合する白人労働者の不安は理解しつつも、目指すべき道は前者に教育と経験を与えることでその能力を高め、「自由で平等な労働者ないし市民として適切な地位を占める」機会を担保することにあると訴えた。[116] もっとも、南アでは、この意見書が「原住民問題」に対する本国からの介入と受け止められ、白人世論の反発を喚起したという。[117]

ⓑ隔離・資本主義・文明――オリヴィエの主張

ＡＳＡＰＳのなかには、ヘルツォークの隔離政策をより強いトーンで指弾する者もいた。労働党員のオリヴィエはそのひとりである。彼は一九二六年の年次総会で、カラーバー法は「アフリカとアジアの至る所で有色人に対する白人の宣戦布告とみなされるだろう」と予想したうえで、同法の目的は白人の生活を守るためだというヘルツォークの発言に対して、「カラーバーは奴隷制と同じく西洋的生活に矛盾する」と反論した。[118]

翌年に出版された『アフリカの悲惨さの解剖』で、オリヴィエは隔離政策をより体系的に批判している。まず彼は、奴隷制時代の記憶と旧共和国での非白人支配の経験がいまだにアフリカーナーの心性に残存しているとし、それが「白人とカファーの社会的地位および職における差異」を生み出していると説いた。[119] とはいえ、アフリカーナーの人種意識は副次的問題にすぎない。アフリカーナーは「厳格な主人だが、概して残酷ではない。……彼らの精神は父権主義的である」にすぎないからだ[120]。人種差別と隔離の要因としてはるかに重要なのは、資本主義システムである。鉱山資本家たちは利潤を最大化するために相対的に技能が高いアフリカ人労働者を低賃金で雇用しようとしたため、白人労働者との競合が生じ、それがカラーバーの導入と白人労働者によるアフリカ人労働者の代替という政策に帰結してしまった[121]。白人労働者の賃金は相対的に高いので、資本家たちが利潤を維持するためにはアフリカ人労働者を非熟練ないし半熟練職に固定せざるをえず、後者に支払われるのは「苦汗労働者の賃金」にすぎない[122]。したがって、「資本主義システムに特有の……雇用をめぐる競争が、白人と原住民の関係を汚し、カラーバーが政治に持ち込まれる主因となったのだ[123]」。人種差別と隔離の根本に資本主義をみいだす視点が、ここでの分析でも活かされている。

だがオリヴィエによれば、隔離政策は自己矛盾を内包しており、永続しえない。隔離主義者はアフリカ人に固有の発展経路を想定し、彼らはそれに従って生活するべきだと主張するが、アフリカにはすでに西洋文明の印が刻まれている。隔離を唱道する人々でさえ、白人とアフリカ人が完全に自給的で相互に独立した社会を形成するのはもはや不可能だと認識している。一九一三年土地法は農村部における隔離を目指したが、いまだに多くのアフリカ人が白人の土地に居住しているし、男性出稼ぎ労働者も多い。他方で、仮にアフリカ人社会の自給自足の度合いが高まり隔離が実現した場合、白人がアフリカ人を雇用するためには、より高い賃金を払うことで彼らを労働に誘引しなければならない。だが、前者（とくに白人農家）が賃上げを許容するとは思えない[124]。したがって、隔離は「物理的にも地理的にも不可能[125]」であり、そのような語彙は「不適切で誤解を招く[126]」ので使用すべきではない。

しかし、本国と南アの帝国フィランスロピストの多くは、ヘルツォーク政権の厳格な隔離政策を批判しつつ、依然としてアフリカ人の生活を産業社会の病理と資本家の搾取から保護するために領域的隔離が有効であると考えていた[127]。このことを念頭に、オリヴィエは次のように語る。

現状では、原住民の友［帝国フィランスロピスト］たちですら、［隔離政策が］原住民の利益とヨーロッパ人コミュニティの利益にかなうものだとしてこれを好意的にみている。［隔離］政策が望ましいと考えられており、それを遂行する試みが推進されるであろうことは、受け入れざるをえない。(128)

もし隔離政策がこの先も続くのならば、一九一三年土地法が約束したように、アフリカ人リザーブを拡大しなくてはならない。それでも完全な隔離が「実行不可能」である以上、「連邦内部に［白人とアフリカ人の双方が居住する］中立ないし混住地域」を認める必要があるだろう。(129)妥協の色がにじむ文章からは、帝国フィランスロピーの現状に対するオリヴィエの不満を垣間見ることができる。

もっとも、オリヴィエにとって、隔離政策の最大の問題点は「賢さを増してきた」アフリカ人の「手を縛る」ことで白人の立場を強化しようとする姿勢にあった。彼はその背後に、「白人の能力と西洋文明の水準」に対する懐疑主義があると指摘する。(130)西洋文明が「インド、エジプト、ギリシア、ローマ、カトリック教会、自由教会」の混成物である以上、それが他のあらゆる文明よりも優れているとは断言できないし、完全無欠でもない。(131)だが、西洋文明はアフリカがこれまで創り出してきたあらゆる文明よりも「はるかに優れている」。アフリカ人もそれを認めているからこそ、西洋文明に惹かれ、それを学ぼうとしているのだ。(132)白人の優位をさらに強化しようとする企ての裏に、自らが拠って立つ文明に対する不安が存在しているとの主張は鋭い。他方で、文化相対主義の姿勢を打ち出しながらも、アフリカに対する西洋の優越を自明視する態度は鮮明である。

ⓒ宗教と人種隔離――オルダムの見解

オリヴィエのように隔離政策それ自体をラディカルに批判する見解は、宗教の観点からも提起された。エキュメニズムの指導者であるJ・H・オルダムは著書『キリスト教と人種問題』において、一九一三年土地法が体現する領域的隔離の合理性を一部認めつつも、南アの白人たちがアフリカ人の労働力に依存している以上、それは「問題の部分的な解決策を提供するものでしかない」と述べた[133]。必要なのは、異なる人種間の壁を壊し友情を築く回路を常に確保しておくことであり、その基盤には信徒間の友愛を説くキリスト教の精神がおかれるべきだ[134]。加えて、キリスト教の観点から人種問題を改善するためには、科学的な知見と手法を駆使して収集した「事実」に基づく計画を策定し、それを遂行することも重要である。その際には、白人のみならず非白人の意見にも真剣に耳を傾けなくてはならない。かかる人種間の協力を目指す試みは、アメリカ合衆国の人種間協力委員会（第4章にて詳述）によって始められており、南アでも同様の動きがみられる[135]。さらに、エキュメニズムと国際宣教運動の指導者として、オルダムは人種関係の改善においてキリスト教宣教師が果たす役割への言及も忘れない。宣教師たちは人類単一起源論に基づき異なる人種間の友愛を唱えるのみならず、教育や医療などの提供者としてチャリティを実践することで、有益な貢献をなしてきた。白人宣教師のみが指導的地位を占める時代は過ぎ、現地の非白人キリスト教徒に権限を委譲することが求められている。しかし、他者に対する無私の奉仕というキリスト教倫理の価値はいささかも衰えておらず、むしろそれこそが人種問題の解決に資するというのがオルダムの信念だった[136]。

以上のように、オルダムは南アの隔離政策をアフリカ人の発展を促すモデルとして評価する言説を批判し、それを開明的な植民地政策の対極に位置づけた。彼は隔離政策が長期的にみれば人類全体の発展を阻む要素になると唱え、科学的知見と調査に基づく社会・経済開発をキリスト教的倫理観と結びつけながら、アフリカ人が直面する問題——具体的には近代社会への適応——への解決策を探るべきだと論じた[137]。他方で、すでに述べたように、オルダムは、知識、経験、文明の段階という点ですべての人種が現実において対等とは言いがたいとも語っており、西洋文明を基準にアフリカ社会をヨーロッパ社会よりも下位に位置づける思考様式にとらわれていた[138]。

写真7　ジョン・デュベとオシャンゲ学院

出典）Shula Marks, *The Ambiguities of Dependence in South Africa: Class, Nationalism, and the State in Twentieth-Century Natal*, Baltimore and London: The Johns Hopkins University Press, 1986.

（3）支援する側とされる側——教育をめぐる実践

ⓐジョン・デュベとオシャンゲ学院への支援

ここまで、南アの隔離政策に対するＡＳＡＰＳの姿勢をみてきた。しかし帝国フィランスロピーは、政策論争への参加のみならず、アフリカ人への具体的な支援というかたちでも実践された。以下では、ナタールを拠点に活動したアフリカ人政治家のジョン・デュベ、そして彼が運営したオシャンゲ学院（Ohlange Institute）への支援を事例に取り上げ、そこで顕在化した帝国フィランスロピーのありようを明らかにしてみたい。

一九二一年一〇月、ＡＳＡＰＳ書記ジョン・ハリスのもとをデュベが訪れた。デュベは当代きってのアフリカ人活動家で、ＳＡＮＮＣの初代議長を務めた人物である。ミッション学校で西洋教育を受けアメリカへの留学経験をもつデュベは、政治運動に参加する傍らで教育活動にも力を注いでおり、ナタールでアフリカ人を対象としたオシャンゲ学院を運営していた。同校は、アフリカ人が「父祖の土地で正当な地位を占めること」を目的に少年少女に実業とキリスト教を教えており、アフリカ人によって創設され、運営される唯一の学校を自負していた。デュベとＡＳＡＰＳの関係は、一九〇九年に南ア連邦憲法案に抗議するための使節団の一員としてデュベが訪英したときに始まった（第２章参照）。当時運営委員会メンバーだったジェイン・コブデン・

アンウィンは、デュベの教育活動を高く評価し、イギリス国内の有力者たちに彼を紹介するよう書記のトラヴァース・バクストンに要請している[139]。ASAPS内部でよく知られた存在だったデュベが一九二一年にハリスを訪問したのは、そのオシャンゲ学院への支援を求めるためだった[140]。ハリスと面談したデュベは、南ア現地とイギリスに委員会を創設し、その管理下で学校を存続させたいとの希望を語った。ハリスは南アのアフリカ人エリートたちと必ずしも良好な関係にあったわけではなかったが、オシャンゲ学院には好印象を抱いており、かつて南ア連邦総督を務めたバクストン卿に学校を支援する組織の結成にあたってイニシアティヴをとってほしいと懇請した[141]。その後、ハリスはデュベに対して支援に前向きであると伝えた[142]。

ハリスは、デュベを支援するための計画を慎重に練り上げていった。まず、帝国フィランスロピー・ネットワークを駆使して南アのリベラル派白人に接触し、情報収集と計画の具体化への支援を求めた。現地の窓口となったのは、ハワード・ピムである。ピムは、親交のあるH・M・タバラー（鉱山会議所の原住民労働問題主席顧問で、ILOが設置した強制労働に関する専門家委員会のメンバーも務めた）やC・T・ロラム（次章で詳述）のみならず、アフリカ人統治を担うナタール主席原住民管理官（Chief Native Commissioner of Natal）や宣教師たちからも意見を聞いたうえで、具体案を練った。その内容は、デュベ自身を含むアフリカ人と白人からなる理事会の管理下に学校をおくこと、理事の一部を構成員とする執行部を設置すること、学校を法人化しデュベは敷地と施設に対する権利を理事会に移管することなどであった。興味深いのは、デュベが学校の印刷機を用いて刊行しているアフリカ人向け新聞（『イランガ・ラセ・ナタール』）を、学校から切り離すべきだという提案である。デュベは政治活動家であり、彼の新聞は自身の政治的見解を宣伝する媒体だった。ピムの狙いは教育から政治を切り離すことで、オシャンゲを白人から信用を得やすい組織に変えることにあったと考えられる。学校存続のためには、デュベがオシャンゲの敷地から退去するのが望ましいとまでピムは述べている[143]。支援対象の人物の素性と援助の妥当性を事前に調査するのは、イギリスにおけるフィランスロピーの伝統である。ハリスらも、同じ手順で支援の是非を決定していたことが分かる。

ピムの提案を土台として、ハリスはデュベとも相談しながらオシャンゲ学院の管理体制についての計画を整えていった。理事会や執行部における白人とアフリカ人の構成比などの点でデュベの意見を尊重する一方、ハリスは次のように述べている。

［デュベは、］南アの原住民たちが、現在の事業をとりまとめ、さらに拡張するのに必要な能力を備えた人間を独力では生み出せないことを、心ならずも認めています。したがって彼は、ピム氏の書簡で示されたすべての（いやむしろ、それよりも多くの）条件に同意することになりました。[144]

「支援する側」と「される側」の関係性に人種という要素が加わることで、両者の非対称性がさらに際立つのも帝国フィランスロピーの特徴である。

加えて、ハリスがオシャンゲ学院の支援に慎重を期した理由としては、アフリカ人の金銭感覚に対する彼の不信感もあっただろう。この頃、ASAPSは南アのアフリカ人エリートたちとの間に金銭トラブルを抱えていた。一九一九年にSANNCの代表団が訪英した際（先述）、代表団は帰国時に乗船予定だったエディンバラ・カッスル号から強制的に追い出される事態に直面し、ASAPSが帰国のための旅費を工面した。ハリスの理解によれば、協会はあくまでも旅費（総額でおよそ一二五ポンド）を一時的に立て替えただけであり、アフリカ人たちは帰国後に全額返済すべきだった。だが、費用は一向に返ってこない。のちに非を認めた船会社が運賃をアフリカ人に返金したにもかかわらず、である。[145]ハリスは南アに帰国したデュベを介して当事者たちに返金を促したが、彼らは近い将来に必要な金を工面すると述べるのみで事態は動かなかった。[146]ハリスは金に無頓着で不誠実との印象が彼らの評判を貶めることになると説く一方で、[147]デュベに対しても次のように警告した。

［イギリスの人々が］金銭に関わる問題で約束を破ることをどれほどの重大事と考えているか、よく分かってください。そのような振る舞いは、将来における［オシャンゲ学院への］支援を困難にするでしょう。[148]

ここからは、フィンスロピーの「受け手」が「与え手」の温情に対して恩義を示さないことへのいらだちに加え、アフリカ人を白人文化の常識が通じない異質な他者としてみるまなざしも看取できる。もちろん、アフリカ人の立場からすれば、返金したくともできなかったのが実情だろう。初期のＳＡＮＮＣ／ＡＮＣの運営資金はアフリカ人社会の伝統的指導者であるチーフの寄付金に依存する面が大きかったが、第一次世界大戦後にチーフたちが組織から距離をおきはじめると、財務状況は悪化していった。[149] さらに、隔離政策がアフリカ人の経済力に大きな制約を課している状況で、彼らが一二五ポンドを返済するのは容易ではなかった。しかし、ハリスはその後も執拗に督促状を送り続け、[150] 一九三一年にＡＮＣ代表団が訪英を計画した際には、金銭的支援を行うつもりは一切ないと通告している。[151]

ⓑ「支援される側」の主体性

本題に戻ろう。ハリスとの面談を終えたデュベが南アに帰国した後、事態は急展開する。一九二二年六月、ピムはハリスに書簡を送った。そこには、デュベからナタール主席原住民管理官ホイールライトに宛てて書かれた手紙が同封されていた。ピムは、デュベの手紙の内容に「非常に驚いたので、彼［デュベ］の提案が行われるまで物事を先に進めるのは待ったほうがよいと考える」と伝えた。[152]

ホイールライトに宛てたデュベの手紙には、オシャンゲ学院の将来構想を彼に伝達したピムへの不満が綴られていた。最大の問題は、新体制下では白人が校長に任命されるという文言だった。「校長職をヨーロッパ人に譲り渡すことなど夢想だにしてこなかった」デュベは、アフリカ人が校長職を占めることに強いこだわりをみせた。[153]

デュベの不満と驚きは当然のものだった。というのも、ロンドンでの協議で、校長職にアフリカ人（デュベの弟のチャールズ）、教頭職に白人を任命することがすでに合意されていたからである。[154] このことはハリスからピムにも伝えられており、なぜ誤解が生じたのかは不明だが、さすがのハリスもピムへの返信で、校長職にはアフリカ人を任命するのがデュベとの約束だと証言している。[155]

ここで取り上げたデュベの書簡、そして彼と関係者のやりとりからは、帝国フィランスロピーにおける「支援する側」と「される側」の関係性に対するデュベの認識と、それを踏まえたうえで後者が主体性を発揮しようとしている様子を垣間見ることができる。まず、「支援する側」と「される側」の関係について、デュベは次のように語る。

イングランドでは、支援を求めたフィランスロピー団体の代表者たちと光栄にも面談する機会に恵まれ、そこで私は次のような印象を得ました。第一に、［寄付の対象となる事業に対して、南ア］連邦政府による承認ないし黙諾が得られていること、第二に、寄付金の使途について適切な説明がなされ、植民地問題についての見識と経験を備えた一定の社会的地位にいる者が承認した目的のために寄付金が用いられること、以上を［イギリスの］寄付者たちが求めているということです。これらの条件を、私は喜んで無条件に受け入れます。[156]

デュベはフィランスロピーの基本原理を理解したうえで、それに従うことを明言した。ただし、たとえ「支援する側」と「される側」が対等でないにしても、両者の間には支援の内容や条件についての約束があり、前者がそれを一方的に破ることは許されない。アフリカ人が校長職を維持するのは譲れぬ約束であり、「支援する側」がそれを守らないときには「される側」に抗議する権利が生じるとデュベは考えていた。そうすることで、自らの主体性を確保しようとしたのである。

「支援する側」との関係において不利な立場にある「される側」が主体性を発揮するために、デュベは感情と理性の両方を巧みに用いた。感情という点では、デュベがこの手紙で感嘆符や疑問符、反語表現を多用しているところが目を引く。たとえば校長職が白人の手に移るという提案について、「学校の実務管理がヨーロッパ人の校長と彼が選んだヨーロッパ人スタッフに委ねられるとは！」と記したうえで、次のように語る。

資金への不安を軽減するという目的のために……南アにおける唯一無二の特徴を備えた原住民の学校を……私が手放すことになったら、われらの同胞はどのような感情を抱くでしょうか？　彼らに今後のことについて話すのがどれほど心苦しいことか！　原住民がさらなる疑念とともにヨーロッパ人を思い描くなかで、「私たちの」ヨーロッパ人の友人はどのようなまなざしにさらされるでしょうか？[157]

おそらくデュベは、ときに理性よりも感情が物事を動かすことを知っていた。実際、この手紙を受け取ったホイールライトはそれをただちにピムに届け、手紙の内容に驚いたピムはデュベに慌てて書簡を送り、「私自身を筆頭に、あなたが望まぬ条件をあなたに押しつけることを望む者はいません」と述べることで、なんとか事を収めようとした。[158]さらに、ピムがこの手紙をロンドンのハリスにまで転送し、校長職をアフリカ人に委ねるという点がハリスによって確認されたことを考えれば、デュベの書簡はその目的をおおむね達成したといえるだろう。デュベの手紙を受け取ったハリスは、それが「急いで書かれたものであり、諸点を冷静に考慮すれば、彼はこれほど強い言葉で自身の考えを表現するようなことはなかっただろう」と述べている。[159]だがそうだろうか。デュベの手紙が感情に身を任せて綴られたものとは断言できない。彼は、自身がフィランスロピーの原理原則を心得ており、また、南アにおける白人支配をさしあたり受容すると明記している。この点においてデュベはむしろ冷静である。アフリカ人によるアフリカ人のための教育を通じてアフリカ人が自立することは、帝国フィランスロピーの理念や目的と合致するはずだ。にもかかわらず、「支援する側」が自らその原則を踏みにじるような振る舞いをしている。デュベは、それが「される側」の心にどのような「痛み」（彼だけでなく彼の同胞も感じるもの）を与えるのかを、巧みな修辞を用いてパフォーマティヴに表現することで、支援者である白人たちの感情を逆に動かそうとした。近年の感情史が指摘するように、発話された感情は、しばしばそれを発した者とそれが向けられた者の双方に連鎖的な変化を促し、同時に、他者に対する異議申し立てを伝える機能ももつ。[160] ここでは、デュベが「強い言葉で自身の考えを表現」したからこそ、彼の要望の切迫性と重大性が伝わり、事態の変化をもたらしたのではないか。

あらためて思いおこすべきは、デュベが熟練の政治家だったということである。複雑な人種問題を抱える植民地でアフリカ人の利害を代弁する役目は、並大抵のスキルでは務まらない。彼はおそらく、理性と感情を用いて人を動かすことの重要性とコツを知っていた。ならばこの件は、老練なデュベによって、ピムやハリスのような帝国フィランスロピストが巧妙に操作されたと解釈することもできるのではないか。フィランスロピーが「支援する側」と「される側」の非対称な権力関係によって規定されているのは確かだが、後者が前者に対してまったく無力であったり、完全に従属したりしていたわけではない。限られたリソースを戦略的に用いることで、「支援される側」は自らの目的を達成しようとしたのである。

ⓒロンドン委員会の設立

一九二二年から二三年にかけて、オシャンゲ学院の理事会や執行部の人選が進められた。一九二三年一一月には、ピムがオシャンゲを訪問し現地の視察を行った。ハリスに宛てた手紙で、ピムは、「あらゆる意味で原住民の努力の賜物であるこの学校は、現存の教育機関のなかで完全に原住民により運営される唯一のものとして、南ア全国の原住民から非常に高く評価されている［原文下線］」と報告した。[161]

並行して、ＡＳＡＰＳは同校の資産や収支についての事実関係をナタール州政府に問い合わせた。[162] これもまた、寄付者の金を浪費しないためのフィランスロピーのルールだった。イギリスと南アの間の距離もあり、情報の収集や必要な手続きに時間がかかったが、一九二五年半ばまでにようやく諸準備が完了した。これを受けてハリスは、ロンドンにオシャンゲ学院を支援するための委員会（以下、ロンドン委員会）を正式に結成することをバクストン卿に打診した。[163] ロンドン委員会の第一回会合は一九二五年七月二二日に開催され、ＡＳＡＰＳの関係者（会長の

T・F・バクストン、書記のトラヴァース・バクストン、ハリスら）に加え、当時ロンドン滞在中であった南アのフィランスロピストたち（ピムとタバラー）、宣教団体関係者らが出席した[164]。会議では、オシャンゲ学院が勤勉な労働者の養成において有益な役割を果たしてきたことが強調された。タバラーは、オシャンゲ学院の出身者たち（boys）はいかなる意味でも甘やかされておらず、金鉱山で最も信用できる有為な労働者であると述べ、「労働の観点から」学院の存続と規模拡大のためにあらゆる支援を行うべきだと述べた[165]。援助の妥当性の判断基準として勤労精神と経済的有用性が重視された点に、フィランスロピーが内包する選別の論理（既存の経済社会にとって有益な者を救済する）をみてとることができる。

ロンドン委員会はオシャンゲ学院を支援するための寄付金を集めるべく、さまざまな企業や基金に手紙を送り援助を求めた。しかし、募金活動は苦戦した。一九二〇年代がイギリス経済の低迷期だったという事情もあるかもしれないが、委員会創設から約一年で集まった寄付金の総額は三九六ポンド五シリングにすぎなかった[166]。

ⓓ関係のほころび

一九二六年九月に再度イギリスを訪れたデュベは、一〇月にバクストン卿やハリスと意見交換を行った。その後、デュベはアメリカに旅立ち、現地でオシャンゲ学院を支援するための委員会を立ち上げるとともに、アメリカ南部諸州を巡り黒人教育の現状を視察した[167]。一九二七年一月、イリノイ滞在中のデュベは、校舎建設の費用として、七〇〇ポンドを自力で集めることを条件に同額を寄付するとの申し出をある篤志家から受けた。だが、個人で七〇〇ポンドを調達するのは難しいので、彼はロンドン委員会に支援を依頼した[168]。デュベの要請に対して、ハリスはしかるべき手順を踏んで慎重に動くよう助言した。校舎の建設については、まずオシャンゲ学院の理事会に諮って意見を仰ぐべきである。ロンドン委員会はデュベの支援に全力を尽くすが、あらかじめ理事会の認可と建築費の予算を確認する必要がある。寄付を募っておきながら後でより多くの費用が必要だと分かっても手遅れであり、性急に動くのは避けたいというのがハリスの見解だった[169]。

だが、このあたりからデュベとロンドン委員会の関係は悪化しはじめた。直接のきっかけは、デュベの旅程だった。彼はアメリカから南アに帰国する前にイギリスに立ち寄り、そこで今後の方針について相談することを希望した。日程は、一九二七年四月九日にアメリカを発ち一五日か一六日にイギリスに到着、翌週の二二日には南アに向けて出港するというタイトなものだった。[170] デュベの旅程を四月上旬に知ったハリスは、驚愕した。彼は、デュベが七〇〇ポンドを集められるよう、さまざまな教会に演説会の開催を打診したり、ロンドン委員会の主要メンバーとの会合を計画したりしていた。フィランスロピーの宣伝に豊富な経験をもつハリスは、募金成功のためにはデュベが潜在的な寄付者と直接会うことが不可欠だと考えていた。ところがデュベはイギリスに一週間ほどしか滞在せず、復活祭の祝日である四月一七日に面会したいと一方的に通告してきた。バクストンに事の次第を語ったうえで、ハリスはデュベに対するいらだちをあらわにした。[171]

結局、デュベはロンドンに来たものの、連絡がうまくいかず、ハリスとは面会できないまま帰国の途についた。ハリスの怒りは相当なものだった。デュベの振る舞いはハリスの努力を無にするのみならず、彼の支援のために集まった有力者たちの面子をもつぶすもので、とうてい許容できない。[172] 彼はデュベ本人に対して次のように伝え、その振る舞いを叱責した。

> 原住民問題に関心をもつ人々の信用と支援を保つためには、［支援される側が］約束を守る人間であることがきわめて重要であって、それを私は長年の経験から知っています。[173]

フィランスロピーにおいて、「支援される側」は寄付者の期待通りに振る舞うことで、援助に「値する」者であることを示さねばならない。デュベはその務めを果たさなかったというのがハリスの解釈だった。

その後もハリスはオシャンゲに対して一定の関心をもち続けたようだが、ロンドン委員会がデュベの支援に再び乗り出すことはなかった。一九二八年一二月、ハリスはバクストン卿に、ロンドン委員会が集めた募金が一〇ポンドほど口座に残っているので、これを南アに送金し、口座を閉じることを提案した[174]。バクストンはハリスの提案に賛同したうえで、次のように付け加えた。「確かに、デュベはわれわれに多くの不要なトラブルを与えてきた[175]」。この言葉とともに、ロンドン委員会の活動には終止符が打たれたのである[176]。

4　介入の限界――一九三〇年代の南アフリカとＡＳＡＰＳ

（1）隔離の強化と帝国フィランスロピー

ⓐ一九三二年原住民奉仕契約法

一九三〇年代に入っても、ヘルツォーク政権（一九三四年からは連合党政権）に対するＡＳＡＰＳの懸念と批判がやむことはなかった。アフリカ人の政治的・経済的権利を制限する隔離政策はあるべき帝国統治の対極に位置するものとされ、とくにアフリカにおけるイギリス帝国の将来像を構想する際の反面教師とされた[177]。

一九三二年には、原住民奉仕契約法案が南ア議会に提出された。同法は、アフリカ人農民の自立を奪うことで彼らを安価な労働力に転化すること、および不従順なアフリカ人小作人への体罰を合法化することで雇用主の管理権限を強化することを企図しており、白人農家の要望に応えるものだった。ＡＳＡＰＳは、同法案を「奴隷制にきわめて類似した状況を創り出すもの[178]」として批判した。もっとも、イギリスに拠点をおく協会が自治領である南アの内政にこれ以上口を挟むことの妥当性をめぐっては、意見が分かれた。ＡＳＡＰＳとしばしば共闘してきたイギリス国教会のプレトリア主教は、現地の情勢を踏まえたうえで、イギリスからの抗議はもはや南ア政府にいささかの影響も及ぼさないと述べ、協会の意見表明に否定的な立場を示した。他方で、本国の運営委員会内部では、議長のロバーツが、あらゆる形態の奴隷制とあらゆる場所での強制労働に抗議するのが協会の責務であり、それに照らせばイギリスの自治領でそうした事例を創出しようという法案に口を閉ざすべきではないと主張し、ロデン・バクストンら有力メンバーの支持を得た。[179]

最終的に、協会はピムに助言を仰ぎ、彼を介して、かかる法案は南アも締約国である奴隷制条約と矛盾するので国際連盟での弾劾を招く可能性があるとの意見を南ア政府に伝達した。[180] 南ア議会でも国際社会の反応に対する懸念が表明されたが、法案は可決された。[181] ハリスは、南アのアフリカ人はいまや「産業におけるヘロット［古代ギリシアの奴隷身分］、政治における賤民」であり、「市民権を得る見込みはまったくない」と嘆いた。[182]

ⓑケープのアフリカ人選挙権剥奪とＡＳＡＰＳ

南アにおける隔離の歴史において、一九三六年原住民代表法は象徴的な意味をもつ。同法は、ケープにおいて、アフリカ人を代表する諮問機関である原住民代表審議会を設立する一方、投票資格をもつアフリカ人を通常の有権者名簿から除外するというもので、これによりケープのアフリカ人は実質的に選挙権を喪失することになった。かくして、一八五四年以来ケープで認められてきた非人種的選挙制度は廃止された。

選挙権の剥奪という内容を含む原住民代表法案は、大きな反発を引き起こした。南アでは、さまざまな団体のアフリカ人指導者たちを糾合した全アフリカ人会議（All African Convention: ＡＡＣ）が組織され、同法案に強く抗議した。リベラル派白人の主導下で結成されていた非人種的選挙権協会（Non-Racial Franchise Association: ＮＲＦＡ）も、法案を非難した。もっとも、こうした人々がすべてのアフリカ人の平等な政治参加を主張していたわけではなかった点も指摘しておくべきだろう。ＡＡＣに参加したのは主として西洋教育を受けたエリートたちであり、自らを「文明」の側に属する存在だとみなす一方で、その他のアフリカ人たちはいまだに「野蛮」な状態にあると考えていた。彼らは現在の選挙制度を支持する傍らで、選挙権を取得するためには「文明のテスト」に合格しなければならないと語るなど、決して民主的な選挙制度の実現を訴えていたわけではなかった。[183] ＮＲＦＡに参加した白人たちも、すべての人種が同一の条件で政治参加できる現行制度の維持を訴えつつ、アフリカ人有権者が増加したときには選挙権取得の条件を引き上げることで「西洋文明」に立脚した社会を守るべきだと説くなど、白人の優越を自明視していた[184]。

イギリス本国でも、原住民代表法は厳しく批判された。『反奴隷制報告およびアボリジニの友』は、同法の可決は「重大で破滅的な出来事」だと述べて失望感をあらわにした[185]。貴族院では、ＡＳＡＰＳ共同会長のノエル＝バクストンが原住民代表法を非難する演説を行った。バクストンは「原住民をヘロットとみなす政策」とそれを支持する南アの人々を批判したうえで、イギリス帝国は本質的に有色人の帝国であり、その一部を構成する南アが人種間対立を煽動するような政策を行えば、帝国の一体性が損なわれると論じた[186]。ハリスも、人種間の平等は実現不可能だと説く思想に反論する必要性を訴え、それを通じて南アの政策に立ち向かうべきだと呼びかけた[187]。

批判の声は、キリスト教会からも発せられた。ヨハネスブルク大聖堂主任司祭のウィリアム・パーマーは、ＡＳＡＰＳ年次総会での演説で、連邦結成以前のアフリカ人は自らがイギリスの保護下にいると信じることができたが、連邦結成とウェストミンスター憲章制定を経て、現在のアフリカ人はもはや自分たちを保護する存在はいなくなってしまったと考えていると指摘した。そのうえで彼は、原住民代表法の審議過程でアフリカ人が教育を受けて文明の階段を昇っている事実がまったく考慮されなかったことを強く批判した[188]。貴族院でも、ＡＳＡＰＳ副会長に名を連ねているカンタベリー大主教のラング（前出）が演壇に立って、アフリカ人から参政権を奪うという政策は信託という理念に基づき現地住民の利益を第一に考えるイギリス帝国の基本方針に合致しないとして、南ア政府を批判した。だがその一方で、ラングはアフリカ人が国家運営のあらゆる責務を担えるようになる日は当分の間来ないとも述べており、現時点における白人支配は否定していない[189]。

隔離の名の下で非白人の政治的・経済的権利を制限する動きが強まっていくなかで、ＡＳＡＰＳの帝国フィランスロピストたちは南アの未来に対する懸念をますます深めていった。引き続き南アのリベラル派白人や現地の事情に精通した有識者から情報や助言を得ることで、南ア問題にどう対峙するかを模索し続けたが[190]、具体策はなかった。[191] そうしたなかで、一九三七年のＡＳＡＰＳ年次総会で演説したハリスは、前年の原住民代表法が「赤道以南の原住民に衝撃的な影響を与えた」と論じ、南アにおいて「立法および行政の場で人種の差別を強調する傾向が顕著になってきている」ことに警鐘を鳴らした。[192] 彼はまた、元ナイジェリア総督のルガードに宛てた手紙のなかで、隔離政策の理念が南アから他の植民地に拡大していると述べ、イギリスは自らが依って立つ信託の原則をいまいちど宣言し、人種、信条、肌の色に基づく差別は許容できないと明言すべきだと論じた。さもなければ、とくに西洋教育を受けたアフリカ指導者たちは納得せず、結果として帝国支配に対する反発がさらに高まるだろうというのがハリスの見立てだった。[193]
だがその一方で、この時期のＡＳＡＰＳは、南ア政府を直接批判したり、南アの内政にイギリス政府の介入を促していると受け取られたりすることのないよう、自らの言動にますます慎重になっていった。[194] その背景には、イギリス帝国内での南アを含めた自治領の地位上昇という流れがあった。

(2) コモンウェルスという制約

ⓐコモンウェルスの成立

戦間期のＡＳＡＰＳは南アの諸問題に強い関心を示し、さまざまな提言や支援活動を行ってきた。しかし、時が経つにつれて、協会がロビー活動や意見表明を通じて南アの政策に具体的な変化を引きおこすことへの期待は、徐々に薄れていった。こうした悲観主義をなおいっそう強めることになったのは、コモンウェルスの成立という外部環境の変化であった。

南ア連邦もそのひとつであるイギリス帝国の自治領は、一九二六年の「バルフォア報告書」の勧告を経て、一九三一年にウェストミンスター憲章が可決されることで、正式に本国と対等の主権国家として扱われることになった。ここに、本国と自治領が「王冠に対する共通の忠誠」で結ばれるブリティッシュ・コモンウェルス（British

Commonwealth of Nations）が成立したわけだが、それは南アに対する帝国フィランスロピーにも大きな影響を及ぼすことになった。

ⓑ介入の限界

帝国フィランスロピーの政治的圧力にもかかわらず、本国政府が自治植民地への介入を極力避ける姿勢を示してきたことは、第1章でもみた通りである。コモンウェルスの成立により南アが本国と対等の独立国家として処遇されるようになると、「外国」であるイギリスから南アの「原住民政策」に介入するのはさらに困難になった。自治領への介入を忌避する態度は保守党から労働党まで共通しており、一九二〇年代における労働党政権の成立に帝国政策の新機軸を期待した帝国フィランスロピストらを失望させることになった。そうした経緯もあり、「バルフォア報告書」が発表される以前から、ＡＳＡＰＳは南ア問題に対しては慎重な姿勢で臨むことを心がけてきた。先述した一九二六年鉱山労働修正法（カラーバー法）に激しい批判を突きつけたにもかかわらず、ハリスは次のように述べている。

> カラーバー法案に関連する会合をこの国［イギリス］で組織する際には、細心の注意をもって事にあたらなければならないことをよく理解しています。……私たちは抗議集会と呼ばれるような会合を呼びかけるべきではなく、あくまでも会議を開こうとしているのです。そこでの決議案についても、カラーバー法案に言及することなく、従属民族に対する母国［イギリス］の姿勢が依って立つべき諸原則を再度主張するかたちをとるべきである。これが、われわれの意見です。(195)

「バルフォア報告書」の公表後には、ＡＳＡＰＳの行動の余地はさらに狭まることになった。南アの知己に対して、ハリスは次のようにいう。

われわれは南アにおけるさまざまな政策に可能な限り監視の目を光らせ、また、そのことについての情報を世論に供しようとしてきました。私たちの活動は、それなりの成果をあげてきたと考えています。しかし、知っての通り、南アの問題に対してイギリスの世論が何らかの働きかけを行うのはきわめて困難なのです。[196]

一九三〇年にアフリカ人女性の問題に対して助言を求めてきたセルボーン卿夫人に対しても、ハリスは「この国から連邦内の問題に対してできることはほとんどない」と述べている。[197]

一九三四年に提出された議会特別委員会の報告書は、ウェストミンスター憲章および一九三四年南アフリカ地位法により、イギリス政府の助言に基づき国王が南ア議会で可決された法律の裁可を留保する権利は廃止され、南ア議会は一九〇九年に制定された憲法に対して外部からの干渉なしに修正を加える権利を得たことを確認した。これは、アフリカ人の保護者としての役割をイギリス政府と国王に認めた憲法の規定が骨抜きにされる可能性が生じたことを意味しており、それは一九三六年の原住民代表法成立で現実のものとなった。連邦内のアフリカ人がさらに厳しい立場に置かれるかもしれないことをＡＳＡＰＳは懸念したが、有効な手立てはなかった。[198]

これ以降もＡＳＡＰＳは南ア情勢を注視し、必要に応じて意見を発信し続けたが、時流に抗うのが困難な状況にあって、協会は自らと理念を共有する現地の人々の活動に大きな期待を寄せるようになっていった。協会がとくに注目したのは、一九二〇年代に現地のリベラル派白人とアフリカ人エリートが共同で立ち上げたヨーロッパ人・アフリカ人協議会と、南ア人種関係研究所（ＳＡＩＲＲ）だった。すでに一九二〇年代中頃から、『反奴隷制報告およびアボリジニの友』は、協議会やＳＡＩＲＲの活動を折に触れて報じるようになっていた。[199]ヘルツォーク政権下で抑圧的な人種隔離政策が強化されると、ＡＳＡＰＳ運営委員会は協議会と連絡を密にとりながら事態に対処する方針にシフトしていった。[200]ハリスも、「われわれは協議会に大きな希望を抱いており、それは非常によい仕事をしている」[201]と述べている。

次章以降では、ここで言及されたヨーロッパ人・アフリカ人協議会に視点を移し、その活動を詳しく検討していく。それは、帝国フィランスロピーとそのネットワークを、南ア現地の側から捉え返すという作業でもある。

第II部　南アフリカ

第4章　隔離と科学
——ヨーロッパ人・アフリカ人協議会の誕生——

コモンウェルスの成立により、自治領南ア連邦がイギリスと対等な地位を獲得すると、本国に拠点をおくASAPSは南アの国内問題に介入することがますます困難になっていった。だがその一方で、戦間期の南アでは、ASAPSと理念を共有する独自の帝国フィランスロピー団体が誕生し、「原住民問題」に積極的に関わるようになっていく。それが、ヨーロッパ人・アフリカ人協議会（Joint Council of Europeans and Africans, 以下、協議会）である。本書の叙述の焦点は、ここから協議会に移る。二〇世紀半ばまでの協議会の活動を分析することで、南アの視座から帝国フィランスロピーの一端を描き出していきたい。

ただし、それは南アの内部に視点を限定することを意味しない。ASAPSと同様、協議会は国外の諸アクターともコネクションを築きつつ、グローバルなネットワークのなかでアフリカ人の救済に取り組んでいったからである。本章では、協議会創設の経緯をみたうえで、その組織的特徴や関係者たちの思想を検討する。

1　ヨーロッパ人・アフリカ人協議会の創設

(1) 協議会の誕生と拡大

ⓐアメリカからの影響

協議会は、白人とアフリカ人が共同でアフリカ人の福祉に取り組み、人種間の協力を促進することを目的に創設された[1]。厳格な隔離を前提とする社会のヴィジョンに代替案を提示しつつ、差別と貧困に苦しむアフリカ人の救済に取り組んだこの組織は、政治運動と社会事業の双方に関わるフィランスロピー団体[2]だった。

協議会は、一九二一年にヨハネスブルクで創設された。背景には、いくつかの流れがある。草創期から協議会を主導したJ・D・レイナールト・ジョーンズ（J. D. Rheinallt Jones, 一八八四〜一九五三年）によると、この団体は多くの点で同時代のアメリカ合衆国から影響を受けていた[3]。当時の南アでは、人種問題を考えるうえで同じく人種隔離と人種間対立に直面していたアメリカの事例がしばしば参照された（後述）。そうしたなかで、協議会の創設に大きなインスピレーションを与えたのが、トマス・ジェシー・ジョーンズとジェイムズ・アグレイだった。当時、ふたりはアメリカに拠点をおくフェルプス・ストークス財団の要請で、アフリカにおける先住民向け教育の現状を視察していた。

フェルプス・ストークス財団は、キャロライン・フェルプス・ストークスの遺産を原資に一九一一年に創設された。キャロラインの母方の祖父は、アメリカ黒人のリベリアへの入植支援事業に関与した経歴をもつ。父方の祖父も、イギリスでロンドン宣教師協会設立に関わっており、アフリカにおけるフィランスロピーはフェルプス・ストークス一族の伝統だった。キャロラインは、ニューヨーク市の救貧、黒人、アメリカン・インディアン、救済に値する困窮白人学生、および植民地支配下のアフリカにおける先住民の教育のため、一〇万七〇〇〇ドルを遺贈した。創設当初より、フェルプス・ストークス財団は人種間および民族間の協力を人間の進歩における不可欠の要件と考えており、そうした目的をもつ運動の支援を目指した。同財団は、事業の一環としてアフリカにおける教育をテーマとする研究調査を開始し、教育部門長だったジェシー・ジョーンズとアグレイがそれに従事することになった[4]。

ウェールズ出身のジェシー・ジョーンズは、一九一〇年代にフェルプス・ストークス財団の委託でアメリカ南部の黒人教育について調査を行った経験があり、一九一七年にその成果を二巻本の『黒人教育――合衆国における有色人を対象とする私立および高等教育についての研究』として出版した。彼は黒人教育に対する公的支援が少ないことを批判する一方、教育の内容にも疑問を呈した。その大部分が労働者となる黒人に、教養教育は不要である。むしろ、実用的な技能と農業技術の習得に力点をおいた実業教育を黒人教育の主軸とすべきだ。そう主張するジェシー・ジョーンズは、次節で紹介するタスキーギ学院やハンプトン学院を見習うべきモデルとして称賛した。だが、人種に基づき教育内容を分けるべきとの提言は論争を呼んだ。白人フィランスロピストや南部の黒人指導者の一部がジェシー・ジョーンズの主張を支持する一方で、政治権利における人種間の平等を唱える黒人政治指導者らは反発の声をあげた。たとえばW・E・B・デュボイスは、ジェシー・ジョーンズの提唱する黒人教育のカリキュラムは「南部白人の要望に全面的にこたえるものであり」、その報告書を「危険で、多くの点で不幸な出版物」と評した[5]。こうした批判を受けながらもジェシー・ジョーンズは自らの信念を堅持し、アフリカ視察に旅発つ前から、『黒人教育』で行った主張が植民地の支配者と被支配者に受容されることを確信してやまなかった[6]。

黒人のアグレイは、一九〇四年にノースキャロライナのリヴィングストン・カレッジを卒業し、一九一九年にはゴールドコーストの著名なアフリカ人学校であるアチモタ学院の副校長に就任した。彼もタスキーギ学院の教育方針を高く評価しており、それをアフリカ植民地に普及させることを目指していた。アグレイはイギリスの植民地支配を肯定的にみており、とくにそれが体現するリベラリズムの伝統をアフリカ人の自助と自立を育む良質な土壌と考えていた。[7] その一方で、彼は「アフリカ人のためのアフリカ」を主張するマーカス・ガーヴィーの運動（第3章も参照）には批判的だった。[8]

それゆえ、アフリカの教育についてのジェシー・ジョーンズとアグレイの報告書（『アフリカにおける教育――西、南、赤道アフリカについての研究』〈一九二二年〉と『東アフリカにおける教育――東、中央、南アフリカについての研究』〈一九二五年〉の二巻からなる）が、「現地の事情に適した教育（adapted education）」を推奨したのは驚くにあたらない。[9] 同報告書によると、現在の英領アフリカにおけるアフリカ人教育は、イギリス本国の教育カリキュラムに寄りすぎている。その結果、生徒が必要とする知識を教えておらず、生徒が学んでいること（作文と算数）と親の職業（肉体労働）の間にも隔たりがある。アフリカ人に特有の生活環境とそこから生まれるニーズを考慮すれば、アフリカ人教育は白人向けのそれと異なるものでなくてはならない。加えて、報告書は、協同と協力という理念を強調した。アフリカ人の教育という巨大な事業に取り組むためには、政府、宣教師、実業家、先住民が互いに協力すべきだ。人種間の完全な隔離は協調の精神と矛盾し、事業の進展を妨げるので望ましくない。必要なのは、アフリカ人とヨーロッパ人の協同・協力である。ただし、両者は対等ではない。最終決定権が白人にあると指摘することを報告書は忘れなかった。[10]

ⓑ協議会の結成

一九二一年に南アを訪問したジェシー・ジョーンズとアグレイは、第一次世界大戦後に同地で人種間の対立が先鋭化している状況に強い懸念を覚えた。一九一八年から二〇年にかけては、ラント金鉱山のアフリカ人労働者が待遇改善やパス（労働証明書、第1章参照）への反対を訴えてストライキや示威行動を繰り広げ、影響はナタールの炭鉱やトランスヴァール北部の銅鉱山にも飛び火した。組織的な共産主義運動が形成される一方で、ガーヴィーからインスピレーションを得た産業商業労働者組合（ＩＣＵ、第3章参照）が影響力を拡大していた。

アフリカ人の不満がさまざまに顕在化している状況で、ジェシー・ジョーンズとアグレイは人種間の闘争よりも協力の必要性を説き、人種関係の向上を目指す組織の創設を提案した。念頭にあったのは、一九一九年にアトランタで結成され、ジェシー・ジョーンズもその中心メンバーのひとりであった[11]人種間協力委員会（Commision on Interracial Cooperation: ＣＩＣ）である。南部黒人の救済と地位向上に関心をもつリベラルな白人らが創設し、一部の黒人指導者も参加した団体で、一九二〇年代には南部一三州に八〇〇の支部を擁するまでに成長した。[12] ＣＩＣは黒人の社会生活向上の取り組みや異なる人種間の対話を促すことで、人種関係の改善を目指した。[13] この団体については後であらためて言及しよう。

ジェシー・ジョーンズはＣＩＣの活動を紹介し、アグレイも自らの出自を利用して、アフリカ人エリート層を主たる対象に、イギリスの「公正さ」の下での人種間協力こそが目指すべき道だと力説した。アフリカ人と白人の双方が参加する組織を結成しようとのアグレイの呼びかけは、セロペ・テマ（第3節で詳述）のようなアフリカ人政治活動家の心にも響くものだった。[14] 一九二一年四月、白人とアフリカ人の協力のもと、南アが直面する諸問題の解決を目指す組織として、ヨーロッパ人・アフリカ人協議会の創設が決議された。[15]

このように、ジェシー・ジョーンズとアグレイの働きかけが協議会結成の重要な契機となったのは確かだが、南アのローカルな文脈も無視すべきではない。鉱山業などの発展にともない都市でアフリカ人の人口が増えると、彼らを対象とする福祉やフィランスロピーが関心を集めるようになり、二〇世紀初頭には原住民問題協会や原住民福祉協会という名の民間団体が各地で結成された。第一次世界大戦中に南アを訪問したＡＳＡＰＳ書記のジョン・ハリスが、帝国フィランスロピー・ネットワークを拡充すべく現地で接触をはかったのは、これらの団体である（第2章参照）。戦後にアフリカ人の政治・社会運動が盛り上がりをみせると、白人コミュニティの間でも、そうした運動の過激化を抑え社会秩序を維持するためにアフリカ人との対話を目指す動きが強まった。アフリカ人エリートの間でも、実力行使に訴える急進的な運動よりも、白人たちとの連携を通じて自らの要求を実現する戦略への支持が広がった。[16] こうしたローカルな事情と、ジェシー・ジョーンズおよびアグレイの訪問という外的要因が重なることで、協議会は誕生した。

組織の方針として、協議会は次の五つを掲げた。

(a) 南アにおけるヨーロッパ人と原住民の協力を促進すること。
(b) 協議会が関心を寄せる南ア原住民の福祉に関わる事柄について調査し、報告すること。
(c) 連邦政府、州当局、公的機関ないし個人に対して必要と思われる請願を行うこと。
(d) 協議会の議事録や調査結果のうち望ましいと思われるものを公表すること。
(e) 原住民問題に関する公衆の啓発と世論の形成のために、協議会の決定にそくしてさらなる行動をとること。

もっとも、右はあくまでも一般方針であり、南ア各地に創設される協議会はそれぞれが独自の規約を制定し、必ずしもこれらの目標に縛られなくてもよいとされた。その一方で、活動実態をともなわない不活発な組織とならないため、各地の協議会は明確な目標を定めるよう促された。たとえば地方都市では、まずロケーション（アフリカ人居住区）の現状を把握すべく住宅、水道、家賃、道路、賃金、教育、レクリエーションなどの項目について社会調査を行い、人種関係の改善に資する具体的な目標を策定するのがよい。それと同時に、人々の間で奉仕（service）の精神を涵養し広めるのも重要だ。また、都市部における喫緊の課題として健康・衛生問題があげられ、場所によっては乳児死亡率が八～九割に達する現状を踏まえたうえで、アフリカ人の生活環境改善に向けて努力することも求められた。(17)

ⓒ福祉の動向と協議会

このように協議会は地域に根差した活動を志向したが、主たる関心がアフリカ人の貧困におかれていたことは間違いない。貧困問題に対処するにあたり、協議会は全体方針にある通り、社会調査の実施と具体的な目標の策定を重視した。これは科学的アプローチと呼ぶべき内容だが、それは当時の時流にそくしたものだった。この点は協議会の歴史的性格を理解するためにも重要なので、以下にグレイス・デイヴィの研究に主に依拠しながら略述しておこう。

連邦結成以前より、南部アフリカの白人社会は同時代のヨーロッパにおける貧困観や福祉政策から影響を受けてきた。ケープなどの英領植民地ではイングランドの救貧法や古典的リベラリズムに基づく政策が実施される一方で、ブール人共和国ではドイツの社会政策が模範とされており、チャリティの実践主体としては教会の存在感が強かった。ただし、そこには人種の壁が存在した。貧困は白人に限定された問題であり、農村部で自給自足の生活を送るアフリカ人に貧困問題は存在しないというのが当時の支配的な見方だった(18)。

世紀転換期になると、困窮した白人（プアホワイト）の存在が注目を集めるようになる。当初は貧民の家庭環境に責任を帰する論調が支配的だったが、イギリスをはじめとする西洋諸国で、貧困を個人のみならず社会の問題として把握する認識が強まると、南部アフリカでもプアホワイト問題を構造的問題として理解し、それを解決するために公的福祉の拡大を要請する声が強まった。ラントにおける白人失業者問題を検討したトランスヴァール貧困委員会（一九〇六〜〇八年）は、まさにそのような提言を行っている。他方で、同委員会は、チャリティの重複や無差別な救援が被救済者の道徳心を低下させるとも警告した。官民が協働して貧困問題に取り組む一方で、公私の支援に依存して自立の意欲をもたない貧民を引き続き問題視する姿勢も、同時代のイギリスと共通するものだった。とはいえ、その後も失業者の抗議運動や労働運動が続発し、為政者たちはさらなる対応を余儀なくされていく。この過程で、貧困や失業に関する事実や数値を収集することの重要性が認識されるようになっていった。かくして、第一次世界大戦期までには、貧困への科学的アプローチを重視する態度が南ア社会で定着した(19)。そのような歴史的文脈のなかで誕生した協議会もまた、社会調査によりアフリカ人の生活状況を統計的に把握したうえで、貧困に関わるさまざまなフィランスロピーを実践し、為政者に対しては科学的で客観的なデータに基づいた政策の遂行を求め、人種関係の改善を目指した。その一方で、「感傷（sentiment）」に基づく救済は批判された(20)。このような姿勢は

第2章で論じたASAPSのそれと重なっており、帝国全体で「科学」と「感傷の排除」がフィランスロピーのキーワードとなっていたことがわかる。

ⓓ組織と拡大

協議会は、従来の類似した団体と比較して自らの革新性を訴えた。アフリカ人を対象にした既存のフィランスロピー団体は、「原住民の人道的利益の促進をはかる一方で、ヨーロッパ人と原住民を共通の利益に向けて団結させる機運に乏しかった」。救済対象であるアフリカ人に、組織の意志決定に参加する機会を与えてこなかったからである。対照的に、協議会では、白人とアフリカ人は対等であり、両者の信頼関係に基づき自由闊達に議論する環境を整えることが目指された。実際、ローカルな協議会を設立する際には、発起人にアフリカ人を含むことが要件とされた。(21)

一九二〇年代から三〇年代にかけて、協議会のネットワークは次第に広がっていった。一般的な目標と並行して、各地の協議会は独自の規約を制定してよいとの方針が示すように、当初は地域事情にそくした固有の目的と活動方針をもつ各地の協議会が緩やかに連帯する分権的組織が構想された。(22)一九三五年の史料によると、南ア各地に三六の協議会が設立され活動していたことがわかる（ケープ州一三、ナタール州六、オレンジ自由州五、トランスヴァール州一二）。(23)

もっとも、地方小都市や農村地域に協議会が根付くのは困難だったようだ。アフリカ人メンバーからは、協議会に参加するのはもっぱら西洋教育を受けたエリートのみで、大衆層と接点を作るのは容易ではないとの指摘がなされた。白人メンバーからも、アフリカ人指定居留地のリザーブでは白人が不在なので協議会は成立しえず、それ以外の農村部でも白人農家にアフリカ人との対話を促すのは容易ではないとの声があがるなど、克服すべき課題は多かった。これらに対しては、マスメディアの活用、指導的農家やアフリカ人指導者への働きかけ、講演会などの宣伝活動を通じた組織拡大が提唱された。(24)もっとも、広報の内容と手法には配慮が必要だ。ブルームフォンテイン協議会メンバーのクシュケは、「プロパガンダは感性に訴えかけるだけではならない。それは、……事実［の提示］に基づくものでなくてはならない。センチメンタリズムは、［協議会に］好意的な人をも遠ざける傾向がある」[25]と述べており、感傷に対する警戒心がここでも強調されている。以上のように、地域ごとに特有の事情と向き合い、その意味で内部に多様性を含みつつ、協議会は規模を拡大していった。

（2）南アフリカ人種関係研究所（SAIRR）の設立

ⓐカーネギー財団からの支援

結成当初の協議会は、各地の組織が独自の規約をもち、地域特有の事情にそくした活動に従事する分権的構造を志向した。だが、全国的規模の課題に対して個々の協議会が個別に動くのでは、いかにも効率が悪い。すでに一九二三年には運動全体を見渡して管理するための中央機関の創設が提起されたが[26]、その声は一九二〇年代後半になるとますます強まった。背景にはいくつかの事情があった。まず、職におけるカラーバーを強化した一九二六年鉱山労働修正法（第3章参照）の制定を阻止できなかった経験から、各地の協議会を束ねる中央機関の必要性がそれまで以上に感じられるようになった[27]。第二に、アメリカのカーネギー財団の動向が情勢に影響を及ぼした。以下では後者について詳しくみてみよう。

カーネギー財団は、アンドルー・カーネギーによる一億二五〇〇万ドルの寄付を原資に一九一一年に設立された。カーネギーは、二〇世紀が蓄財の時代に代わる分配の世紀になると考え、科学的フィランスロピーを後押ししようとした。彼はまた、アメリカ南部黒人に対する実業教育を唱えたブッカー・T・ワシントン（Booker Taliaferro Washington, 一八五六～一九一五年）の精神に共鳴し、教育と勤労を通じて自己成長する機会を提供することがフィランスロピーの精髄であると考えていた。したがって、財団の助成事業の重点は、図書館建設、高等教育機関の創設、各種調査・研究におかれた。スコットランド出身のカーネギーは、財団の基金のうち一〇〇〇万ドル弱をカナダ、南ア、オーストラリア、ニュージーランドといったイギリス帝国の自治領のために用いることを定めた。これは、カーネギー自身もその一部に含む、二〇世紀初頭のアメリカにおけるリベラルな進歩主義とコスモポリタンな精神の表れであった。また同時に、他地域に対するアメリカの国際的責務を強調することは、彼が信奉する革新主義のヴィジョンを反映するものでもあった。他方で、カーネギーと財団関係者たちが標榜する国際主義ないしコスモポリタニズムでは、白人（とくにアングロ・サクソン）が世界で指導的地位を占めることが自明視されていた点も銘記しておきたい。イギリス帝国の調査・研究目的に捻出された資金は、当初は特別基金（のちにイギリス自治領・植民地基金と改称）と呼ばれ、戦間期に財団理事長を務めたF・P・ケッペルの主導下でさまざまな用途に活用されていった。このうち南アに対しては、一九四〇年までに九八万四五〇〇ドルが投じられた。主な事業としては、図書館設立のための調査や、プアホワイトについての調査がある。このうち後者は、主としてアフリカーナーからなる貧民に焦点をあて、貧困が教育制度の未整備、および労働市場におけるアフリカ人労働者との不利な競争に起因すると論じることで、白人の利益を保護する隔離政策の正当化に根拠を供することになった。報告書に記された「三〇万人のプアホワイト」というフレーズは、アフリカーナーの苦境を象徴するセンセーショナルな表現として、アフリカーナーナショナリストに取り上げられ、そうした問題を解決する政策手段として、やがてアパルトヘイトが提唱されるようになる。[28] カーネギー財団の貧困調査については、次章でもあらためて論じる。

同じ頃、カーネギー財団の関心は協議会の活動にも向かった。協議会の理念に共感した財団は、一九二八年に向こう五年間にわたる年額七五〇〇ポンドの資金援助を打診した。しかし、ここで問題が生じる。協議会には中央機関が存在しないため、寄付金を受け取る主体がなかったのである。こうして、協議会のメンバーたちは、運動全体を管轄する中央組織の必要性と、そのあるべき姿について議論することになった。[29]

一九二九年にケープタウンで各地の協議会代表を集めた会議が開催され、暫定措置として、人種関係会議という名の中央機関の創設が承認された。議長にはハワード・ピム、日常業務を担当する書記にはレイナールト・ジョーンズが選出された。こうしてカーネギー財団からの寄付金を受領できる主体が誕生した。しかし、カーネギー財団は、寄付にあたって協議会が政治から距離をおくことを求めた。協議会が政治的発言をしたり政治活動に関与したりしないことを寄付の条件にすると通告したのである。すでに協議会に献金をしていたフェルプス・ストークス財団も、同じ意向を示した[30]。

政治への不関与は、アメリカのフィランスロピー団体それ自体の方針ではあったが、南ア側からの働きかけもそこに影響を及ぼしたと思われる。キーマンとなったのは、協議会の白人メンバーおよびアメリカのフィランスロピストの双方とつながりをもつ教育学者のC・T・ロラム（C. T. Loram, 一八七九〜一九四〇年）であった。ナタールで生まれ育ち、ニューヨークのコロンビア大学から博士号を得て、のちにイェール大学教授を務めたロラムは、大西洋をまたぐ学術とフィランスロピーのネットワークにおける南ア側の結節点ともいうべき人物であり、滞米中はフェルプス・ストークス財団とカーネギー財団に請われてしばしば南ア問題についての助言を行っていた[31]。南アでは、とくにレイナールト・ジョーンズら協議会メンバーと親密な関係を築く一方で、政府機関である原住民問題審議会の委員として、当時のヘルツォーク政権に影響力を及ぼすことのできる地位にいた。彼は、一九二〇年代中頃から徐々に政治的意見を表明するようになっていった協議会のありよう（次章）に危機感を抱いていた。協議会が表立って政府を批判すると、双方に足場をもつ自身の立場が危うくなる。よってロラムは、アメリカのフィランスロピストに対しても協議会メンバーに対しても、協議会は政治活動に関与すべきではないと訴えた[32]。このようなロラムの意向が、アメリカ側が課した政治的中立という条件の設定に影響を及ぼした可能性は高い。

だが、当時の南アにおける最重要の政治イシューともいうべき原住民問題に取り組む協議会は、従来から政府の政策や社会問題について積極的に意見表明を行ってきており、政治という領域をどれほど狭く定義したとしても、そこに一切関与しないのは不可能だった。とくに、協議会への参加を通じて政治的利益を得ようとしていたアフリカ人メンバーを納得させるのは困難であった。白人メンバーの間でもヘルツォーク政権の隔離政策に批判的な者は多く、政治への不介入を求めるロラムに反発する声も強かった。そのひとりであるピムは、ロラムを「常に政府の役人でその美点とともに欠点も体現している」と評している[33]。

ⓑ研究所の設立と協議会

だが、ヘルツォーク政権は強力で、一九二九年選挙でも勝利した。協議会が活動をさらに拡大するためには、アメリカからの資金援助は欠かせない。であれば、カーネギー財団の要求を満たすために、協議会と連携しつつも政治に対しては中立的立場を掲げる独立した組織をつくるしかない。こうして誕生したのが、南アフリカ人種関係研究所（South African Institute of Race Relations: ＳＡＩＲＲ）であった[34]。組織構造は、まず創設メンバーと寄付者および提携団体の代表からなる評議会が最高意志決定機関を構成し、評議会に選任された理事会が実務を担う。だが、理事は南ア各地に散在していたので、研究所が所在するヨハネスブルク在住の理事をメンバーとする運営委員会が日常業務を執行した[35]。初代のＳＡＩＲＲ理事長にはロラム、財務担当理事にはピム、実務を司る書記および顧問にはレイナールト・ジョーンズが就任した。

ＳＡＩＲＲと協議会の関係は密接だが、単純ではない。ともに協議会運動を牽引するピムとレイナールト・ジョーンズがＳＡＩＲＲの執行部に入ったことからもわかるように、人的な面で両者はほぼ重複していた。実際、ＳＡＩＲＲが各地の協議会に回状やアンケートを出して全体の意見集約をはかるなど、前者が後者の実質的な中央機関として機能していた面は否めない。にもかかわらず、ＳＡＩＲＲは、ことあるごとに「協議会の中央機関」という印象を打ち消そうとした。この背景には、フィランスロピーにおける寄付者と受益者の関係があった。一方では、寄付の対象を非政治活動に限定しようとする寄付者＝カーネギー財団の意向があった。創設当初の数年間にわたり、ＳＡＩＲＲはその活動資金を全面的にカーネギー財団とフェルプス・ストークス財団に依存していたため[36]、政治に関わる協議会と一心同体とみられ、寄付者の求めに背くことはできなかった。他方で、受益者＝協議会の願望も無視しえなかった。活動を行っていくうえで政治的行動をとらざるをえない協議会の自由を制約することはできない。両者の希望を満たすためには、協議会と密接に関係しつつも、それを直接的に代表しない第三者機関が必要であり、そうした思惑から生まれたのがＳＡＩＲＲだった。こうした経緯から、ＳＡＩＲＲは、協議会に必要な情報を提供したり、その活動を支援したりする助言者として、自己を定義しようとした[37]。

ＳＡＩＲＲは、協議会の拡充を最重要課題と位置づけながらも、さまざまな事業に取り組んだ[38]。協議会と類似した活動を展開する他のフィランスロピー団体を支援するほか、全国ヨーロッパ人＝バントゥ会議などの会合を主催し、同じ分野で活動する諸団体が相互に協力する基盤を整えようとした。加えて、各地での講演活動による世論喚起、人種関係に関するパンフレットや覚書の刊行、関連文献を集めた図書館の整備と政府機関および民間への開放、社会問題の調査・研究などにも取り組んだ。社会調査にあたっては、アメリカのアンソン・フェルプス・ストークスやロバート・パーク（人種関係理論の主唱者。後述）からの助言を受けて、大学との共同研究を企画している。さらに、研究所は六つのフィランスロピー団体の事務局機能を請け負っており、政府とも可能な限り協調しながら人種関係の改善に尽力することを目指した。一九三三年時点で、会員は個人・団体含めて五三六にのぼり、外部からの助成金も含めて約三〇〇〇ポンドの収入を得ていた。

ＳＡＩＲＲは、設立の趣旨および経緯に照らして可能な限り非政治団体として振る舞おうとしたが、それは負の側面をともなうものでもあった。とくに、現に差別や隔離に苦しみ、それに対抗するための積極的運動を志向するアフリカ人メンバーからすると、ＳＡＩＲＲの活動はいかにも微温的に映ったであろう。レイナールト・ジョーンズは、ジェシー・ジョーンズに宛てた書簡で、「われわれの中庸の姿勢と政治プロパガンダに与しないという決意は、私たちが奉仕の対象とみなしている人々の間で、われわれに対する疑念を引きおこしている」と述べている[39]。実際、ヨハネスブルク協議会のメンバーで、一九四〇年代にアフリカ民族会議（ＡＮＣ）議長を務めたアルフレッド・クーマ（Alfred Bitini Xuma, 一八九三〜一九六二年）は、ＳＡＩＲＲの方針を批判して、「われわれは研究所からの保護を望まなければ、求めもしない。研究所は、……事実を収集する機関にすぎない」と述べている[40]。さらに、白人メンバーのなかにも、ＳＡＩＲＲの非政治路線と慎重な姿勢を批判し、その影響が協議会に及ぶのをよしとしない意見もあった[41]。そうしたなかで、ＳＡＩＲＲとしても、ときに政治行動とみなされるような選択をせざるをえないこともあった[42]。だがそれは、潜在的な「敵」に批判を許す余地を与えることにもなる。とくにアフリカーナーナショナリストなど人種隔離を正当化する人々は、ＳＡＩＲＲや協議会が掲げる人種間の協調という理念に強い拒否反応を示し、その活動を執拗に攻撃した。人種関係の改善を目標に掲げながら、政治から距離をおこうとしたＳＡＩＲＲは、隔離と差別の唱道者・批判者双方から攻撃を受ける立場にあった。

さて、ＳＡＩＲＲの発足にともない、協議会の公的な中央組織である人種関係会議は一時的に活動を停止したが、一九三三年になると再び協議会運動の統括機関についての議論が再開された。同年七月にブルームフォンテインに集まった協議会の代表者たちは、諮問委員会（Consultative Committee）という名称の中央組織を結成することを決めた。諮問委員会は、「各協議会と協議のうえ、あらゆる事柄について協議会のために発言し行動する」ことを目的とし、協議会どうしの連携について検討し、協議会運動全体の綱領を起草するものとされた。あわせて、ＳＡＩＲＲが自身の指針に適合する限りにおいて、委員会の事務局機能を担うことも同意された。最終的に、一三名（白人七名、アフリカ人六名）からなる諮問委員会の人事案が承認された[43]。

こうして協議会は集権的性格を強めようとしたが、メンバー全員がそうした方向性に賛同したわけではなかった。ケープ半島協議会のクラークソン・トレッドゴールドは、「過剰な組織化により［協議会は］窒息の危機にある」と述べて、集権化の傾向を批判した。とりわけ、新たに設立されたＳＡＩＲＲについて、トレットゴールドは、それが「助言者」としての立場をこえて、実質的に協議会運動を管理する役割を担うようになるのではないかと懸念し、「そうした統制は運動の真の精神を削ぐ」と警告した。彼は、「原住民のためのあらゆる戦いは、政治の場で行われるべきだ[44]」と述べるなど、協議会の政治運動を重視しており、そうした立場からすると、政治への不干渉を宣言するＳＡＩＲＲの影響が協議会に及ぶのは望ましいことではなかった[45]。もっとも、トレットゴールドの懸念にもかかわらず、SAIRRが協議会運動の事務局機能を担う構造は既成事実化していき[46]、諮問委員会とSAIRRはほとんど「表裏一体」であるとの認識が定着していった[47]。

2　帝国フィランスロピー・ネットワークのなかの協議会

(1)　イギリスとのつながり

ⓐ南アとイギリスの多層的ネットワーク

協議会の大きな特徴は、その国際性にあった。協議会は、国内のみならず国外のさまざまな団体と関係を取り結びながら運動を拡大しようとした。わけてもイギリス・アメリカとのつながりが重要で、この点で協議会は環大西洋帝国フィランスロピー・ネットワークと呼ぶべき構造の一角を占めていたといえる。このうち、イギリスとの関係については前章で述べた。ピムやレイナールト・ジョーンズらは、協議会の創設当初からASAPS書記のハリスに南アにおける隔離政策の状況を頻繁に報告しているし、レイナールト・ジョーンズの妻エディスも滞英中にハリスと面会したり書簡をやりとりしたりするなど、親密な関係を築いていた[48]。ASAPSの側も協議会とSAIRRの活動を高く評価しており[49]、南ア情勢についての情報を求めたり、協議会関係者が訪英した際には面談の機会を設けたりすることで、関係の強化をはかっている[50]。ASAPSと協議会の関係はその後も続き、第二次世界大戦中には北ローデシアでのアフリカ人鉱山労働者の争議に関与した協議会がASAPSに支援を求めたり[51]、戦後もSAIRR所長のクウィントン・ホワイトがASAPSの年次総会に出席したりしている[52]。このように、協議会はASAPSを通じてイギリスの帝国フィランスロピー・ネットワークに接続しており、後者の活動に一定の影響を及ぼす立場にもあった。

それに加えて、イギリスとの関係という点では宗教も重要である。たとえばクエーカーであったピムは、本国のキリスト友会（クエーカー教会）ともつながりを有していた。協議会への支援を訴えたピムの嘆願書は、イギリスのクエーカー指導者たちの推薦文とともに教会員に配られており、帝国フィランスロピーの実践にあたっては宗教ネットワークも利用された。[53] なお、第1章などで述べた通り、ASAPS関係者にはそもそもクエーカーが多く、両組織の人的ネットワークは重なりあう部分も大きかった。

他方で、協議会の白人メンバーには、ハリスと近いW・M・マクミラン（William Miller Macmillan, 一八八五～一九七四年）やマーベル・パーマー（Mabel Palmer, 一八七六～一九五八年）、ウィリアム・バリンジャー（William George Ballinger, 一八九二～一九七四年）とその妻マーガレット（旧姓ホジスン）（Margaret Livingstone Ballinger〈*née* Hodgson〉, 一八九四～一九八〇年）など、フェビアン協会や労働運動の関係者も含まれていた。こうした人々はイギリス左派の思想や政策も援用しながら、南アの諸問題に対処するための方策を考えようとした。[54] ケープの協議会に属する法律家のダグラス・ブキャナン（Douglas Mudie Buchanan, 一八八一～一九五四年）やドナルド・モルテノ（Donald Barkly Molteno, 一九〇八～一九七二年）らも思想的立場は似通っていたとされる。ほかにも、アフリカ人労働者の組織化に取り組むウィリアム・バリンジャーの活動は、前章でも触れたアフリカ問題についてのロンドン・グループやアフリカの友からも支援を受けていた。[55] このように、協議会は組織としても個人としてもイギリスの諸団体と多層的な関係を有していた。

ⓑ協調と対立

その一方で、協議会の白人メンバーどうしが必ずしも良好な関係にあったわけではない。後で詳しくみるように、マクミランは協議会やSAIRRの穏健主義的（と彼には思われた）方針に対し、次第に批判的になっていったし、一九三〇年代後半には協議会の実質的な指導者であるレイナールト・ジョーンズとウィリアム・バリンジャーの対立が深刻化した。ここで微妙な立場におかれたのは、ASAPSである。ハリスはレイナールト・

ジョーンズとバリンジャーの双方と良好な関係を築いており、とくにアフリカ人の労働運動と協同組合運動を推進する後者の熱心な支持者でもあった[56]。しかし、ハリスが前章でみたジョン・デュベのオシャンゲ学院の運営においてバリンジャーの協力を仰ぐ案を示すと[57]、バリンジャーを評価しないレイナールト・ジョーンズから否定的な返事が届いたため[58]、ハリスは断念せざるをえなかった[59]。

この他にも、ハリスはこれを、バリンジャーの妻であるマーガレットが一九三七年にアフリカ人を代表する連邦下院議員に当選した際に、ハリスはこれを「南アから届いた知らせのなかで最高のもののひとつだ」と手放しで称賛したが[60]、彼女に敗れたウィリアム・ステュアート（第2章で言及したケープ植民地元首相ウィリアム・シュライナーの孫）が同じくリベラル派でハリスもよく知る人物だったことから、「錯綜した南ア政治をイギリス人が理解するのは非常に難しい」と吐露している[61]。南ア現地の協力者どうしで対立が生じた場合、ＡＳＡＰＳには双方との関係を壊さぬよう繊細な気配りが求められたといえよう。イギリスと南アを結ぶ帝国フィランスロピー・ネットワークの内部には、協調の精神とともにさまざまな葛藤や対立もみられた。

（2）アメリカとの関係

ⓐ人種間協力委員会というモデル

次に、協議会とアメリカの関係をみてみよう。先述のように、協議会のモデルとなったのは、第一次世界大戦後にアメリカ南部で結成された人種間協力委員会（ＣＩＣ）だった。周知のように、アメリカ南部では南北戦争後にジム・クロウと呼ばれる人種隔離体制が形成されていく。だが、世紀転換期に革新主義が台頭すると、そこから影響を受けた南部のリベラルな白人たちの間で、リンチなどの暴力を批判したり黒人の教育や経済力の向上を支持したりする声が上がりはじめた。とはいえ、南部革新主義は人種主義と不可分の関係にあった。革新主義者たちは社会秩序の安定のためにはさしあたり白人と黒人を分離する必要があり、そのうえで黒人特有のニーズにそくした社会改革のプログラムを実行することで黒人の進歩が可能になると考えていた。分離の原則は選挙権にも適用される。当時は選挙における腐敗やパトロネージが問題視されていたが、革新主義者らは無知な黒人が選挙で票を投じることで民主政治が崩壊せぬよう、識字テストなどを通じた有権者のふるい分けに賛同していた。その結果、黒人が政治参加から排除されていったことは言うまでもない。居住空間のうえでも政治制度のうえでも黒人を白人から隔離したうえで、慈愛に満ちた白人の手で黒人の立場と生活の改善を目指す。これが二〇世紀初頭の南部革新主義者の主張であり、その精神は次世代のリベラルな白人層に受け継がれていった[62]。

第一次世界大戦期の南部では、生活の悪化に加え、戦争による白人移民の流入減などの諸条件が重なり、黒人労働力の北部への大移動がおこった。人口流出を懸念する白人たちの間では、移住を阻止するための法規制を強化する一方で、白人と黒人の間の人種関係を改善することで問題に対処しようとする気運も高まっていた。こうした文脈で、アトランタの白人知識人が黒人指導者に呼びかけて一九一九年に結成されたのがＣＩＣであった。南部の将来は白人と黒人の協調にかかっているとの確信のもと、ＣＩＣは白人と黒人がじかに意見を交わす機会を提供しようとした。初期のメンバーには社会的福音（後述）の実践に情熱を傾ける教会関係者が多かったが、それ以外にも有力な白人が参加し、南部の諸都市に支部が作られていった。もっとも、白人メンバーの思惑はさまざまで、黒人の衛生・安全の改善や教育の提供といったチャリティを通じて移動を抑制しようと考える者もいれば、黒人産業労働者や専門職、土地所有者の増加といった変化を受けて、黒人との間に共通の利害をみいだそうとする者もいた。黒人のなかからも、自らの意見を表明する機会を得ることに期待してＣＩＣに加わる者も出てきた。当初ＣＩＣは、黒人労働者の搾取、黒人が保有する土地の詐取、人種差別に基づく暴力といった案件を取り上げ、それを訴訟にもちこむことで、自らの姿勢と存在意義を明らかにしようとした。とくに、クー・クラックス・クランを激しく批判し、南部白人のなかにも黒人に善意をもつ者がいることを実践的に示そうとした。さらに黒人教育（主として実業教育）の普及にも尽力したが、その効果はおおむね都市に限られた。他方で、ＣＩＣは黒人の政治権利獲得にはほとんど言及せず、デュボイスらが指導する全国黒人向上協会への警戒心を隠さなかった。また、ボルシェヴィズムの影響が黒人に及ぶことを懸念し、人種間協力の促進を通じてそれに対抗する必要性も強調された[63]。

ⓑ人種関係

CICの活動も含めたこの時期の人種問題へのかかわりで重要な参照点となったのは、人種関係（race relations）という概念である。人種関係とは、特定の空間における異なる人種集団間相互の関係や調和の度合いと定義される[64]。人種関係の概念はアメリカで誕生したとされるが、ダグラス・ロリマーによると、イギリス帝国の経験が果たした貢献も大きい。多人種からなるイギリス帝国では、主に白人とそれ以外の人々が取り結ぶ関係（人種関係）のあるべき姿をめぐって、二〇世紀以前から議論が重ねられてきた。「人種にかかわらない法の下の平等」「人種間の融合（amalgamation）」「原住民問題」といった語彙、異なる人種間の経済・社会関係についての理論、同化論と分離発展論（隔離）の間の論争などはそのような歴史から紡ぎ出されてきたものであり、イギリスの帝国フィランスロピーのみならず、南アを含む自治領の政策（たとえば非白人を対象とする移民制限など）、さらにはアメリカや他のヨーロッパ植民地帝国にも影響を及ぼした[65]。

ロリマーの指摘は重要だ。しかし、二〇世紀の世界で、アメリカが人種関係に関する学術研究の揺籃の地だったことに異論の余地はないだろう。南アにおける人種関係についての理解もまた、アメリカでの議論に拠るところが大きかった。周知のとおり、アメリカで人種関係についての研究を主導したのは社会学の発展を牽引したシカゴ学派であり、とくに都市社会学者のロバート・パークがこの概念を洗練した。ジャーナリストだったパークはハーヴァード大学大学院で学んだ後にドイツに留学し、ハイデルベルク大学から博士号を得た。アメリカでコンゴ改革協会（第1章参照）の設立に関与し、アフリカにおける帝国支配を奴隷制になぞらえて非難するなど、帝国フィランスロピーにも関与した。その後、ブッカー・T・ワシントンの側近として活動する傍らで黒人問題の研究を進め、一九一四年にシカゴ大学に着任した。シカゴでは、黒人移住者の都市生活への適応を支援するシカゴ・アーバン・リーグ創設に携わり、都市における黒人の生活についての研究を深化させていくが、戦時中に南部からの移住者を大量に吸収したシカゴで黒人たちの住環境が悪化していき、ついには人種暴動の勃発に至る事態を目の当たりにする。現実を整序し問題への処方箋を模索するなかで、彼は白人と黒人の相互関係を人種関係として把握する方法論を鍛えていった[66]。

パークは人種関係を一連のサイクルと措定し、それが四つの段階をたどると論じた。まず、異なる人種集団が移民や征服活動を通じて接触（contact）すると、両者は優越的な立場を目指して競争（conflict / competition）を繰り広げる。次の適応（accommodation）の段階では、弱者が強者に従属するとともに、互いに社会的距離を保つ礼節（あるいは隔離）が確立する。最終的に、従属集団は支配集団と記憶・経験・歴史を共有することで同化（assimilation）していく。以上のサイクルを経て異なる人種が相互関係を深めることで、人間社会が進化するというのがパークの主張であった。そこには、スペンサーの社会進化論の影響もみられる。もっとも、パークは、従属集団が適応から同化に至る過程で独自のエスニック・アイデンティティを保つことは否定しなかった。アメリカの文脈にそくして述べるならば、彼は黒人がアメリカの産業生活に完全に同化する未来を描きながらも、その過程で黒人に芽生えた人種の誇りないし人種意識を尊重するべきだとした。さらに彼は、異なる人種間の生物学的差異も否定した。パークの学説は、白人と黒人の違いを前提に、後者の自助努力と勤労を通じたアメリカ社会への適応を呼びかけるワシントンの主張と親和性が高く、それに科学のお墨付きを与えることになった。また、人種間の不和を文化的な問題とみなし、教育やソーシャルワークによりそれを緩和することで、調和的で寛容な人種関係を構築できるとした[67]。

このような人種関係の思想はしかし、さまざまな問題点も含んでいた。理論面からみると、まずそれは人種を社会的実体として本質化するとともに、社会の進化にともない異人種間の関係がいわば自然に改善される、という楽観的で目的論的な側面を有していた。したがって、人種に関わる諸問題を政治の場で議論して解決する気運に乏しく、実際にパークと彼の影響を受けた社会学者たちは、概して白人と対等な権利を要求する黒人の政治運動から距離をおこうとした。さらに、異なる人種のかかわりあいを価値中立的な「関係」という言葉で表現することは、黒人たちの日常を取り巻く抑圧や不平等を構造化している白人支配を等閑視することにもつながった。教育や技能の獲得を通じた黒人の進歩がうたわれる一方で、白人との格差の原因は黒人の家族やコミュニティ、文化の問題に求められる傾向が強かった。こうした問題点は同時代人によっても指摘されており、たとえばデュボイスらは、差別や偏見をあるべき人種関係からのたんなる逸脱とみなす考え方を批判し、それらを社会や経済にかかわる構造的問題として認識すべきだと唱えた。だが、人種関係の思想は公民権運動が本格化する二〇世紀中葉まで影響力を保ち続けた(68)。

実践面でも、パークらの黒人へのまなざしは時代に特有の性質を帯びていた。彼らは黒人の貧困問題に大きな関心を注いだが、二〇世紀初頭のアメリカの貧困観にはいくつかの特徴がみられた。まず、貧民を衣食住の欠乏状態にある人々と一般的に定義したうえで、慢性的に公私の慈善に依存し自立の意欲をもたないとされた者たちを極貧者と呼んで区別し、後者に対しては冷淡な態度をとった。就労や自立の意欲を欠く人々を不労者と呼び、救済の対象から除外しようとした同時代イギリスの福祉思想と通じるところがある。いまひとつは、貧困を人種やエスニシティと結びつける傾向があった。当時の貧困に関する言説では、ヨーロッパからの新移民や、南部から北部都市に移住してきた黒人が、彼らに付与された劣等性のステレオタイプとともに、具体的な貧民像としてイメージされることが多かった(69)。

こうした特徴を有する貧困観が北部都市に住む黒人へのまなざしに投影されると、黒人全体に共通する厳しい生活状態を指摘するだけでなく、黒人内部の階層差を意識した言説が形成されることになる。実際、パークが率いるシカゴ・アーバン・リーグは、教育があり白人と同じ価値観をもつ中流階級の黒人を「救済に値する者」として優遇する一方で、極貧の黒人たちへの関心は薄かった。このアーバン・リーグが主体となって一九一九年の人種暴動後に発足したシカゴ人種関係委員会でも、黒人中産階級——自らを黒人貧困層と区別して、アメリカ的生活への適応・同化を目指した階級――の利害にそくした提案がなされた。同委員会の報告書が、黒人の立場向上、適応、および人種間協力の促進をうたいつつ、人種関係の調和を保つ方策として、事実上の人種隔離を提言していることも示唆深い。人種間協力と科学の名の下、暴動後のシカゴでは隔離に基づく政治秩序が形成されたという[70]。

人種関係という概念およびそれに基づく諸実践は、南アで協議会を拠点に帝国フィランスロピーに取り組んだ人々に多大な影響を与えた。協議会関係者が中心となって設立したＳＡＩＲＲの組織名（人種関係研究所）にも、それがうかがわれる。他方で、アメリカと南アでは社会の様態に違いがあった。両者は人種隔離という類似した問題に直面していたが、アメリカでは白人が人口のうえで多数派を占めていたのに対して、南アではアフリカ人が白人を数的に凌駕していた。さらに、南アのアフリカ人とアメリカの黒人とでは、法制度における位置づけが異なっていた。実質的な権利は大幅に制限されていたとはいえ、後者が一応はアメリカという国家で市民権をもつ存在として認知されていたのに対して、植民地国家の南アのアフリカ人は、もっぱら白人とは異なる法域に属する集団とみなされていた。アフリカ人を「原住民法」により統治することをうたった一九二七年原住民行政法は、法における人種隔離の強化を目指す試みだったし、産業労働においても南アのアフリカ人労働者には、白人労働者とは異なる職や労働法規があてがわれていた。繰り返しになるが、こうした差別的対応が議会によって制定された法を通じて正当化されているところに、南アの特色があった。非人種的選挙制度を規定していたケープ州憲法を例外とすれば、アメリカの憲法修正第一四条（法の下の平等と市民権の保障）や第一五条（人種などにもとづく選挙権の制限の禁止）に相当する法は、当時の南アには存在しない。そうである以上、同時代アメリカの思想・実践からさまざまなインスピレーションを受けつつも、協議会がそれをそのまま受容して南アの諸問題に適用したわけではなく、むしろ学び取ったことを現地の事情に合わせてアプロプリエイトしながら、自らの活動に用立てようとしたと考えるべきだろう。

ⓒフィランスロピーの手法と精神

アメリカからの影響という点でもうひとつ挙げておくべきは、フィランスロピーの手法と精神である。たとえばフェルプス・ストークス一族出身で、同財団の運営にも大きな影響力をもち、著名な聖職者かつフィランスロピストでもあったアンソン・フェルプス・ストークスは、アメリカの経験に根ざした資金調達キャンペーンの手法を、レイナールト・ジョーンズに教えている。明確な目標の設定、全国的な支援組織の準備といった一般的な事柄に加えて、パンフレットの分量やサイズ、寄付金を集める際の手順、大口寄付者のみならず小口寄付者を多く獲得することの重要性、有望な寄付者を訪問する際の人数や場所など、そのアドバイスは微に入り細を穿つものだった[71]。実際に、レイナールト・ジョーンズはフェルプス・ストークスの助言にそってSAIRRへの寄付金を募るキャンペーンを計画している[72]。

その一方で、フェルプス・ストークスは、アメリカからの支援はあくまでも協議会とSAIRRの自立を助けるものであるとし、可能な限り早期に恒常的財源を南アで確保するのが望ましいとも述べており、無制限・無条件の援助ではないことをことあるごとに強調した[73]。フィランスロピーの目的を自立の促進と回復におくという理念は、イギリスでも同様である。これに対して、寄付を受ける側のレイナールト・ジョーンズも、南ア内部での募金活動にさらに注力することで研究所の早期の財政的自立を目指すと約束し、寄付者の期待に応えようとした[74]。自立を促すための援助という点は、カーネギー財団も同様だった。カーネギー財団は当初の予定をこえて一九三七年までSAIRRを支援することに同意したが、同時にできるだけ早期に資金面での自立を達成するよう求めている[75]。

ⓓ大西洋ネットワーク

ところで、こうした大西洋をまたぐフィランスロピー・ネットワークは、他のさまざまなネットワークとも接続することで多層的な様相を示していた。たとえばフェルプス・ストークスとレイナールト・ジョーンズはともに、J・H・オルダムやジョン・モットと親しい関係にあった[76]。前章で述べたように、オルダムはイギリスのAS

APSのメンバーで、モットとともにキリスト教会諸派間の協力を推進するエキュメニズムの指導者だったが、このことはアメリカと南アを結ぶフィランスロピー・ネットワークに、キリスト教ネットワークと重複する部分があったことを示している。実際、協議会に参加したメンバーのなかにはアメリカやイギリス出身の宣教師・聖職者も多かったし、エキュメニズムの進展を目指した国際会議には、D・D・T・ジャバヴ（Davidson Don Tengo Jabavu, 一八八五〜一九五九年）、ジョン・デュベ、Z・R・マハバネといった協議会のアフリカ人メンバーも出席している。(77)

さらに付言すると、ここで言及したアメリカの人物・団体は、イギリスのASAPSとも緊密な関係を有していた。たとえばエチオピアでの奴隷問題をめぐり、ASAPS書記のハリスはフェルプス・ストークス財団のジェシー・ジョーンズと連絡をとり、両団体の代表者が協議する機会を設けるとともに、奴隷制と奴隷貿易を廃止するための「進歩的な改革」を「アングロ・サクソンの世論」という武器を用いて実現しようと呼びかけている。(78) 以上からはイギリス、アメリカ、南アを結ぶ環大西洋帝国フィランスロピー・ネットワークの存在が浮き彫りになるが、協議会はその南ア側の結節点として機能していた。

ⓔブッカー・T・ワシントンの影響

協議会に対するアメリカの影響という点で最後に触れておきたいのは、ブッカー・T・ワシントンの思想である。ジェシー・ジョーンズとアグレイが協議会の結成に重要な示唆を与えたとすれば、そこに集ったメンバーに甚大な思想的影響を及ぼしたのがワシントンだった。ヴァージニアのプランテーションで奴隷の子として生まれたワシントンは、黒人向け実業学校であるハンプトン学院で学んだ。一八八一年にアラバマで母校をモデルに創設されたタスキーギ学院の校長に就任し、黒人教育界の指導者と目されるようになっていく。一八九五年にアトランタ博覧会で演説したワシントンは、同胞の南部黒人に対して、北部や外国に移ることなく、政治的権利の獲得を急がず、勤労を通じた経済的向上に尽力すべきだと説いた。他方で、南部白人たちに対しては、黒人に就労の機会を与えるよう求めた。彼は黒人と白人の関係を指と手にたとえ、互いの進歩のためには両者は手のようにひとつであるべきだが、社会的な事柄については指のように分かれていてもよいとして、黒人が「社会的平等」（ここでは黒人男性と白人女性の結婚や性的関係を意味し、人種混淆とほぼ同義）を求めるべきではないと説いた。彼の演説は多くの白人のみならず一部の黒人からも称賛されたが、激しい批判も巻きおこした。たとえばデュボイスは、ワシントンが黒人の経済力向上を優先して政治参加や高等教育への権利を譲歩したと断じ、彼の演説を「アトランタの妥協」と非難した(79)。

もっとも、ワシントンは黒人に対して、人種差別と隔離の現実を甘受せよと唱えていたわけではない。たとえば選挙権については、政治的主体となるに足る能力・資質・知性の獲得を重視し、それらを備えた黒人が肌の色のみを理由として参政権から排除されることには反対した。さらに、黒人男性の性暴力から白人女性を保護するとの名分で正当化されたリンチについては、統計に基づけば黒人が性犯罪をおこしやすいという事実はないと反論し、その不当性を訴えた。その一方で、ワシントンは、黒人男性全体が非難の対象となることを避けるべく、巧みなレトリックを展開した。彼はまず、黒人男性を「よき階級」と「犯罪的な階級」ないし「怠惰な階級」に二分した。ここでの「よき階級」に属する人々とは、勤勉と倹約を旨とし、アルコールを節制し、自己の欲望を抑制することで、定職と財産を手に入れ、暴力を振るわないような者たちを指す。彼らは、自由に労働契約を結ぶ権利と、労働の成果を蓄積できる財産権を基本に、勤労・倹約・節制・貯蓄の実践を通じて経済的な向上と独立を達成するよう奨励し、それによって社会全体の繁栄がもたらされるとする信念、すなわち自由労働イデオロギーを体現する存在でもあった。「よき階級」の対極にあるのが、安定した職や住居をもたず、悪知恵を働かせて日々を生きる犯罪的で怠惰な人々である。ワシントンは、問題をおこすのはもっぱら後者だと述べたうえで、自身を含む「よき階級」の人々を擁護しようとした。そのうえで、「よき階級」の黒人は「犯罪的な階級」の黒人を教導して、道徳的に引き上げていく責務があるとし、それを通じて怠惰な犯罪者というレッテルを黒人から引きはがそうとしたのである。[80]

ところで、黒人社会を二つの階級に区分する理論は、白人社会にも適用できる。ワシントンは、リンチに参加するような白人を自律性に欠けた人間として否定的に描き、「よき階級」に属する黒人と白人の指導者たちが、階級を基盤に連帯することを呼びかけた。人種ではなく階級の言説を効果的に用いることで、白人社会の分断をはかったのである。[81]なお、ここでワシントンが支持を期待したのは、暴力的な白人至上主義に批判的な南部白人リベラルであったが、[82]先述したＣＩＣの核心をなしていたのはまさにそのような人々だった。このように、階級の言説を用いて黒人の進歩を説いたワシントンは、それゆえに、黒人としての人種意識に基づき白人に対抗する政治、換言すれば、人種間の闘争それ自体を目的とする運動に黒人有権者が身を預けることを批判した。[83]

自身が属する「よき階級」の黒人の有用性と重要性を強調するワシントンの言説戦略は、一部の白人から支持を獲得するとともに、多くの黒人エリート層に共有された。だがそれは、副作用もともなった。まず、こうした言説が「犯罪的で怠惰な」階級に属する大多数の黒人を周縁化し、黒人内部の連帯に亀裂をもたらしたのは疑いようがない。また、下層階級の人々を怠惰や犯罪と結びつけて表象することは、そうした人々の自生的な地位向上のための戦いを過小評価し、さらには、人種をこえた労働者どうしの連帯を阻む可能性も秘めていた。そしてなによりも、南部黒人がもっぱら人種という徴表にそくしてまなざされ、抑圧されていたという現実を相対化することにもつながってしまった。[84]

さて、ワシントンの思想と実践は、大西洋の彼岸に住むアフリカ人エリートたちにも強いインスピレーションを与えた。たとえば、いずれも当時の南アで著名なアフリカ人指導者であった前出のデュベとジャバヴは、ワシントンから多くを学んだことが知られている。前章にも登場したデュベは、アフリカ人が使用できる土地の拡大を政治権利の獲得に優先し、隔離を認めるような姿勢をとるなど、白人に妥協的であったと評価されることもある。他方で、白人にも一定の評価を受けていたワシントンとタスキーギの名前をもちだし、あえて白人支配者の言説に寄り添うような姿勢をみせることで、自らの主張を表明する回路を確保しようとしたとの解釈もある。[85]人種差別に基づく隔離を無条件で受容し、白人の顔色ばかりをうかがって行動した人物ではなかったことは、これまでみてきた通りである。

ジャバヴは、一九世紀後半の著名なアフリカ人ジャーナリストで政治指導者でもあったジョン・テング・ジャバヴ（第1～2章参照）の息子で、エディンバラ大学に留学した経験をもつ。教養教育を受けてきたジャバヴは、実業教育を重視したデュべとはやや毛色が異なる。彼はアフリカ人向け高等教育機関であるフォート・ヘアで古典語や英文学を講じており、アフリカ人の政治権利についてもこれを断固として擁護する姿勢をみせた。それでもジャバヴはワシントンの思想を高く評価しており、とくに自立したアフリカ人農家の育成を目標に、タスキーギが提供する農業教育をモデルとする技術指導を推奨した。実際、彼は南ア政府の要請でタスキーギを視察し、報告書も執筆している。[86]なお、デュべもジャバヴも協議会が結成されると、そのメンバーになった。

ワシントンの思想は、アフリカ人のみならず、南アのリベラル派白人にも影響を与えた。南アでも二〇世紀になると実業教育の普及が唱えられるようになったが、この文脈でアメリカ南部の黒人教育、とくにタスキーギやハンプトンの教育実践が参照されるようになった。ワシントンの理念と教育を南アの政策に反映させようとした人物のひとりが、先述したロラムだった。ロラムはアメリカ留学中に両学院を訪問して調査を行っており、一九一七年に出版した『南アフリカ原住民の教育』ではアフリカ人の生活やニーズに適合した教育を提唱した。彼はアフリカ人固有の生活に有益な技術や技能を教えるべきだと述べる一方、白人と協調しながらアフリカ人大衆を引っ張る指導者を育成する必要性も訴えている。[87]なお、ロラムがコロンビア大学で博士論文を執筆していたのとほぼ同じ頃に、フェルプス・ストークス財団の支援を受けたジェシー・ジョーンズが南部の黒人教育についての調査を行っており、ロラムと同様、教養教育よりも実業教育をベースとするカリキュラムを推奨したことはすでに述べた。ふたりは友人だった。

他方で、南アにおいて、ワシントンの思想が彼を評価するすべての人たちにそのまま受容されたわけではない。むしろ、各々の地位や状況に応じて、ワシントンの思想の一部を参照したり、それを南アの事情に合わせて組み替えたりするなど、戦略的な受容が行われたというべきだろう。こうした点も念頭におきつつ、次節では協議会に参加した人々のプロフィールと思想をみていこう。

3　草創期の協議会——人と思想

（1）白人たち

ⓐ協議会に集った人々——初期のヨハネスブルク協議会を中心に

協議会にはアフリカ人の待遇改善や権利擁護を訴えていたリベラル派白人や、西洋教育を受けたアフリカ人エリートたちが参加した。では、これらの人々は具体的にどのような問題意識をもち、協議会での活動を通じていかなる社会を実現しようとしたのだろうか。

協議会は南ア各地に設立され、各々が自立性を保ちながら相互に結びあう組織構造だった。原理上、協議会どうしに上下関係はない。とはいえ、二〇世紀前半を通じて常に指導的地位にあったのは、最古にして最大規模のヨハネスブルク協議会であり、そのメンバー構成を分析することで関係者の概略をつかむことができるだろう。本書も、主にヨハネスブルク協議会の動向に焦点をあててゆく。

ヨハネスブルク協議会の年次報告書には役員一覧の記載がある。現存する史料で人事情報を確認できる最古のものは一九二五〜二六年の報告書である。[88]それによると、当時の会長はハワード・ピムで、副会長がW・M・マクミランとG・M・シヴェティエ（Gideon Mdoda Sivetye, 生没年不詳）牧師、名誉書記がJ・D・レイナールト・ジョーンズ、副書記がR・V・セロペ・テマ（Richard Victor Selope Thema, 一八八六〜一九五五年）だった。その他の執行部メンバーとして、レイ・E・フィリップス牧師（Ray Edwards Phillips, 一八八九〜一九六七年）、W・フランシス・ヒル神父（W. Francis Hill, 生没年不詳）、R・F・アルフレッド・ヘルンレ（R. F. Alfred Hoernlé, 一八八〇〜一九四三年）、O・D・シュライナー（Oliver Deneys Schreiner, 一八九〇〜一九八〇年）、H・セルビィ・ムシマン（Henry Selby Msimang, 一八八六〜一九八二年）の名前があげられている。このうち、シヴェティエ、セロペ・テマ、ムシマンはアフリカ人である。以下ではまず、白人メンバーに注目したい。

会長のピムについてはこれまでも言及してきた。ヨハネスブルクを拠点とする会計士でクエーカー、南ア戦争期に高等弁務官を務めたアルフレッド・ミルナーの友人でもあった。二〇世紀初頭の南アで有数のリベラル派白人で、ASAPSとも太いパイプをもち、帝国フィランスロピー・ネットワークにおける南ア側の窓口というべき存在だった。もっとも、アフリカ人の福利についてのピムの思想は一筋縄ではいかない複雑さをはらんでいた。これについては、すぐ後で論じる。

副会長のマクミランには前章で言及したが、ここではもう少し詳しく経歴を紹介しておこう。マクミランはケープに住むスコットランド人宣教師の子として生まれ、オクスフォード大学で学んだ。イギリス滞在中にウェッブ夫妻に感化されて一九一一年にフェビアン協会に入会する一方で、グラスゴーのセツルメント運動に参加してフィランスロピーの経験を積んだ。南アに戻り、一九一〇年にグレアムズタウンのローズ大学で歴史学および経済学講師の職を得ると、プアホワイト問題への関心を深めていった。イギリスでブースやラウントリーらが発展させた社会調査の手法を用いて貧困の現状を把握しつつ、行政に対しては明確な貧困線を設定し、それに基づく政策立案を要求した。その結果、グレアムズタウン市当局はプアホワイト問題に対処するための部局を新設し、また、プアホワイトのための「社会福祉連盟」というチャリティも設立された。一九一七年、マクミランは南アフリカ鉱業技術学校（ウィットウォーターズランド大学の前身）に移籍する。そこで彼は、農業における資本主義の浸透が白人のみならずアフリカ人の貧困を引きおこしているとの認識を強めていった。プアホワイト問題と原住民問題は密接な関係にある。アフリカ人の利益を犠牲にしてプアホワイトを保護するとアフリカ人の経済力が成長しないし、適切な労働力の配分が妨げられるので、南ア経済の発展が制約を受ける。そうした認識の下で、彼はアフリカ人の生活や貧困についての研究を本格的に開始した。[89]

南アにおけるアフリカ人を取り巻く状況への関心を強めたマクミランは、次第に協議会の主要メンバー、とくにレイナールト・ジョーンズやヘルンレとの交流を深めていった。その後、彼はトランスカイの農村調査を通じてリザーブに住むアフリカ人の貧困状態をいっそう強く認識するとともに、政府（そして協議会の白人メンバーの一部）が主張するリザーブでのアフリカ人の自活が幻想にすぎず、現実は出稼ぎ労働に生計を依存していることを学んだ。出稼ぎ労働者が提供する安価な労働力こそが、南アの産業と経済を下支えしている。ならば、人種間の強制的分離をはかる隔離政策は本質的に無意味ではないか。南ア経済を総体として把握することで、マクミランは抑圧的な隔離政策を批判するようになっていった。次第に彼は、政府に対する穏健な働きかけで満足し、弥縫的な政策のみを提案することで人種差別という問題の根本に挑戦する気概がみられないとして、協議会への不満も強めていった。一九三三年、マクミランは大学を離れ、イギリスに移住した。[90]

南ア時代のマクミランが後進に与えた思想的影響は大きい。ローズ大学でマクミランに師事し、のちにウィットウォーターズランド大学で彼の同僚となったマーガレット・ホジスン（のちバリンジャー）は、師と同様に隔離政策への批判を強めていき、やがては連邦下院議員としてアフリカ人の権利向上に取り組むことになる。彼女も協議会のメンバーだった。[91] それと同時に、前章でみたように、マクミランはイギリスを拠点とするＡＳＡＰＳやアフリカの友などの団体、労働党関係者とも密な関係を築き、本国でも植民地問題の専門家としての名声を高めていった。マクミランの南アについての分析は、イギリスの帝国フィランスロピストにも影響を与えた。たとえば、隔離の不可能性を強調する彼の主張は前章で紹介したシドニー・オリヴィエのそれに近く、実際に後者は『アフリカの悲惨さの解剖』を執筆する過程で前者から助言を受けていた[92]。

執行部のひとりであったアルフレッド・ヘルンレは、ウィットウォーターズランド大学の哲学教授である。ドイツ出身の父親はイングランド国教会の宣教師としてインドで活動した人物で、アルフレッドはドイツで中等教育を受けた後にオクスフォード大学で学んだ。バーナード・ボサンケから薫陶を受けた彼は一九二三年にウィットウォーターズランド大学に着任した。戦間期におけるリベラル派白人の牙城ともいうべき同大学に身をおいたヘルンレは、哲学のみならず人種をめぐる問題にも関心を強めていき、自らも協議会に参加し、ＳＡＩＲＲでは理事長を務めた[93]。

キリスト教会関係者の存在感も目を引く。南アはかねてより宣教活動がさかんな地域で、二〇世紀初頭におけるプロテスタント宣教団の規模という点では、中国、インドに次ぐ地位にあった。アフリカ人キリスト教徒の数も増え、一八七八年ではアフリカ人人口の一割ほどを占めるにすぎなかったのが、一九一二年には四分の一、第二次世界大戦後には過半数がキリスト教を受容するまでになった[94]。そうした社会において、白人宣教師たちはいまだに独自の存在感を誇っていた。彼らの多くは人種差別や貧困に直面するアフリカ人に同情的な姿勢を示した。多様な教派の代表者が参加して一九二一年に開催された全国宣教会議では、アフリカ人の税負担軽減、産業におけるカラーバーの再考、アフリカ人に対する刑事罰の緩和などを求める決議が採択されている[95]。

二〇世紀前半の宣教師たちに大きな影響を及ぼしたのが、「社会的福音（social gospel）」の概念と運動である。工業化により貧富の差が拡大し、社会の分断と民主主義の衰退をもたらすのではないか。過度の競争と強欲がモラルの低下を招いているのではないか。そのような懸念を背景に生まれた社会的福音運動は、教会が現世の社会問題にも積極的に取り組むべきだとの信念の下で、キリスト教精神に基づく社会改革を唱えた。イギリスでは個人主義や資本主義に対する宗教の見地からの批判が展開され、教会は経営者に生活賃金を払うよう求めるとともに、ソーシャルワークを通じた貧民の生活改善に力を注いだ。アメリカでも同様に、資本主義によって破壊された共同性を回復し、すべての市民にとって公正な社会の建設が叫ばれるようになり、ハルハウスを拠点としたセツルメント運動に代表される取り組みがさかんに行われるようになった[96]。社会的福音は南アで活動する宣教師や聖職者たちの行動指針にもなり、教会ではアフリカ人の経済生活や労働環境の改良を求める声が強まったが、同時に、ブッカー・T・ワシントンの活動を模範に、勤労・自助・道徳心の向上を通じた生活改善も重視された[97]。

社会的福音は協議会に参加した白人宣教師たちにも広く受容されていた。たとえばヨハネスブルク協議会の創設メンバーでアメリカン・ボード（会衆派）所属の宣教師だったF・B・ブリッジマンは、社会的福音の理念に基づきさまざまな社会事業に取り組んだ。他の多くの宣教師と同様、彼はアフリカ人の本来の居場所は農村部だと考えており、先住民の都市化を否定的にみていたが、都市のアフリカ人労働者を対象に健全な娯楽を提供することの重要性を訴え、バントゥ・メンズ・ソーシャル・センターの創設を主導した[98]。ブリッジマンの同僚だったレイ・フィリップスも社会的福音の信奉者で、アフリカ人の生活や労働環境の改善に熱心に取り組み、同センターの組織担当書記も務めた。その一方で、彼はフィランスロピーを、アフリカ人の間で共産主義が浸透するのを阻止するための手段とも考えていた[99]。同センターとフィリップスについては次章で論じる。

ⓑＪ・Ｄ・レイナールト・ジョーンズ――協議会の実質的指導者

このように協議会には多彩な顔ぶれが集結したが、そうした人々を取りまとめ、運動の組織化を牽引したのが名誉書記のレイナールト・ジョーンズだった。彼はヨハネスブルク協議会の活動を差配するだけでなく、戦間期から第二次世界大戦期を通じて協議会運動全体の実質的な指導者として活躍した。レイナールト・ジョーンズは、ウェールズでカルヴァン主義メソディストの牧師の家庭に生まれた。一九世紀ウェールズに特有の信仰心とリベラリズムを苗床に社会奉仕と改革の精神を育んでいった彼は、中等教育終了後に兄が住むケープタウンに移住した。同地でカラードを取り巻く諸問題と人種関係への関心を深める傍ら、学校教師のエディスと結婚し一女をもうけた。エディスは夫とともに協議会で重要な役割を担うようになる。一九一五年には『南ア季報（*South African Quar-*

写真8　J・D・レイナールト・ジョーンズ

出典）Edgar H. Brookes, *R. J: In Appreciation of John David Rheinallt Jones and His Work for the Betterment of Race Relations in Southern Africa.* Johannesburg: The South African Institute of Race Relations, 1953.

terly)』の編集者になった。(100)

レイナールト・ジョーンズは一九一九年にウィットウォーターズランド教育評議会書記のポストを得て、ヨハネスブルクに居を移す。同評議会はラントにおける高等教育の振興を目的としており、ウィットウォーターズランド大学の設立においても重要な役割を果たした。この縁を通じて、彼は多くのリベラル派白人と出会い、人脈を広げていった。この時期にとくに重要なのはロラムとの関係で、彼はロラムを通じてフェルプス・ストークス財団から派遣されてきたジェシー・ジョーンズとアグレイの知己を得て、協議会の創設に関わった。その後は協議会の実質的な指導者として運動をとりまとめていく一方で、SAIRRの設立にも参加して調査・研究の実務で采配を振るった。妻のエディスも新設された女性部門を統括する立場に就き、夫婦で研究所の顔となった。長年の同志であるエドガー・ブルックス（後述）によると、「当初、人種関係研究所はレイナールト・ジョーンズそのものであり、少し後にはレイナールト・ジョーンズ夫妻そのものになった」(101)。こうした活動を通じて、彼はリベラル派白人のみならず指導的な地位にあるアフリカ人らとも親交を深め、原住民問題の専門家としての地位を確立していった。(102)

レイナールト・ジョーンズが多士済々の協議会関係者をまとめることができた理由のひとつは、彼の思想にあるだろう。ウェールズの非国教徒家庭で生まれ育った彼は、キリスト教とリベラリズムの精神をあわせもっていた。(103)こうした人格は、リベラル派の知識人だけでなく、聖職者の信用を得ることにもつながったように思われる。同時にレイナールト・ジョーンズは、「事実がもつ力を信奉しており、とくにそれが正確な統計」により裏打ちされていることを好んだ。彼はフェビアン協会には入会しなかったが、「測定と公開」という協会のスローガンに賛同していたとされる。[104] 社会問題を科学的に調査して「事実」と「数字」を収集し、その成果を公表しつつ自ら問題解決に取り組む姿勢は、フェビアン社会主義に近いメンバーたちとも通ずる面があったといえよう。もちろん、協議会内部でも意見の相違や対立はあり、レイナールト・ジョーンズが批判を受けることもあった。とはいえ、それが協議会という運動そのものの分裂につながることはなかった。

(2) 思　想

ⓐハワード・ピムの隔離論

協議会の白人メンバーは貧困や差別に直面するアフリカ人に同情し、それらの問題を改善することによる、安定的な人種関係に基づく社会の建設を目標とした。だが、そのようなフィランスロピーの思想は、単純な現状批判には収まらない複雑な構造を有していた。ヨハネスブルク協議会会長であったピムの例をみてみよう。

一九二五年にヘルツォーク首相が自らの隔離に関する考え方を披瀝した、いわゆるスミスフィールド演説について分析しながら、ピムは次のような議論を展開している。[105] カラーバーにより労働効率のよいアフリカ人が労働効率の悪い白人に職を奪われるようなことになれば、アフリカ人たちは強い不満を抱くだろう。さらに、アフリカ人が自ら進んで技能を鍛える道を阻むような制度は、希望を奪うだろう――ここまでだと、ピムが人種間の隔離に否定的な見解を有しているようにみえる。だが、彼は続けてこう言うのである。「世論によって形成された自然なカラーバー」に自分は反対しない、とくに居住領域における隔離（領域的隔離）は否定しない、と。

実は、ピムは二〇世紀初頭から、人種隔離こそがアフリカ人を保護し救済するための有効な手法だと訴えてきた。デュボウによると、ピムは隔離を支持した最初期の人物のひとりであり、アフリカ人を適切に統制し、彼らに対する福祉や治安にかかる費用を軽減するためには、アフリカ人を農村部のリザーブに住まわせ、伝統的な「部族制度」を通じて管理するのが望ましいとの主張を、早くも一九〇五年に行っている。[106] 一九〇六年にヨハネスブルクで創設された隔週クラブ（Fortnightly Club）は、社会ダーウィニズムの議論も取り入れながら原住民問題への科学的アプローチを目指す人々が集う拠点であったが、ピムは「ミルナー・キンダーガルテン」の主要人物で、のちにラウンド・テーブル運動を率いたライオネル・カーティスとともに、そこでの中心メンバーのひとりだった。一九〇八年にトランスヴァール原住民問題協会が設立されると、ピムは会長に就任した。同協会は、「リベラルで一貫性があり、実用的な原住民政策」を南アで実現することを目標としており、隔離政策に関する議論の形成と発展において重要な役割を果たした。彼は同協会での活動を通じて、人種隔離についてのヴィジョンを練っていった。(107)

ピムは、「土地に依拠したアフリカ人共同体を維持し、彼らの恒久的な都市化とプロレタリア化を阻止する」手段として、領域的隔離が有効だと主張した。(108) その背景には、農牧を生業とし農村を拠点に生活を営むことこそが、アフリカ人の「自然な」姿であるという観念があった。(109) リザーブでは豊かな農村社会が建設可能であり、自給自足の農業こそがアフリカ人の生活と慣習の核心にある——そのような考え方は、二〇世紀半ばに至るまで多くの白人に受容されていた。これは第I部で検討した帝国フィランスロピーの分類では人権イデオロギーに近く、イギリスを拠点とする帝国フィランスロピストも同様の主張を繰り広げていたのは、すでにみた通りである。だが、アフリカ人の農村への固定化とそこでの発展はいかにして両立可能か。彼はその解決策をブッカー・T・ワシントンの主張にみいだした。黒人は農村にとどまり、教育と技能を身につけ、自助努力を通じて経済力を高めるべきだとのワシントンの思想に感銘を受けたピムは、原住民問題協会でワシントンが提唱した実業教育についての議論を重ねるなどした。このように、ピムは隔離の有効性を唱えていたが、他方でアフリカ人を白人の利益のためにのみ搾取することを主張する立場からは距離をおいていた。(110)

再び彼のスミスフィールド演説分析に戻ろう。ピムは、ヘルツォーク政権が推進するような、産業におけるカラーバーに反対する。教育と技能の習得を通じてアフリカ人が自ら成長する機会を阻むからであり、こうした考えはワシントンや人種関係理論の主張とも重なりあっている。他方で彼は、その他の形態の隔離を支持する姿勢を鮮明にしている。アフリカ人の参政権についての見解をみてみよう。南ア連邦を構成する州のうち、ケープでは非人種的選挙制度が存続していたが、ヘルツォークは将来的にアフリカ人有権者が白人有権者を数的に凌駕すると訴え、アフリカ人選挙権の廃止を唱えていた。ピムもまたアフリカ人有権者の増加は確実であり、ヘルツォークが言うような事態を白人が受け入れることはできないとした。そのうえで、ピムは代表政府制度がはたしてアフリカ人にふさわしいかを問う。彼によれば、国民が代表を選び議会で討論する制度はアングロ・サクソンが発展させたものであり、「バントゥのような［アングロ・サクソンとは］大きく異なる人々にとってそれが適しているかどうかは、控えめにいっても疑問の余地がある」。それゆえ、ピムは白人とアフリカ人が異なるという前提に立って物事を考えていくべきだと説くのである。

この観点からすると、「バントゥは子どもだ」という言説は不適切だ。それが人種差別的だから、という理由ではない。そうではなく、白人を大人、アフリカ人を子どもとする定式の根本には、アフリカ人がヨーロッパ人と同じ経路をたどって政治的に発展していくという前提があり、それが今日では疑問視されるようになってきたからである。アフリカ人は固有の文明をもち、白人が到来する前は独自の社会を築いていた。しかし、白人と接触することで、固有の発展経路をたどる道が閉ざされてしまった。もし白人がアフリカ人を助けられるとするならば、アフリカ人が固有のやり方で発展できるように後押ししてあげることだ。つまり、アフリカ人の発展を見守る「受託者」としての役割を白人が果たすべきだということだが、それが戦間期イギリスにおける帝国フィランスロピー――新たな国際社会の規範をも反映した信託イデオロギー――の主要な論点であったことは、第Ⅰ部でも繰り返し述べた。第二に、白人とアフリカ人が異なるとすれば、アフリカ人の政治制度はアングロ・サクソンの議会制と異なるものであっても構わない。第三に、アメリカの事例から学ぶことが大切である。南北戦争後のアメリカでは黒人にも選挙権が与えられたが、その後の歴史から得られる教訓とは、「ニグロの大多数は選挙権にふさわしくない」ということである。ひとつの人種を抑圧することで他の人種が力を得ることも、異なる人種に一律に同様の権利を与えることも正しいとはいえない。まとめると、ピムは産業におけるカラーバーなどには反対だが、領域的隔離と政治制度における隔離を支持する立場であった。もっとも、政治制度における隔離に対しては、彼は次第に批判を強めていくことになる。

以上のように、ピムは人種の差異を強調した。アフリカ人と白人が異なる文明の落とし子である以上、異なる生活様式をもつのは当然であり、それを尊重すべきだ。アフリカ人に固有の文明は農村を拠点としている。「部族制度」に基づく生活様式を維持するためには、農村部で十分な規模のリザーブを確保し、アフリカ人をそこに住まわせることが望ましい。農村でこそ、アフリカ人は「純粋無垢」でいられるのである。リザーブはまた、鉱山などでの出稼ぎ労働から帰郷したアフリカ人労働者の再生産の場所でもあった。対照的に、都市はアフリカ人にとって異質な空間とみなされた。[111] 西洋文明を象徴する都市は、退廃や汚染といった言葉と結びつけられ、売春、窃盗、政治的急進主義がはびこる場所である。「純粋無垢」な他者であるアフリカ人はそうした悪徳に染まりやすく、それは結果として彼らの野蛮への回帰をもたらし、白人住民にも脅威を与えるであろう。産業社会でプロレタリア化したアフリカ人が伝統的な規範意識を失っていくなかで、そうした産業社会の毒牙からアフリカ人を保護し、彼らの「伝統的な生活様式」である農村社会を維持する必要がある。[112] そのうえで、良好な人種関係を構築するために、都市を拠点とする白人と農村を拠点とするアフリカ人の間で、適切な社会的距離を確保するべきだ。そのような南ア社会の実現に向けた取り組みこそが、ピムにとっての帝国フィランスロピーなのであった。

ⓑ隔離・科学・人種関係

南アにおける帝国フィランスロピーの唱道者で人種隔離を支持したのはピムだけではない。それどころか、初期における隔離イデオロギーの体系化と理論化に大きな貢献をなしたのは、協議会メンバーの中核を占めていたリベラル派白人たちであった。[113] プレトリア協議会に所属していたエドガー・ブルックス（Edgar Brookes, 一八九七～一九七九年）は、一九二四年に出版された『南アフリカにおける原住民政策の歴史』において、「行政、法、政治、経済、宗教、社会の領域における」人種隔離が、「原住民問題」に対する「妥当で望ましいのみならず、不可避の解決策」であると主張した。彼はまた、優生学の観点から都市における人種混淆を懸念し、アフリカ人が農村部のリザーブを拠点とした生活を維持する必要性を強調した。ヘルツォークはブルックスの提言を絶賛し、自らの政権が推進した隔離政策の理論的根拠に用いるとともに、『原住民政策の歴史』の出版にあたりさまざまな便宜をはかったとされる。もっとも、白人とアフリカ人の「区別」を多人種社会の統治原理にするよう唱える一方で、ブルックスはそうした「区別」が「優劣」を意味するわけではないとも述べている。また、鉱山業に代表される南アの経済活動がアフリカ人労働力に依存している以上、異なる人種間のあらゆる交流を閉ざす完全な隔離は不可能だとした[114]。

ＳＡＩＲＲで初代理事長を務めたロラムも、隔離の信奉者だった。彼は、アフリカ人を肉体労働者としてのみ考えて搾取する人々を抑圧主義者、その反対に白人とアフリカ人を対等に扱うべきだと唱える人々を平等主義者と呼び、両者を批判した。ロラムはこれら両極端の中道を追求するべきだとし、そうした姿勢を支持する人々を隔離主義者と呼んだ。そのうえで、隔離主義者の目的は、「原住民問題」に科学的に取り組み、アフリカ人が「人種の遺伝子にそくした経路で発展する」機会を担保することだと述べ、人種間の対立ではなく協力に根差した南ア社会の建設を提唱した[115]。

ロラムが隔離を正当化する際に拠り所としたのが、科学であった。隔離政策が強化されていく一九二〇年代には、ＩＱテストなどを含む知能検査を通じてアフリカ人の知性と潜在能力を科学的に測定することが、原住民問題への解決策を模索するうえで重視されるようになった。教育学者のロラムは、アフリカ人に知能検査を実施することで彼らの知性の水準を測定しようとした先駆者のひとりである。彼によると、すべての年代のアフリカ人の子どもは精神における「効率性」という点で同年代の白人の子どもの五〇％、インド系の子どもの七五％であり、思考速度も他の人種に比べて遅いとされた。結論としてロラムは、アフリカ人の心理状態と文明の段階に適合した教育を提供すること、具体的には現地語での教育と実業教育を提唱した。このように教育において白人とアフリカ人を分離する考えは、隔離政策の唱道と不可分のものであった。それはとりもなおさず、科学と政治が密接な相互関係にあったことを示している。他方でロラムは、アフリカ人の精神と知性の発達は思春期後に遅延する、という一部の心理学者の見解には否定的で、アフリカ人の「劣位」を生来のものだとする思想にも与しなかった。また、優生学を受容しながらも、教育を含めた外的要因や環境が個人に及ぼす影響も認めることで、アフリカ人の発展可能性を否定することもなかった。この意味で彼は、人種の絶対的差異とそれを前提とした厳格な隔離政策からは距離をおいていた。[116]人権イデオロギーをベースに人種隔離の有効性を強調しつつ、科学の名の下で具体的な政策を提唱する姿勢は、ときに抽象的で理論的な主張に傾きがちなＡＳＡＰＳ関係者のそれとは異なる、現地人ならではの帝国フィランスロピー実践といえよう。

隔離を下支えしたもうひとつの科学は、人類学である。南アで人類学研究が花開いたのは二〇世紀に入ってからで、人類の起源と発展に対する関心から、当初は形質人類学が強い影響力を誇った。それは人種間の差異やヒエラルキーをめぐる議論とも関わりあっており、形質人類学者たちは、多様なアフリカ人を人間進化の諸段階に位置づけることで異なる人間集団間の違いを強調し、とくに南部アフリカの先住民であるコエやサンを最下等の人種と位置づけた。[117]

しかし、戦間期に入ると、形質人類学が標榜する科学的客観性は挑戦を受けることになった。一九二〇年代半ばから社会人類学の教育と研究が本格的にスタートすると、形質人類学は次第に守勢にまわることになる。一九二一年、社会人類学の創始者のひとりであるＡ・Ｒ・ラドクリフ゠ブラウンがケープタウン大学教授に着任した。機能主義人類学の成立に多大な貢献をなしたラドクリフ゠ブラウンの影響を受けて、南アにおける社会人類学はアフリカ人の生活や文化に固有の価値を認め、フィールドワークを通じてそれを観察・記録しつつ、対象社会を機能論的に把握することを重視した。同時に、文化接触の概念に基づき、都市に住むアフリカ人にも着目し、彼らが西洋社会にどう適応していくか、また、その過程で白人社会といかなる相互関係を形成していくかも研究された。文化と人種を区別して前者を重視する社会人類学者たちにより、形質人類学が提示してきた固定的な人種分類や人種間の優劣といった概念は厳しい批判にさらされるようになったが、そこには形質人類学に依拠していた隔離政策を疑問視するという政治的含意もあった。実際、ラドクリフ＝ブラウンは南ア政府の隔離政策に批判的だった(118)。

人類学は、協議会を拠点とする帝国フィランスロピストたちにも大きな影響を及ぼした。アルフレッド・ヘルンレは、そのひとりである。妻のウィニフレッドは南ア生まれの社会人類学者の草分け的存在で、ラドクリフ＝ブラウンとも親しく、フィールドワークに基づく先駆的な研究成果を数多く発表し、「南アにおける人類学の母」と呼ばれた人物である。彼女もウィットウォーターズランド大学で教鞭をとり、多くの優秀な後進を育てたが、そのひとりであるエレン・ヘルマンはアフリカ人ロケーションについての研究で顕著な功績をあげるとともに、ヨハネスブルク協議会の主要メンバーとしても活躍した。妻の影響も受けて人類学にも関心を寄せていたヘルンレは、社会人類学の観点から形質人類学が用いる「未開（primitive）」という概念に異を唱えた。「未開」という用語の背後にはアフリカ人を「子ども」とみるまなざしがあり、その根底に優越意識と侮蔑感情が潜んでいることを指摘し、これを糾弾したのである(119)。ヘルンレは科学的人種主義を疑問視し、「白人と黒人が互いを理解できないのは、後者が論理を欠いているからではなく、双方が［互いの社会と慣習に基づく］異なる前提から物事を主張しようとしているからだ」と述べた(120)。

加えて、文化接触に関心を払う南アの人類学は、異なる文化を基盤とする複数の人種が相互にいかなる関係を取り結ぶのかという問題を提起し、人種関係概念の普及にも貢献した。アフリカ人の社会や文化の特質を科学的に把握・分析したうえで、白人とアフリカ人の安定的な関係の構築を目指す姿勢が協議会の重要な指針となったことは、すでに述べた。人種関係というキーワードの下で、協議会は異なる人種が親和的な関係を築くことのできる社会や制度を構想し、その実現を目指していくわけだが、人類学の知見はそうした目的に寄与するとみなされた(121)。

だが別の角度から考えてみると、白人とアフリカ人の間に文化的差異を認める姿勢は、人種隔離の思想とも親和性をもちえる。機能主義人類学は、社会を有機体的なシステムとして把握する一方で、当該社会がおかれた固有の歴史的文脈を理解する姿勢や、社会の構成員である個人の日々の実践が社会にどのような変化を生み出すかについての視点が相対的に弱かったとされる。[122]そこから得られる知見は、アフリカ人社会に固有の価値を認めつつも、それを歴史的な変化に乏しく過度に安定的なものとみなす傾向をもつ。実際、アフリカ人の社会や文化の独自性を実証する社会人類学の成果は、アフリカ人は白人とは異なる独自の発展経路をもち、それを保護することがアフリカ人の福利を向上させるという主張、すなわち隔離を正当化する言説を補強することにもなった。レイナールト・ジョーンズやロラムらは、社会人類学が原住民問題の解決に貢献すると信じていたが、それは彼らが唱える隔離の理念を科学の名の下で正当化することにもつながった。[123]

ⓒ隔離の理念と実態

協議会の白人フィランスロピストたちは、人種隔離に基づき良好な人種関係を構築する道を模索したが、あるべき人種関係やそのなかでのアフリカ人の地位を決める権利は、自分たち白人にあると考えていた。彼らは南アとイギリスの帝国フィランスロピーに共通する言説（人権イデオロギー）に基づき、農村部で伝統的な慣習や制度に従って生きることが、アフリカ人のあるべき姿だと語った。ただし、「伝統社会」が無謬なわけではない。トランスカイのポート・セントジョンを訪れたレイナールト・ジョーンズは、同地のムポンド社会において、「保守的な力があまりにも強くチーフ［西ポンドランドチーフのヴィクター・ポト］に働きすぎる」ことで統治に悪影響が及ぶ可能性を指摘し、白人宣教師がチーフの近隣に住むことで「よいヨーロッパの影響」を与えることが望ましいと述べている。[124]宣教師の有用性を強調する主張は福音主義フィランスロピーの言説に近いが、協議会のメンバーに教会関係者が多かったことはすでに述べた通りである。アフリカ人に固有の文化を尊重するとしながらも、それが白人の定めた規範から外れる時には修正されなければならない。あくまでも、白人がイメージする「あるべきアフリカ人社会」を建設し維持するために、また、それに適応するアフリカ人を育成するために、必要な介入は行うべきなのである。

このことは、隔離を実際の社会に適用していくことの困難さを物語ってもいる。長年に及ぶ白人の征服活動と植民地支配を通じて、南アではすでに異なる人種間の多層的で多面的な相互関係が、地域的偏差をともないながら形成されていた。そもそも、白人が経営する産業や農業がアフリカ人労働力に大きく依存している以上、両者を截然と分離することが困難なのは自明の理である。隔離における理念と現実のギャップは、隔離政策を推進する南ア政府はもとより、協議会のメンバーたちにも難問を突きつけるものだった。

理論の面で、この問題への解答を示そうとしたのは哲学者のヘルンレだった。彼は完全な人種の分離は政治的にも経済的にも実現困難と断じつつも、アメリカ南部にならって「分離すれども平等」の原則に基づく南ア社会の構築を提唱した。ヘルンレによると、アフリカ人は自らの経路にそって発展する機会を保障されるべきだが、ここでの「自らの経路」は二つの意味をもつ。ひとつは白人とは異なるアフリカ人独自の文化に根差した道筋という意味であり、もうひとつは白人支配という環境で生存を維持するためにアフリカ人が主体的に選び取った、あるいは、わが物にした文化に基づく歩みである。アフリカ人はすでに西洋文明から不可逆的な影響を受けており、いずれ西洋の価値観に適応していくだろう。しかし、彼らは西洋文明をあるがままに受容するのではなく、それをアフリカの歴史や伝統の色に染めながら自らのものとしていくはずだ。その結果、ヨーロッパが諸国家に分かれながらも共通の文明を基盤として存続しているように、南アに住む多様な人々（白人も含む）も互いの自立性を保ちながらひとつの社会をつくっていけるだろう。パークの人種関係理論からの影響が色濃く感じられるヘルンレの主張は、隔離の原理を維持しながら多人種共生を実現する道を示すものとして、当時のリベラル派白人の多くから賛同を得たという。[125] 他方で、彼の主張の根底に西洋中心主義をみいだすのは難しくない。その意味では、人権イデオロギーと福音主義フィランスロピーの折衷とも言えるだろう。

実践面でも、隔離の理念と実態をすり合わせていくのは容易ではなかった。とくに問題となるのは、各方面から人口が集まる都市である。アフリカ人が相対的に均一な共同体を形成する農村部とは異なり、都市空間で人種に基づく住み分けを実現するのは容易ではなく、さまざまな矛盾や例外が集約的に発生するからである。都市に定住するアフリカ人たち（「脱部族化した原住民」とも呼ばれた）をどう扱うかは、当時の為政者にとっても悩ましい問題だった。[126] レイナールト・ジョーンズは、一九二四年の「都市における原住民の将来」と題した講演で、都市におけるアフリカ人ロケーションの設置権限を認めた一九二三年原住民（都市地域）法を高く評価し、「原住民の将来はヨーロッパ人が住まう都市にはないこと」を受け入れるようアフリカ人に求めた。都市在住アフリカ人が増加傾向を示すなかで、これ以上の都市化は望ましくないというのが彼の本音である。しかし、現実にはすでに都市に居住しているアフリカ人がおり、彼らの利益は都市地域法が唱える管理と隔離の規程にそくして保護されねばならない。都市地域法は、ロケーションを設置した都市当局に対して、そこに居住するアフリカ人に良好な住環境と衛生、および健全な余暇を提供することを求めており、レイナールト・ジョーンズはこうした規程を遵守することで都市在住アフリカ人の生活が改善されると考えていた。[127] 都市のアフリカ人をロケーションに隔離する領域的隔離は望ましい。だが、都市で白人の隣人として生きることを選択したアフリカ人に対しては適切な福祉を提供し、可能な限り白人と同等の生活を担保することが必要だ。そうすることで、良好な人種関係を築くことができる。これは第I部でみたAPS／ASAPSの主張に近いが、かかる意識の下で、協議会はアフリカ人を対象とする独自のフィランスロピーを展開していった。

(3) アフリカ人たち

ⓐアフリカ人メンバーとその思想

ヨーロッパ人・アフリカ人協議会は、文字通り二つの人種の協力を目指した組織であり、そこには多くのアフリカ人もメンバーとして加わっていた。たとえばヨハネスブルク協議会には、トランスヴァールのＡＮＣ構成団体であるトランスヴァール・アフリカ人会議の指導者らが参加した。彼らの多くは、西洋教育を受けたキリスト教徒で、医師、法律家、教師、牧師、役人（事務官や通訳など）、事務員、ジャーナリストなどの職に就くエリートだった。[128]他の協議会でもアフリカ人メンバーのプロフィールはほとんど変わらない。[129]

では、アフリカ人は協議会への参加を通じて何を得ようとしたのか。まず、影響力をもつ白人とのコネクションは、それ自体が重要な政治的リソースだった。[130]さらに、政府の政策や法案についての問題点を、具体的な事実の収集や議論を通じて理解できることも大きなメリットだった。とくに法解釈は高度な専門知識を要するものだが、協議会の白人たちは法案の条文を逐一解説してその問題点を指摘してくれたため、アフリカ人たちはそこから多くを学んだという。協議会の主要なアフリカ人メンバーのひとりであるセルビィ・ムシマンは、「協議会での議論を受けて作成した覚書は、［政府に意見を表明するうえで］きわめて有益だった」と述懐している。[131]アフリカ人政治運動を率いた指導者たちの多くも、南アの現状や政府との交渉方法を協議会への参加を通じて学んだ。その意味で、協議会はアフリカ人ナショナリストの学校でもあった。[132]

とはいえ、もちろんそのことは、協議会の白人メンバーとアフリカ人メンバーの主張が常に一致していたことを意味するわけではない。後者のなかには、運動に対する期待やそのあるべき姿をめぐり、白人たちとは異なる展望を示す者も多かった。ヨハネスブルク協議会のセロペ・テマはＡＮＣにも属し、一九一九年にはアフリカ人の主張を伝えるべくヨーロッパに赴いた経験をもつ（第3章参照）。彼は協議会の理念を称揚しつつも、そこに白人メンバーとは異なる目的と希望をみいだそうとした。

一九二四年にヨハネスブルクで開催された原住民問題会議にて、セロペ・テマは「協議会と協議会連合の設立」という題目で演説した。[133]彼はアメリカの黒人指導者デュボイスの発言や著作を引きながら、人種が重要課題となりつつある現状を踏まえ、自らの優越性が危機に瀕していると考える白人たちに対して、「白人の有色人に対する敵

写真9　R・V・セロペ・テマ（後列左端）

出典）Bongani Ngqulunga, *The Man Who Founded the ANC: A Biography of Pixley ka Isaka Seme*, Cape Town: Penguin Books, 2017.

対的姿勢こそが白人の優越に対する最大の危機だ」と説き、非白人に対する抑圧や侮辱がやまない限り、非白人は自由への戦いをやめることはないと明言した。人種隔離に対するアフリカ人の不満が増幅している南アで、目指すべき人種関係とはなにか。セロペ・テマが模範とするのは、国際連盟である。大戦の災禍を経て協同の精神のもとに設立された連盟の特質は、「人種や肌の色に基づく差別ではなく人類の兄弟愛という原理に立っている」点にあり、現に有色人種の国である日本、中国、ハイチ、エチオピア、リベリアも加盟国として他の白人諸国と対等の立場で議事や採決に参加している。「これは人類にとっての新たな曙光」であり、南アも連盟の理念から学ばなくてはならない。この発言は、アフリカ人も参加する共通の政治制度を擁護するものであり、隔離に対するテマの批判意識を反映していると読める。

セロペ・テマによれば、現下の問題を「黒人問題」と表現し、非白人の存在そのものを問題とみなす言説は誤っている。というのも、真の問題は人種間の「関係」にあるからである。そもそも、白人が南アに来なければ人種問題はおこらなかったのであり、特定の人種ではなく人種関係を問題として設定することで初めて異人種間の相互理解が促進される。協議会結成以前、アフリカ人はガーヴィーに導かれて「アフリカ人のためのアフリカ」を唱えていた。しかし、協議会を通じてすべての白人が「悪魔」ではないことを知った。協同という「時代精神」に依拠して損得を分かちあう必要性を説き、テマは演説を結んだ。

セロペ・テマは南アの問題を、国際社会の動向もにらみながら、グローバルな視野で理解しようとしている。彼は協議会を高く評価しているが、それと同時に、白人の到来が人種問題を惹起したというくだりは、およそ当時の白人の口から出てくるとは思えないアフリカ人ならではの主張だった。また、協議会の白人メンバーにみられるような人種間の差異を強調する姿勢や、都市に住むアフリカ人に対する否定的なまなざしも確認できない。さらに、セロペ・テマがデュボイスを高く評価していることにも注目したい。すでにみたように、協議会の白人たちのなかにはブッカー・T・ワシントンに共鳴する者が多かった一方で、隔離を批判し、共通の市民社会の下における黒人の政治的権利の拡大を訴えたデュボイスの名が言及されることはほとんどなかった。他方で、南アのアフリカ人エリートにとって、ワシントンとデュボイスの対立はあくまでも相対的なものだった。実際、セロペ・テマはデュボイスを称揚したが、同時に、ワシントンが強調する農業振興と自助の精神も高く評価していた。[134] セロペ・テマが演説で言及した「人種関係」という用語がワシントンの思想と不可分であり、協議会の白人メンバーも共有する理念であったことはすでに述べた通りである。それを踏まえたうえでなお、協議会の白人メンバーたちが警戒するデュボイスを評価する姿勢は、やはりアフリカ人ならではといえよう。

隔離に対する批判意識は、協議会に参加した他のアフリカ人メンバーにも共通していた。一九二三年にオランダ改革派教会が主催した人種問題に関する会議にて、ブルックスがアフリカ人に固有の発展経路を強調して領域的隔離を支持する発言を行った際には、ANC指導者のひとりでキンバリー協議会に所属していたマハバネが、まずは隔離の妥当性を十分に論じるべきだと反論し、隔離がアフリカ人の政治権利の制限につながらぬよう求めた。[135] 隔離の促進をフィランスロピーだと考える白人メンバーに対して、アフリカ人メンバーは人種によって区別されない共通の市民権を求めたのであり、協議会がそれを実現するための手段となることを期待したのである。

ⓑアフリカ人の協議会へのまなざし

二〇世紀前半の南アでは、協議会のほかにもさまざまな団体が、広義の「人種関係の改善」を求める活動を展開していた。そのなかにはアフリカ人が主導する団体もあったが、「バントゥ［アフリカ人］の団体を通じてバントゥの指導力を奨励する」ことを目標に掲げる協議会は、それら組織とも協力関係を結ぼうとした。実際、初期の協議会にはANCの幹部が多く加入し、協議会もANCとの関係を維持する方針を採った。とはいえ、白人メンバーの一部が隔離を肯定し、政治・社会改革においても漸進的な路線をとるなかで、一部のアフリカ人は協議会への幻滅を深めていった。たとえばトランスヴァールANCの急進的なアフリカ人指導者たちは、協議会がアフリカ人の運動に外部から介入しようとしていると非難して、距離をおこうとした(136)。

一九二〇年代後半以降、協議会がアフリカ人の指導者をその内部に取り込むことで、アフリカ人の政治運動から活力をそいでいるとの主張が聞かれるようになった。レイナールト・ジョーンズは、協議会がANCなどのアフリカ人団体との協調に努め、アフリカ人指導者を集めた会議の開催に尽力してきたと自己弁護しつつも、結果は期待したほどのものではなく、アフリカ人の指導者や組織との一体感を醸成することに成功したとは言えないと認めざるをえなかった。そのうえで、ANCは重要な組織であるが、それが「好戦的で、反白人的な」組織にならぬよう留意する必要があると説いた(137)。

協議会が「好戦的で、反白人的な」急進主義を警戒した背景には、当時の共産主義の拡大に対する懸念があった。協議会に集った面々の思想信条は多様だが、共産主義への批判意識を共有する点では一致していた(138)。後年のことではあるが、レイナールト・ジョーンズは「共産主義の思想信条と活動方法に反対しており、また、［自身も］共産主義者から同様に非難されているので、共産主義が関与するいかなる運動にも参加するのは困難である(139)」と述べている。一九二〇年代後半には南ア共産党（一九二一年設立）の指導下でアフリカ人労働組合が結成される事例もみられ、協議会は共産主義がアフリカ人の運動に影響を及ぼすことで、人種間の対立がむしろ激化することを恐れていた。そうした思想的スタンスゆえに、協議会からみて「危険」とされたアフリカ人の運動には「過激」「好戦的で反白人的」「人種差別主義」といったレッテルが貼られ、批判の対象となったのである。

(4) 南アフリカ主義と協議会

ここまで協議会の基本的な特徴を概観してきた。では、二〇世紀前半南ア史研究の文脈で、協議会とその活動を分析することの意義は何か。この点で参照したいのは、南アフリカ主義（South Africanism, 以下、南ア主義）という概念である。

ⓐ南ア主義とは

この分野の研究を牽引してきたデュボウによると、南ア主義は多様な意味を含みつつ、その言説構造は時間が経つにつれて変化してきた。まずそれは、南アに対する愛国心を共通の基盤として、イギリス系とアフリカーナーという二つの白人集団の対立を緩和する取り組みのなかで形成された。イデオロギーとしての南ア主義が具体的な意味と訴求力を備えはじめるのは南ア戦争後であり、そこでは白人が支配する国家の建設を目標に、イギリス系とアフリカーナーが共有可能な性格をもちつつ、同時にイギリス帝国への帰属意識とも共存できるような穏健かつ中庸な国民意識の創造が目指された[140]。南ア戦争で衝突した二つの白人集団を和解させ、両者を包摂する制度・文化を構築していく際に参照されたのは、ケープ植民地の歴史であった。ケープ（とくに西部）では、アフリカーナーとイギリス系が独自の文化的伝統を維持しつつも、両者の協調に基づく政治文化が育まれてきたからである[141]。

南ア主義のイデオロギーはまた、科学の振興とも深く関わりあっていた。普遍的真理の探求を使命とする科学の発展は、文明や進歩を体現するとみなされており、そのような一見するとポジティヴな理念は、国民意識の形成を助けると同時に、汎帝国的な学知のネットワークに参加することで帝国への帰属意識を強化することにもつながると考えられた。白人に共通の歴史、文学、美術などの振興は、異なる白人集団が共有可能な国民意識の形成に寄与したし、科学の発展とそれを通じた学術界への貢献は、南アフリカ人としての自尊心と愛国心を高めた。とりわけ戦間期には、アウストラロピテクスの発見や南ア社会が直面するプアホワイト問題、原住民問題などに寄せて、人類学、社会学、教育学、心理学などの分野で南ア独自の貢献を果たそうという気運が高まり、政府もそれを積極的に支援した[142]。

ⓑあるべき南アをめぐるポリティクス——南ア主義と協議会

興味深いのは、初期の協議会を主導した人々が、南ア主義の唱道にも関与していたという事実である。南ア戦争後にこのイデオロギーを積極的に喧伝したのは、南ア連邦の早期実現を目指す連邦結成運動であったが、とくにその機関誌である『ステイト』はイギリス帝国への帰属を前提としつつ、独自の南ア国民（ただし白人に限定）意識の創出を目指した[143]。同誌は、たとえばヨーロッパ人による喜望峰への到達やケープの歴史を語る記事を掲載することで、アフリカーナーとイギリス系の双方が受容可能な歴史観を提示しつつ、それを共有する二つの白人集団の和解に取り組んだが、そのような記事の主要な執筆者のひとりが、初期の協議会で主導的な役割を果たすことになるピムだった[144]。その後、連邦の実現を見届けた『ステイト』は一九一二年に廃刊となるが、一九一五年には同誌の精神を継承するかたちで『南ア季報』が創刊される。すでに述べたように、『南ア季報』の編集者には、ピムとともに協議会運動を牽引していくことになるレイナールト・ジョーンズが就任した。同誌は、国際的視野をもち、極端な帝国主義（帝国の利害を南アの利害に優先させる）とナショナリズム（アフリカーナーナショナリズムのような特定の白人集団の立場を排他的に主張する）[145]の双方を排した南ア国民意識の涵養を目指したが、第一次世界大戦後にはヨハネスブルクを拠点とするリベラル派白人（協議会の中核メンバーを構成した人々）の代弁者として、プアホワイト問題や原住民問題の改善を主張していくようになる[146]。南ア主義が科学の振興と表裏一体の関係にあったことも、人種関係に対する科学的アプローチを標榜する協議会メンバーたちの共感を喚起しえたといえよう。

だが、そのようにして唱道された南ア主義は、異なる白人集団間の和解と協調を呼びかける一方で、白人と非白人の差異を強調し、とくにアフリカ人を南ア国民の枠組みから排除していく傾向も併せもっていた[147]。『ステイト』でも、南アでヨーロッパ人が成し遂げた事績が顕彰されつつも、アフリカ人については、たとえばズールーの伝説的な王シャカを素材にその残虐性を強調するなど、ネガティヴなトーンの記事がしばしば掲載された[148]。したがって、二〇世紀初頭の南ア主義が、全体として人種隔離を推進する動きと軌を一にしていたのは当然のことであった。これは、すでにみた初期の協議会のイデオロギーとも矛盾しない。ピムは一九〇五年の南ア学術振興会とイギリス学術振興会の共同会議にて人種隔離についての発表を行っているが[149]、それは、南ア主義、人種隔離、帝国フィランスロピーの親密な相互関係を予感させるものでもあった。

一見すると、アフリカ人の排除を前提に白人たちの国民意識を創出しようとする南ア主義のイデオロギーは、白人とアフリカ人が協力してアフリカ人の権利や福祉の問題に対処していこうとする協議会の理念と調和しそうにはない。しかしながら、多様な、ときに相互に矛盾するような言説を内包する南ア主義のヴァリアントのなかには、アフリカ人との協調を可能にするような主張も存在していた。南ア主義に基づく白人主導の社会に一定程度のアフリカ人の参加を許容する姿勢をみせたのは、非人種的選挙制度の伝統を有するケープの論者たちだった。ケープ・アフリカーナーの政治家であるJ・H・M・ベックは、一九〇五年に「南ア主義」という題目で行った演説で、多要素から構成され進化を続ける南アフリカ人のなかにアフリカ人とカラードも含めるべき旨を、彼らを教導する白人の「責務」とともに語っている。かかる包摂的な南ア主義は、W・P・シュライナーやF・S・マランといったケープを地盤とする大物政治家らも共有していた[150]。

そのうえで、こうした包摂的な南ア主義の思想は、協議会のイデオロギーにも一定の影響を及ぼしていたのではないかと考えられる。実際、協議会が主催する会議では、しばしばマランが主要な役割を果たしたし[151]、W・P・シュライナーの息子で父と同じくリベラルな政治思想をもつ法律家のO・D・シュライナーはヨハネスブルク協議会の主要メンバーでもあった（前出）。草創期の協議会の南ア主義を考察する際にひとつの手がかりになるのが、一九二〇年代末のピムの発言である。一九二九年二月、協議会関係者らが実質的に主催した[152]全国ヨーロッパ人＝バントゥ会議で議長を務めたピムは、協議会の基本理念を以下のように定義した[153]。

(a) ヨーロッパ人と原住民はともに私たち南ア国民（South African nation）の不可欠の部分であり、あらゆる国家的問題に関して原住民とヨーロッパ人の意見が求められるべきだ。
(b) ヨーロッパ人と原住民の利害が相互に一致する事柄は、それらが異なる事柄よりもはるかに重要だ。
(c) 私たちは互いをよりよく知ることが望ましい。このことは、平和で豊かな南アへの希望である。
(d) 今後の南アの進歩は、私たちの南アの人口を構成するあらゆる［原文下線］階層の経済的繁栄と不可分に結びついている。

ここには、協議会が標榜する「あるべき南アの姿」、すなわち協議会の南ア主義が明示されている。このヴィジョンの実現を阻むのが、たとえば産業におけるカラーバーであり、ここでもピムはカラーバーが(d)の理念に矛盾するとして、「私たちはあらゆる努力をもってその［カラーバーの］撤廃を実現せねばならない」と主張している。

だがその一方で、白人社会とアフリカ人社会が異なるとの信念は揺るがない。(c)の理念に関連して、ピムは、白人とアフリカ人の相互理解を深めるためには、両者の違いを認識することが重要だと説いた。たとえば「ヨーロッパ人の間で経済的競争は不可欠だが、原住民社会ではそのようなことはなく、彼らの貨幣と価格についての知識は限られている」。アフリカ人の「伝統社会」では「慣習の力が強く、個人がそこから逸脱することは共同体の世論を憤激させる」。しかし、いまや白人の町に住み賃金労働に従事するアフリカ人が増えてきた。ピムによれば、都市に住むアフリカ人の生活は望ましいものとはいえない。子どもは無為の時間を過ごし、女性は家事に忙殺されている。親族関係や慣習から切り離されてしまったため、アフリカ人の「自己責任の感覚は著しく低下してしまった」。男は長時間労働で不在のため家庭における権威を失い、女は「伝統社会でみられた家族に対する思いやりと気配りを完全に失ってしまった」。ゆえに、「ヨーロッパ人の都市において原住民の家族が健全な生活を送るのは不可能なのだ(154)」。人種の差異を前提に、調和がとれ統制が行き届いた「伝統社会」を想定し、都市での生活をそうした基本モデルからの逸脱と断じたうえで、アフリカ人が直面する問題の責任を彼らの家族や道徳に帰する説明は、人種関係の理論に典型的な論法である。この点については、二〇世紀初頭にベックが唱えたような、ケープ・リベラリズムの伝統に依拠した南ア主義とは、思想的にやや異なる部分があるようにも思える。ベックとピムそれぞれの南ア主義にみられる共通点と相違点は、一九二〇年代後半における協議会のイデオロギーの変化（と連続性）を反映していると思われるが、それについては次章でみていこう。

いずれにせよ、ここで強調したいのは、協議会が実践する帝国フィランスロピーを、南ア主義のひとつのかたちを実現しようとした運動として見る視点である。あらためて、イギリス帝国の自治領として歩みを進めてゆく南アで国民意識を創生しようとする試みを南ア主義と定義するならば、多様な南ア主義のヴァージョンからひとつを選び、その実現を目指す企ては、「あるべき南アの姿」をめぐるポリティクスに参加することにほかならない。この点において、協議会の帝国フィランスロピーは、先行研究がしばしば（批判的に）特徴づけるような穏健改革派の社会事業[155]にとどまらない、すぐれて政治的な営為だったのであり、二〇世紀前半における南アの歴史を理解するうえでもきわめて重要なテーマだといえよう。以下ではこうした点も念頭におきつつ、協議会の活動を考察していきたい。

第5章　包摂と隔離のあいだ
――一九二〇～三〇年代前半のヨーロッパ人・アフリカ人協議会――

一九二四年、国民党のヘルツォークが南ア首相に就任した。白人労働者の利害を代表する労働党と連立政権を組織したヘルツォークは、アフリカ人の利益を犠牲にして白人を保護する政策を推進したが、一九二九年に世界恐慌が始まると政敵のスマッツと結んで危機を乗り越えようとした。その一方で、アフリカ人の生活はこの間ますます悪化していった。政治地図と経済状況が目まぐるしく変化する時代にあって、協議会はどのような主張を展開し、いかにしてアフリカ人の救済をはかろうとしたのか。本章では、一九二〇年代（第1～3節）から三〇年代前半（第4～7節）にかけての協議会の活動を、アフリカ人の労働に関わる諸問題を中心に分析する。

1　カラーバーと労働者の組織化――ヘルツォーク政権の隔離政策

（1）ヘルツォーク政権の政策とアフリカ人労働者

ⓐアフリカ人の貧困と隔離政策

二〇世紀前半の南アにおいて、アフリカ人は主に非熟練労働者として、白人が支配する経済活動に貢献していた。職業についてみると、一九二一年時点でアフリカ人労働者の三三・三%が農業労働、二二・三%が鉱山労働、二二・八%が家事奉公に従事していた。このうち、九六・五%は非熟練労働者である。[1] 一方で、この時期にはアフリカ人の都市化が進んだ（表1・表2を参照）。都市在住アフリカ人の人口は、二〇世紀初頭の段階では三三・七万人ほどだったが、一九三六年にはおよそ一一五万人に増大した。過半数は一時滞在の出稼ぎ労働者であり、そのほとんどは鉱山宿泊所（コンパウンド）や職場に近接する宿舎に住んでいた。その他の労働者や定住者は、都市のアフリカ人指定地域であるロケーションやタウンシップなどに居住していた。だが、行政当局も雇用主もアフリカ人の居住環境改善に大きな関心を払わなかったので、ロケーションはしばしばスラムと化し、人口過密とそれがもたらす不衛生、貧困、暴力といった問題が深刻化した。その一方で、都市在住アフリカ人は独自の生活文化を発展させ、さまざまな交流や助け合いを頼りに過酷な環境を生き抜こうとした。[2]

アフリカ人の貧困の主因が低賃金にあったことに疑いの余地はない。一九二四年のアフリカ人労働者の賃金は平均して白人労働者の八分の一にすぎず、その後も一九三〇年代を通じて低位にとどまった。白人が経営する農場で働くアフリカ人労働者の待遇はさらに悪く、月給は一九二五年時点で六～五〇シリングで、現金を支払われない者もいた。農村部ではアフリカ人の囚人が安価な労働力として使役されることも多

表1　南アフリカの人口と人種別割合

（百万人，%）

年	総人口	アフリカ人	カラード	アジア系	白　人
1910	6.078	68.4	8.5	2.4	20.7
1920	7.071	68.8	7.7	2.3	21.2
1930	8.836	69.6	7.7	2.3	20.5
1940	10.914	70.3	7.7	2.3	19.8
1950	13.470	70.1	7.9	2.6	19.4

出典）Robert Ross, Anne Kelk Magner, and Bill Nasson (eds.), *The Cambridge History of South Africa, vol. 2: 1885–1994*, Cambridge: Cambridge U. P., 2011, 625–626.

表2　人種別人口に占める都市居住者の割合

（%）

年	アフリカ人	カラード	アジア系	白　人	全　体
1904	10.1	50.5	36.6	52.7	23.4
1911	12.6	46.7	43.2	51.6	24.7
1936	17.3	53.9	66.3	65.2	31.4
1951	27.2	64.7	77.5	78.4	42.6

出典）Robert Ross, Anne Kelk Magner, and Bill Nasson (eds.), *The Cambridge History of South Africa, vol. 2: 1885–1994*, Cambridge: Cambridge U. P., 2011, 649.

く、それは農業労働者に対する賃下げ圧力としても作用した[3]。

労働における人種間の格差と隔離は長い歴史をもつが、それはヘルツォーク政権の下で大幅に強化された。この点については第3章でも略述したが、これ以降の議論に関連する部分を中心に補足しておきたい。ヘルツォーク政権は、自らの支持層である白人農民と労働者の利害を重視する政策を推進した。労働党の基盤であるイギリス系の熟練労働者層に対しては、労働省の設置や労災補償の整備、福祉制度の拡充などで支持に報いようとした。同時に、連立政権は、国民党の主要な支持層であるアフリカーナー非熟練労働者の利益促進をはかった。当時は、農村部で土地を失い貧困な生活を余儀なくされるプアホワイトが増加しており、世界恐慌の影響下で状況はさらに悪化していた。都市に流入したプアホワイトは教育や技能を備えていなかったので、大部分は非熟練労働に従事する以外の選択肢をもたなかったが、それは同じく非熟練労働者として雇用されていたアフリカ人と労働市場で競合に入ることを意味していた。そこで、ヘルツォーク政権は、白人労働者を保護すべく「文明的労働政策（civilised labour policy）」を導入した。詳細は後述するが、同政策の下で、製造業の振興による白人労働者の雇用創出や、白人によるアフリカ人労働者の代替および賃上げが目指された。文明的労働政策は鉄道や港湾などの政府部門で遂行され、多くのアフリカ人労働者が解雇された。他方で、民間部門は必ずしも政府の方針を歓迎しなかった。安価な労働力のアフリカ人に代わってより高い賃金で白人労働者を雇用するのは、理に合わない。躊躇する民間に対して、政府は、一九二五年関税法で国内産業（とくに製造業）の保護・育成を約束する一方で、その対価として文明的労働政策の遵守を求めた。従わない企業には罰則を科したり、原材料輸入にかかる特例還付金の適用から除外したりするなどの脅しをかけた[4]。

ⓑ福祉と隔離

ヘルツォーク政権は福祉の拡充にも努めた。当時の南アでは官民協働が原則であり、政府は民間団体に補助金を支払うことでその活動を支援していた。同時代のイギリスにおける新しいフィランスロピーと重なる。それと同時に、ヘルツォークは公的福祉の拡充もはかり、一九二八年には無拠出の（ただし資力調査をともなう）老齢年金制度が成立した。老齢年金はすでにイギリスやオーストラリアで導入されており、政府はこれらの先行事例も参照しつつ、南アに近代国家を創出しようとした[5]。もちろん、当時にあっても、家族が福祉における最重要の担い手であるとの言説は強固で、包括的な社会保障制度に対する疑念は随所で聞かれた。公的福祉も基本的には勤労者を対象としており、労働を通じた貢献への反対給付という性格が強かった。それでも、戦間期の南アで福祉国家というべき体制が徐々に輪郭を表しはじめたのは確かであり、この過程でヘルツォーク政権が果たした役割は大きかった。

問題は、救済のプログラムがもっぱら白人（カラードも限定的とはいえそこに含まれた）を対象としており、アフリカ人がそこからほぼ完全に排除されていたことにあった。為政者の間では、都市に住むアフリカ人労働者は多くが期間雇用の出稼ぎ労働者であり、その再生産は基本的に各々の出身地域のアフリカ人共同体が担うべきだという認識が広く共有されていた。アフリカ人は伝統的な共同体によって扶養されるのであり、福祉政策を通じた国家の介入はアフリカ人社会に特有の親族の扶養責任という価値観を掘り崩し、「原住民」の「脱部族化」をさらに促すと考えられたのである[6]。加えて、アフリカ人は勤労精神を欠き、賃金労働を忌避する性向が強いという語りも、いまだに影響力を保持していた。福祉の対象が勤勉な（男性）労働者に限定されていた以上、その要件を満たさないとされたアフリカ人労働者は救済から除外されたのである。このように、国家による福祉の主眼はあくまでも白人におかれていた。それゆえに、南アにおける福祉国家の形成は人種間格差の拡大をともないながら進展したのであり、福祉の受給権は白人性の徴表となっていった[7]。

同様のことは、労働関連法案についてもいえる。一九二四年産業調停法は、熟練労働者の組織化が進んでいる産業を主たる対象に労働者の団体交渉権を認めたが、福祉政策と同様、この法はアフリカ人労働者を実質的に適用対象外とすることで、法的枠組みを通じた権利保護を困難なものにした。白人とアフリカ人を区別する指標となったのが、アフリカ人の移動・労働・居住を大きく制約していたパスである。当時、アフリカ人労働者の大部分（すべてではない）は、雇用主のサインと役所での登録をもって有効とされる労働証明書・身分証（パス）により管理されていた。パスを発給されたアフリカ人労働者は「パス保有原住民（pass-bearing natives）」と呼ばれ、登録労働組合を結成できる被用者（employee）の範疇から実質的に除外されたため、一九二四年産業調停法などは適用されず、雇用主に対して圧倒的に不利な立場におかれた。[8] 加えて、一九二六年に鉱山労働修正法が成立すると、職におけるカラーバーが強化され、アフリカ人労働者の社会的・経済的上昇の可能性はますます狭まった。このように労働は隔離政策の主要な論点であり、ゆえに活発な議論を喚起した。協議会はそこに積極的に参加していくことになる。

（2）カラーバーと隔離政策をめぐる協議会の議論

ⓐカラーバーへの批判

ヘルツォーク政権が成立する以前から、協議会は労働における隔離、とくにカラーバーに反対してきた。一九二二年にヨハネスブルク協議会が作成した鉱山業に関する覚書によると、産業労働という経験は南アに住む人々にとって比較的新しいものであり、白人とアフリカ人で従事できる職を分離するのは時期尚早である。そうした隔離を正当化するだけの知見と経験の蓄積がないからである。むしろ、アフリカ人労働者のなかにも優れた成果を生み出す者もがおり、そうした人々を活用することで労働生産性の向上が可能になる。よって協議会は、アフリカ人労働者の技能訓練を提言するとともに、鉱山労働におけるカラーバーの撤廃を求めた。他方で、農村部のアフリカ人労働者が妻や子どもを連れて都市へ移動し、そこで定住することには否定的だった。農村生活しか知らないアフリカ人女性や子どもが都市社会に適応するのは、ほとんど不可能だとされた。農村部こそがアフリカ人の生活拠点であり、白人の空間である都市とは適度な距離を保つべきだとの言説は、協議会内部に深く浸透していた。[9]

一九二四年にカラーバーを強化する鉱山労働修正法案（カラーバー法案）が提出されると、協議会メンバーたちは警戒心をあらわにした。ヨハネスブルク協議会は、一九二五年の年次報告で、カラーバーが「肌の色を文明的労働の試金石とし、連邦内に住む大多数の人々に対して希望の扉を閉ざす」ものだとして、これを批判した（イギリスでの反応は第3章参照）。カラーバーの弊害は多岐にわたる。たとえばそれは、アフリカ人を下級職に固定し賃金の上昇を妨げることでアフリカ人の購買力に制約を課し、ひいては南ア経済全体の成長を阻害するので、経済的に不健全である。さらに、能力あるアフリカ人にさえ進歩の道を閉ざすことは、彼らの不満を増幅させ、人種関係の悪化を招くだろう。加えて、カラーバーは白人の地位を貶めるものでもある。カラーバーを通じて保護を求める白人労働者を目にしたアフリカ人は、彼らが自分たちを恐れており、政府の不正な助けなしに競争する能力をもたない人々だとみなすからだ。[10] よって、産業におけるカラーバーは、「経済的に不健全で、倫理的に不当で、あらゆる文明国において前例がない」ものなのである。[11] 人種隔離とカラーバーを経済合理性の観点から批判する論理は、のちの反アパルトヘイト運動でも用いられていくことになる。[12] だが、協議会の激しい批判にもかかわらず、鉱山労働修正法は一九二六年に成立した。

興味深いのは、隔離政策に対する協議会の姿勢である。前章でみた通り、協議会創設当初には、とくに白人メンバーを中心に産業社会がもたらす諸悪からアフリカ人を救済するための手段として、隔離の有効性が主張されることが多かった。だが、カラーバーへの強硬な反対が示すように、一九二〇年代中頃以降、協議会はヘルツォーク政権の隔離政策に対する批判を強めていった。実際、先行研究は、一九二〇年代後半が協議会の隔離政策に対する姿勢の転換期であったと指摘してきた。[13]

たとえばそれは、ケープの選挙制度に対する協議会の主張にみられる。繰り返し言及したように、ケープでは財産資格を満たせば人種の別なく選挙権が与えられる制度が存在していた。有権者資格が段階的に引き上げられた結果、アフリカ人選挙人の数は少なくなっていたとはいえ、非人種的選挙制度は台頭する隔離イデオロギーへのアンチテーゼを体現する存在だった。一九二六年、ヘルツォークはケープの選挙人名簿からアフリカ人有権者を除外する法案を提出した。これはつまりアフリカ人有権者を共通の政治制度から排除することでケープの選挙制度の解体を目指すものであり、アフリカ人たちの激しい反発を喚起した。[14]

法案をめぐり、協議会内部ではさまざまな意見が挙がった。協議会の政治的行動を憂慮していたロラムは、一九二九年の全国ヨーロッパ人＝バントゥ会議で選挙権問題が議題となった際に、政府の動向をしばらく静観すべきだと述べて、この問題が論じられるのを阻止しようとした。[15] だが彼の動議が三九対一四で否決されたことが示すように、協議会メンバーの多くは法案を公然と批判した。興味深いのは、それまで隔離政策を支持してきた人たちのなかからも、法案に反対する声が聞こえてきたことである。たとえばピムやブルックスらはそれまで隔離の原則を支持し、アフリカ人を共通の政治制度から除外することもやむをえないと主張してきた。しかし、法案が提出されると、両者は反対にまわった。ブルックスはヘルツォーク宛の意見書で、「伝統的な部族生活」から離れ、西洋教育を受けて都市に定住するアフリカ人エリートが、白人と同様の市民権を保障されることの重要性を強調した。同様の「転向」は、ピムにもみられた。アメリカ南部の歴史を参照しつつ、アフリカ人は西洋的政治制度になじまないと論じていたピム（第4章参照）は、一九二〇年代後半には態度を変え、アフリカ人に白人と共通の市民権を付与することが、将来における南アの安定を保障する鍵だとまで主張するようになった。一九二七年の会議では、長年にわたり擁護してきた隔離政策を「奴隷制」に等しいと断じ、聴衆を驚愕させたという。[16] こうした内部の意見を踏まえ、協議会が主導するかたちで非人種的選挙権協会（NRFA、第3章参照）が結成され、ヘルツォークの法案に反対する人々の結集点となった。最終的に、政府はこの時点での法案採決を断念した。[17]

ここまでの議論を踏まえると、先行研究が指摘しているように、一九二〇年代後半に協議会の内部で隔離イデオロギーに対する大きな転換がおこったようにみえる。だが、協議会の主張をつぶさに分析すると、事はそれほど単純ではないことが分かってくる。以下でみていくように、協議会の面々はこれ以降もアフリカ人の本来の居場所は農村部であると主張して、領域的隔離の原則をおおむね支持し続けた。さらに、労働におけるアフリカ人の隔離についても、カラーバーを批判する一方で、それを一気呵成に是正することには慎重だった。後者の問題については、一九二〇年代後半に刊行されたヨハネスブルク協議会の小冊子「産業における原住民」が詳細な議論を展開しているので、次にこの史料にそくして協議会の姿勢を考えてみたい。

ⓑ「産業における原住民」

「産業における原住民」は、南ア随一の産業都市ヨハネスブルクに居住するアフリカ人の生活描写から始まる[18]。都市に定住するアフリカ人労働者の大部分は、リザーブの土地不足あるいは白人農場での苛烈な搾取から逃れて都市に移り住んだ人々であり、すでに伝統的な「部族社会」とは断絶していて、賃金労働に完全に依存している。生活は厳しい。家計調査によると、アフリカ人男性労働者の月収は三〜五ポンドだが、支出は六〜七ポンドほどである。家計は明らかに赤字で、収支の差額を穴埋めするために女性が雑役婦や洗濯婦として働いている。若者には無職者も多いが、その背景には都市で生まれ育ったアフリカ人は農村からの出稼ぎ労働者よりも従順さに欠けるという偏見がある。家計をやりくりするために、食費をさらに切り詰めたり、酒類の違法醸造・販売に手を染めたりする女性もいる。慢性的な栄養不足のため、乳児死亡率はきわめて高い。ヨハネスブルクでは七〇％、近郊のベノニでは八五％という驚くべき数字が報告されている。

現状を改善するために、何をすべきか。協議会は、アフリカ人労働者を法的保護下におくべきだと主張する。「経済の自然な法則は、それが保護を目的としたものであれ、抑圧を目的としたものであれ、カラーバーを認めない」。現状では、カラーバーの下でアフリカ人労働者は雇用主や白人労働者に対して著しく不利な立場にある。だが、アフリカ人労働者にも白人と同様の労働法規を適用すべきだ。具体的には、一九二四年産業調停法を適用して労使交渉に参加する権利を認めるべきである。

賃金については、一九二五年賃金法の下でアフリカ人労働者が賃金委員会に申し立てをすることは可能であり、現にブルームフォンテインでは、同委員会がアフリカ人労働者の昇給を認める裁定を下している。いずれにせよ、アフリカ人労働者が合法的手段を通じて賃金に関わる不満を解消する機会を保障せねばならない。同時に、アフリカ人がよりよい職に就ける環境を整えることも重要である。賃金の決定において最重要なのは仕事の価値なので、同一労働・同一賃金の原則を適用するのが望ましい。

経営者も労働組合もこれまで白人労働者の福祉にしか関心を示してこなかったが、非白人労働者がおかれた状況にも目を向けるべきだ。労働に関する法律を効果的に運用するためには、アフリカ人も含めたすべての労働者を組織化の対象とすべきである。この目的のために、ヨハネスブルク協議会は、白人労働者を中心とする組合に非白人労働者の加入を認めるよう呼びかけた。こうした変更はいうまでもなく既存制度のラディカルな改変を前提とするものであり、その根幹にあるカラーバーは廃止されなければならない。現状に対するアフリカ人の不満のなかで、「カラーバーに比肩するものはない」のである。

しかしながら、以上のような提言にもかかわらず、ヨハネスブルク協議会は労働における隔離の即時撤廃までは踏み込まなかった。まず、同一労働・同一賃金の原則について、これまでアフリカ人労働者は差別的な法制度の下で必要な教育・訓練を受ける機会を制限されてきたので、相応の賃金が支払われる職に就くのは難しい。そうした状況で同一労働・同一賃金の原則を導入すると、技能をもたない圧倒的大多数のアフリカ人は高賃金の仕事から排除され、不利な立場がさらに固定化されてしまうだろう。よって、同一労働・同一賃金の原則は漸進的に導入されるのが望ましい。移行期間にアフリカ人は必要な技能を習得し、やがて給与のよい職に就くことができるだろう。次に、労働組合についても、白人を中心とする組合がアフリカ人労働者の加入を認めるのが最も望ましいとしつつも、白人労働者がそれを即座に認める可能性は低い。よって、現実的な代替案はアフリカ人が別の組合を結成することである。つまり、労働組合における人種隔離を当面は認めざるをえない。もちろん、それはリスクをはらむ。白人組合と非白人組合の利害が一致しないときには両者が対立する可能性があり、その結果、白人労働者とアフリカ人労働者の関係がさらに悪化するかもしれない。そうした危険性を考慮したうえで、協議会は既存の白人組合が労働者全体を考慮することを求める以上の要望は出さなかった。

ⓒ新たな論点

「産業における原住民」で提示された主張は、協議会内部でさまざまな議論を喚起した。協議会の主要なメンバーであるレオ・マルクアルト（Leo Marquard, 一八九七～一九七四年）は、同一労働・同一賃金の原則について経験知に基づく指摘を行った。彼によると、アフリカ人労働者を含めた同一労働・同一賃金の原則には、実は多くの白人労働者も賛意を示している。だがその真意は、アフリカ人労働者を自らと対等の存在として扱うことではない。白人雇用主は賃金が同じ場合にアフリカ人よりも白人を優先して雇用する傾向があり、ヘルツォーク政権の文明的労働政策もそれを奨励している。よって同一労働・同一賃金は、白人労働者の雇用増加とアフリカ人の雇用喪失をもたらす可能性がある。こうした事態を避けるために、マルクアルトは当面の間アフリカ人の賃金水準を白人のそれよりも低いものにとどめ、時間をかけて双方を均していくことが得策だと主張した。「私は原則として人種差別に反対である。しかし、人種差別がかくも強い現状において、この点で格差を設けないこともまた真に危険なことだと思われる」。隔離の戦略的維持とでもいうべきか。加えて彼は、金鉱業を筆頭に南アの外部から労働者を調達する産業も多く、それが国内労働者の雇用を奪っている面もあるとして、国外からの労働者の導入に反対すべきだとも述べている[19]。

ダーバン協議会では、J・H・カークが、都市におけるアフリカ人労働者を、出稼ぎ労働者（リザーブや白人農場に拠点をもつ）と定住労働者（農村部のアフリカ人社会とは断絶しており都市に定住して生計を立てる）に分けて議論すべきだと主張した。「産業における原住民」は、もっぱら都市定住労働者を念頭に労働条件の改善を求めているが、この問題を考えるためには出稼ぎ労働者も考慮に含める必要がある。出稼ぎ労働者の大部分は単身で安い賃金でも仕事を請け負うので、都市で生活を維持するために相対的に高い賃金を求める定住労働者よりも雇用主から好まれている。つまり、両者は労働市場で競合する可能性がある。

この点を踏まえたうえで、カークはアフリカ人労働者の待遇改善をどう実現すべきかを考察する。ひとつの方法は、出稼ぎ労働者と定住労働者の双方を含むアフリカ人が団結し、雇用主と交渉することである。カークはそうした権利は擁護されるべきだとしたうえで、労使交渉によりアフリカ人労働者全体の賃金が上がった場合、雇用主がアフリカ人よりも白人を好んで雇用する可能性、労働費用の増加分が価格に転嫁されて物価が上昇する可能性、生産費用圧縮のために機械が導入されて雇用が失われる可能性などを指摘した。もっとも、出稼ぎ労働者と定住労働者では求める労働条件や雇用形態に違いがあるのだから、彼らの大団結が近い将来に実現する可能性は低い。

アフリカ人労働者の待遇改善のためのもうひとつの方法は、最低賃金の導入である。そのためには、白人労働者と非白人労働者が組合活動で協調するのが望ましいというのが「産業における原住民」の主張である。だが、白人労働者とアフリカ人労働者の協調は容易ではない。最低賃金が導入されアフリカ人労働者の賃金が上がれば、雇用主は白人労働者の賃金を下げて労働費用の総支出を抑えようとするだろう。白人労働者がそのようなことを受け入れるはずがない。また、仮に最低賃金を導入するにしても、その水準は漸進的に上げていくべきだ。「産業における原住民」はアフリカ人労働者の最低賃金の水準をおおむね月一五ポンド程度（「完全に文明的な生活」を送るのに必要な額）と想定しているようだが、それではあまりにも高すぎてむしろアフリカ人労働者の大量解雇に帰結してしまう。仮に最低賃金を定める場合、カークは月六ポンド一〇シリング程度（つまり、協議会の家計調査で明らかになったヨハネスブルク在住アフリカ人家庭の月平均支出額程度）が妥当であり、長いスパンでその水準を高めていくことを提唱している。[20]

「産業における原住民」とそれが喚起した議論は、協議会メンバーたちの思考に新たな視点を加えた。後述するように、同一労働・同一賃金や最低賃金といったテーマは、一九三〇年代から四〇年代にかけての協議会の議論で主要な論点となっていく。さらに、都市に住むアフリカ人労働者を出稼ぎと定住者に分類して議論を立てるべきだという提言もまた、その後の協議会の主張に反映されていくことになるだろう。やや先取りしていえば、出稼ぎ労働者の存在が都市に住むアフリカ人労働者全体の低賃金を規定する主因となっていること、そうである以上、アフリカ人労働者の待遇改善のためには出稼ぎ労働者の管理が必要であること、そのためには出稼ぎ労働者の供給元である農村の開発と振興を推し進めるべきこと、などが論じられるようになる。帝国フィランスロピーの実践を通して新たな認識と課題が顕在化し、それが協議会の言説を再編していく。

あらためて、先行研究では、それまで隔離を肯定していた協議会が、一九二〇年代後半に隔離を批判する側へと立場を変えたと論じられてきた。だが、ここまでの考察を踏まえると、当該時期の協議会の隔離に対する姿勢に截然とした変化を認めるのは難しい。第４章でもみた通り、協議会は設立当初より労働における隔離を批判してきた。その一方で、現に存在し、白人人口の支持を受けた政府が遂行する人種隔離政策の即時撤廃を求めることには及び腰だった。次に、こうした協議会の両義的な姿勢を、労働者の待遇や組織化という問題にそくして、さらに掘り下げてみたい。

（3）アフリカ人労働者の組織化

ⓐアフリカ人の労働組合と協議会——ＩＣＵとの関係

一九二〇年代の南アでは、非白人労働者を組織化する試みが随所でみられた。以下で言及する産業商業労働者組合（ＩＣＵ）に加え、一九二八年にはヨハネスブルクの共産党員を中心に非ヨーロッパ人労働組合連盟が結成された。こうした状況に対して、「産業における原住民」は、労働組合へのアフリカ人の参加を奨励しつつも、それが漸進的なプロセスをたどると想定した。あいまいな姿勢の背後には、アフリカ人労働者の団結に対する一定の不安があったと思われる。実際、一九二〇年代の協議会はアフリカ人の労働運動と微妙な距離をとった。ＩＣＵとのかかわりあいは、この点を考察するうえで興味深い。

ＩＣＵは、クレメント・カダリーによる指導の下で一九二〇年代に多くのアフリカ人労働者を糾合しながら急成長をとげ、その影響力は農村部へも及んだ。ガーヴィーから思想的な影響を受けたこの組織は、ブラック・ナショナリズムの構築に力を入れており、指導者たちは自助努力および合法的手段によるアフリカ人の地位向上を強調しながらも、白人を黒人の抑圧者とみなして敵対的な姿勢をとった。批判の矛先は、白人との協調をめざすアフリカ人エリート（協議会メンバーのような人々）にも向けられた[21]。大衆運動に発展したＩＣＵについて、協議会は「過激思想」に染まった団体と評することもあったが、一九二〇年代後半になると、指導者のカダリーがイギリスの労働組合に支援をあおいだり共産党員を組織から追放したりしたため、ＩＣＵへの評価が高まった。ヨハネスブルク協議会は、「［ＩＣＵの］かつての手法は人種差別主義団体の最悪の特徴を体現するものだったが、近年では合法的な労働組合のやり方にそくして一般労働組合としての役割を果たそうとしている。……そうした手法と［イギリス本国の労働組合会議との］協調的姿勢をとることで、人種差別的組織としての危険性は減っていくはずだ[22]」と予測した。

もっとも、ＩＣＵとの連携は、対等な二者による協力関係を意味しなかった。レイナールト・ジョーンズは次のように述べる。

協議会はＩＣＵのような団体の活動と関係を維持しなくてはならない。賢明で経験豊富なヨーロッパ人に導かれることによってのみ、彼らは原住民の労働環境の改善を助け有益な役割を果たすことができるであろう[23]。

協議会の影響力を通じてＩＣＵの過激思想を押さえ込みながら、アフリカ人労働者の待遇改善を目指すということだが、ここには白人の優越を自明のものとする態度――信託イデオロギー――が色濃く表れている。アフリカ人と白人が対等な立場で参加するという協議会の基本理念に矛盾するかのような姿勢でもある。結局のところ、リベラル派白人にとって、自身のパートナーと呼べるのはごく少数の西洋教育を受けた「よき階級」のアフリカ人のみであり、それ以外の「下層」の人々はあくまでも教導と救済の対象なのであった。実際、白人メンバーの多くは、一般のアフリカ人労働者が協議会に加入することに否定的だった[24]。

一九二〇年代末になると、協議会とカダリーおよび彼の支持者との関係は再び悪化した。ひとつのエピソードを紹介しよう。一九三〇年一二月、レイナールト・ジョーンズはケープ州・イーストロンドンのロケーションで開かれた集会で講演を行った。集会にはさまざまなアフリカ人団体の代表も出席したが、そのなかには他ならぬカダリーもいた。ICUは一九二〇年代末に分裂したが、カダリーは後継団体のひとつである独立ICU（Independent ICU: IICU）を率いてイーストロンドンを拠点に活動を続けていた。[25] 一九二九年四月に誕生したIICUは労働者の生活と密接に関係するテーマを取り上げることで支持拡大をはかり、一九三〇年一月にはイーストロンドンでの鉄道・港湾ストライキを主導した。急進的なブラック・ナショナリズムを打ち出すカダリーは、白人との協力を拒む姿勢を再び強め、協議会への参加を打診された際にも、「原住民はヨーロッパ人といかなる連合も組めない」と返答した。[26] それゆえ、件の講演会で、カダリーが協議会の活動に批判的な問いを発し、レイナールト・ジョーンズが実力行使をともなうアフリカ人の運動を断罪すると、聴衆のひとりがコーサ語で「白人に原住民の友はいない」と叫び、その他の参加者も同様のことを述べたという。[27]「救われる側」のアフリカ人労働者によって「救う側」の協議会がどうみられていたかを示す一例だが、このような不信感はアフリカ人労働者に対する協議会のあいまいな姿勢に根差していたともいえる。それは、レイナールト・ジョーンズの講演会の前年に開催された全国ヨーロッパ人＝バントゥ会議でもみられた。

ⓑパーマーのアフリカ人労働者への姿勢

一九二九年二月、全国ヨーロッパ人＝バントゥ会議がケープタウンで開催された。実質的な主催者は協議会で、ピムが議長、レイナールト・ジョーンズがオーガナイザーを務めた。会議では、増加しつつある都市在住アフリカ人を取り巻く労働環境がいかなるものであり、それを改善するために何をすべきかが議論された。演壇に立ったのは、マーベル・パーマーである。パーマーはグラスゴー大学から修士号を授与された最初期の女性のひとりで、フェミニストであった。フェビアン協会のメンバーでウェッブ夫妻とも交流があったが、職を得て南アに移住した。[28] 彼女はナタールのダーバン工科学校で教鞭を執り、その後はナタール大学に移籍して経済史を講じた。一九三〇年代半ばからは非白人の高等教育の拡大に尽力し、この分野で顕著な貢献をなした。協議会のメンバーでもあった彼女は一九二〇年代にダーバンでアフリカ人家庭の家計調査を行ったが、これは同種の社会調査としては南ア史上初の取り組みだったとされる。一九二八年に南ア学術振興会で行った報告では、隔離政策の下でのアフリカ人の苦しい生活の実態や教育面での格差を紹介し、差別の是正を訴えた。[29] このように、パーマーはアフリカ人の福祉に強い関心をもち、そのために行動するフィランスロピストであった。

一九二九年の会議でパーマーは、アフリカ人労働者と労働組合についての報告を行った。[30] 労働組合の結成は国際的にも承認された権利であり、非白人住民の間でも組合の組織化が進んでいる。実際、職能組合に代わって新たに存在感を強めつつあった産業別組合では、アフリカ人を含む非白人労働者の加入を認める例もみられる。[31] だが、懸念もある。非白人の労働組合は、労働者の声を代弁するという正当な役割を果たす一方で、それが「人種的憎悪と反白人プロパガンダの発信地」になったり、共産主義者の活動拠点になったりする危険もある。ゆえにＩＣＵのような組合はイギリスの労働運動指導者の下で穏健路線を堅持しなければならない。労働組合の革命的サンディカリズムについてはウェッブ夫妻も批判的であり、[32] フェビアン協会員であるパーマーもそうした思想を共有していたといえよう。

そのうえで、パーマーはアフリカ人労働者の組合が直面する課題を論じた。まず、アフリカ人労働者の大部分は非熟練労働者なので、白人熟練労働者が加入するような職能組合の結成は難しい。さらに、アフリカ人労働者の多くが出稼ぎで、雇用主や職種をさまざまに変えることを踏まえると、それらの労働者を組合に糾合するのは困難だ。よって、組合員は都市に定住する賃金労働者に限定するのが現実的である。だが、アフリカ人労働者の大部分はパス保有原住民として労使交渉や組合活動から排除されており、組織化は容易ではない。

現状を改善するためには、カラーバーを緩和し、アフリカ人労働者にも団結権を認め、組合資金に対しては白人労働組合と同様の法的保護を与えるべきだ。また、アフリカ人労働者の組合も産業調停法の適用対象に含めることで、労使交渉の権利を認めなくてはならない。さもなければ、現状に不満をもつアフリカ人労働者の間でボルシェヴィズムの影響力が増してしまう。その一方で、パーマーはこうも述べる。白人のなかには、こうした改革が「白人の優位」を掘り崩してしまうことを懸念する者もいるが、その必要はない。なぜなら、

原住民労働者の最低賃金を求めるにあたり、それがヨーロッパ人労働者の最低賃金と同額でなくてはならないと主張する必要はない［からです］（むろん、異なる賃金政策が種々の問題を引きおこすことは認めざるをえませんが）。さらに、白人労働組合が原住民労働組合を支援するにあたり、後者がただちに労働組合会議の正会員資格を取得すべきだと主張する必要もありません。[33]

彼女は「白人のみを保護して原住民を無制限の搾取に任せることはまさに新しい形態の奴隷制だ」としながらも、「バントゥを白人の水準まで引き上げるのはすぐには（ひょっとしたら永久に）不可能」だとして、白人と同等の保護と無保護という両極端を排して「中道（via media）」を追求するべきだと訴えた。

パーマーがアフリカ人労働者の待遇改善とその組織化を求めていたのは確かだが、彼女のなかで白人とアフリカ人労働者が同じ土俵に立っているとは言いがたい。それゆえか、パーマーとアフリカ人政治運動家の関係は必ずしも友好的とはいえないものだった。たとえば、彼女はICU指導者のひとりであるA・G・チャンピオンに対して、イギリスの労働組合の指示に従うべきだとか、彼が所有するICU関連文書を将来の歴史研究に供するために大学図書館に寄託するべきだとかいった「助言」を行ったが、チャンピオンはそれを横柄な介入とみなして拒絶したという。[34]

ⓒデュベの見解

パーマーに続いて演壇に立ったのは、アフリカ人のジョン・デュベ[35]だった。デュベについてはこれまでも随所で

言及してきたが、ナタールで強い影響力をもつアフリカ人指導者のひとりで、イギリスや南アの帝国フィランスロピストらにもよく知られた存在だった。彼の義妹はパーマーのアフリカ人家計調査で助手を務めた。

デュベはまず、アフリカ人を差別する法制度を強いトーンで糾弾した。[36]「私の同胞を代表して、政府の法律に代表される原住民が熟練職に就くことを妨げる不正な試みに対して断固たる抗議を行う」と述べたうえで、労働におけるカラーバーは南アが住民の労働力を浪費していることを意味し、なおかつ、アフリカ人の賃金を低水準にとどめることでアフリカ人の購買力増加に自らブレーキをかけ、ひいては国内市場の拡大を阻んでいると主張した。この論理は、先述した協議会のカラーバー批判で提示されたものとほぼ同じである。

その一方で、デュベはアフリカ人労働者内部の多様性も指摘する。南アには、ラヴデール、タイガークローフ、オシャンゲなど、アフリカ人に実業教育を提供している学校があるが、それらの出身者が教育を通じて修得した能力に見合う待遇を受けているとは言いがたい。個々人の能力が評価されないのであれば、労働者は働く意欲をもてない。現在、多くのアフリカ人労働者は「煽動者」（共産主義者やＩＣＵの運動家など）に操られている。デュベはそうした政治的扇動者が自己利益しか追求していないとして厳しく批判するが、他方で、こうした事態が生じている原因は政府の不公平な政策にあると指摘し、アフリカ人労働者の境遇に適切な配慮を示さない政府に対しても批判の矛先を向けた。そのうえで、煽動者ではなく「責任感をもった原住民指導者」が労働者を率いることで、よりよい解決策が得られるとした。デュベの発言からは、アフリカ人が直面する問題に対する強い批判意識と、そうした問題をアフリカ人が主導して解決していく決意を読み取ることができる。協議会の白人メンバーらの主張と重なる部分もあるが、アフリカ人の主体性が強調されている点に特色がある。

ところで、デュベのアフリカ人労働者の多様性についての指摘は興味深い。アフリカ人のなかにはミッション学校やデュベが運営するオシャンゲ学院などで高度な技能を修得した者もいる。それら「よりよい階級の原住民」が、その他大勢の無学で技能をもたないアフリカ人と同等の待遇を受けるのは不公平だと彼は述べる。植民地社会で西洋文明を身にまとった現地人が、在地の生活様式に固執する同胞たちを見下す姿勢をとるのは珍しいことではない。ズールー王家の復興と伝統的支配者の下でのナタール・アフリカ人（ズールー）の団結を目指したデュベは西洋至上主義者とは言いがたいが、それでも、西洋文明をひとつの尺度として自らを民衆から区別しようとした「両義的」な存在だった。[37] 彼はアフリカ人労働者一般の救済を唱えつつ、自らもその一員である「よき階級」に属する人々を優遇してほしいと訴えたのだが、ここには先述したブッカー・T・ワシントンの影響を看取できる。

2　「不法行為」の管理と抑止——都市のアフリカ人を取り巻く諸問題

（1）アフリカ人の「不法行為」

ⓐ「原住民の不法行為」

次に、都市に住むアフリカ人をめぐる諸問題への協議会の姿勢を検討したい。これまでみてきたように、この時期の協議会は領域的隔離を肯定的に捉えていた。本来アフリカ人は生まれ故郷の農村部に住むべきである。白人の空間である産業都市は文明の負の要素が充満しているので、アフリカ人は近づくべきではない。だが、定住者、新参者、出稼ぎ労働者など、現に都市に住みそこで労働に従事しているアフリカ人は存在し、彼らなしに都市の経済・社会生活が成り立たないのも確かだ。理念と現実の乖離は、さまざまな矛盾を生みだす。そのひとつが、犯罪である。隔離政策の下で差別と困窮に苦しむ都市のアフリカ人たちは、生計を維持するために多様な活動に従事したが、そのなかには統治する側が「犯罪」や「不法行為」と呼ぶものも含まれていた。かくして、一九二〇年代後半にはアフリカ人の犯罪が都市の秩序を脅かす社会問題として「病理化」されることになるが、それはアフリカ人に押しつけられた社会的立場と密接不可分の関係にあった。

協議会はもちろんそのような相互関係を認識しており、アフリカ人の犯罪の原因とそれへの対処を社会的・経済的な視点から把握しようとした。ヨハネスブルク協議会が作成した「ヨハネスブルク原住民の不法行為」（以下、「不法行為」）はそうした取り組みの産物である。[38] この文書で示された論点は多岐にわたるが、ここでは協議会による犯罪抑止の提言に注目してみよう。「不法行為」はまず、法を犯した者は厳しく処罰されねばならないと説く。犯罪により都市からの立ち退きを命じられた者が、他の都市に移動するのは禁じるべきだ。規律意識が欠如したアフリカ人は、農村コロニー（farm colony）に送致して勤労と遵法の精神を教え込まねばならない。他方で、犯罪者のかなりの部分が若者であることに注目する必要がある。「部族的」規範が及ばない都市空間で、未成年のアフリカ人を新たな文化や環境に適応させ、規律意識を植え付けるためには、社会化を促す機関としての学校が欠かせない。アフリカ人向け教育を拡充し、より多くの学校を建設すべきだ。

だが、若者による犯罪を抑止する機制として、学校よりも大事なものがある。それは、家族である。「不法行為」は、「ロケーションやタウンシップで親の管理を欠いた状態で育つ子どもが増加している」ことが犯罪増加の大きな要因だと指摘する。人口流動性の高い都市では性関係も「より乱雑」で、婚姻関係が不安定な家庭も多い。[39] また、貧困ゆえに両親ともに働かねばならず、育児に十分な時間と配慮を割けない。そうした状況で親から適切な養育を受けずに成長すると、不法行為を犯す危険性が高まるのだ。

ⓑ「健全な家族」をめぐって

戦間期のイギリスでは、とくに心理学の観点から、若者による不法行為の要因を不適切な家庭環境に帰するとともに、それへの処方箋として学校教育の意義を強調する言説が普及した。[40] 貧困や犯罪を家庭の状況と関連づけ、家族に対する支援を通じて問題の克服を目指す姿勢は、帝国内の自治領や植民地でもみられた。[41] ＡＳＡＰＳも、非白人を対象とする福祉において家族の安定を重視していたのはすでにみた通りである。ここでの協議会の現状認識も、そのような共時性に照らして理解すべきであろう。

では、南アの文脈で、都市在住アフリカ人の家族の安定をどう回復・維持すべきか。協議会は再び、アフリカ人労働者の賃上げを主張する。賃上げにより共働きは不要となり、親はより多くの時間と関心を育児に向けることができるからである。ところで、当時にあって「アフリカ人労働者」とは一義的に「男性労働者」を意味し、男性が稼ぎ主であることは自明だった。[42] よって、ここでは主に育児を担う存在として母親（女性）が想定されていたのは間違いないだろう。理想とされたのは、父親（男性）が勤労を通じて家族の扶養に必要な賃金（家族賃金）を得て、母親が家事・育児に専念するというジェンダー分業に依拠した家族であり、そのような「健全な家族」を維持することが犯罪者予備軍の形成を予防するための要件だと考えられた。かかる家族観はヴィクトリア時代の近代家族モデルを反映しているが、実際に協議会関係者（白人のみならず西洋教育を受けてイギリス的価値観を内面化したアフリカ人メンバーも含めて）たちは、家父長制と男性稼ぎ主モデルに基づく家族のかたちを理想視していた。[43]

なお、このような家族観は当時のアフリカ人女性の間でもおおむね受容されていた。家事と育児は自らの責務であるとの認識は女性たちの間で幅広くみられ、彼女たちは、家計を維持するためにやむなく労働せざるをえないときにも、可能な限り家庭と両立できる仕事に従事しようとした。[44] こうしたジェンダー意識は、主にキリスト教宣教師らによって推し進められてきた文明化（西洋の家族モデルとジェンダー規範のアフリカへの移植）ないし福音主義フィランスロピーの産物でもある。[45] もっとも、アフリカ人女性たちによる西洋規範の受容を一概に文化的従属とみなすべきではない。彼女たちは、家事と育児の責務を果たし、健全で清潔な家庭を築くことが、民族ないし人種としてのアフリカ人の進歩と地位向上につながると信じていた。[46] 西洋の家族モデルとジェンダー規範を学び取り、それをナショナリズムと戦略的に結びつけることで、アフリカ人女性たちは白人支配体制に独自のやり方で対抗しようとしたのである。

ⓒ管理と規律

アフリカ人の不法行為と家族やジェンダーの問題に関連して、協議会が重視したもうひとつのイシューがある。

それは、都市に来る／住むアフリカ人女性の管理である。一九二〇年代のヨハネスブルクでは、農村部から都市に流入するアフリカ人女性の数が増えていた。[47] 当局は、これらの女性のなかに売春や酒密造といった不法行為に従事する者が含まれていると考え、パスの所持を義務化することでアフリカ人女性の管理を強化しようとした。協議会はパスによるアフリカ人女性の統制には懐疑的だったが、女性たちの不法行為が増えているとの認識は共有しており、厳格な管理の必要性を訴えていた。[48]

「不法行為」では、ヨハネスブルクの白人家庭で家事奉公人として雇われるアフリカ人女性が増えている状況を踏まえ、彼女たちの住居となるホステルの拡充が提言されている。ホステルは「教会ないしフィランスロピー団体」により運営され、女性労働者の住居のみならず職業紹介所や無職女性の一時収容所としても機能し、さらには、道徳心を涵養するための教育を居住者に提供する役割も担うべきだとされた。このような施策を通じて、「原住民女性と少女たち」の管理を強化することが重要だと協議会は主張した。多くのアフリカ人女性が実際に家事奉公人として働いていたことを考えれば、協議会が提案する方策が彼女たちの利益にかなう面があったことは確かだろう。他方で、都市に来るアフリカ人女性の厳格な管理を提言することは、彼女たちを酒密造や売春に従事する「不道徳」で「不潔」な存在として描く、ネガティヴな表象を増幅させることにもつながった。

加えて、「不法行為」からは、協議会の自由労働イデオロギーへの信奉も析出できる。奴隷制と対照的な自由契約に基づく賃金労働を称揚するとともに、労働者の勤労精神も強調するこのイデオロギーが、イギリスにおける帝国フィランスロピーの言説や実践に強く作用していたことは先述した通りである。自由労働イデオロギーは、協議会の白人メンバーはもちろん、アフリカ人メンバーによっても共有されていた。とくに後者は、勤勉と自助というイギリス流の労働倫理を実践することで、アフリカ人もまた白人と同等の市民権に値する存在であることを示そうとしていた。[49] この観点からすると、勤勉な労働者と対極にある犯罪者や無職者は、アフリカ人のイメージを貶め、その地位向上を妨げる有害な存在にほかならない。それゆえ、「不法行為」では、規律意識を欠いたアフリカ人犯罪者を農村コロニーに送り、勤労精神を身につけさせることが提言されたのである。このように、アフリカ人を協議会メンバーのような「よき階級」と「犯罪的」ないし「怠惰な階級」に分けて、後者の教導と規律化を主張する言説は、ブッカー・T・ワシントンの思想に近似している。では、都市在住アフリカ人を不法行為から引き離し、健全な市民にするには何が必要か。そのための企てとして重視されたのが、レクリエーションだった。

（2）レクリエーションと「健全な市民」

ⓐレクリエーション

一九二〇年代の都市部では、アフリカ人を対象とするレクリエーションが注目を集めるようになった。人気があったのはスポーツで、とくにサッカーは多くのアフリカ人に愛好されていた。他方で、アフリカ人が集住するロケーションの街角ではギャンブルやアマライタ[50]に興じる光景もみられ、とくに後者はアフリカ人青少年のギャング文化を象徴するものとして、「犯罪」、「不良行為」、「酩酊」といった言葉とセットで語られるなど、都市当局からのネガティヴなまなざしにさらされていた。アフリカ人労働者の余暇を道徳的なものにしなければならない。ここに、新たな「社会問題」が発見され、レクリエーションへの関心が高まった。協議会もそうした潮流から影響を受けており、たとえばレイナールト・ジョーンズは、地域の協議会が取り組むべき具体的課題として、「健康、レクリエーション、教育、住宅、賃金」をあげている。[51]

初期においてこの分野をリードしたのは宣教師たちであり、たとえばヨハネスブルクでは、アメリカン・ボードに所属するJ・D・テイラー（James Dexter Taylor, 一八七九〜一九五九年）やレイ・フィリップスらが、「健全なレクリエーション」の導入と普及を目指す活動を行っていた。[52]両者はともにヨハネスブルク協議会の主要メンバーである。ここでは、テイラーが一九二九年の全国ヨーロッパ人＝バントゥ会議で行った報告をみてみよう。[53]テイラーによると、都市在住アフリカ人の大多数は青少年で、アフリカ人社会の狩猟や戦闘の伝統から影響を受けて、週末に暴力沙汰を繰り広げることも多い。このような人々に対して健全なレクリエーションを提供することは、ソーシャルワークの重要な課題である。テイラーは、協議会の創設を提言したジェシー・ジョーンズの「適切な娯楽を提供することで、刑務所での労働による矯正を避けることができる」という言葉を引きながら、綿密に計画されたレクリエーションへの参加を通じてアフリカ人の都市生活への適応を支援することで、彼らの犯罪を未然に防止できると主張した。「よき労働者、心身ともに健全なよき市民、犯罪者ではなくよき隣人となることで、反白人主義者ではなく真の意味でコミュニティを尊ぶ心を育てることができる」のである。[54]戦間期フィランスロピーの潮流にあわせてシティズンシップ（ただし白人と同等の市民権は付与されない）教育が強調され、また、人種関係の理論にそくして「適応」がキーワードとなっている点が目を引く。

では、具体的に何をすべきか。まず、スポーツやボーイスカウトは、健康な肉体と協調性を身につけるうえで有意義な取り組みだ。また、ヨハネスブルクで一九二四年に設立されたバントゥ・メンズ・ソーシャル・センターは、先駆的な試みとして注目に値する。同センターは、アフリカ人を対象にした交流施設で、チェスやチェッカー、体育館、雑誌・新聞閲覧室などを備え、夜間学校や読書会、スポーツ大会なども運営している。協議会が直接管轄する組織ではないが、計画段階から土地の取得まで協議会メンバーが関与し、協議会の会合は同センターで開かれるなど密接な関係にあった。[55]レクリエーションの提供にあたっては、宣教団体、協議会、都市当局が相互に協力する体制を強化すべきである。テイラーの報告の後に採択された決議では、こうした活動に対する官民の支援が要請されるとともに、都市在住アフリカ人を対象とするセツルメント活動に大学生を勧誘すべく各大学に協力を求めることがうたわれた。[56]

ⓑ社会統制としてのレクリエーション

イギリスのフィランスロピーについての近年の研究では、教育や教養を重視する文化的フィランスロピーを「救済される側」の需要への対応や市民教育の一環として捉え、それをもっぱら社会統制の手段として解釈してきた従来の研究を批判する主張がなされている。[57] 確かに、バントゥ・メンズ・ソーシャル・センターや協議会メンバーが提供するレクリエーションを文化的フィランスロピーの一環として捉えるならば、それらは（相対的に教養のある）アフリカ人の期待に応え、彼らを都市共同体の責任ある成員として育成することを目指す企てだったといえるだろう。他方で、植民地の被支配民を対象とする帝国フィランスロピーにおいて、レクリエーションが「管理」の側面をあわせもっていたことを軽視すべきではない。テイラーは、効果的なレクリエーションのひとつとして映画鑑賞会を推奨し、自らもそれを主催したが、そこで上映されたフィルムは「検閲済みで、目的に応じて選別」されたものだった。鑑賞会は無料だったが、それはこの活動が鉱山会議所から資金援助を受けていたからである。[58] 多くのアフリカ人を雇用する金鉱業の業界団体である鉱山会議所は、心身ともに健全で政治的急進主義に傾かない勤勉なアフリカ人労働者の育成を求めており、この点でフィランスロピストと目的を共有していた。[59] 植民地の文脈において、レクリエーションは支配者による被支配者社会の統制という性格を確かに有していた。

同様のことは、協議会がその設立と運営に深く関与したバントゥ・メンズ・ソーシャル・センターについてもいえる。同センターはヨハネスブルク市当局からも高く評価されており、一九二〇年代後半には市が主体となってロケーションのアフリカ人を対象とした運動場やテニスコートの設置が進められた。その一方で、市当局は、レクリエーション（とくにスポーツ）が暴力やギャンブルの抑制につながることを期待していた。一九二九年には原住民スポーツ管理官のポストが新設されたが、その背景には、スポーツがアフリカ人労働者を急進的な政治運動から遠ざけ、身体の鍛錬を通じてより効率的な労働者になるのを助けるという期待があった。ときに行政と連携しつつ、同センターは「スラムヤード文化」ないしマラビ（都市在住アフリカ人独自の文化。そこから生まれた音楽のジャンルを指すこともある）の撲滅を目指したのであった。[60]

協議会はまた、良質なレクリエーションと悪質なそれを区別し、後者の撲滅をはかった。たとえばダーバン協議会は、スポーツ大会を主催したり、市役所にアフリカ人ロケーションでのサッカー場建設を陳情したりすることで、「良質な」レクリエーションの普及に励む一方で、アフリカ人のダンスホールを密かに調査し、そこでの「衝撃的な衛生状態とモラル」を暴露する報告を発表した。ダンスホールはナタール州当局によって閉鎖されたが、その間マスメディアは協議会の調査報告をさかんに取り上げたという。[61] レクリエーションを通じた社会統制という意図は、アフリカ人もよく理解していた。ＡＮＣと密接な関係にある『アバントゥ・バト』紙は、「知的で若いわれらの同胞がスポーツを与えられると、彼らは自らとその国にとって大切なことをすべて忘れてしまう[62]」と警告している。レクリエーションがアフリカ人を政治集会から遠ざけてしまうとの批判に加えて、警察がスポーツ大会をアフリカ人の一斉捜査の機会として利用しているという苦情も聞かれた。[63]「救われる側」は、帝国フィランスロピストの「善意」を無批判に受け入れたわけではなかった。

3　農村部の貧困へのアプローチ——保護から開発へ

(1) マクミランのみる農村の問題

ⓐ一九二四年マクミラン報告

協議会の多くは都市に所在し、これまでみてきたような都市特有の諸問題に取り組んでいたが、同時に、農村部への関心も欠かさなかった。実際、都市と農村の問題は相互に関連していた。都市で働くアフリカ人出稼ぎ労働者の多くは農村部から来ていたし、農村の荒廃は大規模で無秩序なアフリカ人人口の都市流入を招くと懸念されていた。レイナールト・ジョーンズによれば、「原住民の土地問題に対処することなしに都市部における原住民問題を解決することはできない[64]」のであった。

では、農村部が直面する問題にどう対応すべきか。一九二四年の原住民問題についての会議で、農村部での土地問題こそが「原住民問題」の本質だと主張したのが、当時ヨハネスブルク協議会副会長のW・M・マクミランだった。(65) 報告の冒頭で、彼は「ヨーロッパ人の利益と福祉は原住民のそれと不可分の関係にある」として、南ア人口の七割を占めるアフリカ人の貧困と困窮が白人の富と繁栄を制約するのは必然だと述べた。現下の状況で、リザーブに住む多くのアフリカ人は生計を立てることができていない。だが、政府はプアホワイトを救済するために、農村部出身のアフリカ人出稼ぎ労働者が従事してきた都市での仕事を、白人に与えようとしている。ではそうした政策によって職を奪われたアフリカ人はどうなるのか。出身地のリザーブに戻っても、耕作で生計を立てるには土地が不足しており、困窮の度合いが増すだけである。この問題を解決するためには、アフリカ人の土地領有を制限した一九一三年土地法を撤廃するか、あるいは同法が約束した通り、より多くの土地をリザーブとしてアフリカ人に付与することが必要だ。この意味で、「原住民問題」とは「第一義的に土地問題」なのである。

以上の現状認識を示したうえで、マクミランは次のように主張した。まず、アフリカ人労働者を白人労働者で置換しようとする現在の政策（文明的労働政策）は、アフリカ人を労働に追い込むという従来の政策を根本的に転換したものだ。しかし、アフリカ人にさらなる土地を付与することなしに、この政策は成功しえない。農村部でのアフリカ人の繁栄を促進することで、アフリカ人と白人の職をめぐる競争は緩和され、ひいてはプアホワイトが直面する失業と貧困問題が解決されるであろう。次に、アフリカ人の土地領有を制限し白人農場での労働形態に制約を課す土地法は、アフリカ人社会の解体と彼らの産業への進出を促してきた。もし「膨大な黒人プロレタリア」の出現を阻止したいのならば、アフリカ人の産業社会への浸透を制御しなければならない。土地法の下でアフリカ人が追加の土地を取得することはきわめて困難で、リザーブでは人口過密と貧困が深刻化している。共同体意識が強

写真10　W・M・マクミラン

出典）Photo by Elliott & Fry, © National Portrait Gallery, London.

いアフリカ人社会では、成員相互による共助の結果、「部族全体が貧困に転落する」可能性もある。アフリカ人がより多くの土地を得るための施策が不可欠である。

最後に、これまで原住民問題への適切な対応がなされなかった理由として、マクミランはイギリス政府と南ア当局の駆け引きの狭間でこの問題が放置されてきた点を指摘した。「原住民はイギリス政府の保護に感謝しなければならない。しかし、ダウニング街［イギリス首相官邸などが所在する。政府のたとえ］は南ア［当局］の反発を恐れて迅速な介入を避けてきた」。その一方で、南ア当局は「原住民問題は本国政府の所管」だと考え、それに対する関心を失っていった。結果として、この問題はいずれの政府からも放置され、アフリカ人の利益に対する「秩序なき無関心」が支配的となってしまった、というのがマクミランの解釈である。しかし、いまや原住民問題は明らかに現地政府の課題であり、南アはこの問題に真剣に取り組まなくてはならないと訴え、彼は講演を終えた。

ⓑ都市問題と農村問題の一体性

マクミランは、アフリカ人の産業社会への進出を遅らせる必要を説くなど、領域的隔離を完全に否定していたわけではない。彼は一九三〇年代になっても、農村部のアフリカ人家族を都市に移住させるのは賢明ではなく、白人とアフリカ人の双方にとって、後者が「農村部に居を構えるほうが明らかによい」と語っている[66]。

その一方で、農村部の問題と都市部の問題を切り分けて考えることの不合理さや、政府がアフリカ人の貧困問題に本腰を入れて取り組む必要性を指摘している点に、彼の主張の特色がある。農村経済の振興により産業都市への人口移動を抑制し、もって都市での失業問題を緩和しようとの発想は、当時のイギリス労働党が掲げていた農業政策にも組み込まれており、同党とつながりをもつマクミランの思想に影響を及ぼしたかもしれない[67]。経済的貧困とは本質的に白人の問題であり、農村部で自給自足の生活を送るアフリカ人は貧困とは無縁だとする当時の支配的言説を論駁し、アフリカ人にも貧困問題が存在しており、その解決のためには政府が主体性を発揮すべきだと断じる点は、フェビアン社会主義者としての面目躍如というところだろう。他方で、「原住民はイギリス政府の保護に感謝しなければならない」とも述べるなど、帝国支配そのものは否定していない。

（2）一九二〇年代後半における農村部の問題へのアプローチ

ⓐアフリカ人農民への関心

マクミラン報告は、都市における労働問題が農村部の貧困問題と表裏一体であることを明らかにし、協議会の問題意識と視野の拡大に貢献した。協議会はその後もアフリカ人が利用できる土地の拡大を訴え続けた。一九二七年には、政府の委員会で証言を求められたマクミラン、セロペ・テマ、ピムらが、リザーブの拡大とそこでのアフリカ人の排他的土地使用を法的に保障する必要性を説いている。

一九二九年には、マクミランの門下生でヨハネスブルク協議会のメンバーでもあるマーガレット・ホジスンがシスカイの農村部を調査し、リザーブのさらなる人口過密と困窮を明らかにした。ホジスンによると、出稼ぎ労働の普及とそれにともなう貨幣経済の浸透は、農村部の発展を促すどころかむしろ妨げている。貨幣を入手するという経済的な必要性のみによって、アフリカ人が出稼ぎ労働に従事するわけではない。アフリカ人社会の緊密な人間関係の下で、出稼ぎ労働に赴いて共同体の紐帯を弱めるよりは、むしろ「集団で飢える」ことを選ぶ者も多い。その結果、アフリカ人リザーブでは貧困と過密化がますます悪化しているとホジスンは結論づけた(68)。

協議会はまた、白人農場に住むアフリカ人の待遇にも関心を払った。白人農場に住むアフリカ人の立場はさまざまで、分益小作制や「スクウォッティング（小作人が地代を払う形式）」もみられたが、当時最も普及していたのは、農場主に労働力を提供することで土地の利用を認められる労役小作制だった。男が農作業に従事し、女はその手伝いをするか家事奉公人として働くのが典型で、農閑期には男たちはしばしば出稼ぎ労働に赴いた。労役小作人のなかには一定以上の農作物を生産し、農繁期には自ら農業労働者を雇用する者もいたが、圧倒的大多数は農場主の厳しい搾取と管理のもとにおかれた。白人農家のなかには、恣意的に労役の期間を延ばしたり、子どもにも労働を強要したりする者もいた。[69] 過酷な労働環境は、アフリカ人小作人の逃散を促した。実際、労役小作人は、この時期に都市に流入したアフリカ人のかなりの部分を占めていたとされる。[70] これに対して、白人農家はアフリカ人労働者を安く安定的に確保するために立法を通じた保護を政府に求めた。[71] かかる要望を受けて、一九二七年には、白人が所有する土地で農業を営むアフリカ人の労役小作人への転化とともに、労働力需要をすでに充足させている白人農家と、労働力不足に悩む白人農家との間で、小作人を（当人の意志とは無関係に）融通しあう制度の導入がはかられた。これに対して協議会は、労役小作制を強要したり、小作人の意志とは無関係に白人農家の間で労働力をやりとりしたりする仕組みは「奴隷制と本質的に変わらない」として、これを厳しく批判した。[72]

ⓑ保護から開発へ

農村部の観察と調査を踏まえ、一九二〇年代末の協議会内部では、農村開発と農業改良を通じたリザーブの貧困緩和を喫緊の課題として捉える認識が強まった。このことは、農村部に対する協議会の姿勢が「保護」から「開発」にシフトしていったことを示唆しているが、その含意は重大である。従来、協議会はアフリカ人の本来の生活拠点を農村部とみなし、そこで営まれる伝統生活や文化にできるだけ介入すべきではないと主張してきた。しかし、開発や改良は対象に変化を引きおこすための働きかけであり、必然的に伝統社会への介入をともなうことになる。これは新機軸であるといってよい。

こうした文脈で、一九二九年の全国ヨーロッパ人＝バントゥ会議でも、農村開発は主要な論点となった。同会議で議長を務めたピムは、耕作地の土壌悪化とそれがもたらす農村部の貧困を重要課題として挙げ、農業従事者の教育の必要性を唱えた。また、一九二三年に公刊された干魃調査委員会の報告書を長々と引用しながら、過放牧と土壌悪化の相関を強調し、農業と土壌の問題を「南アが解決すべき最大の課題」と指摘した。[73] こうした発言は、同時代のイギリス帝国および国際社会の動向とも連動していた。この時期には帝国行政において開発や福祉が重視されるようになってきたことは先述したが、それとも関連して、トランスナショナルおよびトランスインペリアルな次元でも、アフリカを拠点とする植民地科学者たちを中心に、農村開発や生態学的アプローチに基づく土壌改良への注目が高まっていた[74]。協議会の科学へのこだわりを考えれば、ピムの問題意識はこうした同時代の潮流からも影響を受けていたといってよいだろう。会議では、新技術や新たな農法の導入も含めた農業振興策が議論されたが、それと同時に、現行の土地制度に対する不満がアフリカ人出席者から表明された。彼らはアフリカ人が領有する土地の増大を強く求めるとともに、農業学校を通じた技術教育の必要性を訴えた[75]。

だがその一方で、農村部のアフリカ人からすれば、利用できる土地の拡大は歓迎されるにしても、開発や改良の名の下で部外者が既存社会のあり方に口出ししてくるのは望ましいことではなかった。これは、アフリカ人にとっての土地と家畜の重要性という問題に関わる。リザーブでは一般的に土地共有制がみられたが、それはこの時期に常態化していた出稼ぎ労働とも関係していた。農村部のアフリカ人世帯では、男性が出稼ぎ労働を通じて現金収入を得ることで、リザーブで換金作物を栽培する必要性は減少する。換金作物の生産はしばしば有力者への富と土地の集中をもたらすが、換金作物が大規模に導入されなかったからこそ、リザーブでは土地共有制が維持された。土地は居住地であり社会保障の基盤でもあったことを考慮すると、土地共有制の下で土地へのアクセスを維持することは農村部のアフリカ人にとってきわめて重要であった。そして、土地の私有制が認められておらず、それが資産と認識されないがゆえに、引き続き家畜が資産価値を有していた。このように土地と家畜はまさにアフリカ人農村社会の基盤だったのであり、そこに部外者が口を挟み、改良の名の下で現状を変革させようとする試み（たとえば過放牧への対応としての家畜の間引き）は、しばしば激しい反発を招いたのであった[76]。農村開発は一九三〇年代に入るといっそう注目を集めるようになるが、並行して協議会はさまざまなジレンマに直面していく。それは、協議会がもっぱら準拠してきた人権イデオロギーおよび隔離思想の諸矛盾が表出した帰結ともいえよう。とはいえ、協議会が隔離の理念を容易に手放すことはなかった。

4　危機の時代の協議会——一九三〇年代前半の思想と課題

（1）一九三〇年代前半の南ア

ⓐ世界恐慌とその余波

本節からは、一九三〇年代前半の協議会の活動を考察していく。一九二九年に始まった世界恐慌は南アを直撃し、国内の政治と経済は不安定な状況に陥った。危機の時代にあって与党・国民党と野党・南アフリカ党は合併を決め、一九三四年に連合党が結成された。新たに成立した連合党政権では、ヘルツォーク（旧・国民党）が首相、スマッツ（旧・南ア党）が副首相に就任した。恐慌により輸出商品の価格が下落したことで、南ア経済は大きな打撃を受けた。政府は農作物の最低価格保障や輸入関税の導入により、支持基盤である白人農家の利害を保護する政策を採った。一九三〇年代初頭の干魃の影響もあり、困窮した小規模農家や農業労働者のなかからは、土地を捨てて都市に移住する者が増加した。政府はアフリカ人を解雇して得た職を白人失業者に与えるなどして、かれらプアホワイトの救済に努めた。(77) その後、一九三二年に南アが金本位制から離脱すると、上昇する金価格の恩恵も受けて経済は急速に回復した。(78) 一九三〇年代半ばからは、製造業の発展が軌道に乗りはじめた。

経済不況は、アフリカ人にも大きな影響を及ぼした。製造業の労働者人口をみると、一九三二〜三三年の間に職を失った白人労働者は四〇〇〇人なのに対して、アフリカ人失業者は二万二〇〇〇人にのぼった。農村部のアフリカ人リザーブでは、経済不況で出稼ぎ労働への需要が一時的に停滞したことや、人口過剰による土地生産力の低下なども あり、貧困がさらに深刻化した。(79) リザーブの荒廃と白人農場での搾取により生計維持が困難になったアフリカ人からは、都市に移住する者が増加した。(80) 一九三六年には、リザーブの面積を拡大する一方でその外部に住むアフリカ人の管理を厳格化した原住民信託土地法と、ケープのアフリカ人有権者から実質的に選挙権を剝奪する原住民代表法が制定された（ASAPSの反応は第3章参照）。補償として、アフリカ人の声を代表する諮問機関である原住民代表審議会が創設されるとともに、アフリカ人の利害を代表する七名の連邦議会議員（三名の下院議員と四名の上院議員）を選出する権利が与えられたが、そこで選ばれた議員の多くは協議会関係者だった。ここに、政治領域における隔離はおおむね完成をみた。

ⓑアフリカ人の生活と共助の取り組み

世界恐慌下でのアフリカ人の生活は、概して厳しいものだった。一九三〇年に東ケープを訪問調査したレイナールト・ジョーンズは、次のような報告を行っている。クラドックのロケーションでは、アフリカ人家族の家計が恒常的な赤字状態にあり、それを補填するために女たちは洗濯などの仕事をして賃金を稼いでいた。失業率は高く、男たちはナタールのサトウキビ農場に出稼ぎ労働に出かけている。加えて、とくに乳幼児の間では、結核が猖獗をきわめている。栄養不足による免疫力の低下が主因であり、レイナールト・ジョーンズは「ロケーションの子どもたちの痩せこけた姿に衝撃を受けた」と記述している。また、クイーンズタウンのロケーションでは、多くの失業者がビールを密造するなどして生計を維持しようとした結果、「酒が大きな問題となってい」た[81]。

厳しい生活を送る一方で、アフリカ人たちはさまざまな自助や共助の取り組みを行っていた。たとえばブルームフォンテインには、アフリカ人の互助団体としてバロロン埋葬協会（一八九六年創設）とバト・パバロ埋葬協会（一九二三年創設）が存在していた。会員が払った任意の拠出金のうち三シリングが協会の運営費に充てられ、子どもや妻が死亡したときには五ポンドの埋葬費用を支給するという仕組みだったが、一月前の予告により拠出金から運営費を差し引いた額を引き出すこともできた。つまり、埋葬協会は貯蓄銀行としての役割も有していた。もっとも、協会は支出過多になりがちで、運営は難しかったようだ。その他には、一九二七年に創設されたバントゥ貸付銀行があった。こちらは銀行の証券を購入することで、利子五％で融資を受けられる仕組みだった。額面二シリング六ペンスの証券が二シリング九ペンスで販売されており、差額の三ペンスは銀行の準備金に充てられる。一ポンド分の証券を購入すると、四・五%の利子が支払われた。顧客は二〇〇名ほどで、これまで二つの教会の建設費用が融資されたほか、銀行自身も二名の学生に奨学金を支給していた。以上はアフリカ人自身が参加し運営する互助団体だが、自助という点では、白人が経営する銀行に預金口座をもつアフリカ人もいた。ある銀行には一九三一年一月時点で合計二九〇〇の口座があったが、このうち三九八がアフリカ人のもので、口座を開設するアフリカ人は増加傾向にあった。[82]このようにアフリカ人は、西洋の互助団体や金融機関を利用あるいは模倣することで、産業化する南アで自助と共助を実践しながら不況を乗り切ろうとしていた。

（2）思想と組織

ⓐ協議会と南ア主義

次に、一九三〇年代前半における協議会の思想と組織を検討しよう。前章では、協議会の主張を南ア主義との関連で考えることの意義を述べ、草創期のイデオロギーを分析した。以下では本節が対象とする時期における南ア主義を考察するが、まずは一九三三年にＳＡＩＲＲの主催で開かれた全国ヨーロッパ人＝バントゥ会議の冒頭で行われた諸演説に注目したい。

同会議の議長を務めたのは、ケープ・リベラリズムを体現する長老政治家で上院議員のＦ・Ｓ・マランであった。マランは協議会のメンバーではないが、その思想が協議会およびＳＡＩＲＲの関係者たちと近いのは明らかであり、ゆえに議長職を引き受けたといってよいだろう。議長演説で、マランは会議の目的として三項目を列挙したが、そのうちの二点は科学を強調するものだった。白人とアフリカ人の人種関係に関連する諸問題について「信頼に足る科学的調査を推進する」ことと、そうした問題についての健全な世論の形成に寄与するために「利用可能な事実と結論についての知見を普及する」ことがそれである。[83]科学が南ア主義の基盤であったことはすでにみたが、マランの演説でも南アの世論（国民意識）が健全な発展経路をたどるべく、科学の役割が重視されている点は注目に値する。そのうえでマランは、アフリカ人を農村部のリザーブに住む人々とヨーロッパ人の間で生きる人々（白人が所有する農場や都市に居住する者たち）とに分けて、前者に対しては利用可能な土地の増大を、後者に対してはその存在を認めたうえで、前者とは異なるやり方で善意をもって接することの重要性を説いた(84)。

会議主催者を代表して挨拶に立ったのは、ＳＡＩＲＲ理事長のブルックスだった。ブルックスはマランの演説を称賛したうえで、次のように述べて会議の意義を強調した。

南アの二つのヨーロッパ人種の間に楔を打つために、精力的な活動を続けている人々がいます。そのような人々は、目的達成のために原住民問題を利用しようとします。ここに集うわれわれは、意を決して「そのような試みを」回避しなくてはなりません。そして、原住民とその他の非ヨーロッパ人は、「ヨーロッパ人の」それぞれの人種のなかに多くの友を見出すことができるのだということを、あらゆる機会に示さねばなりません(85)。

この発言は、「あるべき南アの姿」についての協議会のヴィジョン――協議会の南ア主義――としても解釈できるだろう。それは、アフリカーナーであれイギリス系であれ、特定の集団の利害を排他的に主張する偏狭なナショナリズムを退け、アフリカーナーとイギリス系の協力関係を前提に、非白人とも協調しながら南アの未来を築いていくことを目指すとともに、そのような理念を基盤とする国民意識の涵養をはかろうとするものだった。かかる実践において重要なのは、科学である。マランと同様、ブルックスもまた、南アが抱える人種問題を「最良の科学的事実」に照らしながら、しかし同時に人間としての感性を忘れることなく考察することを求めた(86)。では当時の協議会は科学からいかなる影響を受け、それをどう利用していったのか。

ⓑ協議会と科学

一九三〇年代には、貧困を中心とする社会問題を科学的に分析する傾向が、南アでさらに強まった。社会調査はその主要な手段のひとつであり、アフリカ人の社会・経済生活の実態を把握する調査が各地で行われた。たとえばクルアンスタット協議会は、アフリカ人家庭の平均的な支出額と男性稼ぎ主の賃金を算出し、家計が慢性的な赤字状態にあること、それを補うために女性たちが洗濯や「非合法な手段」(売春や酒密造を指していると思われる)を通じて収入を得ようとしていることを明らかにした。[87]

この時期の貧困への科学的アプローチという点で大きな影響を及ぼしたのが、カーネギー財団(第4章参照)の支援で行われたプアホワイト調査であった。同調査は科学的分析を通じ、南アにおける貧困問題を把握してその改善を促すとともに、調査結果を公表することで世界に「有益な」知識を提供しようという企てだった。[88] 南ア現地で調査を主導したのは、コロンビア大学で教育学の博士号を取得し、ソーシャルワークや心理学にも通じていたE・G・マレルベだった。[89] 彼は統計を信頼し、プアホワイト家庭が子どもの精神的発育に与える影響をIQテストにより把握しようとした。もっとも、「科学」の観点からすると、調査団の情報収集や分析の方法は多くの問題をはらんでいた。最大の難点は、貧困の明確な定義がなされなかったことである。調査団は地域ごとに物価や生活水準が異なるとの理由から単一の貧困線を定義せず、代わって階級や社会的評判に照らして貧困を把握しようとした。つまり、賃金収入などの数値ではなく、その人物の社会的地位や評判を指標に、誰がプアホワイトかを同定しようとしたのである。換言すれば、プアホワイトとは「貧民に見える/として見られている人々」ということになる。明らかなトートロジーで、科学的客観性よりも主観に基づく判断としか言いようがないが、そうした姿勢は調査団に通底するものだった。この意味で、プアホワイト調査は統計や事実に基づく客観知と主観に基づく経験知の総合であった。[90]

科学は万古不易の知の体系ではなく、絶えず変化する。人類学の分野で社会人類学が形質人類学に挑戦したように、一九二〇年代末から三〇年代の南アでは新たな科学知が登場し、従来の隔離と人種に関する言説を部分的に書き換えていった。たとえば、能力における人種間の差異を知能検査を根拠に「証明」し、それを遺伝子に結びつけることでアフリカ人の白人に対する人種的劣位を説く思考様式は、徐々に退潮していった。代わって台頭したのが、心理学である。南アで初期の心理学研究を牽引したI・D・マクロンは、知能検査による人種間優劣の測定に疑問を呈し、心理学の見地から人種関係を理解することの重要性を説いた。そこでは人種間の本質的差異は否定され、アフリカ人の生活環境が白人のそれに近接することで両者の差異は消滅するとしたうえで、異なる人種間の相互接触と集団心理の形成という観点から人種関係を把握する見方が提唱された。[91]

科学を重視し、科学的知見から人種関係の改善とアフリカ人へのフィランスロピーを実践しようとする協議会のメンバーたちは、こうした潮流から影響を受けずにいなかった。レイナールト・ジョーンズは、一九二〇年代末までにアフリカ人の「原始的知性」という観念を批判し、知能検査に基づき人種間格差を説明するモデルを否定するようになった。一九三一年にクラドックの教会で演説をした彼は、「人類学の知見は人類の単一性を示している」として、人種間の本質的差異を否定した。[92] アルフレッド・ヘルンレもまた、いまや生物学は人類の単一性と人種概念の恣意性を立証していると述べ、人種混淆についても、あらゆる人間集団（とりわけ白人）はこれまで他集団と交わってきたのだから人種の「純血」なる考えは歴史的事実に反すること、複数の事例に基づけば「混血」の子どもが知性の点で両親に劣るという主張には根拠がないことを強調した。[93] 協議会内部では、人種関係を規定する社会的・経済的・文化的要因を把握しながら、異なる人種間の協調を模索する姿勢がさらに強まっていった。

ⓒ協議会の社会的位置

とはいえ、こうした思想潮流の変化により、協議会の面々（とくに白人メンバー）が人種の差異や人種間の隔離を完全に否定する方向へと舵を切ったのかと問われれば、そうとはいえない。以下でみていくように、協議会はアフリカ人に対する一定の管理と隔離は必要だと主張し続けた。その背景には、イデオロギーに加えて、戦略的要素もあっただろう。協議会は、自らの提言を政策に反映させるべく、政府と交渉を重ねて可能な限りの譲歩を引き出すことを目標としていた。[94] 隔離政策を唱えるヘルツォーク政権が「合法的な」選挙を通じて（もちろんそこでは非白人の声はほとんど反映されなかったが）権力を維持している以上、隔離政策を正面から否定しても政治に影響を与えることはできないし、白人市民からの批判を買うだけである。現に、協議会の言動は、厳格な隔離に基づく白人優位の社会を理想とするアフリカーナーナショナリストたちから攻撃を受けていた。一九三四年一一月、ポチェフストルアム大学のF・ポストマとL・J・デュプレシは、協議会とSAIRRが人種隔離なきヨーロッパ人とアフリカ人の平等を唱えているとして、そのような姿勢を強く批判する書簡を送った。両者によると、隔離の原則は南ア社会ですでに定着しており、政府の公式方針でもある。それを批判する協議会やSAIRRの主張は、白人と非白人の違いを認めず、異人種間の交わりを許容するものであり、受け入れがたかった。(95)

協議会に対する政府のまなざしも友好的とは言いがたい。(96)一九三四年一月、協議会の代表者はP・G・W・グローブラー原住民問題大臣と面会した。席上、グローブラーは、「協議会運動は同化主義を主張しており、その政治活動は許容できない」と発言した。協議会――とくに白人メンバー――がイデオロギーのうえで人種隔離を完全に否定していたとは言えないにもかかわらず、面と向かって「同化主義者」と名指されたことに狼狽したのかもしれない。訪問団の代表を務めたヘルンレは後日書簡を送り、あらためて協議会の立場を説明することで政府の誤解を解こうとした。返信で、グローブラーはすべての説明に納得したとはいえないが、今後も協議を続けることを約束した。(97)これは、同化と隔離という当時の南ア社会における重要論点について、協議会の自己認識と政府の評価の間にずれがあったことを示している。

興味深いのは、件のヘルンレの書簡で、協議会と政府の話し合いや政府に対する請願書の送付が「安全弁」だと述べられている点である。「安全弁」の具体的意味は明言されていないが、非白人の不満をガス抜きする機制と解釈すべきだろう。つまり、協議会に参加する非白人たちは、自らの声を決議文や訪問団の派遣というかたちで政府に届けることを希望しており、協議会は非白人と政府を結ぶ回路となることで前者の不満のレベルをコントロールしている。そうすることで、非白人が共産主義のような過激思想に傾かないための防壁となっている。(98)「安全弁」の意味はこう解釈できるのではないか。それはすなわち、政府に対して意見はするが、その統治を転覆するようなことは考えておらず、結局のところ、白人を中心とする現行体制を基本として維持しながら、あくまでもその枠組みのなかで漸進的改革を目指すことが、協議会の帝国フィランスロピーの目的だったことを意味している。

ⓓ組織の問題

一九三〇年代前半は、協議会が活動を拡大する好機となるはずだった。世界恐慌はアフリカ人の生活を脅かしたが、危機の時代だからこそ、協議会がアフリカ人に寄り添う姿勢を示すことができれば、その存在感は増すはずだ。外部の事情も味方している。三〇年代はＡＮＣに代表されるアフリカ人ナショナリズムの低迷期だった。協議会が効果的にアフリカ人の利害を代弁できれば、より多くのアフリカ人を引きつけることができただろう。

だが、政府との交渉を重視して漸進的な改革を志向する協議会の姿勢は、むしろアフリカ人側の猜疑心を増幅することにつながった。ブルックスは、「原住民の誠実な友［協議会の白人メンバーのような人々］でさえ、［アフリカ人のマスメディアによって］辛辣に批判されている」[99]現状を嘆いているが、それはまさに協議会に対するアフリカ人の評価を一面において反映するものだった。隔離の拠り所でもあった科学のありようが変化する一九三〇年代になると、協議会内部でも隔離に対するアフリカ人メンバーの根本的批判がさらに強く表明されるようになっていく。指導的なアフリカ人のなかでは穏健派と評されるＤ・Ｄ・Ｔ・ジャバヴでさえ、隔離は「単なるキャッチワードにすぎない、なぜならそれはもはや実現不可能だからだ」とまで述べるようになった。彼によれば、アフリカ人はすでに南アの経済システムに完全に組み込まれているのだから、「固有の発展経路」という隔離のキーワードは、現代文明の諸制度からアフリカ人を強制的に分離する言い訳にほかならない。そもそもヨーロッパ文明という言葉自体がミスリーディングだ。なぜなら、文明には民族も人種も関係ないからだ。[100]ジャババヴの主張は、いまだ隔離政策に対してあいまいな姿勢をとる白人メンバーたちのそれとは一線を画すものだった。そのような状況にあって、ヨハネスブルク協議会のメンバーで、一九四〇年代にはＡＮＣ議長として辣腕を振るうことになるアルフレッド・クーマは、協議会に属するようなリベラル派白人との関係を断ちきろうとする動きが、穏健なアフリカ人指導者の間でも出てきていることに警鐘を鳴らした[101]。

さらに、協議会は、「組織内部の人種関係」という点で深刻な悩みを抱えていた。核心にあったのは、会議での発言がもっぱら白人メンバーに限られ、アフリカ人の意見がめったに聞かれないという事態である。実はこれは、協議会創設以来の課題だった。一九二〇年代中頃にダーバン協議会を訪れたレイナールト・ジョーンズは、「原住民メンバーが会議中ほとんど発言しなかった」ことに気づいた。会議後、アフリカ人メンバーに沈黙の理由を尋ねたところ、税未納の罪により四百人のアフリカ人が逮捕されたことで彼らの頭がいっぱいだったこと、しかし内気ゆえにそのことについて発言できなかったことが分かった。「ヨーロッパ人は発言をすることに必死で原住民が沈黙しがちなこと、そしてその沈黙には意味があることを忘れやすい」という気づきを得たレイナールト・ジョーンズは、事態改善のために協議会の幹部たちがアフリカ人メンバーと個別に面談して意見聴取する機会を設け、アフリカ人が発言しやすい環境を整えることを提案した[102]。

だが、そうした努力はなかなか実を結ばなかったようである。一九三〇年に東ケープを視察した際も、レイナールト・ジョーンズは「原住民の沈黙」に衝撃を受けたと記録しているし[103]、一九三四年の会議でも、あるアフリカ人出席者が、協議会の会合にはアフリカ人メンバーはほとんど出席していないと証言している[104]。アフリカ人の沈黙の理由が「内気」や「黙考」だけなのかは分からない。だが、会議への欠席は、無関心ないし白人が主導権を握る組織への反発と考えざるをえない。レイナールト・ジョーンズは、アフリカ人メンバーの出席率が芳しくないのは彼らの協議会への関心が低下しているからだと指摘し、「協議会が原住民指導者たちへの影響力を失ったら悲劇だ」[105]と警告した。協議会という組織の基盤、とくに内部における人種関係は決して盤石ではなかった。

加えて、協議会どうしのつながりや連帯も課題だった。各地に点在する協議会のネットワークを維持する目的で諮問委員会が設立されたが、コーディネーターの役割は決して容易ではなかった。諮問委員会書記のA・L・サフェリーは、一九三四年四月に各協議会に宛てた書簡で、諮問委員会から失業問題についての意見聴取を依頼したにもかかわらず、返信のあった協議会はわずか七つにすぎず、大多数からは受領確認の返事すら来なかったことに不満を述べ、あらためて諮問委員会への協力を求めた[106]。数の上では協議会の規模は拡大していたが、自らをより効率的で強固な基盤をもつ組織へとアップグレードできたとはいいがたい。

5　都市での労働問題——低賃金と出稼ぎをめぐって

(1) アフリカ人労働者の雇用と賃金

ⓐ低賃金と貧困の要因

本節では、一九三〇年代前半に協議会が都市部でのアフリカ人の労働をめぐる問題にどう取り組んだのかをみていく。文明的労働政策、そして産業におけるカラーバーの強化を推し進める政府の方針に対して、協議会は批判のトーンを強めていった。しばしば用いられたのは、労働における隔離が経済的な合理性に反するという主張である。公的部門で賃金の高い白人を優先的に採用すると労働コストが上昇し、そのしわ寄せは納税者に押しつけられる。さらに、職を失った都市在住の非白人労働者は家賃を払えず、都市自治体やチャリティ団体が肩代わりせざるをえない。都市で失業したアフリカ人は農村に移動し、そこで働く白人から仕事を奪うので、プアホワイトの都市への流入に拍車がかかる恐れがある。もちろん、アフリカ人の貧困は税収にも影響を与える。実際、一九三二年の人頭税（アフリカ人のみ対象）収入は前年から三〇万ポンドも減少した。逆に、文明的労働政策とカラーバーを廃止し、アフリカ人の雇用と賃金が上昇すれば、彼らの購買力が上がり内需が拡大する。経済が成長すれば、結果として白人の雇用と賃金も改善するはずだ。「白人の経済的救済は、したがって、原住民のそれに依存しているのである」[107]。このように、労働における隔離を「科学的に」批判しつつ、協議会はアフリカ人が直面する諸問題に積極的に関わっていった。

世界恐慌の影響が残る南アで、協議会の関心はアフリカ人労働者の賃金へと注がれた[108]。労働運動の指導者でヨハネスブルク協議会のメンバーであったウィリアム・バリンジャー（第4章も参照）によると、アフリカ人労働者の低賃金の原因は、出稼ぎ労働者の賃金体系があらゆる労働者の基準となっていることにあった。南アの基幹産業である金鉱山は主として出稼ぎ労働者を雇用しているが、その賃金は日当二シリング六ペンスほどである。この額はしかし労働者本人の生活費にそくして算出されたもので、彼の再生産や家族の扶養にかかる費用は考慮されていない。先述の通り、出稼ぎ労働者は契約終了後に出身地の農村やリザーブに帰るので、労働者の再生産にかかるコストは故郷の家族が負担すべきである、また、故郷では彼の家族が自給自足の生活を送っているのだから、家族の扶養にかかる費用は支払う必要がない、というのがその理由である。農村部で生計を立てられないからこそ出稼ぎ労働を選ぶのであり、ここにみられる理屈は空論以外の何物でもないが、問題は、出稼ぎを対象とする賃金体系が都市に定住するアフリカ人労働者に対しても適用されていたことにあった。都市での生活は農村部での生活よりコストが高く、労働者は自分自身の他に家族も扶養しなくてはならない。出稼ぎ労働者にとってすら最低限の生活を送るのに十分な賃金とは言えないのに、都市定住アフリカ人労働者が日当二シリング六ペンス（月額三ポンド）で自立した生活を営めるはずがない[109]。

バリンジャーは、政府が任命した原住民経済委員会がアフリカ人労働者の低賃金を批判している事実を見過ごすべきではないと主張する。アフリカ人労働者の賃金が上がれば、国産品に対するアフリカ人の需要が高まり、消費が拡大する。それにより景気が回復すれば、白人の雇用も増加するだろう。加えて、アフリカ人労働者を白人と共通の福祉・労働制度に包摂するべきだ。政府の救済を期待できないと分かれば、アフリカ人労働者は力ずくでよりよい労働条件を獲得しようとするだろう[110]。

ⓑ都市定住労働者の優遇

出稼ぎ労働者の賃金体系を都市定住労働者にも適用するのは、確かに現実を無視した慣行である。だが、賃上げをする場合、何を賃金の基準とすべきなのか。イーストロンドン協議会の会議でこの問いを検討したレイナールト・ジョーンズは、アフリカ人労働者の技能を考慮すべきだと主張した。技能をもたない労働者が低賃金なのは仕方がないが、技能をもつ労働者に相応の賃金を払えばアフリカ人の不満は減るだろう。[111]政府の労働政策が技能を必要とする職種を実質的に白人に限定していることを想起すれば、彼の発言はカラーバーを批判したものと読める。

もっとも、この提案からはもうひとつの意図も看取できる。ほとんどが非熟練労働に従事するアフリカ人のうち、仮に技能を鍛える機会に恵まれる者があるとすれば、それは都市定住者であろう。契約期間が限られ就職先を変えることも多い出稼ぎ労働者に、その時間はないからだ。よって、ここでのレイナールト・ジョーンズの提案は、出稼ぎ労働者よりも都市定住者を念頭においたものだといえる。バリンジャーも指摘する通り、出稼ぎ労働者の存在は、雇用主が都市定住者も含めたアフリカ人労働者の賃金を低水準でとどめおく根拠になっている。実際、このことをひとつの理由として、クラドックでは都市定住アフリカ人と出稼ぎアフリカ人がいがみあう事態も生じていた。[112]都市定住者と出稼ぎの利害が対立する以上、いずれかの利益を優先しなくてはならない。結果として協議会が優遇したのは前者であったが、この点についてはすぐ後で論じたい。

ⓒ最低賃金と雇用

さて、賃金を論じるうえで避けることができないのは、バリンジャーも言及した最低賃金という問題である。この点についての協議会の見解を把握するうえで手がかりとなるのは、ブルームフォンテイン協議会が恐慌下でのアフリカ人の賃金と雇用についての調査結果をまとめ、一九三二年四月に賃金委員会に提出した「最低賃金についての覚書」である。

「覚書」でまず指摘されたのは、現在の最低賃金（週給一ポンド）がある程度の快適な生活を実現するのに必要な生活賃金[113]に及ばないという事実だった。一九二八年の調査によると、ブルームフォンテインで五人家族が最低限の生活を送るためには月六ポンド必要だが、最低賃金ではそれすらもまかなえない。次に、「覚書」は、最低賃金の雇用への影響を検討する。最低賃金の導入にともない、労働費用の増大を嫌う雇用主によるアフリカ人労働者の解雇が横行し、失業者が増大するという予測があった。しかし、それは現実にはならなかった。さらに、世界恐慌の影響下でアフリカ人労働者の最低賃金を下げよという主張があるが、それに賛意を示したのはアフリカ人労働者を一定数以上雇用する二五人の経営者のうちのわずか五人にすぎなかった。それ以外の経営者は、賃金があまりに低いとアフリカ人がそもそも職に応募せず、必要な雇用を確保できないと考えていた。むしろ、雇用主の不満は、鉄道建設などの公共事業で多数のアフリカ人を雇用している政府が最低賃金を守っていないことに向けられていた。さらに、アフリカ人労働者の賃下げは経済と倫理の面で悪影響を及ぼす。前者については、賃下げによりアフリカ人の購買力が下がることで、「ブルームフォンテインの商業コミュニテイに破滅的な影響を与える」可能性がある。他方、賃下げはあらゆる階層のアフリカ人の不満を招き、社会秩序に悪影響を及ぼす点で、倫理的にも有害である。結論として、ブルームフォンテイン協議会は、最低賃金が雇用に悪影響を与えるという主張は根拠に乏しいとし、恐慌下での最低賃金引き下げに反対した。[114]

賃金およびそれと関係する法制度については、一九三四年にＳＡＩＲＲが主催してクルアンスタットで開かれた人種関係会議でも議論された。協議会メンバーでグレイ・ユニヴァーシティ・カレッジに所属するシュミットは、地域にかかわらない全国一律の最低賃金を導入すべきだと訴えた。その一方で彼は、最低賃金の参照基準はあくまでも生活賃金であって、「贅沢賃金（luxury wage）」であってはならないとし、賃上げの結果「多く［の白人］が家事奉公人を雇用できなくなったアメリカの轍を踏むべきではない」と主張した。[115]アフリカ人の経済状態改善に関心をもちながらも、白人の都合を優先させる思考様式が表れている。この他にも、ブルームフォンテイン協議会のクシュケのように、最低賃金の導入によりアフリカ人に最低限の生活を保障する一方で、教育を通じてヨーロッパ人の消費文化をアフリカ人にも身につけさせ、南ア経済の発展を促す必要性を説く者もいた。[116]

（2）文明的労働政策

ⓐ労働をめぐるポリティクス

以上のような議論を前提に、この時期の協議会が関心を向けたのが、雇用や労働条件において白人労働者をアフリカ人労働者よりも優遇する文明的労働政策だった。一九三五年、協議会の主要メンバーたちから構成されるSAIRRの代表団は、労働・社会福祉大臣アドリアン・フーリと面会し、文明的労働政策を議論する機会をもった。それを踏まえて、レイナールト・ジョーンズはフーリに書簡を送り、いくつかの質問と提言を行っている。ここには、協議会関係者のアフリカ人労働問題に対する認識がよく表れているので、詳細にみてみたい。

一九三五年一〇月一三日付のフーリ宛書簡[117]で、レイナールト・ジョーンズは今回の面会の趣旨をあらためて説明している。それによると、代表団は文明的労働政策そのものを否定しているのではなく、「窮乏状態にある人々を文明水準の生活に引き上げることを目指す健全な政策からすべての人種集団が恩恵を得られるようにする」ために面会に臨んだ。文明的労働政策の名の下で実行されてきた施策は、プアホワイトの救済に貢献してきたが、他方で非白人が利益を得てきたとは言いがたい。それはあたかも「経済成長に貢献してきた非ヨーロッパ人労働者に対する感謝の念を欠いたもの」である。

現在の「労働市場におけるカオス」にはいくつかの要因がある。第一に、全般的傾向としてあらゆる人種に属する人々の都市への移動が増大していること。第二に、都市で雇用される期間労働者（出稼ぎ労働者）の出入りが激しいこと。第三に、都市に定住するカラード、インド人、アフリカ人労働者と農村から来る出稼ぎ労働者の間で、生活水準に著しい差異があること。第四に、非白人非熟練・半熟練労働者の賃金水準が極端に低く、労働の経済的価値や都市在住者の社会的必要がほとんど考慮されていないこと。以上が生み出している「カオス」は、賃金労働のみに依存して生計を立てなければならない都市定住労働者の生活を圧迫している。政府はこのうち白人の救済に力を入れているが、そのしわ寄せを受けた非白人の生活水準はますます低下しており、結果として、そのような人種差別に基づくと思われる政策が、非白人の間で政府と白人一般に対する敵愾心や不満を引きおこしている。

そうしたなかで、一九三四年五月に労働省が南ア産業会議所連盟に送った書簡には、アフリカ人の労働は文明的労働に含まれないと明記されていた。だが、ヘルツォーク首相による文明的労働の定義（「通常のヨーロッパ人の観点から一般的に許容可能とされる生活水準に適合する水準の生活を享受する人々によって担われる労働」[118]）は人種に言及しておらず、この言葉をめぐる政府内部の認識の齟齬が非白人たちの不信感をさらに強めることになった。よって、政府はあらためて文明的労働政策の意図を説明し、それが非白人を差別するものではないというメッセージを発するべきだ。

そのためには、三つのステップを踏む必要がある。第一段階として、「文明的労働」という言葉は再定義されるべきだ。具体的には、社会学の概念である「生活水準」に経済学の概念である「賃金」という要素を加えて、「文明的労働」の意味するところをより明確化すればよい。すなわち、「文明的労働」を、「労働者が都市部において文明的生活の基本を維持するのに必要な賃金を稼得できるあらゆる労働」と定義し直すべきである。こうすれば、文明的労働政策に対する誤解や敵意を払拭することができるだろう。

次に、第二段階として、政府は産業法制委員会（一九三四年に産業および経済に関連する諸問題を調査するために任命された。一九三五年に報告書を刊行）が提出した意見を受け入れると宣言するのが望ましい。具体的には、同委員会が定めた原則に基づき最低賃金のルールをまとめること、あらゆる人種を対象とする社会福祉政策を積極的に推進すること、あらゆる人種の困窮した労働者が共同体の負担あるいは他の労働者への脅威とならないような社会的・経済的水準まで回復するのを支援することを明言すべきだ。

最後に、第三段階として、こうした政策が農村出身の出稼ぎ労働者（そのほとんどがアフリカ人）に及ぼす影響を注意深く観察する必要がある。この点について、最初に確認すべきは、出稼ぎ労働者が「文明的労働」の適用対象に含まれない存在だということである。出稼ぎ労働者は農村部に生活拠点を残したまま都市に来ており、低賃金でも仕事を請け負うので、本来は「文明的労働」の担い手に含まれるはずのアフリカ人都市定住労働者の賃金水準を引き下げている。とはいえ、出稼ぎ労働を完全に廃止することはできない。それは特定の雇用主（鉱山やサトウキビ農場）に不可欠であるのみならず、農村部のアフリカ人世帯にとっても生計維持のために必要だからだ[119]。出稼ぎ労働がなくなると農村部のアフリカ人の生活は崩壊し、そうなれば農村から都市への大規模なアフリカ人の流入は避けられない。

アフリカ人の無秩序な都市化は阻止しなければならない。そのためには、出稼ぎ労働者の「綿密な管理（close control）」が必要である。すなわち、「都市定住者が必要な最低限の賃金（urban minimum）」に満たない賃金で働く出稼ぎ労働者は、一九一一年原住民労働規制法や一九二三年原住民（都市地域）法および一九三〇年同改定法に基づき、雇用期間中は適切な住居が提供され、契約終了時には確実に出身地へと送り返されなくてはならない。そのコストを払うのは、都市自治体ではなく雇用主であるべきだ。それにより、都市自治体は「都市人口の不可欠の一部とはいえない人々［出稼ぎ労働者］」を対象とする福祉から免責されるし、出稼ぎ労働者も雇用期間中に住居費を払わなくてすむので、より多くの蓄えをもって帰郷できる。そうすれば、次の出稼ぎ労働まで、より長い期間を故郷で過ごすことができる。

あらためて、貧困は白人のみならず非白人の問題でもある。政府はプアホワイトに関心を集中しているが、それ以外の人種がおかれた状況も十分に考慮し、あらゆる労働者の待遇改善を実現するための産業・社会制度を整備していくべきである。

以上のような意見を述べたうえで、レイナールト・ジョーンズは政府の見解を質すべく、以下の四点について問うた。①「文明的労働政策」はどの程度「人種隔離」を志向するものか（つまり、白人のみを優遇する意図があるのかどうか)、②最低賃金の規制やすべての人種を対象とする社会福祉政策の推進を含む産業法制委員会の提言を、どの程度政策に反映するつもりか、③「文明的労働」の意味を明確化するため、かつてのヘルツォーク首相による定義を再考するつもりはあるか、④あらゆる人種の非熟練・半熟練労働者が文明的な生活水準を維持するのに必要な諸条件を整備するために、SAIRRを含む社会福祉関連団体はどのように政府に協力すべきと考えるか、以上四点である。

以上の質問に対して、政府は労働・社会福祉省事務次官イヴァン・ウォーカーの名で一九三五年一一月一四日に回答を行った[120]。まず①について、政府は「文明的労働政策」が人種隔離を志向するものであることを否定した。その一方で、「ヨーロッパ人非熟練労働者が本政策が想定する扶助の主対象」であるとも述べており、実質的に白人を優遇する意図を明言している。②に対しては、産業法制委員会の提言を検討するとしたが、③については、ヘルツォーク首相による「文明的労働」の定義は人種差別の文言を含んでおらず、変更する意図はないと回答した。最後に④に対しては、SAIRRを含む諸団体が政府に協力することを歓迎するとし、とくに「文明的生活水準に適応した非熟練労働者が直面する問題の解決にむけて健全な世論を醸成する」助けとなることを期待すると述べた。

ⓑ政府と協議会の認識——出稼ぎ労働者へのまなざしを中心に

以上のやりとりからは、一面では、協議会と政府の間に横たわる溝があらわになる。①について、政府は人種差別を否定しながらも白人を優遇する意図を明確にしており、特定の人種を優遇しない政策を求める協議会との意見の懸隔は明らかである。また、④についても、政府は民間団体の協力を歓迎すると述べる一方で、救済の対象をあえて「文明的生活水準に適応した非熟練労働者」と表現している。質問状で使われた文言は「あらゆる人種の非熟練・半熟練労働者」であり、この表現をあえて使わずに別の表現に言いかえていることの意図は、①への回答も考慮に入れると、政府が暗に白人労働者のみを救済の対象に限定しようとしていると考えざるをえない。

だが、他面において、協議会と政府の間で見解の一致がみられる部分もあった。それは、出稼ぎ労働者の「綿密な管理」という主張に関わる。協議会では、都市のアフリカ人労働者を定住者と出稼ぎに分けて考える必要性がすでに認識されていたが（本章第1節）、一九三〇年代に入ると、この問題への思索がさらに深められていった。[121] その結果、協議会関係者の間では、都市におけるアフリカ人の貧困の主因を出稼ぎ労働（者）に帰する認識がますます強まっていった。一九三二年に地方都市でアフリカ人ロケーションの管理を担当する役人と書簡を交わしたレイナールト・ジョーンズは、出稼ぎ労働者が都市定住アフリカ人の職を奪い、賃下げの圧力になっているとの前者の見解に同意し、次のように述べた。

主要な問題は、税金を払うためにリザーブから出てきて数カ月だけ都市で働き、そうすることで、ヨーロッパ人が居住する領域で働く必要がある都市定住原住民の「価値を下げて」しまう原住民なのです。[122]

明らかに、レイナールト・ジョーンズは出稼ぎ労働者よりも都市定住労働者の利益を優先し、そのためにも前者を管理・統制する必要があると考えていた。

ところで、出稼ぎ労働者は、南ア連邦内部の農村地帯からのみ移動してくるわけではない。南アに隣接しイギリス政府が直接統治するバストランドやベチュアナランド保護領からも、多くのアフリカ人が南ア領内に出稼ぎ労働にやってきていた。だが、国外のアフリカ人が国内のアフリカ人の脅威となるのは望ましくない（本章第1節も参照）。よって、レイナールト・ジョーンズはロンドンの植民地省に宛てた請願書のなかで、国外から来る出稼ぎ労働者に対してより厳格な措置が講じられるべきだと主張した。[123] ケープ半島協議会も、一九三三年に原住民問題大臣に宛てた要望書のなかで、困窮するアフリカ人を救済するための方策として、「鉱山および他の業種で雇用されている外国人原住民を祖国に帰還させ、代わって、連邦の原住民に雇用を提供する」べきだと提案している。金鉱山がポルトガル領モザンビークなど領外からの出稼ぎ労働者に依存しているのは周知の事実であり、そうした構造を即時・抜本的に改革するのは困難だと認めつつも、恐慌を奇貨として労働や雇用の仕組みを見直すべきだと協議会は唱えた[124]。救済において白人とアフリカ人を差別するのは容認できない。だが、アフリカ人のなかでも、救済対象の選別と優先順位の基準はきちんと設けるべきだ。こうした姿勢は、まさにイギリスにおけるフィランスロピーと福祉の原則を反映したものだった。

議論をまとめよう。協議会は、出稼ぎ労働の廃止を主張していたわけではない。出稼ぎ労働者の搾取には警告を発し、とくに雇用主が適切な福利厚生を提供する責務を強調している。だがその一方で、出稼ぎ労働（者）が肯定的にみられていたとも言いがたい。都市定住労働者は文明的労働政策の対象であるべきだが、出稼ぎ労働者は「都市定住者が必要な最低限の賃金水準」からも文明的労働の対象からも外れた存在で、「都市人口の不可欠の一部」でもなく、「綿密な管理」の対象とすべきである――こうした言葉からは、出稼ぎ労働者が本来は都市にいるべきではない存在、いわば必要悪とみなされていたことが分かる。

実は、ここまでみてきた協議会の主張は、政府の一部からも共感をもって受けとめられていた。当時、鉱山大臣の職にあったパトリック・ダンカンは、一九三四年にレイナールト・ジョーンズに宛てた手紙で、鉱山がアフリカ人出稼ぎ労働者を低賃金で雇用していることが、都市定住アフリカ人労働者の賃金を下げる口実として使われていると指摘している。そのうえで、アフリカ人の無秩序な都市化を防ぐためにも、出稼ぎ労働者を管理する必要があると述べた。同時に彼は、アフリカ人労働者に対する最低賃金の漸進的導入、雇用主が出稼ぎ労働者の住居を提供する責務にも言及している[125]。ダンカンの主張は、まさにここで紹介した協議会の提言と大部において重なるものであり、実際にダンカンもこれらの点においてレイナールト・ジョーンズと見解の一致をみたことを歓迎すると述べている。もっとも、時系列を考えれば、むしろダンカンとの意見交換（一九三四年六月）などを踏まえて政府の姿勢を事前に把握したうえで、上記のフーリ宛書簡（一九三五年一〇月）がしたためられたというべきだろう。

それでは、出稼ぎ労働者をいかにして管理すべきか。協議会が注目したのは、彼らの送出元である農村部だった。

6　解決策としての隔離——労働問題と農村開発

(1) アフリカ人労働問題と農村開発

ⓐブルックスの「覚書」(一九三四年)

文明的労働政策をめぐる議論が行われていた頃、南アが直面する労働問題の現状と今後取り組むべき課題をまとめていたのがエドガー・ブルックスだった。ブルックスは一八九七年にバーミンガムで生まれ、その後ナタールに移住し、税関での勤務を経て一九二〇年にトランスヴァール大学(現在のプレトリア大学)政治学講師に着任した。草創期からプレトリア協議会の活動に積極的に参加していた彼は、当初は強硬な隔離主義者で、アフリカーナーナショナリズムにも共感するなど、イギリス系白人としては異色の存在だった。一九二四年に著書『南アフリカにおける原住民政策の歴史』を刊行した際には、ヘルツォークと国民党から財政支援を受けている(第4章参照)[126]。

しかし、ブルックスの政治姿勢は一九二〇年代後半に急旋回をみせた。一九二七年の『改訂版　南アフリカにおける原住民政策の歴史』では、前年に成立した鉱山労働修正法(カラーバー法)を糾弾することで、ヘルツォークおよび国民党との断絶を鮮明にした。彼はもともと、白人とアフリカ人双方の利害に目配りしながら両者の関係を調整することが原住民政策の要諦だと考えており、その観点からすると、極端に白人の側に肩入れするヘルツォークの政策は許容できるものではなかった。加えて、この間にブルックスはアメリカを訪問する機会を得ており、そこでアフリカ系アメリカ人が白人主導の社会でも地位向上を実現する潜在能力を有していることを目撃し、深い感銘を受けたとされる。彼はやがて、偏狭なナショナリズムが自由を脅かすものでしかないこと、南アの経済と社会が白人とアフリカ人の相互依存を基盤としている以上、完全な隔離は不可能であることを悟り、ヘルツォーク政権への批判をますます強めていった。その後、キリスト教信仰に立ち返ったブルックスは科学的人種主義を否定し、さらには人種という概念自体にも根本的な批判を投げかけるようになっていった[127]。

そのブルックスは、一九三四年に労働問題についての覚書をしたためた[128]。冒頭、彼は、「近年の南アフリカの社会状態に関するいかなる権威ある研究も、労働の領域において肌の色のみに基づき直接的な制限を設けることを推奨するとまでは主張してない」と述べる。労働分野で隔離が必要であれば、それは一時的・暫定的措置であるべきで、長期的にみれば、法に基づくカラーバーはむしろプアホワイトに益よりも害をなすというのが近年の共通理解である。どういうことか。プアホワイトの救済を優先する政府は、とくに鉄道や建設などの公的部門でアフリカ人労働者を白人労働者で代替する政策を進めている。しかし、それは皮肉な結果を招いている。というのも、民間企業ではアフリカ人の雇用と賃金が増えており、それが公的部門におけるアフリカ人労働者の職と賃金の損失を相殺しているからである。政府が経済に介入することでプアホワイトが鉄道・建設の肉体労働者として定着する傍ら、アフリカ人はより技能を必要とする産業の現場で雇用を得ているのである。

とはいえ、労働市場における競争において、白人が都市で働くアフリカ人（とくに出稼ぎ労働者）に比べて不利な立場にあるのは間違いなく、前者が一定の保護を期待するのは間違いとはいえない。この問題に対するひとつの解決策はカラーバーだが、ブルックスはその有効性を否定する。それがより賃金の高い白人労働者の雇用を経営者に強要することで、人件費の増大をもたらすからである。もうひとつの解決策は、同一労働・同一賃金の原則を導入することである。しかし、これもまた困難がともなう。白人雇用主は同一の技能を有していても相対的に賃金が安いからこそアフリカ人労働者を選好するのであり、技能に優れたアフリカ人に対し、白人労働者と同等かそれ以上の賃金を払う意欲は薄い。同一労働・同一賃金の原則の下で仮にアフリカ人と白人が同じ技能を有しているならば、白人雇用主は一般に後者を採用するだろう。それはアフリカ人の失業増加につながる。よって、同一労働・同一賃金の原則は望ましいが、これを即時一律に導入するのは混乱を増すばかりであり、白人とアフリカ人の賃金水準を漸進的に揃えていくことが現実的な政策だ。

もっとも、ブルックスの真の論点は、別にある。白人労働者をアフリカ人労働者から保護したいのならば、アフリカ人が住むリザーブの開発と農業の改良に取り組むべきだ。というのも、アフリカ人出稼ぎ労働者は荒廃したリザーブで生計を立てられないからこそ、やむをえず都市に来るのであり、農村部で自活できるようになれば出稼ぎ労働の必要性は減り、アフリカ人と労働市場で競合するプアホワイトの雇用は守られるはずだからだ。さらに、開発によりリザーブの生活環境が改善すれば、農村部のアフリカ人の経済力は上昇し、彼らの購買力が高まることで国産品の消費が増える。その結果、南アの産業はさらに発展し、それが労働力需要を喚起することで、プアホワイトの就業と賃上げの機会も拡大するはずだ。結論として、ブルックスは、労働におけるカラーバーの有効性をあらためて否定したうえで、農村部のアフリカ人の生活水準を高めることこそがプアホワイト問題の真の解決策だと説くのである。

ⓑ農村開発と隔離イデオロギー

ブルックスの主張は、本章第1節で紹介したヨハネスブルク協議会の手による「産業における原住民」での議論を引き継ぎつつ、都市（産業）と農村を有機的に結びつけて農村部の土地問題の重要性を強調する点において、マクミランが提起した問題意識をも継承しているといえよう（本章第3節も参照）。都市問題を農村問題との関係で把握する認識は当時の南アで一般的になりつつあり、一九三二年に提出された政府の原住民経済委員会報告書でも、「問題の本質はリザーブにある」と明言されている。(129)

そのうえで、ここで再度指摘しておきたいのは、隔離イデオロギーの持続的影響力である。確かにブルックスはアフリカ人労働者なしに経済を運営するのは不可能だと説き、完全な隔離の実現可能性を否定した。だがしかし、そこで――とくに都市で――必要とされるアフリカ人労働者とは誰なのか。彼はリザーブの開発と拡大を通じて農村部がより多くのアフリカ人を収容できるようになれば、技能を欠く低賃金の労働者（出稼ぎ労働者）は都市に来ず、対照的に、労働生産性が高く相対的に高賃金のアフリカ人（定住労働者）のみが残るので、全体として都市在住アフリカ人の人口が減るはずだとも述べる。その根底にあるのは、都市には経済的に有用なアフリカ人のみが住むべきで、その他のアフリカ人は農村で自給自足の生活を送るのが望ましいという思考様式である。それは、居住空間を人種の線で分かつ領域的隔離の思想にほかならない。つまり、ブルックスが強調するリザーブの開発は、本来的に白人の領域である都市へのアフリカ人の流入を制御するための手段でもあった。以上の点を念頭におきつつ、次に農村部に関連する諸問題への協議会の姿勢をみていこう。

(2) 農村開発のジレンマ

ⓐ農村部のアフリカ人を取り巻く諸問題

本章第3節でみたように、一九二〇年代末までにリザーブでの人口過密と貧困は周知の事実となっていた。一九三〇年代初頭に世界恐慌が南アを襲うと、経済不況が農村部にもたらす影響について、各地の協議会からはさまざまな報告や意見が寄せられた。なかには、恐慌が引きおこす変化を前向きに受けとめるべきだという見解もあった。ナタールの農村地域を拠点とするマプムロ協議会は、不況により都市部で雇用が減少した結果、出稼ぎ労働に行けずに村にとどまるアフリカ人たちの関心が農業改良に向けられるようになったと述べ、そうした傾向を歓迎している。具体的な変化がおこったわけではないが、アフリカ人の間では、利益の少ない作物の生産に固執したり無駄に家畜を殖やしたりする姿勢を反省し、栽培する作物や飼育する家畜の多様化、さらには土地改良に取り組む動きがみられる。また、出稼ぎ労働に行けず家に滞在する期間が長引くことで、家族の意義——社会の安定に寄与する力としての家族——が再認識されているという。家族生活の意義が恐慌によって確かめられたのであれば、相応の犠牲を払う価値があった、というのがマプムロ協議会の見解だった[130]。

もっとも、マプムロ協議会のような意見はごくわずかであり、大多数は、恐慌下で農村部が直面する課題に対して迅速かつ大規模な取り組みが必要だと主張した。一九三三年に開催された全国ヨーロッパ人＝バントゥ会議でも、農村と農業が主要なトピックのひとつとなった。折しも、イギリス帝国各地で土壌浸食と乾燥地の拡大が議論され、農村部での土壌保全や開発への注目がますます高まっていた時代である。[131]議長を務めたマランは、リザーブ開発の重要性を指摘した原住民経済委員会の報告書に言及しつつ、リザーブにおける人口過密や過放牧などの誤った土地利用による土壌浸食と、それらが引きおこす牧草地減少が、農村部から都市へのアフリカ人のさらなる流出をもたらすだろうと警告した。それを抑制するためには、リザーブの環境改善、およびアフリカ人が利用可能な土地面積の拡大を実現する一方、リザーブ外でのアフリカ人労働力に対する需要を減らすしかないというのがマランの見立てだった。[132]

ⓑ農村開発への賛否

もっとも、会議では、農村開発の具体的な方策や政策の優先順位をめぐり、意見の対立もみられた。オレンジ自由州タバ・ンチュ在住で会議の副議長を務めたアフリカ人のJ・S・モロカは、リザーブの状態が悪化していることに触れ、近代的な農法の導入と過放牧の抑制を訴えた。[133]これに対して、マタティェレでチーフの地位にあったジェレマイア・モシュエシュエは、過放牧を是正するための家畜の間引きに反対した。家畜はアフリカ人社会でいまだに宗教目的で用いられることもあり、主要な婚資（ロボラ）でもある。婚資なしに伝統的な結婚制度は維持できないというのがモシュエシュエの考えであり、彼は家畜の数ではなくアフリカ人が使用できる土地の不足こそが問題の核心なのだと主張した。[134]ふたりのアフリカ人の間でみられた見解の相違は、近代化か伝統文化の維持かというアフリカ社会の今後の方向性をめぐる方針の違いに基づいており、農村部の開発についてアフリカ人内部にも多様な意見が存在していたことを示している。

実際、農村開発はアフリカ人の社会生活に直接的な影響を与える問題であり、事はすんなりとは運ばなかった。かたや、貧困への科学的アプローチを重視する協議会の白人たちは、アフリカ人の土地利用に介入して最新の知識や技術に基づく農業を推進・普及しようとしたが、[135]アフリカ人たちの反応はしばしば消極的だった。実際、家畜の

写真11　アルフレッド・クーマ

出典）Peter Limb, *The ANC's Early Years: Nation, Class and Place In South Africa before 1940*, Pretoria: UNISA Press, 2010, 457.

間引きや薬浴（防疫目的での牛の消毒）は、農村部のアフリカ人の間で激しい反発を引きおこした[136]。彼らは、農業の「近代化」を掲げる政策の背後に、リザーブで蔓延している貧困の原因をアフリカ人に押しつけようとする姿勢があることをかぎとっていた。確かに近代化論の言説は、アフリカ人が貧しいのは彼らの「後進性」のためであり、つまりは自己責任であるという論理を内包しており、アフリカ人の立場からすると、それを軽々に認めることはできなかった。さらに、農村開発の究極の目的が、リザーブの収容能力を高めることでアフリカ人をそこに追い込み、もって隔離を強化しようとする点にあることもよく認識されていた。ヨハネスブルク協議会に属するアルフレッド・クーマ（のちＡＮＣ議長）は、「すべての原住民に［農村部の］土地に戻り、農業に従事せよというのは不条理きわまりない」と述べ、「あらゆる原住民が農業以外に適性をもたない」という考えは誤りだと主張した[137]。農村部こそがアフリカ人の本来の居場所であるという思想は、アフリカ人が多様な選択肢のなかから自らの人生を決定する機会と権利を阻害する。クーマはそう考えていたようだ。

加えて、地域特有のアフリカ人ナショナリズムも、しばしば農村開発を押しとどめる力として作用した。ダーバン協議会では、マーベル・パーマーがアフリカ人の伝統的指導者の権限を制限することで農村部の大規模な改良を推し進めることを提案したが、他のメンバーから賛同は得られなかった。彼女は同僚たちが「経済の類型に基づいてものを考え」ないことを嘆き、ここでは「部族制度が高く評価されているため、それに反対する私の考えが受け入れられるとは思わない」と語っている[138]。先述の通り、ナタールでは、デュベなど西洋教育を受けたアフリカ人政治指導者の間でも、地域の伝統的支配者であるズールー王家の下でアフリカ人の団結を唱えるローカルなエスノ・

ナショナリズムを支持する声が強く、「伝統」に抗って農村改革を推進するのは容易ではなかった。

だがその一方で、農村部に住むアフリカ人の生活環境や経済状態が悪化しているのも事実だった。一九三〇年に東ケープを視察したレイナールト・ジョーンズは、そこでのアフリカ人の困窮ぶりを報告している。彼がラヴデール校のヘンダーソン校長から聞いたところによると、東ケープ農村部のアフリカ人家庭では、平均的な男性の年収が三七ポンド程度なのに対して、年間支出は六六ポンドであった。大幅な赤字であり、農村に住むアフリカ人の厳しい生活が浮き彫りになる。土地不足が著しいグレン・グレイでは、土地を得るためにアンゴラにまで移住した住民もいた。(139) ハーシェルでも、過放牧のために家畜が成育せず、それがアフリカ人の貧困を引きおこしていた。(140) 農村部の貧困および環境悪化という現実と、開発や改良を名目とする外部からの介入を斥けようとするアフリカ人の意向とに挟まれて、協議会がとるべき道をみいだすのは容易ではなかった。

7　世界恐慌下におけるフィランスロピーの実践――救貧が直面した困難

（1）アフリカ人貧民救済の取り組み――ポートエリザベスでの実践

ここまでは主に協議会の政策論をみてきたが、本節では少し視点を変えて、世界恐慌の時代（一九三〇年代前半）に協議会が実践したアフリカ人貧民救済の取り組みを検討する。世界恐慌はアフリカ人の生活と雇用を直撃した。東ケープの港町ポートエリザベスを拠点とする協議会によると、同市のアフリカ人ロケーションでは、控えめに見積もっても一五〇〇人の男性が失業中で、その家族も含めると約四五〇〇人（ロケーション人口の三分の一）が無収入状態にあった。だが協議会の見立てによると、実態はさらに深刻なはずだった。「困窮した人々と自分の持ち物を共有するのはバントゥの称賛すべき慣習なので、［ロケーションに住む］すべての人々が失業中の人々と同じような苦しみにある」と推測されるからである。市議会はアフリカ人の貧困を憂慮していたが、失業者の救済を目的とする資金をアフリカ人の福祉のために使用してはならないという中央政府の方針のため、身動きがとれなかった。アフリカ人の雇用を犠牲にして白人労働者を救済する政策が、状況の悪化に拍車をかけていた。[141]

危機的状況に対応すべく、ポートエリザベス協議会はアフリカ人の救貧を目的とする特別委員会を設置した。活動方針を定めるにあたり、委員会はあらかじめロケーションの社会調査を行った。その結果、①雇用斡旋以外の手段による救貧は行わない、②既婚男性と被扶養者をもつ者を優先的に救済する、③ポートエリザベスに継続して居住している者にのみ職を斡旋する、④斡旋を通じて職を得た者には地元で長期間にわたり労働してきたことを証明するものを提示させる、という方針が定まった。食料などの現物給付ではなく職の斡旋を通じた救済を選択した理由としては、前者を実施するのに必要な資力調査が予算の制約からできないこと、他団体の活動と内容が重複し「無駄」が発生する可能性があることなどがあげられた。[142] 労働を通じた自助努力による救済、救援対象の選別と基準の明確化、「無駄」への懸念、そして既婚男性の優先は、いずれも男性稼ぎ主モデルに依拠したイギリスにおける福祉の伝統にそくしたものである。ポートエリザベス以外でも、たとえばポチェフストルアム協議会は、「原住民の自助努力を支えること」を救済の基本方針に据え、[143] 東ケープのクラドックで演説したレイナールト・ジョーンズも、「原住民のチャリティへの依存を弱め、その自立をはかること」が重要だとして、そのためにも「より高い賃金、よりよい教育、教会、学校……などを通じたより徹底的な道徳意識の涵養」が必要だと説いた。[144] 戦間期はイギリスでも南アでも公的福祉の拡大がみられた時代であったが、支援の基本目的が個人の自立を回復することにおかれた点は変わらなかった。

ポートエリザベスに話を戻すと、以上の方針を決定したうえで、協議会は地元の新聞を通じて寄付を募った。広告記事では、アフリカ人は自立心に富み、安易にチャリティに頼るよりも労働による自助を尊ぶ気風をもつ人々だと描写されたが、これはアフリカ人が「救済に値する」存在であることを示そうとする試みであったといえよう。

加えて、救済の対象をポートエリザベスで一定期間居住・就労した実績をもつ者に限定し、市外から流入してきたアフリカ人には救いの手をさしのべないと約束した点も目を引く(145)。無差別な救貧は、周辺地域からさらなるアフリカ人貧民を誘引しかねない。救貧の条件を明示することで潜在的寄付者から信用を得て、少しでも多くの献金を獲得しようという戦略である。なお、都市での継続的な居住・就労の実績をもたない者は救済の対象から除外されたが、そのほとんどは出稼ぎ労働者であったと考えてよい。出稼ぎ労働者に対する否定的な言説は先述した通りだが、ポートエリザベス協議会によるフィランスロピー実践もそれを反映していた。

(2) 困惑するフィランスロピスト

ⓐ「救われる側」の主体性

とはいえ、アフリカ人を対象とする救貧活動で、協議会はさまざまな課題に直面した。そのひとつは、正確な情報の欠如である。科学的知見に基づく救済を目指す協議会は、まず、アフリカ人の貧困、とくに失業の実態を調査しようとした。だが、事は思うように進まなかった。ダーバン協議会は、市内で雇用されていた出稼ぎ労働者の多くが恐慌を機に故郷に戻ってしまったので、失業の規模を正確に測定できないという(146)。クルアンスタット協議会も、失業中のアフリカ人が多数存在するはずにもかかわらず、本人が役所まで救済の申請に来ないため、正確な数を把握できないと述べている(147)。

失業して困窮している可能性が高いにもかかわらず、アフリカ人が公的救済を求めないのはなぜか。実は、同様の報告は他の協議会からも寄せられていた。ここでは、ナタールの農村部で活動するエショウェ協議会の分析に目を向けてみよう。アフリカ人による公的救貧制度の利用が低調な理由として、協議会は次のような現地人の声を紹介している。

①私たち［アフリカ人］は以前働いていた職場から追い出された、②私たちは現在提示されている低賃金の労働を受け入れるつもりはない、③私たちは病気である［当時、現地ではインフルエンザが流行していた］、④［失業対策の一環として斡旋された］サトウキビ農場での労働は、衛生的ではない［ため、マラリアに罹患する恐れがある］[148]。

だが、より深刻な問題があった。ダーバン協議会所属のアフリカ人聖職者A・ムティムクルによると、失業者の多くは人頭税を払うことができなかったため、公的救済を申請する際に税未納が露見し、納税を強要されるか、それが無理な場合は逮捕されるかもしれないと考え、役所に足を運ぼうとしないのだ[149]。実際、当時の政府はアフリカ人の税未納者に対して刑務所への収監を含む厳しい態度で臨んでいた。さらに、農村部と都市部で救貧の内容が異なることも、混乱に拍車をかけた。農村部に位置するエショウェでは、失業対策の一環として白人農場での労働が月三五シリングで斡旋されたが、大都市であるダーバンに行けば日給三シリング六ペンスの日雇い仕事にありつける可能性があるので、地元の救貧制度を利用する動機は弱かった。「私たちは原住民を助け、守りたいのに、彼は私たちをただ利用しようとするだけだ」。エショウェ協議会は、複雑な心情を吐露している[150]。

もっとも、見方を変えれば、アフリカ人に対するフィランスロピー実践が必ずしも「救う側」の思い通りにいかないということは、さまざまな救済の経路と各々の長所・短所を吟味しながら身の振り方を考える、アフリカ人の情報網の豊かさ、そしてしたたかさを示しているともいえよう。恐慌下で苦境に直面するアフリカ人は、「救う側」の思惑をこえた主体性をしばしば発揮したのである。

協議会とは直接関係しないが、アフリカ人を救済する試みがアフリカ人社会に特有の文化によって頓挫する事例は、キングウィリアムズタウンで報告されている。同地ではユーフォルビア（トウダイグサ科の多肉植物）の栽培がひとつの産業となっており、そこでアフリカ人を雇用しようとしたが、拒否された。アフリカ人は、「［ユーフォルビアは」私たち民族に属しており、それを伐採すると泣き声を上げる。それは祖霊に逆らうことになる」と述べたという。これを聞いたレイナールト・ジョーンズは、教育を通じて「迷信」を克服する必要を再認識したと述べたが[151]、アフリカ人の文化とそれに基づく行動原理を理解しない限り、協議会のフィランスロピーが有益な成果を生み出すのは難しかったのではないか。

ⓑ翻弄される協議会――プレトリアの事例

さらに、アフリカ人貧民の行動が、協議会の社会的評判を大きく傷つける事件もおこった。プレトリアでは、恐慌下で市長主催の救貧キャンペーンが立ち上げられたが、それに参加した地元の協議会は、白人だけでなくアフリカ人も救済の対象に含めるよう訴えた。だが、協議会はアフリカ人の支援をあまり前面に押し出さぬよう釘をさされた。潜在的な寄付者の大部分は白人であり、その多くはアフリカ人よりも白人の救済を優先するのが当然だと考えていた。そのような人々を相手にアフリカ人の救貧を強調しすぎると、市民の寄付への意欲が低下し、キャンペーンが失敗に終わってしまうかもしれない。このエピソードは、人種隔離が強固な社会で人種間の協調を掲げる活動を展開するのがいかに困難であったかを如実に物語っている[152]。

もっとも、話はここで終わらない。市当局からの助言にもかかわらず、プレトリア協議会はその後もアフリカ人の救済を訴え続けた。そうしたなかで、一九三二年五月には、三百人のアフリカ人失業者が市役所に向かってデモ行進を行い、救済を求めるという事件がおきた。市長と役所の担当者がアフリカ人との会談に臨み、協議会の代表者も同席が許された。その結果、公的救貧の受給資格を満たす六〇人に対して、月給三〇シリングに食事・住居つきという条件で、プランテーションでの仕事が斡旋されることになった。アフリカ人の救済を求めてきた協議会は、自分たちの活動と提言が実を結んだと喜んだであろう。ところが、仕事を斡旋された六〇人のうち、これを受けたのはわずか一一人のみだった。アフリカ人が好条件とは言いがたいプランテーションでの労働を拒んだのは、不思議なことではない。だが、救う側はそうは受けとらない。求めに応じて救いの手をさしのべたにもかかわらず、それを拒否した。アフリカ人は貪欲で救済に値しない連中だ——そのような受けとめが、市当局のみならず白人市民の間でも広がった。負の感情は、アフリカ人の救済を主張してきた協議会にも向かう。「言うまでもなく、本件は私たちに深刻な打撃を与えた。結果、私たちの活動に向けられていた同情は失われてしまった」。結局、プレトリア協議会ができたのは、地元のチャリティ団体から一〇ポンドの寄付を受け、緊急性の高い困窮者を救済する計画に用立てることのみだった[153]。

西洋の論理と経験に根ざした協議会のフィランスロピーを、同じ論理や文化を共有しない人々に対して実践するのは容易ではなかった。アフリカ人の主体性は、協議会のフィランスロピーをときに撹乱し、その信用を貶めることにもつながった。もっとも、この場合の主体性とは、多様な選択肢のなかから最適なものを自由に選べるということではなく、より条件の悪い選択肢を「選ばない」という消極的なものだった。

第6章　広がる可能性、閉ざされる未来

——一九三〇年代後半〜四〇年代のヨーロッパ人・アフリカ人協議会——

一九三〇年代後半から四〇年代は、南ア史上の転換期だった。都市における製造業の発展は労働者およびその家族であるアフリカ人のさらなる都市化を促し、人口の流動化を招いた。第二次世界大戦中には、アフリカ人の戦争協力を確保すべく、従来の抑圧的な隔離政策を見直し、非白人を福祉体制に包摂する動きがみられた。ここに、南アの将来をめぐる多様なヴィジョン（南ア主義）が選択肢として明示され、南アの歴史はさまざまな可能性へとひらかれることになった。だが、戦後に人々（白人有権者）が選んだのは、アパルトヘイトだった。期待と不安が入り交じり、変動著しい時代にあって、協議会はどのように振る舞ったのか。また、協議会の活動経験は、どのようなかたちで他地域に影響を及ぼしたのか。本章では、これらの問題を考察する。

1　経済成長の時代と協議会——一九三〇年代後半の思想と活動

（1）南ア社会の動向と協議会

ⓐ経済成長と貧困

一九三〇年代半ば以降、世界恐慌の影響から脱した南アは経済成長の時代を迎えた。農業部門では政府の手厚い保護もあり、第一次世界大戦後から生産高が上昇していたが、世界恐慌期の一時的低迷を経て一九三〇年代後半から再び安定的な成長がみられるようになった。都市を拠点とする製造業も発展をとげ、一九三八／九年までに生産高は一〇年前の二倍に達し、雇用も六割上昇した（表3参照）。このこともひとつの背景となって、多くのアフリカ人が農村部から都市に向かい、産業労働に従事するようになった。都市在住アフリカ人の人口は、一九〇四年の約三四万人から、一九三六年には一一五万人に上昇した。ジェンダーバランスという点でも、一九二一年時点では、都市に住むアフリカ人女性は一四万七〇〇〇人にすぎなかったが、一九三六年までにその数は三五万七〇〇〇人に増加した。これは、都市で家族とともに定住するアフリカ人が増えたことを意味している。もっとも、一九五〇年時点でもアフリカ人の四分の三は農村地域に住んでいたことは銘記しておく必要があろう。(1)

次に、アフリカ人の労働と生活についてみてみよう（表4参照）。職業という点では、この時期の都市アフリカ人労働者の約三分の一は家事奉公人で、白人の家で働いていた。産業労働者のほとんどは非熟練であったが、発展する製造業と商業では相対的に賃金が良好だった。とはいえ、都市に住むアフリカ人の生活は依然として厳しかった。(2)一九四〇年にＳＡＩＲＲがまとめた「オレンジ自由州クルアンスタットにおける原住民の賃金と生活費の調査」によると、同地での標準的なアフリカ人家庭（夫、妻、子ども三人からなる五人家族）の必要最低支出が週に一ポンド八シリング八・五ペンスだったのに対して、収入は週一二シリング六ペンスにすぎず、家計は赤字だった。

これを穴埋めするために、妻と未婚の娘は家事奉公や洗濯（賃金は家事奉公で月一五〜二〇シリング、洗濯で八〜二〇シリング）に従事していた。空き部屋の間貸しや酒の密造・販売も貴重な収入源だった。他方で、支出を削減するために食費の切り詰めが行われたが、それはとくに子どもの間で栄養失調を引きおこし、乳幼児死亡率は三割近くに達していた。[3]

アフリカ人の厳しい生活環境は、農村部でも変わらなかった。一九三六年の原住民信託土地法はアフリカ人リザーブの拡大をうたったが、土地不足が解消されたわけではなかった。一九四〇年の会議で発言したレイナールト・ジョーンズは、同法の下でアフリカ人が農業を基盤に自立した生活を送ることはとうてい望みえないと述べ、貧困のなかでほとんどの男性が出稼ぎ労働に従事している現状を報告した。[4] 協議会内部でも、農村部でのアフリカ人の自給自足生活はもはや幻想にすぎないとの認識が定着していった。白人農場に住むアフリカ人についても、厳しい搾取から逃れて都市に向かう者の数が増加しており、労役小作制は動揺しはじめていた。機械を用いた集約農業を営む農家の間では、アフリカ人出稼ぎ労働者を雇用する動きもみられるようになったが、労働条件は概して劣悪だった。[5]

それでも、変化の兆しがまったくみられなかったわけではない。製造業の発展が南ア経済の成長を後押しするなかで、アフリカ人労働者の待遇にあらためて注目が集まるようになった。まず、経済のさらなる発展のためには国内

表3　産業別産出額

（千ポンド）

年	製造業	農　業	鉱　業
1914	35,699	33,131	85,543
1919	76,849	55,725	80,090
1925	66,295	60,695	76,130
1930	78,425	51,143	70,267
1934	95,373	55,089	85,536
1939	161,671	68,023	113,144

出典）Bill Freund, *Twentieth-Century South Africa: A Developmental History*, Cambridge: Cambridge U. P., 2019, 44.

表4　人口・収入比較（1936年）

（百万人，ポンド）

人　種	人　口	1人あたり年収
白人	2.0	130
アジア系・カラード	1.0	21
アフリカ人	6.6	10
都市・鉱山	1.4	31
白人農場	2.2	7
リザーブ	3.0	3

出典）C. H. Feinstein, *An Economic History of South Africa: Conquest, Discrimination and Development*, Cambridge: Cambridge U. P., 2005, 71.

市場の拡大が必要だが、そのためにはアフリカ人労働者の賃上げが不可欠だとの認識が強まった。さらに、労働生産性の観点からも、製造業ではよく訓練されて長期雇用が可能な労働者（すなわち都市定住者）が求められた。労働力需要が旺盛な時代にあって、白人のみならず非白人も半熟練職に登用されていくが、上級職に必要な専門知識と技能を習得するためには基礎学力が必須であり、それは教育や福祉の拡充を通じて獲得されるべきものだった。かくして、産業界を中心に、アフリカ人労働者の待遇改善とアフリカ人の社会・経済生活の向上を求める声が出てきた。(6) 政府内でも、南アを構成するあらゆる人種集団の利害を視野に産業発展を指導する能力をもつ人材が求められ、リベラル派が要職に登用されるようになった。(7) 一九三〇年代後半に任命された政府委員会も、アフリカ人と白人の経済的な相互依存関係を前提に、前者の都市定住を一部認め、公的福祉を通じて物質および精神生活の向上をはかるべきだと勧告した。(8)

ⓑ福祉をめぐる潮流

福祉に目を向けると、前章でも述べた通り、南アでは一九二〇年代末に老齢年金制度が導入され、その後も障がい者や子どもに関連する公助の拡充がみられた（ただし、アフリカ人はそのほとんどから除外）。他方で、寛大な福祉が貧民から自立の意欲を奪い、道徳心の低下と依存心の増大をもたらすとの不安はなかなか消えなかった。一九三七年に制定された失業給付法は、国家が拠出する失業手当を導入したが、短期手当の受給が認められたのはわずか八万八〇〇〇人にすぎなかった。同年には、労働省から社会福祉部門を分離するかたちで社会福祉省が創設された。しかし、新設部署の主要な目的は「怠惰な無職者」に勤労精神と自助の美徳を植えつけることにおかれ、老齢年金などの所得再分配政策は所管外とされた。(9)

その一方で、学術の分野では、貧困問題へのより厳密な科学的アプローチを志向する研究が登場し、新たな貧困観が形成されつつあった。この動きを主導したのは、ケープタウン大学のエドワード・バトソンである。ＬＳＥで学び、ラウントリーの社会調査にも参加したバトソンは、たんに収入が不足しているだけでなく、快適な生活を送るのに必要な食事、住宅、衣服、交通などへのアクセスが欠如している状態を貧困と定義しようとした。その後、ハイデルベルクで大学院生として研究を進めるなかで、彼は価値中立的な社会調査の手法から影響を受け、調査対象サンプルの無作為抽出に基づく定量調査が社会調査の最良の方法であるとの確信を深めていった。イギリスに帰国してフェビアン協会の関連団体で働いた後、一九三七年にケープタウン大学で職を得ると、バトソンは科学的な社会調査を標榜してケープタウンの貧困問題についての研究に取り組んだ。厳密な手順を踏まえた社会調査に基づき貧困線を定義し、貧困の規模を測定する一方で、彼は貧民自身の道徳心と自立心の欠如をとがめる従来の貧困観を指弾し、これまでの社会調査もそのような偏見から影響を受けてきたと述べ、とくに一九三〇年代初頭にカーネギー財団が実施したプアホワイト調査（第4章第1節参照）を名指しで批判した[10]。

貧困線の概念は南ア社会に普及し、さまざまな主体によって利用された。一九四三年から四四年にかけてヨハネスブルク近郊のアフリカ人居住区アレクサンドラで、バス運賃の値上げに抗議する住民たちがボイコット運動をおこすと、ANC議長のアルフレッド・クーマは貧困線の概念を用いてアフリカ人住民の困窮の程度を政府に説明し、政府の側もそれを受け入れた。もっとも、クーマがアフリカ人労働者に対する生活賃金の保障を求めると、「政治問題」だとして協議は打ち切られたという[11]。ここからは、政府とアフリカ人ナショナリストの交渉における「政治」の境界線があらわになるとともに、当時にあっては福祉をめぐる問題が政治問題として認識されていたことが分かる。

ⓒ新しい科学と協議会

同時代の福祉の思想や新たな科学の動向からも影響を受けつつ、協議会はアフリカ人を対象とするフィランスロピーないし社会サーヴィスに取り組んだ。一九三六年のソーシャルワーク全国大会で講演したレイナールト・ジョーンズは、社会サーヴィスの目的を、国民の肉体的・道徳的・精神的生活を支え、国家全体のウェルビーイングを実現することだと定義した[12]。南アという共同体を構成するあらゆる集団は、互いに支え合うことですべての成員の生活水準を高めることを目指さねばならない。社会サーヴィスとは、そのような目的を達成し、より高い効率と充実した生活を実現するための手段である。共同体を重視し、市民の自発的活動を通じて生活水準の向上と紐帯の強化を実現していこうという思想は、同時代のイギリスにおけるフィランスロピーの理念と重なるところが大きい。

南アでは、白人が福祉の拡充から恩恵を得て生活水準の向上を実現してきた一方で、非白人の大部分はそこから排除されてきた。その結果、後者の多くが貧困に苦しんでおり、生活環境はむしろ悪化している。非白人は社会の急速な産業化に対応できず、「文化的不適応（cultural maladjustment）」が彼らの生活をいっそう困難にしている。この問題を解決するための支援を提供するのが、非白人を対象とする社会福祉の主目的だとレイナールト・ジョーンズはいう。さらに、福祉の実践にあたっては、現にみられる困窮への対処だけでなく、貧困の原因および関連する諸問題をよりよく理解し、それらの克服を目指さなければならない。すなわち、医療・保健制度、家族の再建、障がい者のケア、未成年者の非行、住宅政策、社会保険、老齢および障がい年金制度、賃金といった問題も考慮に含める必要がある。その一方で、福祉の財源は潤沢とは言いがたい。イギリス帝国の自治領のうち、南アの国民所得は最低である。よって、南アに住む人々は、労働を通じた国民所得の上昇に等しく貢献する必要がある。そのためには、非白人が自らの能力を活かした労働に従事する機会を閉ざしてはならない。「[南アに住む]すべての集団による、完全で自由な協力を通じた集団的社会保障こそが、貧困、疾病、（社会の）退化に対する唯一の予防策なのだ」。レイナールト・ジョーンズは、福祉の基本原則として引き続き勤勉な労働や健全な家族を強調しており、これらの点については後で触れる。その一方で、集団的社会保障という言葉には、より体系的な福祉政策が重視されるようになった時代の影をみてとることができる。

ソーシャルワーク全国大会でレイナールト・ジョーンズが語った非白人を対象とする社会サーヴィスの概要は、まさに当時の協議会の活動内容そのものだったが、そこで列挙された諸課題に対応していくうえで、協議会は科学的アプローチのさらなる洗練をはかった。参考にされたのは、先述した貧困についての新しい学知である。たとえばレイナールト・ジョーンズは、バトソンの研究に言及しつつ、南アの白人はアフリカ人の貧困問題にも目を向けるべきだと訴えた。彼は、ラウントリーやアーサー・ボウリーの社会調査の手法ならびに貧困線の概念に学びながら、アフリカ人が直面する諸問題を理解することの重要性を強調した。(13) 同時代のイギリスにおける福祉の思想や実践は、南アの帝国フィランスロピーにも多大な影響を与えていた。

実際、この時期の協議会の活動には新たな試みもみられた。この点では、先述した「クルアンスタットにおける原住民の賃金と生活費の調査」が興味深い。それによると、従来は調査員がアフリカ人家庭を訪問し聞き取り調査によって情報を集めていたが、今回はアフリカ人家庭における男性稼得者の収入の推計値を公的な統計情報から算出することにした。そのうえで、健康維持に必要な食事の量と献立を医師およびアフリカ人女性の意見を参考にしながら想定し、それを調理するのに用いる食材の価格から食費を計算する。さらに、最低限の生活を送るのに必要な被服費、住宅費、学費、医療費などの推計値を統計から導き出し、それらを合算して必要支出を割り出したうえで、収入と比較して貧困の度合いを把握するのである。(14) 栄養の観点から貧困にアプローチしたラウントリーと、定量調査を重視したボウリーおよびバトソンの思想を反映した手法といえるが、同時に、男性稼得者の収入のみを考慮に入れる点で、引き続き男性稼ぎ主モデルが前提とされていた。科学を強調しつつ、変化する時代のなかで協議会は自らが理想とする南ア社会の実現をはかった。以下では、一九三〇年代後半の協議会の活動を具体的に検討していく。

（2）隔離の不可能性、管理の必要性――都市のアフリカ人と労働

ⓐ「都市の原住民」

一九三〇年代後半におこった南ア社会の変容、とくに都市在住アフリカ人の増加は、協議会の活動に新たな課題

を与えることになった。協議会は、いまや都市に定住するアフリカ人の存在は既成事実になっているとして、もはや「完全な隔離の理想は……実現不可能な夢である」と考えるようになっていた[15]。都市在住アフリカ人の労働と生活という問題に、協議会はいかに取り組もうとしたのか。ここではヨハネスブルク協議会が一九三〇年代後半に作成した「都市の原住民」という覚書をみてみよう[16]。

「都市の原住民」によると、都市は白人が排他的に占有できる空間である、という白人社会の通説的認識は誤っている。都市に定住するアフリカ人の多くは数世代にわたって同地に住んでおり、都市外のアフリカ人コミュニティとはもはや何の関係も有していない。隔離論者はアフリカ人が農村部で独自の発展をとげるべきだと主張するが、リザーブは人口過密で困窮しており独自の発展などとうてい見込めない。そうである以上、農村から都市へアフリカ人が移住するのを阻止することはできない。だが、視点を変えると、アフリカ人の都市定住は経済的メリットも大きい。継続的に都市に住み労働に励むことでアフリカ人の労働効率は上がるし、より多くの賃金を得ることができればアフリカ人の購買力が向上し、それは南アの経済成長を促すだろう。都市は「ヨーロッパ人と非ヨーロッパ人の共同作業の所産である」。

一九二四年の講演で、レイナールト・ジョーンズは、「原住民の将来はヨーロッパ人が住まう都市にはないこと」を受け入れるようアフリカ人に求めた（第4章第3節）。それと比べると、一九三〇年代後半の協議会の現状認識は大きく異なり、隔世の感がある。もっとも、変化の相があれば、連続の相もある。次にそれをみていこう。

「都市の原住民」のなかで、ヨハネスブルク協議会は都市行政当局と中央政府が採るべき政策として次のような提案を行った。都市定住アフリカ人に対する最低賃金を定め、アフリカ人労働者にも「文明的労働」の担い手として相応の賃金を支払うこと。居住権と家屋に対する権利を認め、彼らが自由に自らの家を建設するのを保障すること。学校を整備すること。教育の欠如と定職の不足がアフリカ人の若者の非行を引きおこしているので（後述）、彼らに対する職の斡旋に注力すること。全国規模でのアフリカ人向け職業紹介所を整備し、失業者に職を紹介すること。都市で就労する農村出身のアフリカ人（出稼ぎ労働者）を綿密に管理すること。具体的には、出稼ぎ労働者にも最低賃金を適用する一方で、農村部からのアフリカ人の無秩序な流入も阻止しなくてはならない。

二点指摘しておきたい。第一に、協議会は都市におけるアフリカ人を、定住者と来訪者（単身出稼ぎ労働者や、家族とともに都市定住を目指す人々など）に分けて考えてきたが、そうした発想はこの段階でも残っている。「都市の原住民」も、定住者に対しては住宅や教育などの面で福祉の拡充を求めているが、来訪者に対しては異なるまなざしが向けられている。確かに出稼ぎ労働者の賃金に対して配慮は示されているが、これはむしろ定住者を念頭においた提案だと思われる。すでに述べた通り、都市では、低賃金でも雇用可能なアフリカ人出稼ぎ労働者の存在が賃下げ圧力として働いており、都市定住労働者の貧困を招く一因となっていた。よって、出稼ぎ労働者にも最低賃金を適用することは、都市定住労働者の賃金の維持とそれを基盤とする生活の保障に不可欠の条件だった。さらに、協議会内部では、最低賃金の導入により、雇用主は出稼ぎよりも継続的かつ効率的に働く定住者を優先して雇用するだろうという予想もあった。対照的に、出稼ぎ労働者は引き続き「綿密な管理」の対象とされた。農村部からの過剰なアフリカ人の流入を懸念する記述とあわせて、協議会が都市のキャパシティを超えたアフリカ人の流入に相変わらず否定的だったことを示している。

第二に、協議会は、都市のアフリカ人を本質的に「労働者」とみなしていた。これは、職業紹介所の整備についての提案に関わる。協議会によると、職業紹介所は次のように機能すべきである。まず、各都市の原住民管理官（Native Commissioner）は、管轄地域におけるアフリカ人労働者数や就業希望者、労働力需要などを中央の原住民労働局長（Director of Native Labour）に報告する。中央はそれを集約し、各都市の原住民管理官と行政当局に月次報告として示す。アフリカ人が就業のために他の地域に移動する場合、行政当局はそれを記録し、雇用統計に反映する。以上の制度をベースに、失業状態のアフリカ人労働者は、職業紹介所で職を斡旋される。では、職があるにもかかわらず働いていないアフリカ人はどうなるのか。協議会によると、長期間にわたり正当な理由なく無職である者は、原住民（都市地域）法第一七条（治安判事ないし原住民管理官の命令で居住地域から退去させられる）に基づき都市からの退去を求められてもやむをえない（ただし、同条は懲罰というよりも矯正の観点から執行すべき）。ここから析出できるのは、白人雇用主の労働力に対する需要の存在がアフリカ人労働者の都市居住のひとつの条件となっており、労働可能にもかかわらず働かないアフリカ人は都市から排除されうるという認識である。無職者に対するかかる姿勢には、労働者の自由と責任の両方を強調する自由労働イデオロギー、および労働意欲に基づき救済対象を選別するフィランスロピーの伝統が引き続き反映されている。

協議会は、都市が「ヨーロッパ人と非ヨーロッパ人の共同作業の所産」だと述べた。しかし、ここでの非ヨーロッパ人とは具体的に、都市に定住し、勤勉に労働に励み、都市の経済発展に貢献できる人々を意味していた。同様の認識は、前章第6節で言及したブルックスの見解にもみられる。これに対して、そのような要件に該当しない来訪者や無職者は、「綿密な管理」や排除の対象になりうるとされたのである。

ⓑ賃金と雇用

アフリカ人の労働に対する協議会の姿勢を掘り下げて検討するために、賃金と雇用という問題に焦点をあててみたい。まず賃金についてみていこう。一九三〇年代後半は、賃上げを求めるアフリカ人の運動が高揚した時代だった。一九三七年にはダーバンに住むアフリカ人たちが、賃金に関して不満を伝える陳情を行うことを決議した。彼らは世界恐慌下で定められた賃金水準がいまだに維持されている現状を批判し、あわせて、日額三シリングの最低賃金の導入を要求した。[17] 代表団を率いたのは古参の政治指導者デュベだったが、彼は協議会とのつながりを利用して、レイナールト・ジョーンズに当局との交渉で必要な賃金や雇用に関する情報の提供を求めた。[18]

他方で、一九四〇年にポートエリザベスで開催された協議会会議では、賃金についての意見の相違も浮き彫りになった。[19] ポートエリザベス協議会のハナムは、全産業に共通して適用されるべき最低賃金を提案した。「基礎的なナショナル・ミニマムが設定されるべきで、いかなる人種の労働者もそれを下回る条件で雇用されてはならない」

というのが彼の主張である。提案内容もさることながら、ナショナル・ミニマムという用語の使用に、当時のイギリス本国および帝国で高まりつつあった公的福祉への関心を読み取ることができる。だがその一方で、アフリカ人を代表する議員団の一員として当時連邦上院議員の職にあったレイナールト・ジョーンズは、各産業の賃金支払い能力には偏りがあるとして、全国一律の最低賃金導入に懐疑的な見方を示した。議長は議論の延期を提案したが、参加者たちはそれを退け、最終的にすべての非熟練労働者に適用される最低賃金の導入を支持する決議を採択した。そのうえで、最低賃金の基準に満たない場合は賃上げが実現されるべきこと、すべての非熟練労働者が最低賃金を受け取るまで調査を継続すべきこと、賃金がとくに低いとされる地方都市で調査が行われるべきこと、公的部門での労働にも最低賃金が適用されるべきことなどの追加決議が採択された。時流を反映した普遍的な福祉制度を待望する熱意が、協議会の内部でも広がりをみせていた。

次に、雇用の問題に目を向けてみよう。アフリカ人の雇用は協議会の主要な関心事のひとつであり、さまざまな提言を通じて現状の改善が目指されたが、常に期待した成果をあげられたわけではなかった。ここでは、東ケープのグリカランド・イーストの事例をみていく。

一九三〇年代後半になると、グリカランド・イーストの中心都市コックスタットの協議会は、同地のアフリカ人を金鉱山で雇用してもらう可能性を検討しはじめた。協議会は治安判事に対して、鉱山労働者の募集がコックスタットと同市を含むマウント・カリー地区で実施される必要性を訴え、要望を原住民問題省次官に伝達するよう求めた[20]。協議会の提案に対しては、都市当局も前向きな姿勢を示した。市長のフィールは、アフリカ人の都市流入が増大した結果、「望ましからざる人々と疾病もやってきた。地域で雇用できない数の原住民がこの地にいることはいまや明白である。よって、市当局は余剰原住民に職を与えるという［協議会の］提案を支持するだろう」と明言した。アフリカ人労働者が鉱山で雇用されると、労働市場で競合していたカラード（歴史的経緯から同地には多くのカラードが住んでいた）が地元で職を得る機会が拡大するとの主張もなされ、カラード・コミュニティからも協議会の提案に対する賛同が得られた[21]。

だが、協議会には大きな壁が立ちふさがっていた。コックスタット近辺の白人農家たちである。彼らは農業を営むうえで多くのアフリカ人労働力を必要としており、その確保をめぐって他の産業、とくに金鉱山と競合関係にあった。そうした周知の事情がある以上、より多くのアフリカ人を鉱山で雇用せよとの主張に対しては、白人農家の側からの強い反発が予想された。それゆえ、協議会は事前に白人農家に接触し、その不安を和らげることを試みた[22]。マウント・カリー農家協会に宛てた書簡で、コックスタット協議会会長S・J・ハルフォードは、金鉱山による募集の対象は定職をもたないアフリカ人に限られ、すでに農家が雇用しているアフリカ人への働きかけは禁止されていることから、今回の提案が白人農家の利益を損なうことはないと述べた。さらに、鉱山での労働を通じてアフリカ人が勤労精神を身につけることの意義も強調された。アフリカ人は「怠惰」ゆえに農作業を嫌うという言説は、アフリカ人労働者の確保に苦しんでいた白人農家の間で広く共有されていたが、協議会はそのような言説にも乗るかたちで農家の人々の賛同を得ようとしたのである。

結果は望ましいものではなかった。多方面からの説得にもかかわらず、マウント・カリー農家協会は、鉱山でのアフリカ人の雇用を促すべきだという協議会と都市当局の提案を全会一致で否決した。同協会によれば、白人農家は現在よりも多くの労働力を必要としており、むしろ外部からアフリカ人を雇い入れなくてはならないほどである。そうしたなかで、鉱山や他の産業での就業を奨励するような提案は、農家にとっては不利益となるので認められないというのが彼らの立場だった[23]。レイナールト・ジョーンズへの書簡で事の顚末を報告したハルフォードは、「これらの人々［白人農家］の振る舞いには、名誉も正義もキリスト教の精神も欠けており、彼らは農奴制を維持し、マウント・カリーの原住民に対して非道な行いをすることを好んでいる」と述べ、落胆と怒りを表明した[24]。

このように、アフリカ人の雇用確保を目指す取り組みは、白人住民の反対を受けて思い通りに進まないこともあった。もっとも、アフリカ人の意向も聞かずに彼らの間で不人気な鉱山での仕事[25]を斡旋する、という失業者救済の試みが、白人農家のアフリカ人に対する態度とどれほど異なっていたかは議論の余地があるだろう。

（3）都市における非行問題

ⓐアフリカ人の若者と非行

アフリカ人の賃金や雇用について議論する傍ら、一九三〇年代半ば以降の協議会は新たなテーマに関心を向けるようになった。都市に住むアフリカ人の若者たちによる非行という問題が、それである。同時代のイギリスでは、都市労働者階級の青少年による非行対策が福祉の一分野として確立しつつあったが、興味深いことに本国の植民地省もこの問題への関心を強めており、省内には植民地における未成年の非行問題を検討する小委員会が設置された。[26] 本国と帝国の連関がみられるが、南アで非行問題が病理化されていく過程もまた、そうした動きと連動していたといえよう。

前章でもみたように、協議会はかねてよりアフリカ人の犯罪や不法行為に関心を寄せていたが、焦点は次第に未成年の若者に向けられるようになっていった。ヨハネスブルク協議会は、一九三五年に若者の非行についての覚書をまとめている。[27] それによると、非行は貧困と密接に関係している。貧しい若者は現在の生活への満足や将来への展望を欠き、結果として犯罪に走る傾向が高い。もっとも、非行少年・少女への対応という点では人種間格差が甚だしい。白人の場合、未成年の非行者は専用の施設やホステルで矯正がはかられ、投獄されることはほぼない。だが、施設の不足から、アフリカ人非行者のうち矯正院に入所できるのはごくわずか（一九三二年で一六七人）にすぎず、圧倒的多数（約一万七五〇〇人）は刑務所に送られている。なお、未成年者の非行は、基本的に都市に特有の現象である。農村部のアフリカ人社会では共同体の規範がいまだに力をもつが、都市では個人主義が蔓延しており親族や隣人との関係も薄いため、非行がおこりやすいのだ。

以上の分析を踏まえたうえで、覚書はこの問題への対応策を提言する。まず、非行は貧困と関連しているのであるから、アフリカ人の経済生活を向上させるための施策を講じなければならない。都市ではアフリカ人労働者の賃上げが必要だが、農村部の開発や土地使用権の強化も必要である。というのも、都市で困窮するアフリカ人の多くは荒廃した農村から生活の糧を求めてやってきた者たちであり、貧しいアフリカ人の都市への移住を減らすためには、送出元である農村の生活環境を改善しなければならないからだ。

第二に、アフリカ人を対象とする教育にさらなる関心と資源を向けるべきだ。学校の増設と教員の増員はもちろん、無償義務教育の導入も真剣に検討すべきである。子どもの自尊心と他者を敬う心を育むためには、レクリエーションの拡充も不可欠だ。この点については、アメリカにおける黒人スラムと「フーリガン・ギャング」への対策が参考になるだろう。

第三に、同様に重要なのが労働と雇用である。アフリカ人の若者がまっとうな仕事に就き相応の賃金を得るようになれば、貧困から脱する道が開けるので、非行は減るはずだ。ただし、都市在住アフリカ人がよい条件で職を得るためには、労働市場で競合相手となる農村出身アフリカ人（出稼ぎ労働者）の都市への流入を減らさなくてはならない。この意味でも、農村開発は重要だ。

第四に、当局は、アフリカ人を過剰に取り締まる姿勢を改めるべきだ。未成年の非行者を刑務所に送る措置も、当人にさらなる悪影響を及ぼすので廃止するのが望ましい。代わりに、アフリカ人非行者に向き合う保護観察官（アフリカ人も含む）の増員や、貧しい子どもや若者をケアするフィランスロピーへの支援、およびこの分野での官民の連携強化に力を入れるべきだ。

ⓑ非行問題の調査

その一方で、覚書は、都市在住アフリカ人の貧困と非行についての研究・調査が不足しているため、効果的な対策を提案するのが難しいと率直に認めてもいた。それを受けて、一九三七年には、ヨハネスブルク協議会内に若者の非行についての小委員会（以下、非行小委員会）が設立された。同年八月の非行小委員会第一回会合では、まずは社会調査や統計資料の分析を通じて、この問題についての事実と情報を集めることが合意された。[28] 問題への「科学的アプローチ」を標榜する協議会のスタンスがよく表れている。

調査結果の一部は、翌月の非行小委員会第二回会合で報告された。[29] 少年審判所の記録を調べた委員の報告によると、一九三七年六月までの一年間に同審判所で審理された非白人少年・少女の数はのべ九五〇人（うち少女は一一七人）に及び、犯罪種別では窃盗（七五％）が最多で、市条例違反がそれに続いた。年齢別では一五～一八歳が最も多く、審理対象者の三二％は農村部出身者だった。保護観察官の記録によると、このうち二五四人は実家住まいで、二六一人はそれ以外の場所に居住していた。三四〇人は就業しており、一六二人は無職者だった。

未成年者の非行の要因として小委員会が重視したのは、貧困と教育の欠如だった。貧困で働いていない者や教育を受けずに育った者が非行に走りやすい、という見立てである。ならば、若者の就労や就学（義務教育の導入を含む）の機会を広げることで、状況は改善するだろう。[30] この認識は、先にみた一九三五年の覚書のそれとほぼ同じである。論理としては分かりやすいが、現実は必ずしもその通りには動かない。隔離政策の下で、アフリカ人を対象とする教育の拡充が容易に実現しえないのは明らかだ。雇用に関しても、委員会が指摘する通り、アフリカ人無職者のなかには斡旋された職に就くのを拒む者もいた。[31] だがそれは当人が「怠惰」であることを必ずしも意味しない。デイヴィッド・グッドヒューによれば、こうした自発的無職は、劣悪な条件の仕事を避けて少しでも待遇のよい職を見つけたいという、ごく当たり前の姿勢を反映した選択だった。[32] 政府の方針やアフリカ人の主体性といった要素を考慮しながら、現実的で効果的な対策を考案するのは容易ではなかった。

ⓒ非行・ジェンダー・家族

ところで、ここでみてきた非行に対する取り組みからは、協議会のフィランスロピーを特徴づけるジェンダー意識、およびそれと密接に関係する家族観もみえてくる。たとえば、非行小委員会が「事実」の収集のために行った社会調査では、アフリカ人のロケーションに居住する無職の少年（一二～一八歳）の数を把握することに重点がおかれた。これは、協議会の面々が、「未成年の非行者」の具体像としてもっぱら「無職の少年」をイメージしていたことを示唆する。つまり、非行は基本的に「男性の問題」として認識されていた。そのうえで、非行問題への処方箋として雇用と労働が重視されていたという先の議論を踏まえるならば、協議会は、こうした非行予備軍たる「無職の少年」が勤勉な労働者になることが望ましいと考えていたといえよう。その根底には、男は真面目に働き家族を支えるべきだという規範があったが、それを裏づけていたのは男性稼ぎ主モデルと自由労働イデオロギーにほかならない。この観点からすると、非行はあるべき「男らしさ」からの逸脱であり、無職者や非行少年は「勤勉な労働者」という標準的な男性性を体現できない男たちなのであった。以上の認識を踏まえ、協議会のフィランスロピーが目的としたのは、あるべき「男らしさ」を教えたり（教育）、その実現ないし回復を促したりする（就労）ことで、規範的なジェンダー秩序を基盤とする社会を修復することだった。

もっとも、規範的なジェンダー秩序の回復による非行の撲滅は、一民間団体にすぎない協議会の努力だけではとうてい実現しえない。ここで再び強調されたのが、「健全な家族」である。実際、一九三五年の覚書には、非行が主として家族の問題であるという認識が強く反映されていた。(33) 都市のアフリカ人貧困家庭では、両親共働きでなければ生計を維持できない。だが、共働き、ことに母親が労働で家を不在にすることで、「家族の規律は維持できず、それが子どもの非行を生み出す主因」となっている。(34) しかも、母親は生活費を稼ぐためにしばしば酒の密造・密売など非合法な商売に手を染めており、それが子どもの道徳心に与える悪影響も看過しえない。さらに、しばしば夫婦関係は脆く、そこから生まれてきた子どもの立場も不安定だ。夫・父親が長期間不在のため、残された妻・母親と子どもの生活が著しく悪化することも珍しくない。こうした現状がアフリカ人の家族生活から安定を奪っており、それが未成年者の非行増加の一因なのだ、というのが協議会の見解だった。

家族は共同体の基礎単位にして、道徳の基盤でもある。家族の影響力がなくなると、悪の道に足を踏み入れてしまう可能性が高まる。ましてや、それが教育を受ける機会もなく育った青少年であれば、なおさらだ。ならば、

「共同体の最も重要な基礎である家族生活が健全なかたちで維持される……よう配慮することは、われわれの従属民族に対する責務であり、われわれ自身の利益にかなうことでもある」[35]。すなわち、非行撲滅のためには機能不全に陥っているアフリカ人家族を「健全なかたち」に再建する必要があり、そのための支援を提供することが自らに課された使命なのだと協議会は考えていた。

ところで、アフリカ人が「健全な」家族を形成し維持していくためには、一定以上の収入が必要である。ただし夫婦共働きは子どもの養育に悪影響を与え非行の原因ともなりうるので、妻・母親である女性が家事と育児に専念できるよう、夫・父親である男性が労働者として十分な賃金を得られる条件と機会を保障しなければならない。こうした男性稼ぎ主モデルがアフリカ人社会で成立するのを阻んでいるのが、労働におけるカラーバーや文明的労働政策なのであり、したがってそれらは廃止されねばならないのだ。このように家族は労働と不即不離であり、ゆえに協議会のフィランスロピーの主要な関心対象だった。

では、健全な家族を維持し、非行を予防するうえで、家事と育児の責任を担わされることになった女性たちは、自らの立場をどう考えていたのだろうか。前章でもみた通り、家事と育児が女性の役割であるとの意識は、当時の大部分のアフリカ人女性たちに共有されていた。この時期には教養あるアフリカ人女性を中心に女性主体の政治運動や社会運動の組織化が進みつつあったが、そのような女性運動家たちも「健全な家族」の運営における妻・母の責任を繰り返し強調した。ただし、そこには、西洋文明の基準に適合した家庭の運営能力を実証することで、アフリカ人女性に付与された「不道徳」や「不潔」というネガティヴな人種／ジェンダー表象（第5章参照）を払拭し、植民地社会内部でリスペクタビリティを獲得したいという願望もあった[36]。

その一方で、この時代のアフリカ人女性運動家のなかには、妻・母としての責任を受け入れつつも、同時に法的権利や労働条件における人種間および男女間の平等を求め、公的領域と私的領域の双方でアフリカ人女性が活躍できる社会の実現を目指す者たちもいた[37]。彼女たちからは、公的領域での女性の活躍に批判的だった当時のアフリカ人男性政治指導者（協議会のメンバーも含まれる）に対する不満の声も聞かれた。ある女性活動家は、次のように述べている。

アフリカ人男性のなかには……、女性が自分たちと同じような活動をすることを恐れ、［男性が主導する］全アフリカ人会議（ＡＡＣ）やアフリカ民族会議（ＡＮＣ）を通じて［すべての］アフリカ人の思いは十分に代弁されていると考える人たちがいます。……これらの男たちは、家庭と公的な場での働きは両立しえないと考え、アフリカ人女性の活動をむしろ妨げようとしています。(38)

このような立場からすると、若者の非行問題への処方箋として、共働きの否定と男性稼ぎ主モデルの強化を打ち出す協議会の姿勢に諸手を挙げて賛同するのは難しかったかもしれない。アフリカ人非行問題への協議会の取り組みからは、帝国フィランスロピーの歴史的性格を特徴づけたジェンダー意識の多様な側面がみえてくる。

（4）農村の開発とフィランスロピー

ⓐ農村開発の停滞

さて、協議会が農村部の開発と農業の改良に強い関心を示してきたことは、これまでも述べてきた通りである。一九三〇年代後半から第二次世界大戦期にかけてもそれは持続した。興味深いことに、リザーブにおける農村改良は当時の南ア政府も強い関心を向けていた。アフリカ人の農法や土地利用が土壌浸食の主因であるとみなされ、家畜の間引きと放牧の合理化、放牧地と耕作地の分離などが検討された。(39) 農村部の問題についての現状分析と処方箋において、協議会と政府は見解を共有していた。

だが、変化は緩慢だった。一九四〇年にアフリカ人が住む農村部を調査したエディス・ジョーンズ（レイナールト・ジョーンズの妻）は、人口と家畜の過密により土壌が悪化し、収穫量が低位にとどまっている状況を報告している。彼女は、リザーブが道路や鉄道と接続しておらず市場へのアクセスが困難であることに加え、アフリカ人に対する「教育と文明の影響力」の欠如が問題の本質だと述べているが、農村地帯に暮らすアフリカ人たちの心を動かすのは容易ではなかった。[40] レイナールト・ジョーンズによると、リザーブでは西洋の農機具（とくに鋤）が普及しつつあるが、それは土の表面をこするだけで、表土は風雨によってたちまち浸食されてしまう。さらに、樹木の伐採が進んだことで、土地の保水力は弱まり、湿気を保つことができない。標高の高い土地では乾燥が進み、アフリカ人は河川の沿岸部の土地に集中するようになり、それがさらなる土壌浸食のペースを速めている。何らかの保全とより組織的な耕作が必要なのは疑いない。しかし、農業の改良を助言すると、アフリカ人たちは「なぜあなたたちヨーロッパ人はわれわれを放っておいてくれないのか」と言うのである。[41] わけても、過放牧抑制のための家畜の間引きは、激しい反発を引きおこした。[42] 前章で触れた、農村部に住むアフリカ人にとっての土地と家畜の重要性を考えれば、そのような反応はごく自然なことだった。

ⓑフィランスロピストの夢想

農村部を対象とする帝国フィランスロピーにおける救う側と救われる側の間のすれ違いは、別の場面でもみられた。このころ協議会は、農村開発とともに、農村部のアフリカ人たちに節約と貯蓄の観念を教えることにも力を注いでいた。トランスヴァール北部のソウトパンスベルクでは、同地を拠点とする協議会が一九三六年に「バントゥに繁栄を」と題したビラを作成し、アフリカ人に行動変容を呼びかけた。[43]

フムラ・マティバは、豊作で大量のトウモロコシを収穫した。彼は商店でそれを一袋五シリングで売却した。そのお金で、たくさんのモノを買った。一部は有益だが、他は不要のものである。数カ月後、食料不足に陥った。彼は店を再び訪れ、トウモロコシを一袋あたり一五シリングで買ったが、それは彼が栽培したものだった！

フムラは賢いか？　否！　彼は次の収穫期まで食べるに困らない量のトウモロコシをあらかじめ取り分け、残りを売却すべきだった。彼は、本当に必要なモノのみを商店で購入すべきだった。そうすることで、彼は利益を得て、借金に陥らずに済んだであろう。

他方で、「賢者」の振る舞いはマティバと対照的である。

賢者は、収穫期に貯蔵庫を掘り、すべてのトウモロコシをそこで保管する。一部は、次の収穫期までの食用として取り分ける。残りは手元に残し、トウモロコシの値段が上がるまで待つ。価格が上がったら、その一部を売却し、納税、被服費、他の必需品を購入するために充てる。彼は決して掛け買いをせず、決して無駄なモノを買わず、決してビールを作るためにトウモロコシを浪費しない。そうすれば、必要なときに食べるものと金に困らない。彼はよい家を建てられる。子どもによい服を着させて学校に通わせることができる。彼は、一目おかれる存在になるだろう。

掛け買いはするな！　トウモロコシをビールのために浪費するな！　次の収穫期までもつように十分な食料を保管せよ！　トウモロコシは値段が上がってから売れ！

浪費をとがめ節約を奨励するのは、近代イギリスを貫くエートスのひとつである。(44)　ソウトパンスベルク協議会の主張は資本主義社会における「常識」であり、需要と供給のバランスによる価格決定を唱える近代経済学に照らしても合理的で、その意味で科学的だ。こうした「常識」を「無知」なアフリカ人に教えるのは、典型的なフィランスロピーの営為である。

だが、フィランスロピーは救済される側の事情を正しく捉えていない限り、有効な解決策とはなりえない。実際に、ここでの協議会の「善意」はアフリカ人の事情を度外視した絵空事にすぎなかった可能性が高い。クリフトン・クライスによると、アフリカ人農民が安値で収穫物を売り、食料不足に陥った結果、高値でそれを買い戻す動きは、南ア各地で頻繁にみられた現象だった。なぜアフリカ人は収穫物の大部分を安値で売るのか。それは、税金を払う必要があるからである。収穫期の直後は市場が作物であふれているので、価格は当然安くなっている。だが、この時期はまさに納税の時期でもあり、税を払うのに必要な貨幣を得るために、多くのアフリカ人は商人の言い値で収穫物を売らなければならなかった。しかも、税額は当局が決定するので、納税に必要な貨幣が得られるまでアフリカ人は収穫物を売らなくてはならない。その後、貯蔵庫の食料が尽きてしまうと、アフリカ人は商店で食料を高値で購入しなくてはならなかったが、必要な現金がないので掛け買いをせざるをえない。こうして、商人に対する債務がかさんでいく。[45] 一九二〇年代末の協議会の調査によると、典型的な農村部のアフリカ人は半年から二年間で返済する計画で掛け買いをしているが、それを完済できるのは一五％ほどにすぎなかった。[46] このような状況においては、たとえ倹約や貯蔵をしたくてもアフリカ人はそれを実践できず、ソウトパンスベルク協議会のメッセージは彼らの心に響かなかったのではないか。

2　「多様な可能性の時代」の協議会——第二次世界大戦へ

(1) 第二次世界大戦と南ア

ⓐ戦時中の南ア社会

一九三九年に第二次世界大戦が勃発すると、中立を唱えるヘルツォーク首相と参戦を主張するスマッツ副首相の勢力が対立し、連合党は分裂した。勝利を収めたのは後者であり、下野したヘルツォークに代わりスマッツが首相に返り咲いた。第二次世界大戦期は、南ア史の重要なターニングポイントとなった。戦争が始まると輸入品の減少が国内の工業化を促し、さらには、戦争特需が景気を刺激した。重工業の存在感が強まり、とくに製鉄・鉄鋼業が伸長した。工業品の生産額は、一九三八／九年からの一〇年間でほぼ二倍になった。製造業の雇用者数も、同時期に三五万二〇〇〇人から六六万八〇〇〇人に上昇した（白人は一四万五〇〇〇から二二万八〇〇〇に、非白人は二〇万七〇〇〇から四四万に増加）。労働力需要の高まりが人口の移動を促し、社会は流動化した。都市に住むアフリカ人の人口も、一九三六年からの一〇年間で約六割増加した。[47]

大戦中、製造業に従事するアフリカ人の賃金は上昇した。一九四二年から四六年にかけて、非白人労働者の賃金は年率八％を超えるスピードで上昇し、白人労働者との賃金格差も一〇〇対二三から一〇〇対二九に縮まった。白人労働者が出征すると、その仕事を代替した非白人に必要な技能を身につけさせるべく、特別な教育が施された。熟練よりも半熟練労働者が必要とされる機械の導入にともない、アフリカ人を半熟練職に登用する気運も高まった。一九四六年の統計によると、半熟練職のうち白人労働者が占める割合は三六％にすぎなかった。だがその一方で、戦時中にはインフレが昂進してアフリカ人の生活を著しく圧迫したため、[48]都市部のアフリカ人ロケーションではストライキやボイコットなどの抗議運動が続発した。かかる状況下で、ANCはアフリカ人労働者のさらなる賃上げを強く求めたが、賃金委員会はオーストラリアの事例も参考に最低賃金や諸手当の導入を勧告することでアフリカ人労働者の保護に努めた。アフリカ人労働者が結成した組合の戦闘的な活動も、そうした決定に影響を及ぼした。[49]

このような時代にあって、南アのあり方をめぐるさまざまなイデオロギーが先鋭化し、多様な主張や運動として顕在化した。アフリカ人ナショナリズムに目を向けると、一九三〇年代に停滞していたANCは、大衆の動員と白人支配体制への対決姿勢を掲げたクーマ議長の下で勢いを取り戻した。[50]一九四一年に発表された大西洋憲章はアフリカ人指導者たちを大いに鼓舞し、人種にかかわらない共通の市民権に基づく南ア社会の実現を求める声が強まった。同時に、ANCの若手運動家たちは、それまで等閑視されてきた都市民衆や労働者の不満をすくい上げるかたちでウイングの拡大をはかろうとした。その尖兵を担ったのが新たに創設された青年同盟であり、アントン・レンベデを中心にネルソン・マンデラやオリヴァ・タンボなどが参加し、アフリカ人の自己決定権、大衆とのかかわり、労働者の組織化、ボイコットやストライキなどの直接行動を唱えながら運動を展開していった。

一九四三年には、「アフリカ人の主張」が発表された。この文書で、ANCは大西洋憲章を拠り所に普遍的な自由と権利を主張し、アフリカ人も南ア国民を構成する集団であると訴え、白人と同等の市民権を要求した。付録の「権利の章典」では、教育・福祉・労働といった社会権における白人との平等が主張されるとともに、そうした分野での国家の役割拡大が求められた[51]。かかる言説は、同時代のイギリスにおける公的福祉拡大への期待の高まりと、戦後福祉国家の青写真を描いて大反響を巻きおこした『ベヴァリッジ報告』の影響を強く受けていたと考えられる。「アフリカ人の主張」は、南ア国民の範囲を白人に限定する思想はもちろん、一定以上の資産・学歴・技能をもつアフリカ人に限り白人が支配する政治社会への参加を認める思想（ケープ・リベラリズム）をも批判し、南アに居住するすべてのアフリカ人を平等な市民権をもつ国民として扱うよう求めた点で、きわめて包摂的な国家像を掲げた斬新な南ア主義の表明でもあった。それは、一九三〇年代初頭に協議会が掲げていた南ア主義とも異なる。協議会の南ア主義では、救済の対象である非白人から「友」と呼ばれるようなフィランスロピー精神に富む白人（アフリカーナーとイギリス系）が社会の指導者となることが目指された。しかし、「アフリカ人の主張」は、アフリカ人をたんなる救済の受け手としてではなく、救済の与え手と対等の市民として扱うことを要求したのであった。

アフリカ人の都市化とアフリカ人ナショナリズムの高揚はしかし、白人たちの警戒心を喚起した。一九四一年、ナタールを拠点とする著名な人種隔離主義者のジョージ・ヒートン・ニコルズは、完全に「脱部族化」した少数の者を除くすべてのアフリカ人をリザーブに移住させ、男性にのみ鉱山労働と同条件で出稼ぎ労働に従事させるべきだと述べた。レイナールト・ジョーンズは、「もしそれが政府の方針だとしたら、神よ、原住民だけでなく、ヨーロッパ人の道徳的健全さをも救いたまえ！」と述べてそれを強く批判したが[52]、厳格な隔離を唱えたのはヒートン・ニコルズだけではなかった。当時の南アでは、アフリカーナーを中心とする排他的で白人至上主義的なナショナリズムも盛り上がりをみせていた。この動きは、ヘルツォークとスマッツの合流に異を唱えて連合党政権から離脱したD・F・マランが率いる純正国民党（以下、国民党）を中心に展開した。一九三〇年代にはカルヴァン主義の改革派教会を中核とするアフリカーナー特有の文化が喧伝され、それは一九三八年のグレート・トレック百周年記念式典でひとつのピークを迎えた。経済面でも、アフリカーナー民族資本の育成をはかると同時にアフリカーナー労働者を称揚することで、国民党はアフリカーナーナショナリズムをかき立てながら支持基盤を拡大していった。大戦中にアフリカ人労働者の都市への流入がさらに増大すると、白人社会内部ではそうした現状への懸念が強まり、厳格な人種隔離を主張する国民党への期待が高まっていった[53]。

ⓑ「ミニマム・スタンダード・モメント」

南アでは、戦間期から（主に白人を対象とする）公的福祉の拡大がみられ、一九三〇年代後半には新たな貧困観も登場するなかで、福祉に対する関心がますます高まっていた。大戦前までに社会保障関連の国家支出は着実に増大していたし、ソーシャルワークのプロフェッショナル化やソーシャルワーカーの育成も進んだ[54]。第二次世界大戦期には、世界の他地域と同様、南アでも福祉が世論の一大関心事となった。南アの政治家たちは先進的な社会保障制度で知られるニュージーランド[55]を訪れ、新たな福祉のかたちを学び、議論した。『ベヴァリッジ報告』も頻繁に言及され、一九四三年に包括的な福祉制度の創設を提言した社会保障委員会報告書に多大なインスピレーションを与えた。こうして、最低限の収入保障を市民権の要件とする思想が南アでも浸透していった[56]。

重要なのは、大戦中に福祉の拡充が議論されるなかで、限定的とはいえそこにアフリカ人も包摂するべきだという考えが次第に受け入れられるようになっていったということである[57]。一九四二年には社会福祉省次官が、貧困は白人のみならずアフリカ人の問題でもあり、それは国家の秩序と安全に対する脅威だと明言している[58]。ヨハネスブルクでは市当局と連邦政府がバントゥ福祉基金とパートナーシップを組み、主にアフリカ人青少年の非行撲滅と社会サーヴィスの提供を目的に、アフリカ人ロケーション内でのコミュニティセンター設置を推進した。[59] 一九四三年にはアフリカ人児童にも学校給食が提供されるようになり、一九四四年にはアフリカ人を対象とする無拠出制老齢年金（ただし、最大支給額は白人に対するそれの三分の一以下）と障がい給付金制度が成立した。並行して、アフリカ人労働者の待遇改善にも進展がみられた。一九四一年に導入された生活費補助金制度はアフリカ人労働者にも適用されることになったし、アフリカ人労組の法的承認も真剣に議論された。[60]

このような変化は、同時代のイギリス帝国の動向と平仄を合わせたものだった。一九三〇年代には西インドやアフリカの植民地で労働争議や暴動が頻発したため、帝国政府も非白人住民を対象とする社会調査とその結果を踏まえた福祉の拡充を喫緊の課題として認識するようになり、一九四〇年には植民地開発福祉法が制定された（第3章参照）。『ベヴァリッジ報告』の影響も大きく、たとえばバトソンは同報告を引用しながら、アフリカ人も含めたすべての南ア住民を対象とする包括的な社会保障制度の建設を唱道した。南アにおける貧困をめぐる知識の歴史を分析したデイヴィは、最低限度の生活水準（ミニマム・スタンダート）の保障が南アも含めたイギリス帝国各地で熱く議論された一九四〇年代を指して、「ミニマム・スタンダード・モメント」と表現している。[61] アフリカ人の福祉を真剣に議論する機が熟しつつあるなかで、あるべき南アの将来とそこでのアフリカ人の待遇について、協議会の関係者たちも積極的な意見表明を行っていった。

ⓒ「多様な可能性の時代」の協議会

一九四二年のＳＡＩＲＲの会合で、スマッツ首相は、「孤立は終わり、隔離もまた困難に直面した」と言明した。[62] この言葉が象徴するように、戦時下にあって政府は従来の隔離政策から一定の譲歩を余儀なくされた。ファシズムとの戦いは民主主義の理念を守るための戦いとして正当化されたため、イギリスや他国の動きも参照しつつ、南アでも、多様な人々を包摂する市民的権利と福祉の拡充が真剣に議論され、そうした市民たちが織りなす経済的共存関係に根差した戦後社会の建設が構想された[63]。まさに、第二次世界大戦期を含む一九四〇年代は、既存の制度や秩序が揺らぎ、さまざまな変革の兆しが現出した「多様な可能性の時代[64]」だった。一九四八年総選挙での国民党の勝利と、同党の下で建設されるアパルトヘイト体制を、目的論的に歴史の必然と捉えてはなるまい。

こうした時代の趨勢は、協議会にとって追い風となるはずだった。アフリカ人労働者の待遇改善と、アフリカ人の社会・経済生活の向上は、協議会の年来の主張である。当時のアフリカ人を代表する連邦議会議員団には協議会関係者も多く、実際の政治の場で理想を実現する機会も広がったようにみえる。具体的な政策を立案・遂行するうえで、この問題について豊富な知識と経験をもつ協議会が重要な役割を果たす可能性は十分にあった。実際、協議会関係者たちはアフリカ人労働者の待遇改善のために奮闘した。一九四一年にヨハネスブルクのアフリカ人労働者がストライキをおこした際には、当時連邦上院議員だったレイナールト・ジョーンズが仲介に入り、最終的に雇用主側は労働者代表との協議の場で賃上げとアフリカ人労組の承認を受け入れた[65]。加えて、アフリカ人の労働や居住の自由を制限していたパス法の緩和でも、協議会関係者は重要な役割を果たした。大戦中、敵国のプロパガンダから影響を受けたアフリカ人が白人支配体制に抵抗したり戦争への協力を拒んだりするのではないかとの懸念が政府内部で高まると、レイナールト・ジョーンズらはパス法がアフリカ人労働者の不満の主因であると指摘し、改善を求めた。政府はこの提言を受け入れ、パス法の執行を一時的に緩和することに合意した。戦争という特殊な状況が手伝ったとはいえ、協議会関係者の取り組みがアフリカ人の救済に貢献したのは間違いない。その後、一九四四年には、ケープ協議会のメンバーで連邦下院議員でもあったドナルド・モルテノが、パスそのものの廃止を求める動議を議会に提出した。これはANCなど主要なアフリカ人政治団体も求めていたことであり、ここでは協議会とANCの共闘がみられた（審議未了で票決に付されず[66]）。

デュボウも論じる通り、協議会に代表される「リベラルないし社会民主主義的な南ア」は、アフリカ人ナショナリズム、アフリカーナーナショナリズムと並び、一九四〇年代の南アにひらかれていた三つの有力な将来像のうちのひとつであった[67]。それは、協議会が掲げる南ア主義を言いかえたものと理解してもよいだろう。賽の目がどう出るかは誰にも分からない。ただし、協議会が思い描いた南ア主義のヴィジョンが実現するかどうかは、デュボウが指摘する残り二つの将来像（ないし南ア主義）、すなわちアフリカ人ナショナリズムおよびアフリカーナーナショナリズムの出方次第でもあった。換言すれば、残り二つの選択肢は、潜在的に協議会の影響力を掘り崩す可能性をはらんでいた。

（2）大戦期の協議会の活動

ⓐアフリカ人労働者の保護

大戦中、協議会はアフリカ人の労働や福祉に関連する問題について、積極的な活動を展開した。一九四一年、労働者保護政策の一環として、政府は工場法案を提出した。しかし、そこにはカラーバーの要素がみられた。同法案の第五一条は、労働大臣が使用者に対して非ヨーロッパ人の解雇あるいは彼らを雇用しないよう命じることで、人種に基づき労働者の選別を行う権限を行使できる余地を残していた。これに対して、スプリングス協議会は、同条が「機会の平等を否定することで基本的人権を侵害している」とし、非白人も自由と公正を守るための戦い（第二次世界大戦）に尽力している以上、戦争協力の対価が人種差別立法であってはならないと主張した[68]。プレトリア協議会も、スマッツ首相に宛てた手紙で、工場法案に含まれる人種差別的条項は「南アの産業にきわめて悪しき影響を与える」と述べて、戦時産業を支える非白人労働者の反発が南ア社会に与える潜在的危険性を指摘した[69]。

協議会のアフリカ人メンバーも黙っていなかった。ミナ・ソガはクイーンズタウン協議会の主要メンバーで、アフリカ人女性の団体であるアフリカ人女性全国評議会（National Council of African Women: ＮＣＡＷ）の指導者でもあった。彼女はＮＣＡＷ議長としての立場でスマッツ首相に書簡を送り、工場法案が「バントゥをまったく考慮していない」ことに抗議した。第二次世界大戦に連合国の側で参加した南アは、「自由と小さな民族の保護のために戦っている」はずだ。そう信じているから、「私たちバントゥは、自由と新しい秩序のための戦いにおいて自らに与えられた役割を全うしようとしている」のであり、「この偉大な大義に対する私たちの確固たる［原文下線］忠誠心と支持を政府に認めてもらいたい」とソガは訴える。他方で、政府がアフリカ人になしてきたことには感謝しており、「民主主義の勝利のための戦いにおいて政府を全面的に支援する」と述べた[70]。一見すると丁重で謙虚な物言いだが、ソガのレトリックはなかなか巧みである。まず、アフリカ人の戦争への貢献を取引材料とし、それへの対価として権利を求めることで、相手が要求を無下に断れないような議論の枠組みを設定している。さらに、民主主義と自由を脅かすファシズムとの戦いという連合国の戦争目的を巧妙に利用している。むろん当時の南アは人種差別と隔離を基盤とする社会であり、人種にかかわらない民主主義からはほど遠い。その南アが民主主義を護持するための戦いに参加するのは皮肉としか言いようがないが、ソガはまさにそのような矛盾を戦略的に利用し、民主主義のために戦う南アは国内でも人種にかかわらない民主主義を押し広げるべきだという正論を展開しているのである。スマッツがいちアフリカ人女性の手紙を無視するのはたやすいが、ここで展開された主張を論理的に斥けるのは容易ではなかったはずだ。

この後、ソガは当時上院議員であったレイナールト・ジョーンズに書簡をしたため、そのなかで自分はスマッツに対して「できるだけ穏健であるように努めた」と述べており[71]、実際にはより強烈な不満が胸の奥にあったことを示唆している。結局、問題の第五一条を削除することはできなかったが、レイナールト・ジョーンズはスマッツ首相とJ・H・ホフメイヤー大臣との会談でソガの書簡を引用したと述べ、具体的な規則を制定する際には、政府が原案をレイナールト・ジョーンズらにあらかじめ示し意見を求めることが約束されたと報告した[72]。

ⓑアフリカ人と福祉——家族手当

戦時下では、アフリカ人労働者を対象とするより包括的な福祉についての議論もさかんに行われた。一九四一年七月、SAIRR理事会が都市行政当局や協議会の代表者らを招くかたちで、都市在住アフリカ人を主題とする会議が開かれた[73]。そこでは、住宅問題などと並んで福祉も議題に加えられた。参加者たちは、都市在住アフリカ人の賃金や、彼らを対象とする福祉が改善されつつあることを認めながらも、さらなる努力が必要だという点で見解の一致をみた。また、都市のアフリカ人に対する福祉をめぐっては、しばしば「賃上げ」と「福祉の拡充」が二者択一として示されてきたが、どちらかではなくその両方を目指すべきだとされた。

席上、あるべき福祉政策について具体的な提言を行ったのは、議長を務めたアルフレッド・ヘルンレ（SAIRR所長）の妻で南アにおける社会人類学のパイオニアとしても知られるウィニフレッド（第4章参照）だった。ウィニフレッドは、かねてよりアフリカ人を共通の福祉制度に包摂するべきだと唱えており、彼女の主導下で協議会やSAIRRが政府に働きかけた結果、一九四〇年には子どもがいる貧困アフリカ人家庭に対する児童扶養補助金（child-maintenance grant）の支給が決まった[74]。こうした成果を踏まえ、一九四一年の会議でウィニフレッドが訴えたのは、アフリカ人を対象とする家族手当（family allowances）の導入であった。まず雇用主は、手当の原資となる拠出金を国の基金に払い込む。そのうえで、アフリカ人労働者に対しては、扶養家族の数に応じて当該基金から給付される手当を賃金に上乗せした額を払う。経営者が拠出の義務を負う一方で、アフリカ人労働者は拠出から免責される。アフリカ人労働者に対して支払われる賃金が家族の扶養をまったく考慮していない現状において、家族手当の導入は、「子どもの養育は一次的には親の責務だが、子どもがゆくゆくは国家にとっての資産となる以上、国家もまたそれに対する責任を有しているという事実を……認識する」ことにほかならない。

宗主国のイギリスでは、二〇世紀初頭のリベラル・リフォームの時期から帝国の将来を担う国民の育成を念頭に、子どもおよび子どもを産み育てる母親を対象とする福祉政策が拡充されていった。その後、第一次世界大戦中に軍人の妻子らに支給された別居手当の導入をひとつの契機として、戦間期には家族手当（途中から児童手当という名称が採用される）の実現を目指す運動がエレノア・ラスボーン（ASAPS運営委員会のメンバーでもあった）の主導下で開始され、ラウントリーやベヴァリッジの支持も取り付けながら拡大していった[75]。ヘルンレはそのような宗主国の議論を参照しつつ、それをアフリカ人にも拡大適用することを求めたのである。ただし、イギリスでは手当の支持者たちが親の就労の有無にかかわらずすべての子どもを支給対象にすべきだと主張したのに対して、ヘルンレは手当の対象を労働者の家庭に限定しながら議論している点に両者の違いがみられる。福祉受給の対価として、アフリカ人には労働を通じた貢献が求められたといえよう。この点については、フランスの事例も参照されたようだ[76]。その後、会議参加者の間では、白人が享受しているあらゆる福祉政策の対象にアフリカ人も含めるべきだという点でコンセンサスが得られた。また、戦時中のインフレに鑑みて、食料価格の統制、とくにミルクとパンを安値で供給することの重要性も確認された[77]。

（3）組織の問題

ⓐ自信と不安

すでに触れた通り、第二次世界大戦は、協議会が自らの活動を拡大する絶好の機会を提供した。協議会運動を主導するヨハネスブルク協議会には、福祉に対する関心の高まりという時流からも影響を受けつつ、社会改革を目指す多様な人々が集結していた。白人メンバーとしては、共産党員でもあったブラム・フィッシャーに加え、社会民主主義を信奉するバリンジャー夫妻（ウィリアムとマーガレット）、エレン・ヘルマン、ジュリウス・レウィンとその妻エレノア・ハワーデンなどがいた。アフリカ人メンバーにも、ANC議長のクーマ、ANCの若手世代を代表するオリヴァ・タンボらとともに、セロペ・テマなどのベテランが引き続き名を連ねていた[78]。

だが、戦争という特殊な状況でさまざまな可能性が生まれたことは、逆に協議会内部における分断線を浮き彫りにすることにもなった。労働運動出身で左派のウィリアム・バリンジャーと、レイナールト・ジョーンズら協議会指導者層との対立は、その顕著な事例である。両者の関係性はすでに一九三〇年代後半から悪化していたが[79]、第二次世界大戦期にバリンジャーが急進化しつつあったアフリカ人ナショナリズムと協調する姿勢をみせたことで、分裂は決定的になった。[80] アルフレッド・ヘルンレは、バリンジャーが「チームワークを知らず、それに必要な倫理観ももっていない」と評して、彼と「関係をもつことは自らの品位を下げる」と断じた。[81] バリンジャーと協議会指導者層の対立の余波は、イギリスにも及んだ。バリンジャーおよびレイナールト・ジョーンズ双方と密接な関係を保っていたASAPS書記のジョン・ハリスが微妙な立場におかれたことは第4章でも触れたが、前者を支援してきたアフリカの友の関係者たちも対応に苦慮した。[82] 労働党下院議員でバリンジャーの活動を支えてきたクリーチ・ジョーンズも心を痛めていたが、これに対してSAIRRは自らの立場を弁明したうえで、バリンジャーの言葉を額面通りに受け取らぬようクリーチ・ジョーンズに求めた。[83]

協議会の指導者層にとって厄介だったのは、組織の内部にもバリンジャーに共鳴する声が少なからずあったことである。たとえば、ケープの協議会メンバーで当時アフリカ人を代表する下院議員でもあったモルテノは、思想的にバリンジャーに近かったとされる。同じくケープを拠点とする法律家で、SAIRRの理事とアフリカの友の幹部を兼ねていたダグラス・ブキャナンも、バリンジャーを擁護する姿勢をみせた。ブキャナンは一九四三年にSAIRR理事を辞職している。[84]

そのような事情もあってか、自らの南ア主義に基づく新しい社会を実現するチャンスが訪れたにもかかわらず、戦時中の協議会の雰囲気はどこか暗い。一九四〇年三月にヨハネスブルクで開かれたトランスヴァール協議会合同会議では、運動の現状と課題が話し合われた。そこでは、現在直面する問題として、協議会が緊急の課題に迅速に対処できないことがあげられ、結果としてよりフットワークの軽い団体が「協議会の機能を奪ってしまった」ことが指摘された。また、それまで協議会が行ってきた事業を自治体が担うようになり、協議会の存在感が低下してしまったとの意見も聞かれた。[85]

さらに、メンバーの偏りという問題もあった。協議会では、教会関係者の存在感が強い。それ自体は南アに特異なことではなく、同時代のイギリスでも、宗教組織は引き続きヴォランタリズムの主要な供給源として、また、フィランスロピーの重要な担い手として機能していた。[86]とはいえ、南アに特徴的なのは、教会がときに人種隔離政策への批判を発信する拠点となっていたことにあった。たとえば、イギリス国教会ヨハネスブルク主教（のちにケープタウン大主教）で協議会メンバーでもあったG・H・クレイトン（Geoffrey Hare Clayton, 一八八四〜一九五七年）は、第二次世界大戦中の演説で、アフリカ人労働者に対する生活賃金の支払いと、アフリカ人を対象とする公的福祉の拡充を強く求めた。[87]現下の戦争は、「個人の価値と自由を信じて」いるが、自由を奪う体制との戦い」である。「キリスト教徒として、われわれは個人の価値と自由の崇高さを信じて」いるが、自由の最大の保障は民主主義だと彼は説く。では、あるべき民主主義社会とはどのようなものか。聖職者らしく、クレイトンはキリスト教徒が心の内に立てるべき「正義、真実、慈愛（charity）という永遠の柱」を想起するよう訴え、それに基づく社会の建設を訴えた。

すべての人間が、貧困と失業から自由で、己の労働に対して正当な報酬を受け取り、神が与えたもうた天賦の才能を磨き使用する機会が与えられる生活を享受すべきです。この国の将来がそれとは別のかたちをとるならば、キリスト教徒として許容することはできません。[88]

すべてのアフリカ人に即時に普通選挙権を付与するのは望ましくないと述べるなど、クレイトンが唱える民主主義の内容には差別の要素が残る。しかしながら、人種にかかわらないあらゆる人間の存在価値を尊重することが教会の責務だと明言し、人種隔離とアフリカ人の搾取に依って立つ現状を厳しく批判する姿勢が、当時の白人市民の多くから賛同を得られていたとは考えにくい。自らも宣教師であるレイ・フィリップスは、「問題に対して冷静なアプローチをすることなく極端なまでに原住民の権利を擁護することで、宣教師たちが［白人市民の］……同情を失ってしまった以上、［教会関係者の存在はむしろ］協議会運動の足をひっぱっている」のではないかと懸念した。[89]

ⓑアフリカ人のいらだち

だからといって、協議会がアフリカ人の支持を集めていたかといえば、そうでもなかった。むしろ、アフリカ人の間では協議会に対する不満や疑念が高まりつつあった。一九四〇年の協議会会議に出席したANC総書記のジェイムズ・A・カラタ（James A. Calata, 一八八五～一九八三年）は、「ヨーロッパ人内部でのナショナリズムの高揚にあわせて、アフリカ人の間でもナショナリズムが高まっている」ことを指摘したうえで、次のように述べて協議会の現状を批判した。

［アフリカ人指導者］の一部は、協議会のヨーロッパ人たちが真剣にアフリカ人の向上に取り組んでいるとは信じられないでいるのです。ヨーロッパ人による同胞［アフリカ人］の扱いをアフリカ人が批判する時に、ヨーロッパ人――協議会の白人メンバーも含めて――がみせるいらだちが、そうした印象を与えるのです。(90)

もし白人とアフリカ人の相互理解が真に促進されるとしたら、それは自由な意見交換が保証された時であり、白人が意識的、無意識的に抱いている「支配の精神はアフリカ人の怒りを買っている」。カラタ自身は協議会を評価しているが、その活動は「誠実さと同胞たち［白人］の間での不評に立ち向かう覚悟に基づくべき」だと叱咤した。(91)協議会の白人メンバーたちが払拭できずにいた信託イデオロギーに対する批判とも読める。

そうしたなかで、一九四二年には、ヨハネスブルク協議会にも所属していたANC議長のクーマがSAIRRに書簡を送り、アフリカ人が直面する差別や搾取などの問題について明確な見解を公表するよう求めた。要するに、自身の政治的立場を明示して、旗幟を鮮明にせよという要求である。これに対して、ヨハネスブルク協議会の白人メンバーを中心とするSAIRRの幹部たちは、アフリカ人の政治・社会運動への共感を表明しつつも、当研究所はあくまでも政治的中立の立場を維持するとの返事を送った。(92)第4章で論じたSAIRR創設の経緯に照らせばやむをえない回答だが、そのような態度が戦時下で精力的な活動を展開していたアフリカ人ナショナリストたちを落胆させたことは想像に難くない。白人からは過激とみなされ、アフリカ人からは穏健にすぎると批判される。両極端の評価の間で板挟みとなった協議会だが、現状を打開する道筋はなかなか見つからなかった。

一九四〇年のトランスヴァール協議会合同会議の席上、事態の打開に向けて思い切った提言を行ったのはレイナールト・ジョーンズだった。協議会はこの際きっぱりと政治活動から手を引くべきである。地域に固有の問題に集中し、社会福祉事業のコーディネーターとして振る舞い、政治活動はANCなどの非白人政治団体に任せることで役割を明確化すべきだ。それが、協議会存続の道である。[93] かかる悲観主義は、アルフレッド・ヘルンレが前年に行った講演のトーンとも重なる。一九三九年のフェルプス・ストークス記念講演で、「南アの原住民政策とリベラルな精神」について論じたヘルンレは、同化主義でも平行発展論（parallelism, 異なる人種集団間の分離を維持しながら人種関係の改善をはかる）でもなく、完全な人種間の分離こそがリベラル派の目指すべき道だと述べて物議を醸した。これは哲学的思索から導かれた結論であり、ヘルンレが心からそれを信じていたかは定かではないが、[94] ヘルツォーク政権下での原住民政策やそれを支持する白人たちの心性を変革できなかったことへの無力感が、彼の心に重くのしかかっていたのは確かだろう。[95] レイナールト・ジョーンズも、そのような現状認識を共有していたと思われる。

もっとも、協議会のメンバーがみな、そのような悲観論を共有していたわけではない。協議会運動そのものを体現する人物からの意外な提言に対して、出席者からは異論が相次いだ。政治と非政治を明確に区分するのは不可能である、国政上の重要問題に沈黙することはできない、アフリカ人が直面する問題について白人の世論を教導するためにも政治的発言は欠かせないなど、発言者全員（彼の妻エディスも含む）が政治活動の継続を強く主張した。[96] とはいえ、アフリカ人ナショナリズムとアフリカーナーナショナリズムの高揚により社会がますます分極化するなかで、異なる道を進もうとする協議会とその南ア主義のヴィジョンは訴求力を失いつつあった。

3　衰退と遺産

（1）第二次世界大戦直後の協議会

ⓐ逆風の時代

自信と不安がないまぜになるなかで、それでも協議会はあるべき社会の実現を目指して自らの主張を発信し続けた。一九四四年に開催された戦後の福祉構想についての会議では、レイナールト・ジョーンズが貧困問題の専門家であるバトソンとともに非白人を対象とする社会福祉政策の拡充を訴えた。彼は、アフリカ人がリザーブで農業に基づく自給自足の生活を送ることができるという幻想はもはや捨て去るべきだと断言したうえで、多くのアフリカ人が西洋文化を内面化した結果、白人労働者と同等の生活を求めていること、そうした願望を満たすためには賃金の上昇がぜひとも必要であることなどを説いた。ヨハネスブルク協議会の主要メンバー（一九四六年から会長）で社会人類学者のエレン・ヘルマンも、肌の色にかかわらずすべての南ア人に平等な市民権と福祉を享受する権利を与えるべきだと訴えた[97]。ＡＮＣが前年に発表した「アフリカ人の主張」を意識した発言なのは明らかで、アフリカ人ナショナリズムに寄り添う姿勢を示そうとしたと解釈できる。ＳＡＩＲＲも都市在住アフリカ人を対象とする政策の方向性として、統制の強化よりもむしろ彼らの「市民的責任感」の涵養を目指すべきだと主張した[98]。当時にあって、アフリカ人を福祉政策にどう位置づけるかは、あるべき南アの将来像をめぐる議論に直接関わる政治的イシューであり、自らが掲げる南ア主義の実現をはかるべく、協議会関係者たちは奮闘した。実際、協議会やＳＡＩＲＲに対する猜疑心にもかかわらず、この時点ではまだアフリカ人指導者層とリベラル派白人の協調関係は保たれていた[99]。

だが、戦争の潮目が連合国の優位に傾きはじめると、アフリカ人の立場は悪化の兆しをみせた。一九四三年以降、政府内部ではアフリカ人に関連する政策のラディカルな変更に反対する意見が強まった。製造業のアフリカ人労働者の賃金上昇率は、白人兵士の復員と政府のインフレ抑制策により一九四〇年代後半に鈍化した。戦時中はアフリカ人労働者の側に立った賃金委員会も、戦後は賃金抑制へと方針を転じた。戦闘的な活動を繰り広げていたアフリカ人の労働運動も徐々に退潮し、一九四六年の鉱山労働者ストライキが力で押さえ込まれると勢いが止まった。(100) アフリカ人を対象とする福祉への関心も低下した。(101) 第二次世界大戦直後の南アは、失業、住宅不足、食料難、インフレなど複合的な問題に直面した。有効な対応策を打ち出せないスマッツ政権への不満が高まり、一九四八年の総選挙で国民党が勝利すると、アパルトヘイトと総称される厳格な隔離政策が段階的に施行されていった。

そうしたなかで、協議会を取り巻く政治・社会状況は厳しさを増していった。大西洋憲章をはじめ連合国が唱えた戦争目的はアフリカ人を鼓舞し、彼らは迅速な南ア社会の改革を求めた。だが、現実の動きは鈍い。失望した非白人は政治意識を高め、差別と不平等の是正をこれまで以上に強く訴えていくが、それは白人の懸念をさらに強め、より厳格な隔離や反動的政策への支持拡大につながった。人種間の摩擦が激化するなかで、人種間の協力を唱える気運は萎んでいく。その間にもリザーブの荒廃と貧困によりアフリカ人の都市への流入は続いており、それがアフリカ人に対する白人の恐怖をさらに増幅することになった。自身の立場がますます悪化するなかで、いまやアフリカ人は協議会ではなく、国連や国際社会に対して自らの権利を訴えるようになっていった。(102)

ⓑ「強靭な南ア」を目指して——協議会の南ア主義

一九四六年一二月、協議会を主導してきたレイナールト・ジョーンズは、ヨハネスブルクのロータリークラブにて「人種関係の国際的諸側面」という題目で講演を行った。(103) 最近の国連での議論にもみられる通り、国際社会では南アへの風当たりがますます強まっている。第二次世界大戦後の国際社会で多数派を占めるのは、非白人だ。この先も南アが人種差別と人種隔離に基づく制度を維持すれば、「すぐにわれわれ自身が差別の対象にされるだろう」。いまやアフリカ人も、差別的な法制度に対抗していくうえで、国際社会が自分たちの側にあることを理解している。この先、非白人が差別的な法や統治におとなしく従うことはなくなるだろう。必要なのは、南アを構成する異なる人種間での平和と協調を育むことである。それこそがSAIRRと協議会の目的であるとともに、「強靭な南アを建設するための礎石」にほかならない。「この理念が政策や個人間の関係に反映されない限り、この地で文明が栄える保証はないのだ」。国際社会の動向も視野に入れつつ第二次世界大戦後のあるべき南アを示した発言は、協議会が掲げる南ア主義をあらためて言明したものでもある。

「強靭な南ア」を築くためには何が必要か。レイナールト・ジョーンズが挙げたのは、尊敬の気持ちをもって非白人と付き合う姿勢、南アにおける民主主義の再考、労働環境の改善と開発を通じた非白人の生活水準向上であった。まず、隔離政策は非白人を政治的・経済的に抑圧しているだけでなく、心理的にも傷つけていることを理解する必要がある。白人は彼らの自尊心を尊重しなければならない。次に民主主義について、南アのそれは事実上白人に限定されているので、非白人からすれば寡頭制にすぎない。非白人の信頼と協力を得るためには、政府や政党のトップが彼らの指導者と定期的に対話し、意見を聴取するべきだ。もっとも、ここでレイナールト・ジョーンズが必要だとしたのは、あくまでも非白人との「協議（consultation）」であり、政治参加ではなかった点は留意しておくべきだろう。最後に、労働と開発については、非白人が、個人として、また、家族および共同体の一員として充実した生活を実現できるという希望をもてるようにすることが重要だ。とくに産業労働の現場においては、非白人を「男」として扱い、「彼が自尊心を満たし、それとともに、彼の家族と共同体の生活に満足を感じられるようにしなければならない」。産業におけるカラーバーを批判する一方で、労働者が「男」であることを自明視し、「男らしさ」とそれを基盤とする家族を強調する言説に、旧来のジェンダー規範に拠って立つ男性稼ぎ主モデルの残像をみてとることができる。

ⓒ危機意識の高まり

第二次世界大戦直後のヨハネスブルク協議会年次報告書は、その結語の部分において、現状と将来の展望を示唆的に語っている。第二次世界大戦は民主主義の大義のための戦いだったが、「戦争の目的とされた民主主義の原理は、いまだ実践されていない」。不満をもつ「アフリカ人たちは、直接行動を開始しようとしている」。幕を開けた戦後社会において、協議会には「より精力的な」活動が求められているとし、そのためにはメンバーの一致団結と奉仕の精神が不可欠だと強調された[104]。

ところが、翌年の年次報告書の結語には、前年の高揚感とは打って変わって深刻な危機意識が綴られた[105]。そこでは、協議会が直面する問題点のひとつとして、会議への出席率が挙げられている。白人メンバーの出席率が相対的に高い水準にあるのに対して、アフリカ人メンバーのそれは顕著に下落していた。「協議会はおしゃべりばかりで、行動しない」とみられているからである。では、協議会の方針や活動内容はどうか。巷間では、協議会の活動は以前よりも戦闘的でなくなり、その妥協的で融和的な方針がアフリカ人の不満を十分に反映していないため、アフリカ人メンバーの数が減少していると言われている。これに対しては、協議会は明確に否と唱えた。

代わりに、協議会は二つの理由がアフリカ人に対する遠心力を生んでいると自己分析する。まず、アフリカ人の救済を唱える協議会の主張が、もはや特異なものではなくなった点がある。アフリカ人の経済的・社会的地位の向上を唱える協議会の声は、一〇年前は「荒野の叫び」のごとく新奇なものだと思われていた。しかし、いまや世論はアフリカ人の不満をよりよく認識しており、事態を改善しようという動きは官民双方でみられるようになってきた。国際連合の成立とそこでの非白人についての議論も、そうした世論の啓発において大きな役割を果たしている。こうした世論の変化に対して、協議会は自身の活動が「いくばくかの役割を果たしてきた」と誇るが、以前のような存在感は示せなくなってしまった。もうひとつは、アフリカ人政治運動の発展である。有能な指導者層が台頭し、大衆の不満をすくいあげることでより大規模な運動が展開されるようになってきた。その過程で反白人感情も高まりつつあり、それがアフリカ人を協議会から引き離している。こうした現状において、「協議会はもはや有益な機能を果たさなくなってしまったのだろうか」。答えは否である。友好的な人種関係を築き、より公平で公正な社会を南アで実現するためには、これからも協議会が必要である。だが、そのためには協議会自身が変わる必要がある。明確な目標を設定し、アフリカ人の関心と参加を促すようなかたちに組織運営を改めなければならない。メンバー全員の結束をもってこれを実現しようと呼びかけ、年次報告は閉じられた。果たして、協議会は時代にあわせて自らを変え、労働やその他の問題により効果的に取り組むことで、救済対象であるアフリカ人への訴求力を高めることができたのだろうか。

（2）閉ざされる可能性

ⓐ国民党政権成立の影響

一九四八年五月の総選挙は、結果的にその後の南アの歴史を決定づけることとなった。このころまでに、連合党を中心とする与党陣営は、アフリカ人の都市化と抗議運動に効果的に対処できていないとして、（白人）有権者の信頼を失いつつあった。他方で、アフリカーナーナショナリズムを基盤に党勢を拡大していた野党・国民党は、アパルトヘイトと呼ばれる厳格な人種隔離政策を打ち出し、選挙戦に挑んだ。激戦を制したのは、国民党であった（連合党は六五、国民党は七〇議席獲得）。国民党政権の成立は、協議会に脅威をもって受けとめられた。マラン首相と原住民問題担当大臣に宛てた決議文のなかで、協議会は次のように語る。新政権が推し進めようとしている、「これまでアフリカ人が享受してきた諸権利の廃止ないし制限」を目指す政策は容認できない。非白人のみならず白人のなかにも抑圧的な政策に反対する者は多い。国民の福祉はより「建設的で協調的なやり方」を通じて追求されるべきだ。[106] もっとも、現実の政策決定に影響を与えるのは困難だった。翌年のヨハネスブルク協議会年次報告書は、全体的に暗いトーンに覆われている。アパルトヘイトを掲げる政権の誕生は、協議会が掲げる南ア主義を実現するうえできわめて大きな障害となるだろう。アパルトヘイトの明確な意味はいまだ定まっていないが、政府はアフリカ人の権利を制限する動きを鮮明にしている。そうしたなかで、アフリカ人の間では「非協力」運動への支持が高まっているが、これはもちろん、人種間の「協力」を説く協議会に負の影響を及ぼしている。実際、アフリカ人メンバーの失望は深まるばかりだ。協議会は政府に対してたびたび抗議や請願を行ったが、ほとんど実を結ばなかった。困難なときにこそ組織と人の真価が問われるとして、メンバーの奮起を促す言葉が綴られているが、政権交代が協議会の活動と士気に尋常ならざる影響を及ぼしたことは疑いない[107]。

それでも、協議会は意見の発信を続けた。アパルトヘイトを掲げる新政権が都市部におけるアフリカ人の管理と統制の強化を試みるなかで、ヨハネスブルク協議会が注目したのは失業保険法をめぐる問題であった。失業給付については、かねてよりアフリカ人労働者の不満が強かった。というのも、失業したアフリカ人には低賃金と厳しい管理ゆえに忌避されていた白人農場での仕事が斡旋され、拒否した場合には給付を打ち切ると脅されていたからである。協議会は原住民労働局長と首席パス管理官に面会し、失業直後の一三週間は以前と「類似した仕事」を割り当てる努力をする、アフリカ人を強制的に農村部に送って仕事に就かせるようなことはしないという言質をとった。だが、国民党政権が成立すると、「類似した仕事」の定義が変わり、すべての非熟練労働は職種にかかわらず「類似した仕事」とみなされ、都市の労働者が農村部での労働を割り当てられる事態もおこった。失業したアフリカ人労働者への対応をめぐっては政府内にもさまざまな意見があり、この段階では方針が統一されていなかったようだが、いずれにせよ、協議会は、失業給付の原資にはアフリカ人労働者が支払う拠出金も含まれている以上、都市のアフリカ人労働者が白人農場に送られることがないよう、政府や議員への働きかけを続ける方針を示した[108]。

さらに、国民党政権の下で、アフリカ人の都市流入の管理と、失業者などの「余剰アフリカ人」を都市から退去させる政策が強化された。法律上、都市で生まれ育ち、都市に定住するアフリカ人は退去の対象外だったが、たまたまそれを示す書類を提示できなかった者に対しても退去が勧告されるという事態がおこっていた。実際、アフリカ人の若者のなかには都市で生まれ育ちながらそれを証明する文書を保持していない者も多く、警察の摘発への不安から都市の中心部を訪れて職を探すことをためらう者も多かった。これを受けて協議会は、都市定住アフリカ人に対して居住証明を発給し、その権利を明らかにするよう求めた。このほかにも、政府はアフリカ人を非熟練労働に固定化すべくアフリカ人の職業訓練プログラムを停止しようとしたが、協議会はそうした方針にも異を唱えた。[109]

ⓑアフリカ人と産業労働――国際的潮流からの影響

国民党政権の成立後、ＳＡＩＲＲは産業に関連する法制度について意見を表明する機会を得た。意見書を実質的に執筆したのは、協議会運動を牽引してきたレイナールト・ジョーンズである。ここには、第二次世界大戦直後の協議会における帝国フィランスロピーの思想が象徴的に表れているので、詳しくみていこう。ＳＡＩＲＲは、産業関連法制が非白人の生活水準に直接影響を及ぼすことから、それが南アの人種関係を規定する最重要問題のひとつであると強調した。一九三七年産業調停法、一九三七年賃金法、一九四四年徒弟法などは引き続き労働におけるカラーバーを温存しており、容認できない。それは技能と経験をもつアフリカ人労働者が自らの能力を発揮する機会を奪い、彼らの貧困を永続化することで、「白人と黒人の間で急激に高まっている不和の主因となっている」[110]。

さらに、労働における隔離を強化する法制度は経済の観点からも擁護できない。

> ［それはアフリカ人の］共同体に貧困をもたらし、経済発展を阻害し、最終的に、ヨーロッパ人の雇用機会を制約するからである。最良の市場で労働を売り、保有する資格にふさわしい形態の労働に従事する権利は人間の基本的な権利である。……現在の法制度の下では、非ヨーロッパ人がより高賃金の職に就くことを阻む障壁があるが、それを取り除くことが、最優先されるべき改革であるということを強く主張する。[111]

カラーバーが経済合理性に反するという主張は協議会のかねてよりの持論であり、ここでもそれが繰り返されている。

次に、労働組合については、アフリカ人労働組合に完全な法的承認を与えるべきである。アフリカ人が労組を結成する権利は、一九四七年の国際労働会議で採択された協約でもうたわれている。「連邦はアフリカの他地域および世界の潮流を無視してはならない」[112]。もっとも、労組は都市定住アフリカ人労働者を多く雇用する製造業では有益だが、出稼ぎ労働者に依存する鉱山業などでは組織化は困難であろう。では、アフリカ人労働者の権利を守るためになにが必要か。注目すべきは、オーストラリアの事例である。オーストラリアには労働者の利益を保護し、労働争議を調停・仲裁する連邦調停仲裁裁判所がある。南アにも労働裁判所（industrial tribunal）を設立し、労使間で締結された労働協約の批准と解釈の権利をそれに与えるべきだ。裁判所はすべての労働者が自身の利害を代弁できる場であり、当然アフリカ人の代表も利用できる。アフリカ人は労使交渉に参加する機会が限られており、大戦中に制定された一九四二年戦時法第一四五号でストライキの権利も奪われた。一九四七年に当時の政府はアフリカ人労組の承認や労使間の調停、労働条件の規制などに関する法案を示したが、白人のそれとは異なる制度——労働における隔離——を提案したため、アフリカ人指導者たちの怒りを買ってしまった。そうした状況で、あらゆる労働者に開かれた労働裁判所の創設は、アフリカ人の主張を汲み取ったものとして評価されるだろう[113]。

第二次世界大戦が終わったいま、カラーバーはもはや国際社会で正当性をもちえない。一九二六年に鉱山労働修正法が可決されて以来、「人種に応じて異なる法制度に対する国際社会の反応は、きわめて強硬になってきている」。一九四七年の国際労働会議は、労働法制や協約、団体交渉や合意への参加について、人種、肌の色、性別、信条、部族への帰属、労働組合活動に基づく差別の禁止をうたった。また、一九四八年の世界人権宣言も、集会と結社の自由、労働組合を結成する権利を認めている。イギリス政府も、アフリカの英領植民地における労働組合の発展を望む声明を出した。南アが国際連合の加盟国である以上、ＩＬＯと国連の宣言を無視することはできない。にもかかわらずカラーバーを維持するとなれば、それは社会秩序に深刻な影響を及ぼすであろう。具体的には、アフリカ人が共産主義に傾倒していく危険がある。「われわれヨーロッパ人は、当面の間は、物理的な力に裏打ちされたヨーロッパ人の権威を強制することで、アフリカ人が働く産業での平和を維持できるかもしれない。しかし、それは平和というよりも冷戦であり、年ごとに緊張の度合いは高まっていくだろう」[114]。

以上からは、一九四〇年代末における協議会の帝国フィランスロピーが、国際社会やイギリス帝国を構成する他の自治領を強く意識していたことがわかる。実際、「外圧」が南アの現状を変える契機になりうるとの認識はあった。アルフレッド・ヘルンレは一九四〇年に、（悲観的な文脈においてではあるが）南アの「カースト社会」は「外部の世界的な出来事か、あるいは自らの運命をわが手に握ろうとするアフリカ人」によってのみ解体可能だと述べている。[115] 興味深いことに、隔離政策を推進する南ア政府もまた、第二次世界大戦後の国際社会の動向に目を光らせていた。[116] いわゆる第三世界を形成することになる諸国と、ソ連をはじめとする東側諸国は、人種差別と隔離を基調とする南アの政策を強く批判していたが、実際に反人種主義は国際労働会議や世界人権宣言の採択により普遍性を付与された。南ア政府はそうした人権の普遍性と平等性という言説に激しく反発したが、それとは対照的に、協議会を拠点とする帝国フィランスロピストは、まさにそうした世界の動向をにらみながら、南ア社会の改革を主張したのであった。オーストラリアの事例への言及を含め、戦後南アの帝国フィランスロピーの言説は、トランスナショナルおよびトランスインペリアルな潮流から大きな影響を受けていたことがわかる。

ここにみた帝国フィランスロピーの主張は、創設当初の協議会のそれと比べると、カラーバーへの批判という点では一貫しているが、言説編成には変化もみられる。とくに、労働に関する権利を人種にかかわらない人間の基本権と考える思想は、同時代の人権意識の拡大を反映していた。協議会は、外部世界の動向からも影響を受けながら、自らの主張や言説をアップデートしようとしていた。

ⓒ隔離思想のなごり

協議会の主張や態度には連続性もみられた。たとえばレイナールト・ジョーンズは、労使交渉で労働者側の代表にアフリカ人も含めることを求めつつ、アフリカ人代表の数が白人代表の数を上回らないようにすべきだと主張したり、アフリカ人労働者は必要な教育を受けていないので労働組合の外部に助言を求める必要があると述べたりするなど、アフリカ人に対するパターナリズムを容易に拭うことはできなかった。[117] さらに、都市定住アフリカ人の増加という状況を受けて、こうした人々を統制するための新しい規律が必要だと唱えたが、そのような規律はアフリカ人が本来拠点をおく農村部で育まれた相互扶助の精神に依拠すべきだと述べるなど、アフリカ人を農村と結びつける従来の思考様式はいまだに残存していた。[118]

アフリカ人は本来的に農村部に住むのが望ましいという言説は、出稼ぎ労働についての議論でもみられた。レイナールト・ジョーンズの後任としてＳＡＩＲＲ所長に就任したクウィントン・ホワイトは、終戦直後に神智協会の会合で出稼ぎ労働についての講演を行った。[119] 彼はリザーブの荒廃により貧困が深刻化した結果、出稼ぎ労働への依存がますます強まっていると述べ、その弊害として、夫・父親が長期不在になることで家族に悪影響を与えていることをあげた。家族の安定を福祉の根幹にみる協議会の思想は持続している。[120] だが、リザーブが荒廃して生計の維持が困難なら、出稼ぎ労働者はなぜ家族を連れて都市に定住しないのか。その理由は、賃金にある。出稼ぎ労働者の最大の雇用主は金鉱山だが、鉱山は南ア経済の基軸（国民所得の四分の一を占める）であるとともに、最大の納税者（収入の四分の一近くが納税されるが、それは南アの租税収入の三分の一を占める）でもあった。よって、鉱山は労働者とその扶養家族の生活を支えるのに十分な賃金は払えない。そのようなことをすれば鉱山は倒産し、鉱山が倒れれば南ア経済が崩壊する。なので、鉱山は賃金の安い出稼ぎ労働者に依存しており、労働者の再生産にかかる費用は彼の出身地に残る家族が負担しているのである。この構造がある以上、出稼ぎ労働はなくならない。

こう現状をまとめたうえで、ホワイトはＳＡＩＲＲの提言を紹介する。まず、リザーブが現在のアフリカ人人口を維持することは不可能だ。リザーブの人口は減少せざるをえない。そうであるならば、都市に定住するアフリカ人家族が増加することを認め、彼らが生計を維持できるような賃金を払うべきだ。都市定住アフリカ人労働者は継続的に雇用されるので、生産性の高い働き手になるだろう。また、金鉱山への課税を減らせば、鉱山はより多くの都市定住アフリカ人を雇用するだろうから、出稼ぎ労働もなくなるはずだ。カナダのように階段式採掘法が採用されれば、労働者の数を減らすことにもつながり、鉱山の収益もあがるだろう。ホワイトは、出稼ぎ労働に対する国際的批判の高まりも指摘しており、こうした形態の労働が望ましくないと考えていたことは確かである。他方で、リザーブの荒廃が不可避といいつつ、彼は開発と農業改良によるリザーブ再建への希望も捨てていない。「自分自身の土地で自給自足の生活を送る農家」がＳＡＩＲＲの理想だと語るところに、本来アフリカ人は農村部に住むのが望ましいという考え方の残滓がみられる。

ⓓ衰　退

この間、南アの政治状況には新たな変化が生じていた。急進的アフリカ人ナショナリズムの台頭である。一九四九年、ＡＮＣ青年同盟が「行動要綱」を発表し、アフリカ人を中心とする運動とアフリカ人を主体とする政府の樹立を唱え、同年のＡＮＣ大会で執行部を占めた。(121) アフリカ人の「民族自決」に基づくかかる主張は、白人とアフリカ人の協力を理念とする協議会のヴィジョンとは相容れない。アフリカーナーナショナリズムとアフリカ人ナショナリズムが急進化しそれぞれ異なる方向へと振れていくなかで、異人種間の協力を唱える余地はますます狭まっていった。もっとも、その責めの一端は協議会にも帰されるべきだろう。国民党政権を批判しつつ、アフリカ人に対するパターナリズムと隔離の思想をいまだに保持する姿勢は、アフリカーナーからもアフリカ人からも受け入れがたいものだった。

一九五〇年七月、協議会の全国会議が開かれた。会議の目的は各地の協議会の代表者が集い、現状報告と将来構想を話し合うことにあったが、全体的なトーンは悲壮感の漂うものだった。ヨハネスブルク協議会の報告は苦渋に満ちている。

アフリカ人の非協力運動がヨハネスブルクで勢威を誇っており、協議会はもはや有用ではないと思われている。……メンバーの明らかな自信喪失と当局の冷淡な態度があわさり、状況はますます困難になっている。五年前、当局は協議会の意見に同意せずとも慇懃な態度で扱ってくれた。しかし、いまや政府の省庁に書簡を送ってもほとんど返事も来ない。日々の調整はもちろん大事だが、要望に対して返事すら来ないとなると、そのような状況には大いなる落胆を禁じえない。[122]

アフリカ人からも政府からもまともに相手にされない状況が率直に吐露されており、協議会の存在感の低下は否定しようもない。

その後、SAIRRで働くW・B・ンガカネが、協議会の事業についての困難と将来性というテーマで講演を行った。[123]協議会が発足した当初はANCのようなアフリカ人団体がいまだ発展途上だったので、多くのアフリカ人指導者が協議会に期待を寄せ、参加した。その結果、「協議会はアフリカ人政治団体の指導力を簒奪し、最良の指導者を奪っているとの批判にさらされた。そうした批判は誤っていたが、それは［アフリカ人の間で］協議会に対する否定的感情を醸成し、協議会の側からの協力の申し出にもかかわらず、［アフリカ人団体との］協調は部分的にしか成功しなかった」。[124]なぜか。協議会は福祉活動を重視しつつ、カラーバーへの反対など必要に応じて政治活動も行ってきた。しかし、陳情や面談を通じた政府への働きかけはほとんど実を結ばなかった。その結果、アフリカ人は協議会への失望を深め関心を低下させていき、それをみたヨーロッパ人がアフリカ人の無関心に失望するという悪循環に陥ってしまった。さらに、協議会内部の問題もある。自立性や指導者の欠如、中心人物の移動は、協議会の活動に直接的な影響を及ぼす。また、各地の協議会の自立性ゆえに、「支援機関［SAIRR］」からの指示や援助を受けず、消滅してしまった例も多い。これまで八九の協議会が創設されたが、五八が活動を停止してしまった。将来の展望として、ンガカネは、非白人組織との関係強化、協議会の活動を統轄する中央機関の組織化、定期的な会議の開催をあげたが、直面する喫緊の課題への対応策としては即効性を欠いたものという印象は免れない。

報告後の質疑応答および討論ではさまざまな意見が表明されたが、いずれもンガカネの現状認識を共有したうえで、協議会間の相互連携や財務面での強化を目指すべきだというものだった。[125]より積極的な政治活動を展開すべきだという声も出た。ヨハネスブルク協議会のラテベは、協議会がたんなる「仕事の話をする場」とみなされてしまったために多くの有望なメンバーが去ってしまったと述べ、組織再興のためには相互連携と結集力を高め、政治領域で存在感を発揮すべきだと訴えた。他方で、同じくヨハネスブルク協議会のミッチェルのように、協議会のメンバーは全国で二～三千名程度であり、中央組織を作っても国政に影響を与えるのは困難なのだから、引き続き各地域固有の問題への対応を優先すべきという意見も出された。これに対しては、ブルームフォンテイン協議会のムシキンヴァが、ミッチェルはあまりにも悲観的すぎると指摘し、中央からの統制なき非効率な活動がアフリカ人指導者を協議会から遠ざけてきたのだと述べた。協議会の再活性化を目指す点では一致しながらも、その方向性や具体的な方策はなかなかみえてこない。

一九五一年のヨハネスブルク協議会年次報告書は、前年の全国会議での議論にもかかわらず、引き続き状況が厳しいことを教えてくれる。同報告書では、協議会の活動に対する関心の低下を嘆く内容が目につく。とくにアフリカ人の参加が少ないとして、その一因を集会の会場がアフリカ人メンバーの居住地から遠いためだと指摘し、アフリカ人が集住するタウンシップでの会合の開催が模索されるなどした。もっとも、より大きな原因は「時流」にあった。非白人が団結して非協力運動を展開し、アパルトヘイトに対峙しようとしているなかで、人種間の「協力」を求める声はかき消されてしまった」のである。一九五一年時点でヨハネスブルク協議会には一一二名のメンバーが登録されていたが、毎回の会合出席者は平均一一名にとどまった。前年の名簿からは九七名が「さまざまな理由で」削除されたという。新規メンバーはゼロだった。[126] 一九五五年、ヨハネスブルク協議会の活動資金は、正式にSAIRRに移管された。[127]

その後も一部の協議会は存続した（グレアムズタウン協議会は一九六〇年代まで、ダーバン協議会は一九七〇年代初頭まで、ブルームフォンテイン協議会は公式には一九九一年まで残った）が、アパルトヘイト体制下で存在感を発揮できたとは言いがたい。一九五三年には、ヨハネスブルク協議会でも活躍したマーガレット・バリンジャーを中心に自由党が結成され、協議会関係者も多く参加した。自由党は一九六〇年から人種にかかわらない普通選挙制度の導入を訴え支持を広げたが、一九六八年に非合法化され解散した。[128] その一方で、協議会と密接な関係を有していたＳＡＩＲＲは命脈を保った。アパルトヘイト政権から警戒の目を向けられつつも組織の規模は次第に拡大し、一九七七年には七七名の専任職員と四〇九八名の会員（＝寄付者）を擁するまでになった。[129] ＳＡＩＲＲはアパルトヘイト時代を生き延び、現在も活動を続けている。

（3）宗主国へのフィードバック――協議会・ＳＡＩＲＲとイギリスにおける人種関係改善の取り組み

ⓐ戦間期イギリスへの影響

二〇世紀半ばまでに、協議会は衰退局面に入った。だが、ヨーロッパ人とアフリカ人が協調しながら人種関係の改善を目指す営みは、意外なかたちで宗主国イギリスにフィードバックされた。二〇世紀前半には、留学や請願などの目的で来英するアフリカ人が増加した。そうした人々のなかには、金銭的に困窮している者や宗主国の生活文化への適応に困難を感じている者、さまざまな差別を受けて苦しんでいる者もいた。在英非白人の救済に関心を示したのは、ＡＳＡＰＳである。第2章では、ＡＳＡＰＳが一九一三年にアフリカ協会と共催で「ロンドンにおけるアフリカ人」という会議を開き、在英アフリカ人学生の待遇改善を議論したことに言及した。第一次世界大戦後に国際連盟のイニシアティヴで「在欧アフリカ人の福祉のための戦争基金（Welfare of Africans in Europe War Fund）」が設立されると、ＡＳＡＰＳ書記のハリスがイギリス支部の名誉書記に就任した。同基金はもともと戦争に貢献するためにヨーロッパを訪れたアフリカ人たちに必要な支援を提供することを目的としていたが、やがて在欧アフリカ人と白人の人種関係改善を目指すフィランスロピー団体への助成や、母国に帰還するアフリカ人への旅費の貸し付け、困窮したアフリカ人船乗りや学生の救援などにも携わるようになった。もっとも、基金の原資は潤沢とはいえず、また、ハリスのような帝国フィランスロピストのパターナルな姿勢もあり、多くの支援要請にもかかわらず救済は選択的で限定的なものにとどまった。植民地ナショナリズムの高揚とも相まって、在英アフリカ人の一部には自らの境遇への不満を訴える声が高まった[130]。

そのような状況を受けて一九三一年に誕生したのが、「イギリスにおける白人・有色人間の理解促進のための協議会（Joint Council to Promote Understanding between White and Coloured People in Great Britain, 以下、理解促進協議会）」である。人種偏見の克服に取り組む諸団体の活動をコーディネートすることを目的として、クエーカーが設立と運営を主導した。ここでの有色人とは非白人を意味しており、アフリカ人だけでなくアジア人なども対象に含まれ、とくに戦間期にはインド人に関連する問題が多く取り上げられた。それと同時に、理解促進協議会の活動には政治的な思惑もあった。創立大会では、新組織の貢献が期待される事柄として、第一に人種関係を改善することでイギリス本国におけるカラーバーの形成を阻止すること、第二に現状に不満をもつ有色人が「人種意識」に覚醒することで帝国支配が動揺するのを阻止することがあげられた[131]。この意味で、理解促進協議会もイギリス帝国の維持を前提とする帝国フィランスロピーのひとつに数えられよう。

重要なのは、この運動に対して南アの帝国フィランスロピーが与えた影響である。理解促進協議会という組織名が物語る通り、この団体はヨーロッパ人・アフリカ人協議会をモデルに設立された[132]。異なる人種間の協力と相互理解の促進による人種関係改善という目的は、これまでみてきたように協議会の理念そのものである。一九三〇年に訪英したレイナールト・ジョーンズが南アの経験を伝えたことがきっかけとされるが[133]、彼と同じく協議会の指導者で、敬虔なクエーカーとしてイギリスの信徒たちとも太いパイプを有していたハワード・ピムの影響もあったかもしれない。理解促進協議会は西洋教育を受けた非白人エリートの要望を重視し、人種間格差の根本原因にアプローチする気概に乏しかったとされるが、それもまた人種関係理論を重視したヨーロッパ人・アフリカ人協議会の姿を彷彿とさせる[134]。

第二次世界大戦後に非白人移民の流入が増えると、人種問題や人種関係が次第に社会問題として認識され、これらの問題を対象とするフィランスロピーの活動が拡大していくことになる。[135] その過程で、人種関係のフィランスロピーに豊富な経験をもつ協議会とＳＡＩＲＲの知見は大いに参照された。次に、この点をみていこう。

ⓑイギリス人種関係研究所

一九四八年は、アパルトヘイトを推進する国民党が政権を獲得した年として南ア史のターニングポイントとなったが、イギリス史においても、西インドの黒人を乗せたエンパイア・ウィンドラッシュ号が到着することで、非白人移民の本格的な流入が始まった年として象徴的な意義をもった。この年、長年にわたり協議会運動を牽引してきたレイナールト・ジョーンズ（前年に金鉱山会社アングロ＝アメリカンの顧問に就任）は、イギリスの社会学研究所に付属する「人種関係グループ（Racial Relations Group）」と連絡をとった。[136] 翌年に訪英した彼は、同グループの会合に招かれて、国民党政権が標榜するアパルトヘイトの実現可能性についての講演を行った。[137] 実は、人種関係グループはレイナールト・ジョーンズからも「インスピレーションを受けて」一九三八年に設立された組織であり、彼はその諮問委員会にも名を連ねていた。[138] 同グループの主要メンバーであるＨ・Ｓ・Ｌ・ポラック[139]は、直前に言及した理解促進協議会の会長を務めた人物である。

人種関係グループは、一九四〇年代末に社会学研究所からの助成金が財政難を理由に打ち切りとなったことで、イギリスにおける人種関係の調査・研究を目的とする新組織の設立を検討しはじめた。準備会合には、東西友好協会（East and West Friendship Council）、有色人種連盟（League of Coloured Peoples）、キリスト教徒・ユダヤ教徒評議会（Council of Christians and Jews）、反奴隷制協会（一九四七年にＡＳＡＰＳから改称）、フェビアン植民地局（Fabian Colonial Bureau）、キリスト友会国際センター（Friends International Centre）などが参加した。[140] 議論には、南アの協議会関係者も関与した。レイナールト・ジョーンズの後任としてＳＡＩＲＲ所長に就任したホワイトは、第二次世界大戦後に訪英した際に新組織の準備会合に参加したときの記録を残している。それによると、新たな組織の性格をめぐり、純粋な研究機関とすべきか、あるいは、多様な人種が交流する場所を提供することで社会的機能ももたせるべきかで意見が分かれた。前者の立場を唱えたのは、当時『サンデー・タイムズ』副編集長で戦時中には情報省帝国部門長も務めたH・M・ホドソンであり、後者を主張したのは反奴隷制協会書記のC・W・W・グリニッジ（一九四〇年に死去したASAPS書記ハリスの後任）だった。その際、グリニッジは、白人と非白人が交流する場を新組織が備えることで、在英非白人の間で共産主義の影響力が拡大するのを阻止できると述べた。共産主義拡大への懸念が南アの協議会関係者にもみられたことはすでに言及した通りだが、あらためて帝国フィランスロピーが唱える人種関係の改善が反共産主義という目的を併せもっていたことが分かる。(141) 席上、ホワイトはホドソンの提案を支持し、SAIRRの経験にそくして人種関係についての調査研究と情報収集、およびその成果公表の意義を強調するとともに、イギリスで人種問題を検討する時には南アの事例に学ぶべきだと主張した。(142) 最終的に、新組織はホドソンが提案したラインに沿って準備されることになった。

一九五一年四月、チャタム・ハウス（王立国際問題研究所）内にイギリス人種関係研究所（Institute of Race Relations）暫定理事会が設立され、『アフリカ調査』で知られるヘイリー卿が理事長に就任した。研究所設立の目的として、人種関係の改善により非白人の不満を緩和することで共産主義の拡大を抑止することがあげられており、冷戦の影響は濃厚だった。(143) 当初はチャタム・ハウスの一機関とされ、元インド高等文官のフィリップ・メイソンが所長を務めた。名称や設立の経緯が示す通り、この組織が南アの人種関係研究所（SAIRR）を範として誕生したことは言うまでもない。(144)

一九五八年、イギリス人種関係研究所はチャタム・ハウスから独立し（メイソンは留任）、人種問題の本格的な研究に着手しつつあったオクスフォード、エディンバラ、LSEなどの大学と連携する道を模索した。同年にはイギリス国内でも黒人と白人の若者間でのいさかいから本格的な人種暴動事件が発生しており、白人と非白人の間の人種関係への関心が急速に高まりはじめた時代でもあった。イギリス社会が自ら「人種問題」を抱え込むようになるなかで、イギリス人種関係研究所は教育と交流を通じた人種関係の改善を追求していったが、そこで常に参照されたのはアメリカと南アの先例であった。(145) その後イギリスでは、一九六二年コモンウェルス移民法を皮切りに、段階的にコモンウェルス（旧植民地）からの非白人移民の流入に対する規制が強化される一方で、一九六五年には公共の場での人種差別を禁止する初の人種関係法が成立した（ただし、その内容は限定的だった）が、後者の動きに人種関係研究所の関係者たちは深く関与していた。(146)

これ以降のイギリスにおける人種問題の展開と人種関係研究所の活動は本書の議論の範囲を超えるが、この問題が現在のイギリスが直面する主要課題であり続けていることは周知の事実である。(147) 現代イギリスは多様な人種的・文化的出自の人々が織りなす多文化主義を国是としている。文化的他者を尊重し複数文化の並存を許容するとともに、社会のすべての成員における政治・社会・教育的機会の平等を目指す立場だが、実際に他文化を対等とみなすのは容易ではない。結果として、異なる人種間の相互交渉や相互理解が進まないことや、非白人が労働・教育・健康などの点で白人と比べて不利な立場におかれていることが問題となっており、多文化主義の限界も指摘されている。(148) 戦後イギリス社会における（白人から）非白人へのまなざしに植民地での支配者・被支配者関係の残像が反映されていることに、その一因を求める主張もある。(149)

もちろん、戦間期の南アと第二次世界大戦後のイギリスでは人口構成や政治社会の構造が異なっており、南アとイギリスの人種関係研究所の間にも、関心の所在や課題へのアプローチという点で違いはある。二〇世紀後半以降のイギリスにおける人種問題への取り組みについては、アメリカやＥＵ（およびその前身のＥＣ）からの影響も大きい。(150) だが、各国の文脈ごとに異なる意味をもつものの、双方の社会の内部で人種関係の語彙と言説が用いられてきたことや、本節で述べてきた歴史的経緯を考慮すれば、イギリスの人種問題とそれへの対応において南アの経験が及ぼした影響もまた軽視すべきではない。とはいえ、この問題は別の場所でしかるべき紙幅をとって論じられる必要があるだろう。

かくして、植民地の経験は宗主国にフィードバックされた。帝国フィランスロピーのネットワークは、イギリスから南アへという一方向的な流れではなく、アメリカやイギリス帝国内の他地域も結ぶ双方向的な円環のなかで形成されていた。そこから影響を受けつつ、多様な言説や実践として顕在化した帝国フィランスロピーは、時代とともにその姿を変えながら、各地で独自の役割を果たしたのである。

終章　善意のゆくえ

1　善意の来し方

(1) 本書の総括

本書は、帝国フィランスロピーという概念を用いて、世紀転換期から二〇世紀半ばにかけての南アを主たる対象に、イギリス帝国内で非白人を救済しようとする試みがいかなる言説および実践として顕在化したのかを、イギリスを拠点とする原住民保護協会(APS/ASAPS)と、南アで活動するヨーロッパ人・アフリカ人協議会にそくして検討してきた。まず第I部から振りかえると、物語の始まりは、世紀転換期に勃発した南ア戦争だった。戦争の大義や原因をめぐり熱い議論が交わされるなかで、APSは金鉱山の経営に関与していた「資本家」たちの「貪欲さ」を戦争の主因とみなし、彼らによる搾取からアフリカ人労働者を保護することを帝国フィランスロピーの主目的に定めた。南ア戦争終結後もAPSはアフリカ人の労働問題に目を光らせ、現地白人が支配する植民地政府からアフリカ人を保護するため、イギリス政府が積極的な役割を担うことを求めた。それと同時に、資本家による労働搾取からアフリカ人を保護し、なおかつ彼らが農村部で伝統的な生活を維持するための手段として、居住空間の分離を提唱した。確かにAPSは、すべてのアフリカ人が農村に住むべきだと主張したわけではない。西洋文化を学び、白人とともに都市で定住生活を送るアフリカ人に対しては、白人と同等の権利を与えるよう求めた。だが、隔離を支持する言説の根底には、農村部こそがアフリカ人の本来の居場所であるはずだとの認識があり、かかる思想はイギリスでも南アでも長期にわたり影響力を保ち続けた。

この時期のAPSの言説には、アフリカ人の生活や文化への介入を可能な限り避けるべきだとする人権イデオロギーの影響がみられる。産業がしばしば批判の対象とされる一方で、商業にほとんど言及がないのもこの点に関わるだろう。人権イデオロギーの主唱者たちは、アフリカを舞台に活動していた商人や自由貿易支持者たちだった。だがその一方で、アフリカ人が勤労精神を身につけて、「救済に値する」存在となることを求める言説もみられた。そのような姿勢は、イギリス国内におけるフィランスロピーや福祉のエートス、およびそれと密接に関連するところの自由労働イデオロギーを反映していた（第1章）。

APSの帝国フィランスロピーにみられた基本的特徴の多くは、その後継団体であるASAPSにも受け継がれた。「資本家」への懐疑的なまなざしやアフリカ人の土地権利の擁護は、本書が扱った時期のASAPSの主張に一貫してみられた（第2章・第3章）。他方で、ASAPSには教会関係者が多く、さらに、第一次世界大戦後には労働党関係者の存在感が増してくるなかで、南ア政府の人種隔離政策をキリスト教や社会主義の見地から批判する議論が洗練されていった。その結果、帝国フィランスロピーは、従来のイデオロギー分類に収まらない新たな言説や実践としても表れるようになった。一九三〇年代には、帝国全体での福祉に対する関心の高まりを背景に、より積極的で包括的なアフリカ人労働者の保護を訴えるようになった。それと同時に、南ア現地のリベラル派白人とのコネクションを強化することで、帝国フィランスロピー・ネットワークの拡大もはかられた（第3章第3節）。

だが、ASAPSが常に一枚岩だったわけではない。南アの隔離政策をめぐっては関係者の間で意見の対立もみられたし、アフリカ人の「伝統」社会への介入をためらう姿勢がフェミニストからの批判にさらされることもあった（第3章第2節）。ＡＳＡＰＳと「救われる側」であるアフリカ人の関係も常に良好だったわけではない。ボータ・スマッツ政権期には、隔離政策を支持するジョン・ハリスらと、それを批判するアフリカ人との間で意見の対立がみられた（第3章第3節。ここまでの諸論点については第2章第2節も参照）。

戦間期の南アでヘルツォーク政権が成立し労働や政治領域での隔離が強化されると、ＡＳＡＰＳはそれらの政策を強く批判するようになった。もっとも、アフリカ人に対するパターナルな態度は継続し、それはジョン・デュベが運営するオシャンゲ学院の支援において明瞭にみられたが、その一方で「救う側」が「救われる側」の言動に翻弄される場面もあった（第3章第3節）。帝国フィランスロピーはＡＳＡＰＳとアフリカ人を垂直的関係に編成するものだったが、「救う側」が「救われる側」に対して常に意図した影響力を発揮できたわけではなかった。

第Ⅱ部では、視点を南アに移し、現地を拠点に活動する協議会にそくして帝国フィランスロピーのありようを検討した。草創期の協議会を主導したリベラル派白人たちが用いたアフリカ人救済の言説は、ＡＳＡＰＳのそれ（人権イデオロギー）と重なる部分も大きかった。アフリカ人に固有の社会と文化を尊重しその存続に不可欠な土地（リザーブ）の拡大を訴える一方で、産業都市での労働搾取から彼らを保護するための方策として領域的隔離が支持された。労働におけるカラーバーを強く批判したり、アフリカ人労働者の組織化を奨励したりしたが、隔離制度の即時撤廃までは主張せず、あくまでも漸進的な改革を進めていく路線が支持された。このように、白人メンバーの間では、信託イデオロギーに由来するパターナルな心性が根強く残った。もっとも、協議会関係者たちの思想信条は多様で、組織として常に一致団結していたわけではない。とくにアフリカ人メンバーたちは白人メンバーとは異なる独自の現状認識や思惑をもっており、人種隔離をよりラディカルに批判する傾向が強かった。

協議会の活動にみられる帝国フィランスロピーの言説、実践、問題意識は、時代とともに変化した。初期の白人メンバーにみられた人種隔離政策を積極的に支持する姿勢（第4章）は、一九三〇年代に入ると相対的に弱まっていった（第5章）。第二次世界大戦期には共通の市民社会への包摂を求めるアフリカ人ナショナリズムの主張と平仄を合わせ、労働や福祉の権利を含めた平等な市民権をアフリカ人に付与することを求める声も一部で聞かれた（第6章）。同時に、アフリカ人の都市化が進展するのにともない、犯罪や非行といった新たな社会問題にも取り組むことで、協議会は活動の幅を広げていった。

その一方で、協議会の主張には連続性もみられた。アフリカ人の無秩序な都市化を懸念する協議会は、都市の労働需要をこえるアフリカ人（とくに出稼ぎ労働者）の流入を阻止するための綿密な出入管理を主張し、さらにそれとの関連で、都市に向かうアフリカ人を減らすための方策として、農村部の開発や農業改良の必要性を訴えた（第5章第5〜6節・第6章第1節）。だが、かかる言説の根底には、アフリカ人の本来の生活空間は農村部であるべきだという考えがあり、そこには隔離思想の持続的影響がみられた。

アフリカ人に関連する政策について積極的に意見を表明する傍ら、協議会は自らもフィランスロピーを実践した。都市アフリカ人労働者を対象とするレクリエーションの提供（第5章第2節）や、世界恐慌の影響を受けて困窮したアフリカ人に対する救貧活動など（第5章第7節）は、その事例である。そこでみられた、共同体の成員をよき隣人に育てようとする思想、官民協働で問題に取り組む形式、社会的有用性に基づく救済対象の選別などは、同時代のイギリスにおけるフィランスロピーの取り組みと共通する部分も多かった。もっとも、「救われる側」のアフリカ人が常に「救う側」の想定通りに振る舞ったわけではない。アフリカ人の主体性は協議会をしばしば困惑させ、プレトリアの例にみられるように、結果としてそれが協議会の社会的評判に傷をつけることもあった（第5章第7節）。

（2）APS／ASAPSと協議会——ネットワークとイデオロギー

本書で焦点をあてたASAPSと協議会は帝国フィランスロピー・ネットワークで結ばれており、その言動には共通する部分が大きかった。とはいえ、両者は独立した団体であり、それぞれが個性をもっていたことはいうまでもない。協議会に対するアメリカの影響は、そのひとつであろう。協議会とＳＡＩＲＲの創設にはアメリカからの働きかけが大きく作用していたし、シカゴ学派に代表される人種関係の理論や、ブッカー・Ｔ・ワシントンなどアフリカ系アメリカ人の思想は、協議会のメンバーたち（白人とアフリカ人）に多大なインスピレーションを与えた（第４章第２節）。協議会に焦点をあわせて考察することで、アメリカをも包摂するトランスナショナルな帝国フィランスロピー・ネットワークが、宗教や学術の織りなす多様な交流網とも重なりあいつつ展開していたことが明らかになった。

ＡＳＡＰＳと協議会の差異は、カラーバー批判の論理にもみられる。ＡＳＡＰＳの帝国フィランスロピーでは「資本家」を批判する言説が戦間期を通じて継続的にみられ、カラーバーや人種差別の主因を資本主義経済体制そのものに帰する語りも聞かれた。だがその一方で協議会内では、Ｗ・Ｍ・マクミランなどを除けば、「資本家」や資本主義を正面から指弾する声は相対的に弱かった。南ア経済における鉱山業や製造業の重要性に鑑みれば、現行の経済システムに対してさまざまな批判はあったにせよ、まずは資本主義社会の現実を受け入れたうえで、カラーバーは経済的に非効率で国内市場の発展を阻むという論理を用いて、労働における隔離を批判する傾きが強かった（第５章第１節など）。こうした協議会の言動は、やはり南ア現地で活動しているという条件に規定される部分が大きかったのではないか。協議会は白人とアフリカ人の協調・協力に基づく社会の実現を目指したが、そのためには自らの活動の意義と主張の正当性をアフリカ人だけでなく白人に対しても訴えていく必要があった。科学的で合理的な説明は自らの主張に説得力をもたせ、それが受容される可能性を高めるためにも不可欠だったし、協議会が掲げる南ア主義の骨格でもあった。しかし、（制度的）隔離が経済発展と労働力配分の点で非効率であることを科学的・合理的に説く姿勢は、協議会が保護の対象とした当のアフリカ人をもっぱら「労働者」ないし「労働力」としてみるまなざしを強化することにつながったともいえよう。それは、都市の労働需給や労働者の生産性、そして勤労意欲を基準に救済対象の選別と順位づけを行った協議会の態度によく表れている。経済効率の観点から南ア社会の現状を批判し、より効率的な経済社会の建設とそれを実現するための手段としてアフリカ人労働者の待遇改善を訴えることは、救済対象であるアフリカ人に、社会で有用な勤勉かつ生産性の高い労働者になるよう求めることと表裏一体だった。

この点は、都市に定住するアフリカ人労働者の救済を唱える一方で、南ア内外からの出稼ぎ労働者の綿密な管理を主張した協議会の姿勢とも関わるが、少し視点を変えると、労働者の有用性や労働力の需供バランスに基づき外部からの人間の出入を管理する施策は、一種の移民政策とみることもできる。二〇世紀前半の欧米(1)ではまさにそのような問題意識から移民管理が行われるようになるが、かかる同時代の議論や取り組みとの関係で協議会の提言を分析する試みがなされてもよいだろう。

協議会は、アフリカーナーナショナリズムとアフリカ人ナショナリズムの両翼から批判を受けるなかで、二〇世紀半ばまでには影響力を失っていった。だが、協議会とＳＡＩＲＲが蓄積した経験はイギリスにフィードバックされた。イギリス在住の非白人を対象とするフィランスロピーでは協議会の活動例がしばしば参照されたし、戦後に非白人移民が増加してイギリス社会が自ら「人種問題」に直面するなかで、南アのそれを模した人種関係研究所がイギリスでも設立された（第6章第3節）。帝国フィランスロピー・ネットワークでは、結節点となった地域間で双方向的な人・情報・思想のやりとりがみられたのであり、そうしたトランスナショナルならびにトランスインペリアルな相互交流から影響を受けつつ、帝国フィランスロピーは各地で独自のかたちをとりながら展開したのである。

そのような帝国フィランスロピーは同時に、時代に特有の刻印を帯びていた。ＡＳＡＰＳや協議会のメンバーたちは、アフリカ人の労働や保護の問題だけに人生を捧げたわけではない。時代の落とし子として、同時代のさまざまな事象やそれらをめぐる議論から影響を受けつつ、あるいは自らそこに参加することで、思索を重ね、あるべき世界のかたちを思い描こうとした。帝国フィランスロピーは複数の問題系が交差する場所で生成され、独自の言説や実践として顕在化した。とくに重要だったのは、同時代のフィランスロピーや福祉、ならびにそれと密接に関わる諸思想――自由主義（ニュー・リベラリズム）、社会主義、男性稼ぎ主モデル、ジェンダー規範、自由労働イデオロギーなど――が彼らに与えた影響だろう。アフリカ人労働者を搾取する主体としての「不労者」、「資本家」、「資本主義」を批判する言説はその一例である。同じことは、フィランスロピーの実践についてもいえる。イギリスにおけるフィランスロピーの基本原則、すなわち「救う側」のパターナルな姿勢や救済対象を選別する論理、そして救済に値する存在であることを示すよう「救われる側」に求める態度は、ＡＳＡＰＳでも協議会でも頻繁にみられた。それとともに、同時代の趨勢と歩調をあわせて、社会調査に基づく現状把握と課題設定、科学的なアプローチ、公的機関との連携を強調する動きもみられた。とくに南アの帝国フィランスロピストたちは幅広い科学の動向に強い関心を示し、またそこから影響を受けながら、フィランスロピーにまつわる言説や実践をアップデートしつつ、アフリカ人の救済に取り組もうとした。人類学、教育学、心理学、経済学、土壌学、農学などがもたらす知見は、アフリカ人の生活環境の向上や人種関係の改善を提唱する際に、たびたび参照された。

（3）帝国フィランスロピーの意義と可能性

帝国フィランスロピーの歴史的意義をどう評価すべきだろうか。ＡＳＡＰＳや協議会は、白人による非白人の支配が自明視されていた時代にあって、支配される側の人々の痛みや苦しみに共感し、状況の改善を求めた。それはときに帝国統治の方針に大きな修正を迫るものでもあり、そのような主張を繰り広げるとき、フィランスロピーは明確に政治性を帯びた。帝国を舞台とするフィランスロピーにおいて、福祉と政治を切り分けるのは難しい。だが、帝国フィランスロピーが思い描いた「あるべき」イギリス帝国および南アとは、往々にしてより「健全な」統治を遂行する政体としてのそれであった。かかるヴィジョンは、白人を支配者の地位から放逐することを企図するようなものではない。こと南アを対象とする帝国フィランスロピーでは、救済の営為に本質的に内在する権力性が人種の差異をめぐる論理と重なりあい、しばしばアフリカ人の異化を通じた植民地（およびそれと矛盾しないかたちでのアフリカ人）社会の秩序強化と発展が唱えられた。帝国フィランスロピーと人種隔離の密接な関係をあらためて想起したい。フィランスロピー／チャリティが社会の亀裂を修復するセーフティネットであるならば、それは弱者の救済を通して既存の社会を強化する保守的なエネルギーをもちあわせていたとも言えるわけで、同じことは帝国支配と帝国フィランスロピーにもあてはまる。ゆえに、帝国フィランスロピーを「帝国意識」のひとつの表れとして捉えることもできるだろう。そして、そうである以上、「救う側」の善意は、必ずしも「救われる側」が期待する救済をもたらしたわけではなかった。だが、あるいはだからこそ、「救われる側」が常に唯々諾々とそれを受け入れたわけではなく、むしろその主体性が「救う側」と「救われる側」の関係を撹乱する場合があったことも本書は指摘してきた。

他方で、結果として、帝国フィランスロピーが当時のイギリスと南アの政治・社会構造や帝国支配体制にラディカルな変化をもたらしたとはいえない。かといって、歴史の後知恵を用いて目的論の観点から帝国フィランスロピーの歴史的意義を過小評価することも誤りだろう。帝国フィランスロピーは、変化する時代のなかで必要に応じて自身を更新しながら、理想的なイギリス帝国のあり方やその一角を占める自治領南アのあるべきかたちを示し、その実現を目指した。実際、二〇世紀初頭の自由党政権成立時や戦間期の労働党政権の時代にあって、APS／ASAPSが内外の諸勢力や諸機関とも協調しつつ、帝国支配の方向性に一定の影響を及ぼす可能性は皆無ではなかった。とくに戦間期には、国際社会において人道主義／帝国フィランスロピーの言説が規範として定着し、イギリスを含む帝国支配国に統治の見直しを迫っていくが、この過程において協会は顕著な役割を果たした。南アでも、とくに製造業の発展や戦争特需により社会が流動化した第二次世界大戦期には、協議会が理想とする社会――協議会の南ア主義――が実現する可能性が現出した。帝国フィランスロピーが描いたイギリスと南アの将来像を、初めから実現可能性を欠いた理想主義者の空論と断じるべきではない。しかし、植民地自治の原則を優先するイギリス政府の決断とコモンウェルスの成立、また自由や権利あるいは自決のイデオロギーから影響を受けた南アにおけるアフリカ人ナショナリズムの新展開と、それへの対抗策として提起されたアパルトヘイトの訴求力の高まりを前に、結果としてその可能性は潰えていった。したがって、本書は、歴史のダイナミズムのなかで現出したある可能性が、最終的には実現しなかった過程を跡づける試みでもあった。

2　善意の行く末

もっとも、長期的には、帝国フィランスロピーの理念と活動はその後の南アとイギリスに重要な足跡を残したともいえる。まず、南アについて、とくに本書の主題である労働と関連する論点をあげておこう。二〇世紀前半の人種隔離イデオロギー形成において、協議会の関係者たちが大きな役割を果たしたことは繰り返し述べてきた通りである。協議会とＳＡＩＲＲは厳格な隔離政策を推進する南ア政府への批判を次第に強めていったが、それでもその主張には隔離政策の究極の発展型ともいうべきアパルトヘイトと重なる部分がみられた。一九三〇年代後半、協議会は都市に定住するアフリカ人の待遇改善を唱える一方で、アフリカ人の無秩序な都市化を阻止すべく、各都市の労働力需要に照らしながらアフリカ人の出入と移動を管理するための仕組みとして、職業紹介所を整備するべきだと訴えた（第６章第１節）。あわせて、アフリカ人（成人男性）が自らの居住・移動・労働の資格を証明するために携行を義務づけられていた多様なパスを簡略化し、個人情報と指紋が記載・押捺された単一の身分証で代替する案も提示した。[2]興味深いことに、これらの提言は、アパルトヘイト体制の骨格をなした二つの法律（一九五二年制定）の内容に近似していた。ひとつは原住民法改正法で、都市定住アフリカ人の居住権を条件付きで認めつつ、労働局が綿密な労働需給の計算に基づき都市に出入りするアフリカ人を管理しようとするものだった。[3]もうひとつは原住民パス廃止および証明文書調整法で、煩雑なパス制度に代わり、アフリカ人の個人情報と指紋を含む証明手帳の発行を定めた。このうち後者は、キース・ブレッケンリッジが「生体認証国家」と呼ぶ、身体的特徴（指紋）を用いて個人を識別しようとするアパルトヘイト国家の企て（とその失敗）を象徴する法令だった。[4] もちろん、協議会の提言がアパルトヘイト体制の政策に直接影響を与えたわけではない。すでにみたように、協議会の主張は第二次世界大戦期には変化しており、戦後の国民党政権が遂行しようとした都市在住アフリカ人の厳格な取り締まりに対して、協議会は異を唱えていた。他方で、アフリカ人（労働者）の都市化に一定の制御が必要だと考えていた点において、両者は共通していた。かかる類似性の背景には、双方に共通するアフリカ人へのまなざし、すなわち都市に住むアフリカ人をもっぱら労働の観点から管理しようとする態度があったといえるのではないか。

このこととも関係しつつ、アパルトヘイト期を経て現在まで影響を及ぼし続けている問題がある。それは、自由労働イデオロギーである。フランコ・バルキエシによると、自由労働イデオロギーに内包された、勤労を尊び怠惰を断罪するエートスは、植民地期の南ア社会に胚胎し、アパルトヘイト体制崩壊後も命脈を保ち、ポスト・アパルトヘイト時代のANC政権が部分的に受容するに至ったネオ・リベラリズムを正当化するイデオロギーとして、いまも規範力を維持している。[5] アフリカ人失業者の「怠惰」を難じ、自助、倹約、節制、自制を強調する態度は、現在のANC幹部たち（同じアフリカ人にもかかわらず）にも顕著にみられる。[6] バルキエシは、この歴史過程において、自由労働イデオロギーが二〇世紀前半の初期ANC指導者層によってすでに受容されていたことを指摘している。[7] 自由労働イデオロギーが協議会の帝国フィランスロピーにも埋め込まれていた規範であったこと、協議会のアフリカ人メンバーの中核を占めていたのがまさにそのような初期ANC指導者層であったことを考慮すれば、彼らの協議会への参加経験は、アフリカ人（少なくともエリート層）にこのイデオロギーが浸透していくうえで重要な契機になったと思われる。つまり、協議会の帝国フィランスロピーは自由労働イデオロギーの普及を助けることで、近現代南ア社会のありように大きな影響を与えた（与えている）といえるのではないか。[8]

イギリスに目を移そう。イギリスでは二〇世紀後半以降、とくに発展途上国（多くは旧植民地）を対象とするチャリティ／フィランスロピーが盛り上がりをみせている。[9] グローバルな貧困や人権への関心が高まるなかで、セーブ・ザ・チルドレンやオックスファムなどの団体（国際NGO）が精力的に活動しているが、本書で扱ったASAPSも、その後は反奴隷制協会、一九九〇年からは反奴隷制インターナショナルと名を改めながら、最古の人権団体を標榜し、現在も存続している。[10] 二〇〇五年には世界の貧困撲滅を呼びかける「貧困を過去のものに」キャンペーン（反奴隷制インターナショナルも参加）[11] がイギリスでも大きな関心を集めたが、その目玉企画としてロンドンのトラファルガー広場で二万人を超える聴衆に向けて演説を行ったのは、ネルソン・マンデラだった。現代イギリスで「遠くの他者」の苦しみへの関心ないし共感が広がり、浸透していく歴史過程において、本書で考察してきた帝国フィランスロピーが重要な役割を果たしたのは間違いないだろう。

もっとも、そのことと帝国フィランスロピーを歴史的にどう評価するかは別問題である。本書の冒頭で紹介したマンデラの演説とイギリス議会でのウィルバフォースへの賛辞を、もう一度想起してみよう。そこで「称揚」された（旧）帝国に対するイギリスの「善意」は、暗澹たる帝国支配の歴史に射すささやかな光明として、イギリス人の歴史認識に組み込まれ、そのナショナル・アイデンティティの拠り所となってきたことは確かだ。だが、そうであるがゆえに、帝国に向けられた「善意」の歴史は政争の具にもされてきた。二〇二〇年にアメリカでおこったジョージ・フロイド事件をきっかけとする、人種差別反対を唱えるブラック・ライヴズ・マター運動はイギリスにも飛び火し、ブリストルでは一七〜一八世紀にかけて活動した奴隷貿易商人で、フィランスロピストでもあったエドワード・コルストンの銅像が引き倒され、海に投棄される事件もおきた。かつての奴隷貿易と奴隷制、およびそれと密接に関連する帝国支配の歴史がラディカルに批判される一方で、保守派はそれに対抗すべく歴史を政治利用しようとしている。デイン・ケネディが「帝国史戦争」[12] と呼ぶ論争において、保守派がとくに強調しているのが帝国フィランスロピーの伝統とイギリスの「善意」の歴史なのである。[13] だが、それは本当に「誇るべき過去」と呼ぶに値するものだろうか。この問いに対する筆者の答えは、本書で示してきたつもりである。

あとがき

ふと、学生時代を思い出す。就職氷河期の只中である。卒業後の進路さえおぼつかないのに、世界に貢献するために自分たちは何をすべきか、友人たちと語り合った。いまとなっては気恥ずかしいが、東京郊外の広大なキャンパスにはそれが許される雰囲気があり、楽しかった。当時の私は発展途上国の開発問題に（「途上国」や「開発」という言葉に対するいささかの疑念とともに）強い関心を抱いていた。友人たちとグループを作り、途上国の子どもを支援するＮＧＯに参加したりもした。途上国支援の実務の道に進むか、大学院で歴史の勉強を続けるか迷ったが、結局後者の道を選んだ。私が帝国フィランスロピー／人道主義の研究に本腰を入れて取り組みはじめたのは二〇一〇年代に入ってからだが、思い返してみれば、それよりもずっと前にこのテーマと出会っていたようだ。

少なくともここ十数年にわたり、人道主義はイギリス帝国史研究における流行語のひとつだった。もちろん私もそこから影響を受けてきたのだが、その一方で人道主義という言葉を持て余してもきた。序章でも述べた通り、人道主義（humanitarianism）という概念の包括性とそれを論じることの現代的意義が、多くの研究者を引き寄せる磁力となってきたことは疑いないし、それ自体は大いに評価すべきである。しかし、ではイギリス帝国史研究における人道主義とは、いったい何を意味するのか。近年の主要な先行研究に目を通しても、この言葉を明確に説明しているものはごくわずかである。にもかかわらず、人道主義という語はとくに断りもなく使われ、関連する成果は陸続と現れている。ということは、英語圏の研究者の間では、人道主義の意味や対象は暗黙の了解として共有されている（本当にそうなのかは分からない）ので、この言葉の定義をあえて明文化しなくてもよい、という想定のもとで研究が進められてきたことになる。かくいう私も、かつて英語で執筆した学術論文ではこの語をなんの説明もなく使い、それについて査読者から特段の指摘を受けることもなかった。

しかし、humanitarianismを人道主義という日本語に変換すると、とたんに対象が手から滑り落ちてしまうような不安感に襲われる。人道主義という言葉は日本語でも流通しているが、英語圏ほど頻繁に目にする機会はなく、その語義や指示対象にも馴染みがない。人道支援や人道的介入など現代の国際問題で使われる場合はまだしも、一九～二〇世紀前半の文脈で用いられる人道主義とは何なのだろう。私のような日本語話者が、英語圏の研究者たちと同じ感度で、この言葉の意味を直観的に捉えるのは難しい（あくまでも私個人の感覚だが）。これが、人道主義という言葉を「持て余す」と感じてしまう理由である。

この感覚は、私を悩ませた。しかし同時に、励ましてもくれた。言葉に馴染みがないからこそ、その意味と定義にこだわり、史料が作成された当時の文脈でそれが具体的に何を指しているのかを、よりよく理解したいと思うようになったからである。これはある意味で、日本語話者の特権でもある。その結果、人道主義の特定の側面に光をあてるために、あえて帝国フィランスロピーという言葉を使ってみようと思い立った。それは、人道主義という言葉を使う時に感じるぎこちなさを和らげ、自分の問題意識や対象への向き合い方をよりよく表現したいという、個人的な模索と試みの帰結である。

ふと、日誌を見返してみる。目にとまったのは、二〇一四年七月二三日の記述。この日、本書執筆のお話を名古屋大学出版会からいただいた。それから一〇年の月日が流れてしまった。かくも長大な時間がかかってしまった最大の理由は、筆者の怠惰にある。本書で展開してきた議論に照らせば、私は「救済に値しない者」ということになろう。だが、怠惰は本当に悪徳なのか。勤労精神は労働者を搾取するための口実だと喝破したバートランド・ラッセルは、人間が思索を深めるためには怠惰が必要だと述べた。実際、この間にはさまざまな紆余曲折があった。

私の当初の構想は、本書第Ⅰ部の内容をベースに、対象時期を一九五〇年頃（アパルトヘイトの開始期）まで延ばしたうえで、一書にまとめるというものだった。しかし、ある時期からそれは困難だと自覚するようになった。イギリス本国の協会が南アの「原住民問題」に強い関心を寄せ、さまざまな主張を行ったのは確かだが、一九三〇年前後からその関与の度合いが低下してきたことを、史料を読みながら感じるようになっていったからである（本書ではその一因をコモンウェルスの形成に帰した）。対象とする地域を南アに設定する以上、何かしらのかたちでアパルトヘイトにつながるような議論をしたい。ならば、戦間期で話を終えるのはいかにも中途半端だ。壁にぶつかり、落ち込み、活路を求めて史料を読み返すなかで、一九二〇年代半ばからある団体の名前が史料に頻繁に登場することに気づいた。それが、本書第Ⅱ部の主題となったヨーロッパ人・アフリカ人協議会である。

南ア史の先行研究には協議会に言及しているものも多いが、イギリスとの関係を視野に入れつつ、福祉や労働の観点からその活動を分析する試みはあまりなされていないように思えた。では自分でやってみようと心に決めて、南アでの調査を開始した。それ以前にも現地で調査をした経験はあったが、協議会の史料に向き合うのは初めてであり、ほとんど一からのスタートだった。協議会およびＳＡＩＲＲ関連史料は、本書が対象とする年代のものだけでも膨大な量に及ぶ。すべてを網羅するのは不可能なので、関連するものを選択的に読み進めていったが、それでも、〈現場〉で実践される帝国フィランスロピー／人道主義の具体像が次第にみえてきて、興奮を覚えた。

そんななか、新型コロナウィルスの世界的流行がおこる。海外出張はほぼ不可能となり、南アへの定期的な調査旅行も断念せざるをえなかった。他方で、この間に現地で収集した史料を読み込み、自分の考えを文章にまとめる時間をとることができた。結果として、本書は、当初まったく想像していなかったような内容になった。ふらふらとさまよいながらも新しいテーマや史料と出会えたのは、幸運だった。もっとも、最初から広い視野をもち、周到な準備のもとで作業を進めていれば、本書がより早く仕上がっていたのは事実である。先に怠惰の価値を強弁してみたが、結局は自らの至らなさを恥じるほかない。

史料を読みながら新たな知見を得るのはこのうえない愉楽だが、同時に、その過程で次第に明らかになっていった、「帝国の善意」・勤労精神・人種隔離が取り結ぶ相互関係には、正直身震いした。勤労をひとつの要件とする社会的・経済的有用性の観点から、ある集団に属する人間の居住空間を限定し、異なる人間集団間の相互交渉を極力制限することで社会秩序を維持する。これが、（白人の）南アと帝国フィランスロピスト（のうち、少なくともある時期までの一部）が、多人種社会のあるべき編成原理として提示した回答だが、それは果たして南アフリカに特有のものだろうか。近年の人種資本主義についての議論も念頭におきつつ、この問いに思いをめぐらせるとき、私が思い浮かべるのはイギリスだけでない。移民大国となりつつある日本（むろん、それは植民地帝国だった時代からの連続性をもつ）が、どうしても脳裏をかすめてしまうのである。そう考えると、本書で展開してきた議論は、思いのほか「いま、ここ」と密接に関わりあっているのかもしれない。

以上のように右往左往しながらようやくまとめた本書は、したがってその大部分が書き下ろしである。一部では次の既出論文を下敷きにしたが、大幅な修正を加えた結果、ほとんど原形はとどめていない。

第1章第2〜3節の一部　「「人道主義」と南アフリカ戦争」『歴史学研究』第九三二号、二〇一五年。
第2章第3節、および第3章の一部　「戦間期イギリスにおける「人道主義」と南アフリカ問題――反奴隷制および原住民保護協会の活動を中心に」『アカデミア　人文・自然科学編』第一二号、二〇一六年。

論文の単位で仕事を区切りながら、その成果を一書にまとめるべきだったのかもしれない。だが結果として、APS／ASAPSと協議会を主人公とするひとつながりのストーリーを編めたのは、よかったと思う。

校正作業を重ね、「あとがき」を書く段階になると、達成感よりも反省や今後の課題が心の大きな部分を占めるようになる。たとえば、帝国フィランスロピーへの女性の参加や、救済の企てに対するアフリカ人民衆の反応には、より深く言及するべきだったかもしれない。帝国フィランスロピーに影響を及ぼしたはずの同時代の福祉や思想潮流について、さらに検討すべき論点も多いだろう。さまざまな問題が残されているのは承知のうえで、それでもまずはこれまで考えてきたことを一書にまとめ、ためらいながらも中間報告としてここに提出する次第である。この主題をさらに深く、広く探究していくためにも、率直なご批判・ご助言をいただけると幸いである。

学生時代から現在に至るまで、多くの方々に教えられ、励まされ、助けられてきた。すべてのお名前を挙げることはできないが（御礼は個別に申し上げる）、やはり次の方々は特に記して感謝申し上げたい。

高澤紀恵先生には、学部時代から二〇年以上にわたり、言葉で表すことができないほどの学恩を受けてきた。ご自身の専門分野とは大きく異なるテーマで卒論を書きたいという一学生の不躾なお願いにもかかわらず、笑顔で指導教員となることを快諾してくださったあの日から、先生にはお世話になりっぱなしである。研究の相談に伺うたびに、「問い」は何かを問われ、また常にシャープな言葉で事の本質を突いてくる先生との会話から、いかに多くを学んできたか。研究室を出るときにはだいたい頭が疲れ切っているのだが、それでも不思議な高揚感と前向きな気持ちに包まれるのである。そんな先生と、二〇二〇年から四年間にわたり同じ職場の同僚として働く機会を得られたことは、幸運だった。先生の研究への情熱と教育への熱い想いからあらためて大きな刺激を受け、尊敬の念をさらに深くした。最高の師に恵まれたと思う。これまでのご恩に、深く感謝申し上げます。

その高澤先生からご紹介いただいたのが、木畑洋一先生である。じつは私が高澤先生の研究室を初めて訪ね、帝国主義と文化をテーマに卒論を書きたいと言ったときに、その場で「これを読んでみたら」と渡してくださったのが、いまや古典ともいうべき『支配の代償』であった。すぐさま、帝国意識という概念に魅了された。本書ではこの言葉に一箇所（とはいえ重要な箇所である）でしか言及していないが、私がそもそも人道主義という問題に取り組もうと思ったのは、帝国支配の批判者たちの思想に含まれる、帝国を肯定する心性を析出することで、帝国意識の広がりと深さを示したいと考えたからである。留学前には特別に大学院ゼミに加えていただき、現在に至るまで折にふれて気にかけてくださっている。心から御礼申し上げます。

同じく、高澤先生からご紹介いただいたのが、永原陽子先生である。他大学の学部生の突然の訪問にもかかわらず、先生は卒論に必要な資料を快く貸してくださり、原稿にも丹念に目を通して有益なコメントをくださった。その後も、投稿論文の草稿を厳しくチェックしていただくとともに、アフリカ史のプロジェクトにもお誘いくださり、また学振ＰＤの受入先にもなっていただいた。採用決定と同じタイミングで専任教員への就職が内定したため辞退したのだが、先生の下でみっちりと修行する時間が欲しかったと今でも思っている。本書については、もっとアフリカ人民衆の視点を大事にしなさい、と先生はおっしゃるだろう。まったくもってその通りであり、今後は彼らの生活により密接した領域で、福祉の問題を考えていきたい。今後も厳しくご指導ください。

修士課程からイギリスに留学した私が現地でお世話になったのが、アンドルー・ポーター先生である。英語もあまりできず、手書き史料もなかなか読めなかった私を辛抱強く指導し、博士論文の完成まで導いてくれた。イギリス帝国史の大家で、とくに宣教師の研究で世界的に知られる先生の下、宣教と人道主義というテーマに取り組むことができたのは、最高の贅沢だった。宗教と帝国という問題に対する先生と私の見方は、同じではない。にもかかわらず、博論の口述試験をパスした後に、「ある時から君は想定とは違う方向に行った。でも、そのまま進んでほしいと思った」と笑顔でおっしゃってくれたことが、忘れられない。先生は病を得て早期退職された。留学から帰国後も何度かお目にかかったが、体調が優れないのにお呼びだてするのは申し訳ないと思ううちに、コロナ禍が始まってしまった。そして二〇二一年、先生は天に召された。あらためて御礼を申し上げる機会を永久に失ってしまったのは痛恨の極みだが、教えていただいたことを胸に、これからも精進していきたい。

その留学中に仲良くさせてもらったのが、同じ時期にイギリスで学んでいたみなさんである。いまや専任教員の職を得てそれぞれの分野で活躍しており、いつも刺激を受けている。年齢も出身大学も異なるが、私は密かに同志だと思っている。ユーストン駅近くの例のパブで酒を酌み交わし、学問からそれ以外の話まで、夜遅くまで語り合った光景が蘇ってくる。おかげで、留学生活を全うすることができた。

日本学術振興会科学研究費助成事業の共同研究者のみなさんにも御礼申し上げたい。「水井科研」（代表・水井万里子先生）では、異なる文化をもつ人々の接触や、そこから生まれてくる史料の性質について多くを学ぶことができた。私がこれまで読んできた宣教師の史料を新たな視点から解釈するための重要な気づきを得られた。今後に活かしていきたい。また、「奥田科研」（代表・奥田伸子先生）では、労働の自由と不自由という問題を、さまざまな角度から学ぶ機会をいただいた。本書のテーマに近いこともあり、研究会では毎回いつも新鮮で有益な知見を得ることができ、楽しかった。その一部は、本書にも反映されている。なお本書は、同科学研究費（課題番号15K16866および21K00927）の成果である。また、本書の刊行にあたっては、同科研費より二〇二四年度研究成果公開促進費（学術図書・課題番号24HP5074）の助成を受けた。記して、厚く御礼申し上げる。

名古屋大学出版会の三木信吾さんには、心よりの感謝と深いお詫びを申しあげなくてはならない。すでに述べたように、最初に声をかけていただいてから、長大な年月が経ってしまった。当初の予定が過ぎてもいっこうに原稿を出さなかった私など、とっくの昔に見捨てられてもおかしくなかったが、折にふれて連絡をいただき、相談に乗り、ようやく執筆が軌道に乗りはじめてからは、温かく励ましてくださった。草稿に対する鋭いコメントはいずれも的を射たもので、改稿の際の重要な指針となった。校正の段階では、井原陸朗さんに大変お世話になった。話の内容をよく理解したうえでの的確な提案やミスの指摘に、感銘を受けた。井原さんのおかげで文意が明瞭になった箇所、誤りを避けることができた箇所は多い。もちろん、なお残るミスや問題点はすべて私の責任である。

最後に、家族へ。就職活動もせず、突然大学院から留学をしたいと言い出した息子を、当初は苦い顔をしながら、しかし最後は笑顔で送り出してくれた両親に、あらためて深い感謝と尊敬の念を表したい。まだ十分な恩返しもできていないが、ひとつひとつできることをやっていきたい。これからも元気でいてください。本書執筆の話をいただいたときから現在までの間に、私生活を取り巻く状況も大きく変化した。子育ては楽しくも大変だが、多くの気づきを与えてもくれる。本書では家族や非行といった問題に随所でふれたが、これらは家庭生活を営むなかでその重要性を認識した論点である。パートナーは、愚痴や弱音を吐いてばかりの私を励まし、受け流し、居場所を作ってくれる。ありがとう。いくら感謝してもしきれません。これからもよろしくお願いします。

二〇二四年一〇月　多摩丘陵の片隅で

大澤　広晃

《著者略歴》

大《おお》澤《さわ》広《ひろ》晃《あき》

1980 年生まれ
2009 年　ロンドン大学キングズカレッジ大学院歴史学研究科博士課程修了
南山大学外国語学部准教授などを経て，
現　在　法政大学文学部准教授，Ph.D.（History）

善意の帝国
—イギリスのフィランスロピーと南アフリカ—

2024 年 12 月 20 日　初版第 1 刷発行

定価はカバーに
表示しています

著　者　大　澤　広　晃
発行者　西　澤　泰　彦

発行所　一般財団法人　名古屋大学出版会
〒 464-0814　名古屋市千種区不老町 1 名古屋大学構内
電話(052)781-5027 / FAX(052)781-0697

印刷・製本　亜細亜印刷㈱　ISBN978-4-8158-1174-7
乱丁・落丁はお取替えいたします。

索　引

ア　行

カ 行

サ　行

タ　行

ナ　行

ハ　行

マ　行

ヤ　行

ラ・ワ行

参考文献

I　一次史料

【マニュスクリプト】

① Weston Library, The Bodleian Library, Oxford

Anti-Slavery Papers:

British Empire s.18/C74–91, 151–162

British Empire s.19/D1/4–5, D3/35–41, 55–57, 71–78, 5/3, 6/2–5, 7/13, 8/1–3

British Empire s.22/G191–205, 414–415, 433, 486, 494, 513, 597–603

② Historical Papers Research Archive, Witwatersrand University, Johannesburg

South African Institute of Race Relations, Part 1 Records:

AD843B/1, 3, 10, 17, 19, 22, 26, 29, 34, 36, 39a, 62, 71, 95

South African Institute of Race Relations, Part 2 Records:

AD843RJ/E, N, P

Joint Council of Europeans and Africans Records:

AD1433/Aa, Ab, Ac, Ad

AD1433/Ba, Bb

AD1433/Cj 2, Cj 5

【刊行物】

①政府刊行物

Great Britain. *British Parliamentary Papers*.

——. *Report from the Select Committee on Aborigines* (*British Settlements*).

Hansard's Parliamentary Debate.

South African Native Affairs Commission 1903–1905. *Report*.

Union of South Africa. *Report of Native Economic Commission 1930–1932*.

②定期刊行物

Aborigines' Friend (*AF*, 1899–1909).

Anti-Slavery Reporter (1899–1909).

Anti-Slavery Reporter and Aborigines' Friend (*ASRAF*, 1909–1950).

The Annual Report of the Aborigines Protection Society (1899–1908).

③文献（著書・論文・パンフレット）

Aborigines Protection Society and British and Foreign Anti-Slavery Society. *Native Labour in South Africa: A Report of a Public Meeting, Jointly Convened by the Aborigines Protection Society and the British and Foreign Anti-Slavery Society, Which Was Held at Caxton Hall, Westminster, on 29th April, 1903*. London: P. S. King and Son, 1903.

Ballinger, Margaret. 'Native Life in South African Towns', *Journal of the Royal African Society*, 148, 1938, 326–338.

Bourne, H. R. Fox. *Slavery and Its Substitutes in Africa: A Paper Submitted to the Anti-Slavery Conference, held in Paris in August, 1900*. London: Aborigines Protection Society, 1900.

——. *The Claims of Uncivilised Races: A Paper Submitted to the International Congress on Colonial Sociology, held in Paris in August, 1900*. London: Aborigines Protection Society, 1900.

——. *Blacks and Whites in South Africa: An Account of the Past Treatment and Present Condition of South African Natives under British and Boer Control*. London: P. S. King and Son, 1900.

——. *Blacks and Whites in West Africa: An Account of the Past Treatment and Present Condition of West African Natives under European Influence or Control*. London: P. S. King and Son, 1901.

——. *Forced Labour in British South Africa: Notes on the Condition and Prospects of South African Natives under British Control*. London: P. S. King and Son, 1903.

Brookes, Edgar H. 'The Color Bar in South Africa', *Current History*, 36:4, 1932, 429–432.

——. 'Native Administration in South Africa', in I. Schapera (ed.) *Western Civilization and the Natives of South Africa*. London: George Routledge and Sons, 1934, 241–259.

——. *R. J: In Appreciation of John David Rheinallt Jones and His Work for the Betterment of Race Relations in Southern Africa*. Johannesburg: The South African Institute of Race Relations, 1953.

Buxton, Charles Roden. *The Race Problem in Africa*. London: Hogarth Press, 1931.

——. 'Some African Friends', *Spectator* (28 December 1934), 986–987.

Buxton, Noel Edward. 'The International Factor in the African Settlement', *Contemporary Review* (July 1918), 513–520.

Harris, John H. *Dawn in Darkest Africa*. London: Smith, Elder & Co., 1912.

——. 'Making the 'Lazy Nigger' Work', *Contemporary Review* (January 1914), 819–825.

——. 'The Zone of Peace in Africa', *Contemporary Review* (July 1915), 190–194.

——. *Native Races and Peace Terms*. London: Anti-Slavery and Aborigines Protection Society, 1916.

——. 'General Botha — Statesman', *Fortnightly Review* (April 1917), 652–660.

——. ''Empire Resources Development' and Britain's War Debt', *Contemporary Review* (July 1917), 65–71.

——. 'Tropical Colonies: 'International Government'', *Contemporary Review* (November 1917), 742–747.

——. 'Colonial Dependencies: 'Possession' or 'Trusteeship'?', *Contemporary Review* (January 1918), 207–212.

——. 'South Africa: A Golden Opportunity', *Contemporary Review* (January 1919), 637–643.

——. 'Peace Terms and Colonial Reconstruction', *Fortnightly Review* (March 1919), 424–433.

——. 'The 'New Attitudes' of the African', *Fortnightly Review* (December 1920), 953–960.

——. 'Back to Slavery?', *Contemporary Review* (July 1921), 190–197.

——. 'The Colonial Mandate', *Contemporary Review* (July 1922), 604–611.

——. 'British Justice and Native Races', *Contemporary Review* (July 1924), 443–448.

——. 'The Mandatory System after Five Years' Working', *Contemporary Review* (January 1925), 171–178.

——. *Slavery or Sacred Trust*. London: Williams and Norgate, 1926.

——. 'The Challenge to 'Trusteeship'', *Contemporary Review* (January 1928), 201–207.

——. 'A World 'Native' Policy', *Spectator* (28 June 1930), 1040–1041.
——. 'The Challenge of Kenya', *Contemporary Review* (July 1930), 598–604.
——. 'The Challenge of the Protectorates', *Contemporary Review* (January 1934), 672–678.
——. 'Britain's Greatest African Problem', *Contemporary Review* (July 1936), 699–706.
——. 'The Protectorate Dilemma: A Solution', *Contemporary Review* (July 1937), 538–545.
——. 'The South African Danger', *Contemporary Review* (July 1938), 410–416.
Hobson, J. A. *War in South Africa: Its Causes and Effects*. London: James Nisbet and Co., 1900.
Hoernlé, R. F. A. 'Race-Mixture and Native Policy in South Africa', in I. Schapera (ed.) *Western Civilization and the Natives of South Africa*. London: George Routledge and Sons, 1934, 263–281.
Jones, Arthur Creech. 'Black and White in Southern Africa', *Spectator* (7 April 1950), 454.
Jones, J. D. R. 'Social and Economic Condition of the Urban Native', in I. Schapera (ed.) *Western Civilization and the Natives of South Africa*. London: George Routledge and Sons, 1934, 159–192.
Jones, J. D. R. and Hoernlé, R. F. A. *The Union's Burden of Poverty*. Johannesburg: South African Institute of Race Relations, 1942.
Low, Sampson. *The Charities of London: Comprehending the Benevolent, Educational, and Religious Institutions: Their Origins and Design, Progress, and Present Positions*, London: Sampson Low, 1850.
MacDonald, J. Ramsay. *Labour and Empire*. London: George Allen, 1907.
Molteno, P. A. 'The South African General Election', *Contemporary Review* (July 1929), 167–173.
Oldham, J. H. 'Christian Missions and African Labour', *International Review of Mission*, 10:2, 1921, 183–195.
——. *Christianity and the Race Problem*. London: Student Christian Movement, 1924.
——. 'Population and Health in Africa', *International Review of Mission*, 15:3, 1926, 402–417.
——. 'Developments in the Relations between White and Black in Africa (1911–1931)', *Journal of the Royal African Society*, 127, 1933, 160–170.
Olivier, Sydney. 'Colour Prejudice', *Contemporary Review* (July 1923), 448–457.
——. 'The Five Fears of South Africa', *Contemporary Review* (January 1927), 144–151.
——. *The Anatomy of African Misery*. London: Leonard and Virginia Woolf, 1927.
——. *White Capital and Coloured Labour* (new ed.) London: Leonard and Virginia Woolf, 1929.
——. 'Native Poverty in South Africa', *Contemporary Review* (January 1933), 281–288.
South African Native Races Committee (ed.) *The Natives of South Africa*, London: John Murray, 1901.
Wedgwood, Josiah C. 'Native Lands and Crown Colonies', *Anti-Slavery Reporter and Aborigines' Friend* (July 1911), 58–63.

II　二次文献（1960年以降）

【オンライン・データベース】

Oxford Dictionary of National Biography (*ODNB*).
Oxford English Dictionary (*OED*).

【欧語文献】

①著書・論文

Adam, Thomas (ed.) *Philanthropy, Patronage and Civil Society: Experiences from Germany, Great Britain, and North America*. Bloomington, IN: Indiana U. P., 2004.

Alexander, Peter. *Workers, War and the Origins of Apartheid: Labour and Politics in South Africa, 1939–48*. Oxford: James Currey, Athens, OH: Ohio U. P., Cape Town: David Philip, 2000.

Aspengren, Henrik. 'Empire: A Question of Hearts?: The Social Turn in Colonial Government, Bombay c. 1905–1925', in Mark Duffield and Vernon Hewitt (eds.) *Empire, Development and Colonialism: The Past in the Present*. Woodbridge: James Currey, 2009, 45–58.

Atkins, Keletso E. *The Moon Is Dead! Give Us Our Money!: The Cultural Origins of an African Work Ethic, Natal, South Africa, 1843–1900*. Portsmouth, NH: Heinemann, London: James Currey, 1993.

Bank, Andrew. *Pioneers of the Field: South Africa's Women Anthropologists*. Johannesburg: Witwatersrand U. P., 2016.

Barchiesi, Franco. *Precarious Liberation: Workers, the State, and Contested Social Citizenship in Postapartheid South Africa*. Albany, NY: State University of New York Press, Scottsville: University of Kwazulu-Natal Press, 2011.

——. 'Imagining the Patriotic Worker: The Idea of 'Decent Work' in the ANC's Political Discourse', in Arianna Lissoni et al. (eds.) *One Hundred Years of The ANC: Debating Liberation Histories Today*. Johannesburg: Witwatersrand U. P., Cape Town: South African History Online, 2012, 111–134.

——. 'The Violence of Work: Revisiting South Africa's 'Labour Question' Through Precarity and Anti-Blackness', *Journal of Southern African Studies*, 42:5, 2016, 875–891.

Baughan, Emily. *Saving the Children: Humanitarianism, Internationalism, and Empire*. Oakland: University of California Press, 2022.

Bebber, Brett. 'The Architects of Integration: Research, Public Policy, and the Institute of Race Relations in Post-Imperial Britain', *Journal of Imperial and Commonwealth History*, 48:2, 2020, 319–350.

Bebbington, D. W. *Evangelicalism in Modern Britain: A History from the 1730s to the 1980s*. London and Boston: Unwin Hyman, 1989.

Beinart, William. *The Political Economy of Pondoland 1860–1930*. Cambridge: Cambridge U. P., 1982.

Beinart, William and Colin Bundy. *Hidden Struggle in Rural South Africa: Politics and Popular Movements in the Transkei and Eastern Cape 1890–1930*. Johannesburg: Ravan Press, 1987.

——. 'The Union, the Nation and the Talking Crow: The Ideology and Tactics of the Independent ICU in East London', in William Beinart and Colin Bundy. *Hidden Struggles in Rural South Africa: Politics and Popular Movements in the Transkei and Eastern Cape, 1890–1930*. London: James Currey, 1987, 270–320.

Bell, Morag. 'American Philanthropy, the Carnegie Corporation and Poverty in South Africa', *Journal of Southern African Studies*, 26:3, 2000, 481–504.

Berger, Iris. 'An African American 'Mother of the Nation': Madie Hall Xuma in South Africa, 1940–1963', *Journal of Southern African Studies*, 27:3, 2001, 547–566.

——. 'From Ethnography to Social Welfare: Ray Phillips and Representations of Urban Women in South Africa', *Le Fait Missionnaire*, 19, 2006, 91–116.

——. *Women in Twentieth-Century Africa*. Cambridge: Cambridge U. P., 2016.

Bickford-Smith, Vivian. *The Emergence of the South African Metropolis: Cities and Identities in the Twentieth Century*. Cambridge: Cambridge U. P., 2016.

Bonner, Philip. 'The Transvaal Native Congress, 1917–1920: The Radicalisation of the Black Petty Bourgeoisie on the Rand', in Shula Marks and Richard Rathbone (eds.) *Industrialisation and Social Change in South Africa: Essays on African Class Formation, Culture and Consciousness, 1870–1930*. London and New York: Longman, 1982, 270–313.

——. ''Desirable or Undesirable Basotho Women?': Liquor, Prostitution and the Migration of Basotho Women to the Rand, 1920–1945', in Cherryl Walker (ed.) *Women and Gender in Southern Africa to 1945*. Cape Town: David Philip, London: James Currey, 1990, 221–250.

Bonner, Philip, Peter Delius, and Deborah Posel. 'The Shaping of Apartheid: Contradiction, Continuity and Popular Struggle', in Philip Bonner, Peter Delius, and Deborah Posel (eds.) *Apartheid's Genesis 1935–1962*. Johannesburg: Ravan Press and Witwatersrand U. P., 1993, 1–41.

Bozzoli, Belinda, with the assistance of Mmantho Nkotsoe. *Women of Phokeng: Consciousness, Life Strategy, and Migrancy in South Africa, 1900–1983*. Portsmouth, NH: Heinemann, London: James Currey, 1991.

Bradford, Helen. *A Taste of Freedom: The ICU in Rural South Africa, 1924–1930*. New Haven and London: Yale U. P., 1987.

Bradley, Katharine. *Poverty, Philanthropy and the State: Charities and the Working Classes in London, 1918–1979*. Manchester: Manchester U. P., 2009.

Bright, Rachel K. *Chinese Labour in South Africa, 1902–1910: Race, Violence, and Global Spectacle*. Basingstoke: Palgrave Macmillan, 2013.

Brown, Callum G. *The Death of Christian Britain: Understanding Secularisation 1800–2000* (second ed.) London and New York: Routledge, 2009.

Bundy, Colin. 'Land and Liberation: Popular Rural Protest and the National Liberation Movements in South Africa, 1920–1960', in Shula Marks and Stanley Trapido (eds.) *The Politics of Race, Class and Nationalism in Twentieth Century South Africa*, Harlow: Longman, 1987, 254–285.

Burke, Roland. 'Despairing at 'A World Made New'?: South Africa Encounters the Post-war Human Rights Idea', *Journal of Imperial and Commonwealth History*, 48:2, 2020, 351–369.

Burnard, Trevor, Joy Damousi, and Alan Lester. 'Introduction: Selective Humanity: Three Centuries of Anglophone Humanitarianism, Empire and Transnationalism', in Joy Damousi, Trevor Burnard, and Alan Lester (eds.) *Humanitarianism, Empire and Transnationalism, 1760–1995: Selective Humanity in the Anglophone World*. Manchester: Manchester U. P., 2022, 1–34.

Burton, Antoinette. *Burdens of History: British Feminists, Indian Women, and Imperial Culture, 1865–1915*, Chapel Hill: University of North Carolina Press, 1994.

Bush, Barbara. *Imperialism, Race and Resistance: Africa and Britain 1919–1945*. London: Routledge, 1999.

Callahan, M. D. *A Sacred Trust: The League of Nations and Africa, 1929–1946*. Brighton: Sussex Academic Press, 2004.

Campbell, J. T. *Songs of Zion: The African Methodist Episcopal Church in the United States and*

South Africa. Oxford: Oxford U. P., 1995.

Cappy, Christina. 'The Role of Philanthropic Foundations in Shaping South African Colonial Education Policy in the Early Twentieth Century', in Peter Kallaway and Rebecca Swart (eds.) *Empire and Education in Africa: The Shaping of a Comparative Perspective*. New York: Peter Lang, 2016, 129–154.

Carline, Katie. 'Wise Mothers and Wise Buyers: Marketing Tear and Home Improvement in 1930s South Africa', *Journal of African History*, 63:3, 2022, 291–308.

Child, Phil. 'Blacktown, Mass-Observation, and the Dynamics of *Voluntary Action* in Mid-Twentieth Century England', *Historical Journal*, 63:3, 2020, 754–776.

Claeys, Gregory. *Imperial Sceptics: British Critics of Empire 1850–1920*. Cambridge: Cambridge U. P., 2010.

Clapson, Mark. 'The American Contribution to the Urban Sociology of Race Relations in Britain from the 1940s to the early 1970s', *Urban History*, 33:2, 2006, 253–273.

Cobley, Alan Gregor. *Class and Consciousness: The Black Petty Bourgeoisie in South Africa, 1924 to 1950*. New York, West Port, and London: Greenwood Press, 1990.

——. *The Rules of the Game: Struggles in Black Recreation and Social Welfare Policy in South Africa*. Westport, CN: Greenwood Press, 1997.

Cock, Jacklyn. 'Domestic Service and Education for Domesticity: The Incorporation of Xhosa Women into Colonial Society', in Cherryl Walker (ed.) *Women and Gender in Southern Africa to 1945*. Cape Town: David Philip, London: James Currey, 1990, 76–96.

Connor, Teresa K. 'Ambiguous Repositories: Archives, Traders and the Recruitment of Mineworkers in the Eastern Cape: 1900–1946', *South African Historical Journal*, 72:1, 2020, 98–124.

Cooper, Frederick. *Decolonization and African Society: The Labor Question in French and British Africa*. Cambridge: Cambridge U. P., 1996.

——. 'Conditions Analogous to Slavery: Imperialism and Free Labor Ideology in Africa', in Frederick Cooper, T. C. Holt, and Rebecca Scott. *Beyond Slavery*. Chapel Hill and London: University of North Carolina Press, 2000, 107–149.

Cowen, Michael and Robert Shenton. 'The Origin and Course of Fabian Colonialism in Africa', *Journal of Historical Sociology*, 4:2, 1991, 143–174.

Cox, Jeffrey. 'From the Empire of Christ to the Third World: Religion and Experience of Empire in the Twentieth Century', in Andrew Thompson (ed.) *Britain's Experience of Empire in the Twentieth Century*. Oxford: Oxford U. P., 2012, 76–121.

Crais, Clifton. *Poverty, War, and Violence in South Africa*. Cambridge: Cambridge U. P., 2011.

Cunningham, Hugh. 'Introduction', in Hugh Cunningham and Joanna Innes (eds.) *Charity, Philanthropy and Reform: From the 1690s to 1850*. Basingstoke and London: Macmillan, 1998, 1–14.

——. *The Reputation of Philanthropy since 1750: Britain and Beyond*. Manchester: Manchester U. P., 2020.

Cuthbertson, Greg. 'Pricking the 'Nonconformist Conscience': Religion against the South African War', in Donal Lowry (ed.) *The South African War Reappraised*. Manchester: Manchester U. P., 2000, 169–187.

Damousi, Joy, Trevor Burnard, and Alan Lester (eds.) *Humanitarianism, Empire and Transnationalism, 1760–1995: Selective Humanity in the Anglophone World*. Manchester: Manchester U. P.,

2022.
Darity Jr., W. A. (ed.) *International Encyclopaedia of the Social Sciences vol. 7* (second ed.) Detroit: Macmillan Reference, 2008.
Davie, Grace. *Poverty Knowledge in South Africa: A Social History of Human Science, 1855–2005*. Cambridge: Cambridge U. P., 2015.
Desai, Ashwin and Goolam Vahed. *The South African Gandhi: Stretcher-Bearer of Empire*. Stanford: Stanford U. P., 2016.
Dubow, Saul. *Racial Segregation and the Origins of Apartheid in South Africa, 1919–1936*. Basingstoke: Macmillan, 1989.
——. *Scientific Racism in Modern South Africa*. Cambridge: Cambridge U. P., 1995.
——. 'Introduction: South Africa's 1940s', in Saul Dubow and Alan Jeeves (eds.) *South Africa's 1940s: Worlds of Possibilities*. Cape Town: Double Storey, 2005, 1–19.
——. *A Commonwealth of Knowledge: Science, Sensibility and White South Africa 1820–2000*, Oxford: Oxford U. P., 2006.
——. 'How British was the British World?: The Case of South Africa', *Journal of Imperial and Commonwealth History*, 37:1, 2009, 1–27.
Duncan, David. 'Farm Labor and the South African State, 1924–1948', in Alan H. Jeeves and Jonathan Crush (eds.) *White Farms, Black Labour: The State and Agrarian Change in Southern Africa, 1910–1950*. Portsmouth, NH: Heinemann, Pietermaritzburg: University of Natal Press, Oxford: James Currey, 1997, 29–45.
du Toi, Marijke. 'Mothers' Pensions and the 'Civilised' Black Poor: The Radicalised Provision of Child Maintenance Grants in South Africa, 1921–1940', *Journal of Southern African Studies*, 44:6, 2018, 973–989.
Eales, Kathy. 'Patriarchs, Passes and Privilege: Johannesburg's African Middle Classes and the Question of Night Passes for African Women', in Phillip Bonner et al. (eds.) *Holding Their Ground: Class, Locality and Culture in 19th and 20th Century South Africa*. Johannesburg: Ravan Press, Johannesburg: Witwatersrand U. P., 1989, 105–139.
Ellis, Mark. *Race Harmony and Black Progress: Jack Woofter and the Interracial Cooperation Movement*. Bloomington and Indianapolis: Indiana U. P., 2013.
Elphick, Richard. *The Equality of Believers: Protestant Missionaries and the Racial Politics of South Africa*. Charlottesville and London: University of Virginia Press, 2012.
Elson, P. R. 'The Great White North and Voluntary Action: Canada's Relationship with Beveridge, Social Welfare and Social Justice', in Melanie Oppenheimer and Nicholas Deakin (eds.) *Beveridge and Voluntary Action in Britain and the Wider World*. Manchester: Manchester U. P., 2011, 166–186.
Erlank, Natasha. 'Gender and Masculinity in South African Nationalist Discourse, 1912–1950', *Feminist Studies*, 29:3, 2003, 653–671.
——. 'Christianity and African Nationalism in South Africa in the First Half of the Twentieth Century', in Arianna Lissoni et al. (eds.) *One Hundred Years of The ANC: Debating Liberation Histories Today*. Johannesburg: Witwatersrand U. P., Cape Town: South African History Online, 2012, 77–96.
——. *Convening Black Intimacy: Christianity, Gender, and Tradition in Early Twentieth-Century*

South Africa. Athens, OH: Ohio U. P., 2022.

Feinstein, C. H. *An Economic History of South Africa: Conquest, Discrimination and Development*. Cambridge: Cambridge U. P., 2005.

Fingard, Judith. 'English Humanitarianism and the Colonial Mind: Walter Bromley in Nova Scotia, 1813–25', *Canadian Historical Review*, 52:2, 1973, 123–151.

Forclaz, A. R. *Humanitarian Imperialism: The Politics of Anti-Slavery Activism, 1880–1940*. Oxford: Oxford U. P., 2015.

Frederickson, George M. *Black Liberation: A Comparative History of Black Ideologies in the United States and South Africa*. Oxford: Oxford U. P., 1995.

Freeman, Mark. 'The Rowntree Family and the Evolution of Quaker Philanthropy, c.1880 to c.1920', in Clyde Binfield, G. M. Ditchfield, and David L. Wikes (eds.) *Protestant Dissent and Philanthropy in Britain 1660–1914*. Woodbridge: Boydell, 2020, 187–204.

Freund, Bill. *Twentieth-Century South Africa: A Developmental History*. Cambridge: Cambridge U. P., 2019.

Gaitskell, Deborah. ''Wailing for Purity': Prayer Unions, African Mothers and Adolescent Daughters 1912–1940', in Shula Marks and Richard Rathbone (eds.) *Industrialisation and Social Change in South Africa: Essays on African Class Formation, Culture and Consciousness, 1870–1930*. London and New York: Longman, 1982, 338–357.

——. 'Devout Domesticity?: A Century of African Women's Christianity in South Africa', in Cherryl Walker (ed.) *Women and Gender in Southern Africa to 1945*. Cape Town: David Philip, London: James Currey, 1990, 251–272.

Gardner, Leigh A. *Taxing Colonial Africa: The Political Economy of British Imperialism*. Oxford: Oxford U. P., 2012.

Gill, Rebecca. *Calculating Compassion: Humanity and Relief in War, Britain 1870–1914*. Manchester: Manchester U. P., 2013.

Ginn, Geoffrey A. C. *Culture, Philanthropy and the Poor in Late-Victorian London*. London and New York: Routledge, 2017.

Goodhew, David. 'Working-Class Respectability: The Example of the Western Areas of Johannesburg, 1930–55', *Journal of African History*, 41:2, 2000, 241–266.

Gorman, Daniel. *The Emergence of International Society in the 1920s*. Cambridge: Cambridge U. P., 2012.

Goulbourne, Harry. *Race Relations in Britain since 1945*. Basingstoke: Macmillan, 1998.

Grant, Kevin. *A Civilised Savagery: Britain and the New Slaveries in Africa, 1884–1926*. New York: Routledge, 2005.

——. 'The Limits of Exposure: Atrocity Photographs in the Congo Reform Campaign', in Heide Fehrenbach and Davide Rodogno (eds.) *Humanitarian Photography: A History*. Cambridge: Cambridge U. P., 2015, 64–88.

——. 'Anti-Slavery, Refugee Relief, and the Missionary Origins of Humanitarian Photography ca.1900–1960', *History Compass*, 15:5, 2017, 1–24.

Griffiths, Clare V. J. *Labour and the Countryside: The Politics of Rural Britain 1918–1932*. Oxford: Oxford U. P., 2007.

Gupta, P. S. *Imperialism and the British Labour Movement, 1914–1964*. Los Angels: Sage, 2002

(original published in 1975).

Guy, Jeff. 'Gender Oppression in Southern Africa's Precapitalist Societies', in Cherryl Walker (ed.) *Women and Gender in Southern Africa to 1945*. Cape Town: David Philip, London: James Currey, 1990, 33–47.

Hall, Catherine. *Civilising Subjects: Metropole and Colony in the English Imagination, 1830–1867*. Oxford: Polity, 2002.

Harris, Jose. *Private Lives, Public Spirit: Britain 1870–1914*. London: Penguin Books, 1994.

Harrison, John. 'The Colonial Legacy and Social Policy in the British Caribbean', in James Midgley and David Piachaud (eds.) *Colonialism and Welfare: Social Policy and the British Imperial Legacy*. Cheltenham, and Northampton, MA: Edward Elgar, 2011, 55–70.

Hassim, Shireen. *The ANC Women's League: Sex, Gender, and Politics*. Athens, OH: Ohio U. P., 2014.

Havinden, Michael and David Meredith. *Colonialism and Development: Britain and Its Tropical Colonies, 1850–1960*. London and New York: Routledge, 1993.

Hellmann, Ellen. 'Fifty Years of the South African Institute of Race Relations', in Ellen Hellman and Henry Lever (eds.) *Race Relations in South Africa 1929–1979*. London and Basingstoke: Macmillan, 1980, 1–27.

Hewitt, Vernon. 'Empire, International Development and the Concept of Good Government', in Mark Duffield and Vernon Hewitt (eds.) *Empire, Development and Colonialism: The Past in the Present*. Woodbridge: James Currey, 2009, 30–44.

Hewson, Hope Hay. *Hedge of Wild Almonds: South Africa, the 'Pro-Boers' and the Quaker Conscience*. Portsmouth, NH: Heinemann, Cape Town: David Philip, London: James Currey, 1989.

Higginson, John. *Collective Violence and the Agrarian Origins of South African Apartheid, 1900–1948*. Cambridge: Cambridge U. P., 2015.

Hill, Robert A. and Gregory A. Pirio. ''Africa for the Africans': the Garvey Movement in South Africa, 1920–1940', in Shula Marks and Stanley Trapido (eds.) *The Politics of Race, Class and Nationalism in Twentieth Century South Africa*, Harlow: Longman, 1987, 209–253.

Hindson, Doug. *Pass Controls and the Urban African Proletariat in South Africa*. Johannesburg: Ravan Press, 1987.

Howe, Stephen. *Anticolonialism in British Politics: The Left and the End of Empire 1918–1964*. Oxford: Clarendon Press, 1993.

——. 'Labour and International Affairs', in Duncan Tanner, Pat Thane, and Nick Tiratsoo (eds.) *Labour's First Century*. Cambridge: Cambridge U. P., 2000, 119–150.

Huzzey, Richard. *Freedom Burning: Anti-Slavery and Empire in Victorian Britain*. Ithaca: Cornell U. P., 2012.

Innes, Joanna. *Inferior Politics: Social Problems and Social Policies in Eighteenth-Century Britain*. Oxford: Oxford U. P., 2009.

Jeeves, Alan H. 'Migrant Workers and Epidemic Malaria on the South African Sugaer Estates, 1906–1948', in Alan H. Jeeves and Jonathan Crush (eds.) *White Farms, Black Labour: The State and Agrarian Change in Southern Africa, 1910–1950*. Portsmouth, NH: Heinemann, Pietermaritzburg: University of Natal Press, Oxford: James Currey, 1997, 114–136.

Jeeves, Alan H. and Jonathan Crush. 'Introduction', in Alan H. Jeeves and Jonathan Crush (eds.)

White Farms, Black Labour: The State and Agrarian Change in Southern Africa, 1910–1950. Portsmouth, NH: Heinemann, Pietermaritzburg: University of Natal Press, Oxford: James Currey, 1997, 1–28.

Kaseke, Edwell. 'The Poor Laws, Colonialism and Social Welfare: Social Assistance in Zimbabwe', in James Midgley and David Piachaud (eds.) *Colonialism and Welfare: Social Policy and the British Imperial Legacy*. Cheltenham, and Northampton, MA: Edward Elgar, 2011, 119–130.

Keegan, Tim. 'The Sharecropping Economy, African Class Formation and the 1913 Natives Land Act', in Belinda Bozzoli (ed.) *Town and Countryside in the Transvaal: Capitalist Penetration and Popular Response*, Johannesburg: Ravan Press, 1983, 108–127.

Kelemen, Paul. ''Individualism is, Indeed, Running Riot': Components of the Social Democratic Model of Development', in Mark Duffield and Vernon Hewitt (eds.) *Empire, Development and Colonialism: The Past in the Present*. Woodbridge: James Currey, 2009, 188–201.

Kennedy, Dane. *The Imperial History Wars: Debating the British Empire*. London: Bloomsbury, 2018.

Koch, Eddie. ''Without Visible Means of Subsistence': Slumyard Culture in Johannesburg 1918–1940', in Belinda Bozzoli (ed.) *Town and Countryside in the Transvaal: Capitalist Penetration and Popular Response*, Johannesburg: Ravan Press, 1983, 151–175.

Lagemann, Ellen Condliffe. *The Politics of Knowledge: The Carnegie Corporation, Philanthropy, and Public Policy*. Chicago: The University of Chicago Press, 1989.

Laidlaw, Zoë. *Colonial Connections 1815–45: Patronage, the Information Revolution and Colonial Government*. Manchester: Manchester U. P., 2005

——. *Protecting the Empire's Humanity: Thomas Hodgkin and British Colonial Activism 1830–1870.* Cambridge: Cambridge U. P., 2021.

Lambert, John. ''Loyalty Its Own Reward': the South African War Experience of Natal's 'Loyal' Africans', in Greg Cuthbertson et al. (eds.) *Writing A Wider War: Rethinking Gender, Race, and Identity in the South African War, 1899–1902.* Athens, OH: Ohio U. P., 2002, 115–135.

Legassick, Martin. 'Race, Industrialization and Social Change in South Africa: The Case of R. F. A. Hoenrle', *African Affairs*, 75, 1976, 224–239.

Lester, Alan. *Imperial Networks: Creating Identities in Nineteenth-Century South Africa and Britain.* London: Routledge, 2001.

——. 'Humanitarians and White Settlers in the Nineteenth Century', in Norman Etherington (ed.) *Missions and Empire*. Oxford: Oxford U. P., 2005, 64–85.

Levine-Clark, Marjorie. *Unemployment, Welfare, and Masculine Citizenship: 'So Much Honest Poverty' in Britain, 1870–1930.* Basingstoke and New York: Palgrave Macmillan, 2015.

Lewis, Jane. 'Women, Social Work and Social Welfare in Twentieth-Century Britain: From (unpaid) Influence to (paid) Oblivion?', in Martin Daunton (ed.) *Charity, Self-Interest and Welfare in the English Past*. London: UCL Press, 1996, 203–221.

Lewis, Joanna. *Empire State-Building: War and Welfare in Kenya 1925–52*. Oxford: James Currey, Nairobi: E. A. E. P, Athens, OH: Ohio U. P., 2000.

——. 'The British Empire and World History: Welfare Imperialism and 'Soft' Power in the Rise and Fall of Colonial Rule', in James Midgley and David Piachaud (eds.) *Colonialism and Welfare: Social Policy and the British Imperial Legacy*. Cheltenham, and Northampton, MA: Edward Elgar, 2011, 17–35.

Limb, Peter. *The ANC's Early Years: Nation, Class and Place in South Africa before 1940*. Pretoria: UNISA Press, 2010.

Lorimer, D. A. *Science, Race Relations and Resistance: Britain, 1870–1914*. Manchester: Manchester U. P., 2013.

Lydon, Jane. *Imperial Emotions: The Politics of Empathy across the British Empire*. Cambridge: Cambridge U. P., 2020.

Mamdani, Mahmood. *Citizen and Subject: Contemporary Africa and the Legacy of Late Colonialism*. Princeton: Princeton U. P., 1996.

Marks, Shula. *The Ambiguities of Dependence in South Africa: Class, Nationalism, and the State in Twentieth-Century Natal*. Baltimore and London: The Johns Hopkins U. P., 1986.

Mason, Patrick L. (ed.) *Encyclopedia of Race and Racism* vol. 1 (second ed.) Detroit: Macmillan Reference, 2013.

Matera, Marc. 'The African Grounds of Race Relations in Britain', *Twentieth Century British History*, 34:3, 2023, 415–439.

Matera, Marc et al. 'Making Race: Empire, Social Democracy, Deindustrialization', *Twentieth Century British History*, 34:3, 2023, 552–579.

Maylam, Paul. 'The Life and Work of a South African Economist: Desmond Hobart Houghton, 1906–1976', *Journal of History of Economic Thought*, 44:4, 2022, 509–526.

McCarthy, Helen. 'Associational Voluntarism in Interwar Britain', in Matthew Hilton and James McKay (eds.) *The Age of Voluntarism: How We Got to the Big Society*. Oxford: Oxford U. P., 2011, 47–68.

McLisky, Claire. ''Due Observance of Justice, and the Protection of their Rights': Philanthropy, Humanitarianism and Moral Purpose in the Aborigines Protection Society circa 1837 and Its Portrayal in Australian Historiography, 1883–2003', *Lumina*, 11, 2005, 57–66.

Midgley, Clare. *Feminism and Empire: Women Activists in Imperial Britain, 1790–1865*. Oxford: Routledge, 2007.

Morey, Maribel. *White Philanthropy: Carnegie Corporation's An American Dilemma and the Making of a White World Order*. Chapel Hill: The University of North Carolina Press, 2021.

Moyn, Samuel. *Christian Human Rights*. Philadelphia: University of Pennsylvania Press, 2015.

Mulvey, Paul. *The Political Life of Josiah C. Wedgwood: Land, Liberty and Empire, 1872–1943*. Woodbridge: Boydell & Brewer, 2010.

Nasson, Bill. *Abraham Esau's War: A Black South African War in the Cape, 1899–1902*. Cambridge: Cambridge U. P., 1991.

Nattrass, Nicoli. 'Economic Growth and Transformation in the 1940s', in Saul Dubow and Alan Jeeves (eds.) *South Africa's 1940s: Worlds of Possibilities*. Cape Town: Double Storey, 2005, 20–43.

Nettelbeck, Amanda. *Indigenous Rights and Colonial Subjecthood: Protection and Reform in the Nineteenth-Century British Empire*. Cambridge: Cambridge U. P., 2019.

O'Brien, Anne. *Philanthropy and Settler Colonialism*. Basingstoke: Palgrave Macmillan, 2015.

Owen, David. *English Philanthropy 1660–1960*. Cambridge, MA: The Belknap Press of Harvard U. P., 1964.

Patel, Leila. 'Race, Inequality and Social Welfare: South Africa's Imperial Legacy', in James Midgley

and David Piachaud (eds.) *Colonialism and Welfare: Social Policy and the British Imperial Legacy*. Cheltenham, and Northampton, MA: Edward Elgar, 2011, 71–84.

Pavlakis, Dean. *British Humanitarianism and the Congo Reform Movement, 1896–1913*. Abingdon and New York: Routledge, 2015.

Pilkington, Charles Kirk. 'The Trials of Brotherhood: The Founding of the Commission on Interracial Cooperation', *The Georgia Historical Quarterly*, 69:1, 1985, 55–80.

Porter, Andrew. 'Trusteeship, Anti-Slavery, and Humanitarianism', in Andrew Porter (ed.) *The Oxford History of the British Empire: The Nineteenth Century*. Oxford: Oxford U. P., 1999, 198–221.

——. *Religion versus Empire?: British Protestant Missionaries and Overseas Expansion, 1700–1914*. Manchester: Manchester U. P., 2004.

Porter, Bernard. *Critics of Empire: British Radicals and the Imperial Challenge* (reprint ed.) London and New York: I. B. Tauris, 2008.

Posel, Deborah. 'The Case for a Welfare State: Poverty and the Politics of the Urban African Family in the 1930s and 1940s', in Saul Dubow and Alan Jeeves (eds.) *South Africa's 1940s: Worlds of Possibilities*. Cape Town: Double Storey, 2005, 64–86.

——. 'Marriage at the Drop of a Hat: Housing and Partnership in South Africa's Urban African Townships, 1920s–1960s', *History Workshop Journal*, 61, 2006, 57–76.

Prochaska, Frank. *Christianity and Social Service in Modern Britain: The Disinherited Spirit*. Oxford: Oxford U. P., 2006.

Redding, Sean. *Sorcery and Sovereignty: Taxation, Power, and Rebellion in South Africa, 1880–1963*. Athens, OH: Ohio U. P., 2006.

Rich, Paul. *White Power and the Liberal Conscience: Racial Segregation and South African Liberalism, 1921–60*. Manchester: Manchester U. P., 1984.

——. 'Managing Black Leadership: The Joint Councils, Urban Trading and Political Conflict in the Orange Free State, 1925–1942', in Phillip Bonner et al. (eds.) *Holding Their Ground: Class, Locality and Culture in 19th and 20th Century South Africa*. Johannesburg: Ravan Press, Johannesburg: Witwatersrand U. P., 1989, 177–200.

——. *Race and Empire in British Politics* (second ed.) Cambridge: Cambridge U. P., 1990.

——. *Hope and Despair: English-Speaking Intellectuals and South African Politics 1896–1976*. London and New York: British Academic Press, 1993.

Roberts, M. J. D. *Making English Morals: Voluntary Association and Moral Reform in England, 1787–1886*. Cambridge: Cambridge U. P., 2004.

Roddy, Sarah, Julie-Marie Strange, and Bertrand Taithe. *The Charity Market and Humanitarianism in Britain, 1870–1912*. London: Bloomsbury Academic, 2019.

Rosenfield, Patricia L. *A World of Giving: Carnegie Corporation of New York: A Century of International Philanthropy*. New York: Public Affairs, 2014.

Ross, Robert. 'The Politics of African Household Budget Studies in South Africa', *History in Africa*, 43, 2016, 205–228.

Sagner, Andreas. 'Ageing and Social Policy in South Africa: Historical Perspective with Particular Reference to the Eastern Cape', *Journal of Southern African Studies*, 26:3, 2000, 523–553.

Sapire, Hilary. 'The Stay-away of the Brakpan Location, 1944', in Belinda Bozzoli (ed.) *Class, Community and Conflict: South African Perspectives*, Johannesburg: Ravan Press, 1983, 358–400.

Seekings, Jeremy. 'Visions, Hopes and Views about the Future: The Radical Moment of South African Welfare System', in Saul Dubow and Alan Jeeves (eds.) *South Africa's 1940s: Worlds of Possibilities*. Cape Town: Double Storey, 2005, 44–63.

——. 'The Carnegie Commission and the Backlash against Welfare State-Building in South Africa, 1931–1937', *Journal of Southern African Studies*, 34:3, 2008, 515–537.

——. 'The National Party and the Ideology of Welfare State in South Africa under Apartheid', *Journal of Southern African Studies*, 46:4, 2020, 1145–1162.

Seekings, Jeremy and Nicoli Nattrass. *Class, Race, and Inequality in South Africa*. New Haven and London: Yale U. P., 2005.

Shear, Keith. 'At War with the Pass Laws?: Reform and the Policing of White Supremacy in 1940s South Africa', *Historical Journal*, 56:1, 2013, 205–229.

Shearar, Jeremy. *Against the World: South Africa and Human Rights at the United Nations 1945–1961*. Pretoria: UNISA Press, 2011.

Skinner, Rob. 'Christian Reconstruction, Secular Politics: Michael Schott and the Campaign for Right and Justice, 1943–1945', in Saul Dubow and Alan Jeeves (eds.) *South Africa's 1940s: Worlds of Possibilities*. Cape Town: Double Storey, 2005, 246–266.

——. *The Foundations of Anti-Apartheid: Liberal Humanitarians and Transnational Activists in Britain and the United States, c.1919–64*. Basingstoke: Palgrave Macmillan, 2010.

——. *Modern South Africa in World History: Beyond Imperialism*. London: Bloomsbury Academic, 2017.

Smith, Alison and Mary Bull (eds.) *Margery Perham and British Rule in Africa*. London and New York: Routledge, 2013.

Smyth, Paul. 'The British Social Policy Legacy in Australia', in James Midgley and David Piachaud (eds.) *Colonialism and Welfare: Social Policy and the British Imperial Legacy*. Cheltenham, and Northampton, MA: Edward Elgar, 2011, 175–190.

Stanley, Brian. *The World Missionary Conference, Edinburgh 1910*. Grand Rapids: Wm B. Eerdmans, 2009.

Swaisland, C. H. 'The Aborigines Protection Society, 1837–1909', *Slavery and Abolition*, 21:2, 2000, 265–280.

Tennant, Margaret. 'Beveridge, the Voluntary Principle and New Zealand's 'Social Laboratory'', in Melanie Oppenheimer and Nicholas Deakin (eds.) *Beveridge and Voluntary Action in Britain and the Wider World*. Manchester: Manchester U. P., 2011, 135–148.

Thane, Pat. 'Labour and Welfare', in Duncan Tanner, Pat Thane, and Nick Tiratsoo (eds.) *Labour's First Century*. Cambridge: Cambridge U. P., 2000, 80–111.

Turley, David. 'British Antislavery Reassessed', in Arthur Burns and Joanna Innes (eds.) *Rethinking the Age of Reform: Britain 1780–1850*. Cambridge: Cambridge U. P., 2003, 182–199.

Twells, Alison. *The Civilising Mission and the English Middle Class, 1792–1850: The 'Heathen' at Home and Overseas*. Basingstoke: Palgrave Macmillan, 2009.

Walker, Cherryl. 'Gender and the Development of the Migrant Labour System c.1850–1930: An Overview', in Cherryl Walker (ed.) *Women and Gender in Southern Africa to 1945*. Cape Town: David Philip, London: James Currey, 1990, 168–196.

——. *Women and Resistance in South Africa* (second ed.) New York: Monthly Review Press, 1991.

Walshe, Peter. *The Rise of African Nationalism in South Africa: The African National Congress 1912–1952*. Berkley and Los Angels: University of California Press, 1971.

Warwick, Peter. *Black People and the South African War 1899–1902*. Cambridge: Cambridge U. P., 1983.

Wells, J. C. *We Now Demand!: The History of Women's Resistance to Pass Laws in South Africa*. Johannesburg: Witwatersrand U. P., 1993.

Willan, Brian. 'The Anti-Slavery and Aborigines' Protection Society and the South African Natives' Land Act of 1913', *Journal of African History*, 20:1, 1979, 83–102.

Wolffe, John. *God and Greater Britain: Religion and National Life in Britain and Ireland 1843–1945*. London and New York: Routledge, 1994.

Worden, Nigel. *The Making of Modern South Africa* (fifth ed.) Chichester: Wiley-Blackwell, 2012.

Yu, Henry. *Thinking Orientals: Migration, Contact, and Exoticism in Modern America*. Oxford and New York: Oxford U. P., 2001.

②未刊行博士論文

Haines, R. J. 'The Politics of Philanthropy and Race Relations: The Joint Councils of South Africa, c.1920–1955', unpublished Ph.D. dissertation (SOAS), 1991.

Swaisland, H. C. 'The Aborigines Protection Society and British Southern and West Africa', unpublished D.Phil. dissertation (Oxford), 1968.

【日本語文献】

赤木誠「両大戦間期イギリスにおける家族手当——調査・運動・制度設計」『社会経済史学』第 71 巻第 4 号，2005 年，459–478 頁。

——「変容する福祉実践の場と主体——第一次大戦期における別居手当と家族手当構想」岡村東洋光・高田実・金澤周作編『英国福祉ボランタリズムの起源——資本・コミュニティ・国家』ミネルヴァ書房，2012 年，184–204 頁。

安達智史『リベラル・ナショナリズムと多文化主義——イギリスの社会統合とムスリム』勁草書房，2013 年。

網中昭世『植民地支配と開発——モザンビークと南アフリカ金鉱業』山川出版社，2014 年。

荒木圭子『マーカス・ガーヴィーと「想像の帝国」——国際的人種秩序への挑戦』千倉書房，2021 年。

安保則夫『イギリス労働者の貧困と救済——救貧法と工場法』明石書店，2005 年。

五十嵐元道『支配する人道主義——植民地統治から平和構築まで』岩波書店，2016 年。

稲垣春樹「19 世紀前半のイギリス帝国における人道主義と法——英領ジャマイカを事例として」『西洋史学』第 270 号，2020 年，1–20 頁。

——「エリザベス・ヘイリクの奴隷解放運動と労働運動」『文学部附置人文科学研究所論叢』（青山学院大学）第 5 号，2024 年，5–22 頁。

井野瀬久美惠『植民地経験のゆくえ——アリス・グリーンのサロンと世紀転換期の大英帝国』人文書院，2004 年。

江里口拓『福祉国家の効率と制御——ウェッブ夫妻の経済思想』昭和堂，2008 年。

大澤広晃「長い 19 世紀におけるイギリス帝国と「人道主義」——研究の動向と展望」『アカデミア 人文・自然科学編』第 9 号，2015 年，115–133 頁。

——「「国内史」と「帝国史」の総合を目指して」『西洋史学』第 264 号，2017 年，97–98 頁。

――「戦間期南アフリカにおけるアフリカ人労働者の「不自由さ」と救済の試み――ヨーロッパ人・アフリカ人協議会の活動を中心に」奥田伸子ほか『近現代イギリスの「不自由な」労働者たち（仮題）』広島大学出版会，近刊。

小野塚知二編『自由と公共性――介入的自由主義とその思想的起点』日本経済評論社，2009年。

カー，E・H（原彬久訳）『危機の二十年――理想と現実』岩波書店，2011年。

金澤周作『チャリティとイギリス近代』京都大学学術出版会，2008年。

――『チャリティの帝国――もうひとつのイギリス近現代史』岩波書店，2021年。

兼子歩「ブッカー・T・ワシントンの政治的権利論における人種・階級・ジェンダー」『北大史学』第48号，2008年，98–134頁。

――「ブッカー・T・ワシントンのリンチ批判――20世紀転換期アメリカ南部における人種・ジェンダー・階級」『西洋史論集』第12号，2009年，55–92頁。

上林朋広「南アフリカにおけるアメリカ南部黒人教育の受容」『歴史評論』第792号，2016年，46–60頁。

――「部族と普遍の間――Z・K・マシューズの原住民法研究から見る南アフリカ市民権要求の論理」石井紀子・今野裕子編『「法-文化圏」とアメリカ――20世紀トランスナショナル・ヒストリーの新視角』上智大学出版，2022年，93–131頁。

――「模倣すべき「過去」――南アフリカ・ナタール植民地における武装蜂起と人種隔離政策の形成」佐川徹・竹沢尚一郎・松本尚之編『歴史が生みだす紛争，紛争が生みだす歴史――現代アフリカにおける暴力と和解』春風社，2024年，89–124頁。

――「歩きながら考える南アフリカの歴史」『アフリカ』第64巻第1号，2024年，12–15頁。

北川勝彦『南部アフリカ社会経済史研究』関西大学出版部，2001年。

木畑洋一『支配の代償――英帝国の崩壊と「帝国意識」』東京大学出版会，1987年。

――「「中国人奴隷」とイギリス政治――南アフリカへの中国人労働者導入をめぐって」油井大三郎ほか『世紀転換期の世界――帝国主義支配の重層構造』未來社，1989年，81–119頁。

後藤春美『国際主義との格闘――日本，国際連盟，イギリス帝国』中央公論新社，2016年。

佐伯尤『南アフリカ金鉱業史――ラント金鉱発見から第二次世界大戦勃発まで』新評論，2003年。

佐藤千鶴子『南アフリカの土地改革』日本経済評論社，2009年。

篠原初枝『国際連盟――世界平和への夢と挫折』中央公論新社，2010年。

ジョンソン，ポール（真屋尚生訳）『節約と浪費――イギリスにおける自助と互助の生活史』慶應義塾大学出版会，1997年。

鈴木英明『解放しない人びと，解放されない人びと――奴隷廃止の世界史』東京大学出版会，2020年。

スターンズ，ピーター・N（上杉忍訳）『人権の世界史』ミネルヴァ書房，2022年。

セイン，パット（深澤和子・深澤敦監訳）『イギリス福祉国家の社会史――経済・社会・政治・文化的背景』ミネルヴァ書房，2000年。

セハス，モニカ「女性の眼でみるアパルトヘイト――1950年代「南アフリカ女性連盟」（FSAW）の事例」富永智津子・永原陽子編『新しいアフリカ史像を求めて――女性・ジェンダー・フェミニズム』御茶の水書房，2006年，279–305頁。

高田実「福祉と社会――チャールズ・ディケンズの世界」井野瀬久美惠編『イギリス文化

史』昭和堂，2010 年，68–92 頁。

——「ゆりかごから墓場まで——イギリスの福祉社会 1870～1942 年」高田実・中野智世編『近代ヨーロッパの探究 15 福祉』ミネルヴァ書房，2012 年，65–110 頁。

竹内幸雄『自由主義とイギリス帝国——スミスの時代からイラク戦争まで』ミネルヴァ書房，2011 年。

竹沢尚一郎『人類学的思考の歴史』世界思想社，2007 年。

武田尚子『20 世紀イギリスの都市労働者と生活——ロウントリーの貧困研究と調査の軌跡』ミネルヴァ書房，2014 年。

田村理『人権論の光と影——環大西洋革命期リヴァプールの奴隷解放論争』北海道大学出版会，2021 年。

トレントマン，フランク（田中裕介訳）『フリートレイド・ネイション——イギリス自由貿易の興亡と消費文化』NTT 出版，2016 年。

ドーントン，マーティン（松永友有訳）「社会と経済活動」コリン・マシュー（君塚直隆監訳）『オックスフォードブリテン諸島の歴史 19 世紀 1815 年～1901 年』慶應義塾大学出版会，2009 年，57–113 頁。

トンプソン，レナード（宮本正興ほか訳）『南アフリカの歴史（最新版）』明石書店，2009 年。

中野耕太郎「新移民とホワイトネス——20 世紀初頭の「人種」と「カラー」」川島正樹編『アメリカニズムと「人種」』名古屋大学出版会，2005 年，140–163 頁。

——『20 世紀アメリカ国民秩序の形成』名古屋大学出版会，2015 年。

中村（渡辺）千尋「両大戦間期フランスの移民政策に関する一考察（1）——ウィリアム・ウアリドの議論を中心に」『経済学研究』（千葉大学）第 33 巻第 3・4 号，2019 年，85–101 頁。

並河葉子「反奴隷制運動の情報ネットワークとメディア戦略」南塚信吾編『情報がつなぐ世界史』ミネルヴァ書房，2018 年，163–183 頁。

バーガー，アイリス（富永智津子訳）「南アフリカにおけるジェンダー闘争——アフリカ史の再概念化にむけて」富永智津子・永原陽子編『新しいアフリカ史像を求めて——女性・ジェンダー・フェミニズム』御茶の水書房，2006 年，369–392 頁。

長谷川貴彦「近世化のなかのコモンウェルス——イギリス福祉国家の歴史的源流を求めて」，高田実・中野智世編『近代ヨーロッパの探究 15 福祉』ミネルヴァ書房，2012 年，25–62 頁。

浜井祐三子『イギリスにおけるマイノリティの表象——「人種」・多文化主義とメディア』三元社，2004 年。

樋口映美『アメリカ黒人と北部産業——戦間期における人種意識の形成』彩流社，1997 年。

菱田幸子「人種間協力への期待と挫折——1930 年代の反リンチ運動を事例に」『アメリカ・カナダ研究』第 23 号，2005 年，77–94 頁。

布留川正博『イギリスにおける奴隷貿易と奴隷制の廃止——環大西洋世界のなかで』有斐閣，2020 年。

ブレッケンリッジ，キース（堀内隆行訳）『生体認証国家——グローバルな監視政治と南アフリカの近現代』岩波書店，2017 年。

ホブスン（矢内原忠雄訳）『帝国主義論 上下巻』岩波書店，1952 年。

堀内隆行『異郷のイギリス——南アフリカのブリティッシュ・アイデンティティ』丸善出版，2018 年。

――『ネルソン・マンデラ――分断を超える現実主義者』岩波書店，2021 年。

前川一郎『イギリス帝国と南アフリカ――南アフリカ連邦の結成 1899～1912』ミネルヴァ書房，2006 年。

マゾワー，マーク（池田年穂訳）『国連と帝国――世界秩序をめぐる攻防の 20 世紀』慶應義塾大学出版会，2015 年。

松原宏之『虫喰う近代――1910 年代社会衛生運動とアメリカの政治文化』ナカニシヤ出版，2013 年。

水野祥子『エコロジーの世紀と植民地科学者――イギリス帝国・開発・環境』名古屋大学出版会，2020 年。

光永正明「「人類教」とジェントルマン」川北稔・指昭博編『周縁からのまなざし――もうひとつのイギリス近代』山川出版社，2000 年，82–107 頁。

峯陽一「アメリカの経験，南アフリカの経験」川島正樹編『アメリカニズムと「人種」』名古屋大学出版会，2005 年，329–357 頁。

宮内洋平『ネオアパルトヘイト都市の空間統治――南アフリカの民間都市再開発と移民社会』明石書店，2018 年。

宗村敦子「南アフリカにおける工業化と労働者」北川勝彦ほか編『概説 世界経済史』昭和堂，2017 年，269–278 頁。

――「アパルトヘイト下の産業調停委員会制度のもがき――1950 年代南アフリカの缶詰労働者組合の労使交渉からの一分析」『関西大学経済論集』第 67 編第 4 号，2018 年，711–730 頁。

毛利健三『イギリス福祉国家の研究――社会保障発達の諸画期』東京大学出版会，1990 年。

森建資『雇用関係の生成――イギリス労働政策史序説』木鐸社，1988 年。

籔田有紀子『レナード・ウルフと国際連盟――理想と現実の間で』昭和堂，2016 年。

山口みどり「ヴィクトリア期の家族観と女性――男女の領域分離論をめぐって」河村貞枝・今井けい編『イギリス近現代女性史研究入門』青木書店，2006 年，36–50 頁。

山本卓『20 世紀転換期イギリスの福祉再編――リスペクタビリティと貧困』法政大学出版局，2020 年。

ローゼンワイン，バーバラ・H／リッカルド・クルスティアーニ（伊東剛史ほか訳）『感情史とは何か』岩波書店，2021 年。

注

序　章

（1）*The Guardian*（30 Aug 2007）.

（2）この点については，次を参照。Rob Skinner, *Modern South Africa in World History: Beyond Imperialism*, London: Bloomsbury Academic, 2017, chs. 6–7.

（3）堀内隆行『ネルソン・マンデラ——分断を超える現実主義者』岩波書店，2021 年。

（4）*House of Commons Hansard*, vol. 458, column 688.

（5）マーティン・ドーントン（松永友有訳）「社会と経済活動」コリン・マシュー（君塚直隆監訳）『オックスフォード ブリテン諸島の歴史 19 世紀 1815 年〜1901 年』慶應義塾大学出版会，2009 年，97–102 頁；高田実「ゆりかごから墓場まで——イギリスの福祉社会 1870〜1942 年」高田実・中野智世編『福祉』ミネルヴァ書房，2012 年，68–69 頁；安保則夫『イギリス労働者の貧困と救済——救貧法と工場法』明石書店，2005 年，306–312 頁。

（6）高田「ゆりかごから墓場まで」70–71 頁。

（7）金澤周作『チャリティの帝国——もうひとつのイギリス近現代史』岩波書店，2021 年，第 3 章；高田「ゆりかごから墓場まで」69–70 頁。キリスト教の強い影響については，次を参照のこと。Frank Prochaska, *Christianity and Social Service in Modern Britain: The Disinherited Spirit*, Oxford: Oxford U. P., 2006.

（8）金澤『チャリティの帝国』77–109，134 頁；高田「ゆりかごから墓場まで」70 頁。

（9）「フィランスロピー」は，キリスト教の愛とそれに基づく善行を原義とする「チャリティ」よりも包括的な含意をもつ言葉だが，近現代イギリスで両者はほぼ同義語として用いられてきた。よって，本書でも，フィランスロピーという言葉を主に用いつつ，必要に応じてチャリティという言葉も使用し，両者を明確に区別しない。この点については，次を参照。金澤周作『チャリティとイギリス近代』京都大学学術出版会，2008 年，3 頁。

（10）'philanthropy', *Oxford English Dictionary*（*OED*）（オンライン版，以下同），定義 1.a.

（11）Hugh Cunningham, *The Reputation of Philanthropy since 1750: Britain and Beyond*, Manchester: Manchester U. P., 2020, 35–39.

（12）*Ibid*., 108–112.

（13）以下で述べる論点について，詳細は以下を参照されたい。拙稿「長い 19 世紀におけるイギリス帝国と「人道主義」——研究の動向と展望」『アカデミア 人文・自然科学編』第 9 号，2015 年，115–133 頁。

（14）Judith Fingard, 'English Humanitarianism and the Colonial Mind: Walter Bromley in Nova Scotia, 1813–25', *Canadian Historical Review*, 52:2, 1973, 123–151.

（15）David Turley, 'British Antislavery Reassessed', in Arthur Burns and Joanna Innes (eds.), *Rethinking the Age of Reform: Britain 1780–1850*, Cambridge: Cambridge U. P., 2003, 183.

(16) Claire McLisky, ‘‘Due Observance of Justice, and the Protection of their Rights’: Philanthropy, Humanitarianism and Moral Purpose in the Aborigines Protection Society circa 1837 and Its Portrayal in Australian Historiography, 1883–2003’, *Lumina*, 11, 2005, 57–58.
(17) *OED*.
(18) Jane Lydon, *Imperial Emotions: The Politics of Empathy across the British Empire*, Cambridge: Cambridge U. P., 2020, 13–14.
(19) たとえば以下の書簡からは，1907 年においても，人道主義を指して philanthropy という言葉が用いられていたことが分かる。Weston Library（以下，WL), Anti-Slavery Papers（以下，ASP), British Empire（以下，BE), s.18/C90/70, A. P. Watson to Travers Buxton, 24 Oct 1907. さらに，第一次世界大戦中の 1915 年にも ASAPS が自らを「フィランスロピー協会」と呼ぶ例がみられる（*Anti-Slavery Reporter and Aborigines' Friend*（以下，*ASRAF*）(Jul 1915), 32)。
(20) *ASRAF* (Jan 1922), 107.
(21) *ASRAF* (Oct 1926), 109.
(22) この点については，拙稿「「国内史」と「帝国史」の総合を目指して」『西洋史学』第 264 号，2017 年，97–98 頁を参照。
(23) M. J. D. Roberts, *Making English Morals: Voluntary Association and Moral Reform in England, 1787–1886*, Cambridge: Cambridge U. P., 2004, 17. 布告協会とそこでのウィルバフォースの役割については，次を参照。Joanna Innes, *Inferior Politics: Social Problems and Social Policies in Eighteenth-Century Britain*, Oxford: Oxford U. P., 2009, ch. 5.
(24) ‘Buxton, Sir Thomas Fowell’, *Oxford Dictionary of National Biography* (*ODNB*)（オンライン版，以下同）. なお，18 世紀後半のイギリスでフィランスロピーを体現したと評されるジョン・ハワードの活動以来，刑務所改革はフィランスロピーの主要イシューだった（Cunningham, *The Reputation of Philanthropy*, chs. 4–5)。
(25) Hugh Cunningham, ‘Introduction’, in Hugh Cunningham and Joanna Innes (eds.), *Charity, Philanthropy and Reform: From the 1690s to 1850*, Basingstoke and London: Macmillan, 1998, 7.
(26) Alison Twells, *The Civilising Mission and the English Middle Class, 1792–1850: The ‘Heathen’ at Home and Overseas*, Basingstoke: Palgrave Macmillan, 2009.
(27) Alan Lester, ‘Humanitarians and White Settlers in the Nineteenth Century’, in Norman Etherington (ed.), *Missions and Empire*, Oxford: Oxford U. P., 2005, 81 より再引用。
(28) たとえば，1880 年代の南部アフリカにおけるブール人の領土拡張主義を非難し，ブール人の圧迫を受けるアフリカ人の保護を求める集会で議長を務めるなどしていた（*Times* (28 Nov 1883))。
(29) *The Annual Report of the Aborigines Protection Society, 1899*. ラウントリーについては，次を参照。Mark Freeman, ‘The Rowntree Family and the Evolution of Quaker Philanthropy, c.1880 to c.1920’, in Clyde Binfield, G. M. Ditchfield, and David L. Wikes (eds.), *Protestant Dissent and Philanthropy in Britain 1660–1914*, Woodbridge: Boydell, 2020, 187–204.
(30) 金澤『チャリティの帝国』144 頁。
(31) 金澤『チャリティとイギリス近代』173–184 頁；同『チャリティの帝国』第 4 章。
(32) Mahmood Mamdani, *Citizen and Subject: Contemporary Africa and the Legacy of Late Colonialism*, Princeton: Princeton U. P., 1996, 3.
(33) 拙稿「長い 19 世紀におけるイギリス帝国と「人道主義」」115–133 頁。

(34) Amanda Nettelbeck, *Indigenous Rights and Colonial Subjecthood: Protection and Reform in the Nineteenth-Century British Empire*, Cambridge: Cambridge U. P., 2019.

(35) Joy Damousi, Trevor Burnard, and Alan Lester (eds.), *Humanitarianism, Empire and Transnationalism, 1760–1995: Selective Humanity in the Anglophone World*, Manchester: Manchester U. P., 2022.

(36) 五十嵐元道『支配する人道主義——植民地統治から平和構築まで』岩波書店，2016 年。

(37) H. C. Swaisland, 'The Aborigines Protection Society and British Southern and West Africa', unpublished D.Phil. dissertation (Oxford), 1968; do., 'The Aborigines Protection Society, 1837–1909', *Slavery and Abolition*, 21:2, 2000, 265–280.

(38) Zoë Laidlaw, *Protecting the Empire's Humanity: Thomas Hodgkin and British Colonial Activism 1830–1870*, Cambridge: Cambridge U. P., 2021.

(39) D. A. Lorimer, *Science, Race Relations and Resistance: Britain 1870–1914*, Manchester: Manchester U. P., 2013.

(40) A. R. Forclaz, *Humanitarian Imperialism: The Politics of Anti-Slavery Activism, 1880–1940*, Oxford: Oxford U. P., 2015.

(41) Kevin Grant, *A Civilised Savagery: Britain and the New Slaveries in Africa, 1884–1926*, New York: Routledge, 2005.

(42) 代表的な研究としては，次を参照。Alan Lester, *Imperial Networks: Creating Identities in Nineteenth-Century South Africa and Britain*, London: Routledge, 2001; Catherine Hall, *Civilising Subjects: Metropole and Colony in the English Imagination, 1830–1867*, Oxford: Polity, 2002; Twells, *The Civilising Mission*. 日本語の著作では，次のものを参照。布留川正博『イギリスにおける奴隷貿易と奴隷制の廃止——環大西洋世界のなかで』有斐閣，2020 年；田村理『人権論の光と影——環大西洋革命期リヴァプールの奴隷解放論争』北海道大学出版会，2021 年；並河葉子「反奴隷制運動の情報ネットワークとメディア戦略」南塚信吾編『情報がつなぐ世界史』ミネルヴァ書房，2018 年，163–183 頁；稲垣春樹「エリザベス・ヘイリクの奴隷解放運動と労働運動」『文学部附置人文科学研究所論叢』（青山学院大学）第 5 号，2024 年，5–22 頁。このうち稲垣の論考は，複数の社会運動の相互連関に目を凝らす必要性を指摘しており，筆者の問題意識と重なる部分が大きい。

(43) たとえば，Trevor Burnard, Joy Damousi, and Alan Lester, 'Introduction: Selective Humanity: Three Centuries of Anglophone Humanitarianism, Empire and Transnationalism', in Damousi, Burnard, and Lester (eds.), *Humanitarianism, Empire and Transnationalism*, 20. この論文は，18 世紀以降の人道主義の動向とそれについての研究史における主要な論点を総括した最新の試みといえるが，人道主義をイギリス国内の福祉の動向と結びつける視点はほとんど言及されていない。

(44) このテーマでの主な研究としては，たとえば次を参照。Michael Havinden and David Meredith, *Colonialism and Development: Britain and Its Tropical Colonies, 1850–1960*, London and New York: Routledge, 1993; Joanna Lewis, *Empire State-Building: War and Welfare in Kenya 1925–52*, Oxford: James Currey, Nairobi: E. A. E. P, Athens, OH: Ohio U. P., 2000; Mark Duffield and Vernon Hewitt (eds.), *Empire, Development and Colonialism: The Past in the Present*, Woodbridge: James Currey, 2009; James Midgley and David Piachaud (eds.), *Colonialism and Welfare: Social Policy and the British Imperial Legacy*, Cheltenham, and

Northampton, MA: Edward Elgar, 2011; Anne O'Brien, *Philanthropy and Settler Colonialism*, Basingstoke: Palgrave Macmillan, 2015. イギリス本国の福祉思想が植民地に与えた影響については，ウィリアム・ベヴァリッジを主題とする次の論文集がある。Melanie Oppenheimer and Nicholas Deakin (eds.), *Beveridge and Voluntary Action in Britain and the Wider British World*, Manchester: Manchester U. P., 2011.

(45) このうち福祉については，既出の高田実による目配りの行き届いた概論や，金澤周作のチャリティを主題とする通史から多くを学ぶことができる。また福祉と関連する社会思想・経済思想については，次の文献が参考になる。毛利健三『イギリス福祉国家の研究——社会保障発達の諸画期』東京大学出版会，1990 年；小野塚知二編『自由と公共性——介入的自由主義とその思想的起点』日本経済評論社，2009 年；江里口拓『福祉国家の効率と制御——ウェッブ夫妻の経済思想』昭和堂，2008 年；山本卓『20 世紀転換期イギリスの福祉再編——リスペクタビリティと貧困』法政大学出版局，2020 年。

(46) Cunningham, *The Reputation of Philanthropy*, 29–32.

(47) 金澤『チャリティの帝国』207–210 頁。

(48) Matthew Hilton and James McKay (eds.), *The Age of Voluntarism: How We Got to the Big Society*, Oxford: Oxford U. P., 2011.

(49) 金澤『チャリティの帝国』183–191，201–203 頁。

(50) とはいえ，スタンホープ（第 1 章）などのように，セーブ・ザ・チルドレンの主要人物が ASAPS でも重要な役割を担うなど，両団体の間には密接な人的つながりがあった。

(51) 金澤『チャリティとイギリス近代』228–234 頁；同『チャリティの帝国』第 4 章。

(52) Paul Rich, *White Power and the Liberal Conscience: Racial Segregation and South African Liberalism, 1921–60*, Manchester: Manchester U. P., 1984.

(53) Paul Rich, *Hope and Despair: English-Speaking Intellectuals and South African Politics, 1896–1976*, London and New York: British Academic Press, 1993.

(54) R. J. Haines, 'The Politics of Philanthropy and Race Relations: The Joint Councils of South Africa, c.1920–1955', unpublished Ph.D. dissertation (SOAS), 1991.

(55) Saul Dubow, *Racial Segregation and the Origins of Apartheid in South Africa, 1919–1936*, Basingstoke: Macmillan, 1989.

(56) Grace Davie, *Poverty Knowledge in South Africa: A Social History of Human Science, 1855–2005*, Cambridge: Cambridge U. P., 2015.

(57) Franco Barchiesi, 'Imagining the Patriotic Worker: The Idea of 'Decent Work' in the ANC's Political Discourse', in Arianna Lissoni et al. (eds.), *One Hundred Years of The ANC: Debating Liberation Histories Today*, Johannesburg: Witwatersrand U. P., Cape Town: South African History Online, 2012, 111–134; do., 'The Violence of Work: Revisiting South Africa's 'Labour Question' Through Precarity and Anti-Blackness', *Journal of Southern African Studies*, 42:5, 2016, 875–891.

(58) Rich, *White Power and the Liberal Conscience*, 27. 戦間期から第二次世界大戦期にかけての帝国支配に対する批判を論じたバーバラ・ブッシュも，同様のことを述べている（Barbara Bush, *Imperialism, Race and Resistance: Africa and Britain 1919–1945*, London: Routledge, 1999, 189–190）。

(59) Peter Walshe, *The Rise of African Nationalism in South Africa: The African National Congress*

1912–1952, Berkley and Los Angels: University of California Press, 1971.

(60) Natasha Erlank, 'Christianity and African Nationalism in South Africa in the First Half of the Twentieth Century', in Arianna Lissoni et al. (eds.), *One Hundred Years of The ANC*, 89–90.

(61) Saul Dubow, 'How British was the British World?: The Case of South Africa', *Journal of Imperial and Commonwealth History*, 37:1, 2009, 12–13.

(62) 南ア主義については，次を参照のこと。Saul Dubow, *A Commonwealth of Knowledge: Science, Sensibility and White South Africa 1820–2000*, Oxford: Oxford U. P., 2006; do., 'How British was the British World?', 1–27. また，堀内隆行の著書も，南ア主義に関わる問題をイギリス系白人やカラードの視座から分析しようとした試みとも読める（堀内隆行『異郷のイギリス——南アフリカのブリティッシュ・アイデンティティ』丸善出版，2018年）。

(63) Frederick Cooper, *Decolonization and African Society: The Labor Question in French and British Africa*, Cambridge: Cambridge U. P., 1996, 6.

(64) 安易な目的論を排して，「なにが起きそこなったか」を歴史のダイナミズムにそくして考えることの意義については，次の文献から多くを学んだ。松原宏之『虫喰う近代——1910年代社会衛生運動とアメリカの政治文化』ナカニシヤ出版，2013年。

(65) ヨーロッパや北米で実践されたフィランスロピーの超域的関係を論じたものとしては，たとえば次のような成果がある。Cunningham and Innes (eds.), *Charity, Philanthropy and Reform*; Thomas Adam (ed.), *Philanthropy, Patronage and Civil Society: Experiences from Germany, Great Britain, and North America*, Bloomington, IN: Indian U. P., 2004. また，帝国フィランスロピー／人道主義の広域ネットワークを明らかにした先行研究の代表例としては，次のものをあげておきたい。Lester, *Imperial Networks*; Zoë Laidlaw, *Colonial Connections 1815–45: Patronage, the Information Revolution and Colonial Government*, Manchester: Manchester U. P., 2005; do., *Protecting the Empire's Humanity*.

(66) Rob Skinner, *The Foundations of Anti-Apartheid: Liberal Humanitarians and Transnational Activists in Britain and the United States, c.1919–64*, Basingstoke: Palgrave Macmillan, 2010; 鈴木英明『解放しない人びと，解放されない人びと——奴隷廃止の世界史』東京大学出版会，2020年。

(67) たとえば，J. T. Campbell, *Songs of Zion: The African Methodist Episcopal Church in the United States and South Africa*, Oxford: Oxford U. P., 1995; George M. Fredrickson, *Black Liberation: A Comparative History of Black Ideologies in the United States and South Africa*, Oxford: Oxford U. P., 1995; 峯陽一「アメリカの経験，南アフリカの経験」川島正樹編『アメリカニズムと「人種」』名古屋大学出版会，2005年，329–357頁；荒木圭子『マーカス・ガーヴィーと「想像の帝国」——国際的人種秩序への挑戦』千倉書房，2021年；上林朋広「南アフリカにおけるアメリカ南部黒人教育の受容」『歴史評論』第792号，2016年，46–60頁；同「部族と普遍の間——Z・K・マシューズの原住民法研究から見る南アフリカ市民権要求の論理」石井紀子・今野裕子編『「法-文化圏」とアメリカ——20世紀トランスナショナル・ヒストリーの新視角』上智大学出版，2022年，93–131頁。

第1章

(1) 帝国支配におけるこうしたイデオロギーの重要性については，次を参照。Joanna Lewis, 'The British Empire and World History: Welfare Imperialism and 'Soft' Power in the

Rise and Fall of Colonial Rule', in James Midgley and David Piachaud (eds.), *Colonialism and Welfare: Social Policy and the British Imperial Legacy*, Cheltenham, and Northampton, MA: Edward Elgar, 2011, 17–35; Vernon Hewitt, 'Empire, International Development and the Concept of Good Government', in Mark Duffield and Vernon Hewitt (eds.), *Empire, Development and Colonialism: The Past in the Present*, Woodbridge: James Currey, 2009, 30–44.

(2) Kevin Grant, *A Civilised Savagery: Britain and the New Slaveries in Africa, 1884–1926*, New York: Routledge, 2005, 6–7; Andrew Porter, 'Trusteeship, Anti-Slavery, and Humanitarianism', in Andrew Porter (ed.), *The Oxford History of the British Empire: The Nineteenth Century*, Oxford: Oxford U. P., 1999, 199.

(3) Grant, *A Civilised Savagery*, 6–7.

(4) Hugh Cunningham, *The Reputation of Philanthropy since 1750: Britain and Beyond*, Manchester: Manchester U. P., 2020, ch. 6.

(5) Richard Huzzey, *Freedom Burning: Anti-Slavery and Empire in Victorian Britain*, Ithaca: Cornell U. P., 2012.

(6) Grant, *A Civilized Savagery*, 25.

(7) *Ibid*., 7–8.

(8) *Ibid*., 19–20; Porter, 'Trusteeship, Anti-Slavery, and Humanitarianism', 199–200.

(9) D. W. Bebbington, *Evangelicalism in Modern Britain: A History from the 1730s to the 1980s*, London and Boston: Unwin Hyman, 1989, 10–12.

(10) Grant, *A Civilised Savagery*, 7–8, 26–31.

(11) Cunningham, *The Reputation of Philanthropy*, 116–122.

(12) Porter, 'Trusteeship, Anti-Slavery, and Humanitarianism', 211–214.

(13) *Ibid*., 214–216.

(14) *Ibid*., 216–217.

(15) Grant, *A Civilised Savagery*, 8.

(16) Bernard Porter, *Critics of Empire: British Radicals and the Imperial Challenge* (reprint ed.), London and New York: I. B. Tauris, 2008, 244–246, 257–258.

(17) *Ibid*., 245.

(18) コンゴ改革運動については，次も参照。Dean Pavlakis, *British Humanitarianism and the Congo Reform Movement, 1896–1913*, Abingdon and New York: Routledge, 2015; 竹内幸雄『自由主義とイギリス帝国――スミスの時代からイラク戦争まで』ミネルヴァ書房，2011 年，第 9 章。

(19) Porter, *Critics of Empire*, 265.

(20) *Ibid*., 258, 262–265, 287; Grant, *A Civilised Savagery*, 32; 竹内『自由主義とイギリス帝国』227–228 頁。

(21) キングズリについては，次を参照。井野瀬久美惠『植民地経験のゆくえ――アリス・グリーンのサロンと世紀転換期の大英帝国』人文書院，2004 年，第 3–4 章。

(22) Porter, *Critics of Empire*, 246–254; Grant, *A Civilised Savagery*, 33–35. ただし，バーナード・ポーターは，キングズリがホルトのような商人たちに植民地統治の実務を委託しようとしたのに対して，政治への関与を嫌うホルトは消極的な姿勢を示した点や，彼女が特許会社による独占事業に反対していなかった点をあげて，両者の思想が完全に一致していたわけではなかったとことを指摘している。

(23) Grant, *A Civilised Savagery*, 32.
(24) *Ibid.*, 8.
(25) *Report from the Select Committee on Aborigines* (*British Settlements*), *British Parliamentary Papers* (以下，*BPP*), VII.1 (1837), 3.
(26) APS は，篤志協会の便覧ともいうべき次の史料でも言及されている。Sampson Low, *The Charities of London: Comprehending the Benevolent, Educational, and Religious Institutions: Their Origins and Design, Progress, and Present Positions*, London: Sampson Low, 1850. 同書では，篤志協会型チャリティが 18 の種類に分類されているが，APS は「その他（Miscellaneous）」に含まれている。
(27) 金澤周作『チャリティとイギリス近代』京都大学学術出版会，2008 年，43 頁。
(28) H. C. Swaisland, 'The Aborigines Protection Society, 1837–1909', *Slarery and Abolition*, 21; 2, 2000, 266.
(29) 金澤『チャリティとイギリス近代』46 頁。
(30) H. C. Swaisland, 'The Aborigines Protection Society and British Southern and West Africa', unpublished D.Phil. dissertation (Oxford), 1968, 15–23; do., 'The Aborigines Protection Society, 1837–1909', 266.
(31) Swaisland, 'The Aborigines Protection Society, 1837–1909', 266–268.
(32) *Ibid.*, 277.
(33) Grant, *A Civilised Savagery*, 33.
(34) Swaisland, 'The Aborigines Protection Society, 1837–1909', 277.
(35) 金澤『チャリティとイギリス近代』182–183 頁。
(36) 高田実「ゆりかごから墓場まで――イギリスの福祉社会 1870～1942 年」高田実・中野智世編『福祉』ミネルヴァ書房，2012 年，73–75 頁。
(37) Cunningham, *The Reputation of Philanthropy*, 158–168; Geoffrey A. C. Ginn, *Culture, Philanthropy and the Poor in Late-Victorian London*, London and New York: Routledge, 2017.
(38) Jose Harris, *Private Lives, Public Spirit: Britain 1870–1914*, London: Penguin Books, 1994, 199–201; 高田「ゆりかごから墓場まで」74–75 頁。
(39) 高田「ゆりかごから墓場まで」84–85 頁。
(40) 山本卓『20 世紀転換期イギリスの福祉再編――リスペクタビリティと貧困』法政大学出版局，2020 年，34–35 頁。
(41) 同上書，35 頁。
(42) 同上書，35–36 頁。
(43) 高田「ゆりかごから墓場まで」73–81 頁；安保則夫『イギリス労働者の貧困と救済――救貧法と工場法』明石書店，2005 年，第 6–7 章；武田尚子『20 世紀イギリスの都市労働者と生活――ロウントリーの貧困研究と調査の軌跡』ミネルヴァ書房，2014 年，175–176 頁。
(44) Porter, *Critics of Empire*, 163–168; 武田『20 世紀イギリスの都市労働者と生活』170 頁。
(45) 山本『20 世紀転換期イギリスの福祉再編』38–41 頁。
(46) Henrik Aspengren, 'Empire: A Question of Hearts?: The Social Turn in Colonial Government, Bombay c.1905–1925', in Duffield and Hewitt (eds.), *Empire, Development and Colonialism*, 49.
(47) Swaisland, 'The Aborigines Protection Society, 1837–1909', 277.

(48) *The Annual Report of the Aborigines Protection Society, 1899*.
(49) ‘Pease, Sir Alfred Edward’, *ODNB*.
(50) ‘Obituary: Thomas Bayley’, *Times* (13 Mar 1906).
(51) ‘Obituary: H. C. Stephens’, *Times* (12 Jul 1918).
(52) ‘Obituary: Sir C. E. Swann’, *Times* (15 Jul 1929).
(53) ‘McKenna, Reginald’, *ODNB*.
(54) ‘Obituary: J. A. Bright’, *Times* (13 Nov 1924).
(55) ‘Hopwood, Charles Henry’, *ODNB*.
(56) ‘Picton, James Allanson’, *ODNB*.
(57) ‘McArthur, Alexander’, *ODNB*.
(58) ‘Robinson, Ellen’, *ODNB*.
(59) ‘Unwin, (Emma) Jane Catherine Cobden’, *ODNB*.
(60) ‘Dilke, Sir Charles Wentworth’, *ODNB*. ディルクの帝国フィランスロピーについては，D. A. Lorimer, *Science, Race Relations and Resistance: Britain 1870–1914*, Manchester: Manchester U. P., 2013, 27–36.
(61) ‘Courtney, Leonard Henry, Baron Courtney of Penwith’, *ODNB*.
(62) ‘Obituary: Lord Weardale’, *Times* (2 Mar 1923).
(63) Porter, *Critics of Empire*, 5–25, 33–34.
(64) *Ibid.*, 60–62, 84–94.
(65) *Ibid.*, 5–25, 33–34.
(66) 当時の自由貿易は純粋な経済理論にとどまらず，公正・平和・倫理などの価値観を象徴し，イギリスの国民性を体現する政治文化という性格も併せもっていた。そのようなエートスはAPSが追求する帝国統治の理念とも近似していたといえよう。この点については，フランク・トレントマン（田中裕介訳）『フリートレイド・ネイション——イギリス自由貿易の興亡と消費文化』NTT 出版，2016 年，とくに第 3 章を参照。
(67) 以下のボーンの略歴は，‘Bourne, Henry Richard Fox’, in *ODNB*; ‘Memoir: H. R. Fox Bourne’, *Aborigines’ Friend*（以下，*AF*）(May 1909), 245–254 を参照した。
(68) Grant, *A Civilised Savagery*, 32–33. 他方で，パヴラキスは，初期におけるモレルとボーンのやりとりでアフリカ人の権利についての言及はみられないと主張し，前者に対するホルトの影響を強調している（Pavlakis, *Congo Reform Movement*, 44–45)。
(69) Grant, *A Civilised Savagery*, 33.
(70) H. R. Fox Bourne, *Blacks and Whites in West Africa: An Account of the Past Treatment and Present Condition of West African Natives under European Influence or Control*, London: P. S. King and Son, 1901, 55, 68, 70, 77, 80; 井野瀬『植民地経験のゆくえ』197 頁。
(71) H. R. Fox Bourne, *The Claims of Uncivilised Races: A Paper Submitted to the International Congress on Colonial Sociology, held in Paris in August, 1900*, London: Aborigines Protection Society, 1900, 6; do., *Slavery and Its Substitutes in Africa: A Paper Submitted to the Anti-Slavery Conference, held in Paris in August, 1900*, London: Aborigines Protection Society, 1900, 5.
(72) 井野瀬『植民地経験のゆくえ』167–168 頁；Lorimer, *Science, Race Relations and Resistance*, 273.
(73) 竹内『自由主義とイギリス帝国』第 8 章；安保『イギリス労働者の貧困と救済』199 頁；Lorimer, *Science, Race Relations and Resistance*, 37–38.

(74) ホブスン（矢内原忠雄訳）『帝国主義論 下巻』岩波書店，1952年，160–161頁。もっとも，APSについては，その「卓越した仕事を軽んずるつもりは毛頭ない」としつつも，さらに広範で「独創的」な調査を遂行するよう求めている。
(75) 同上書，176，177頁。
(76) 以下の南ア史概説は，次を参照した。Nigel Worden, *The Making of Modern South Africa* (fifth ed.), Chichester: Wiley-Blackwell, 2012, chs. 1–2; レナード・トンプソン（宮本正興ほか訳）『南アフリカの歴史（最新版）』明石書店，2009年，第3–4章。
(77) Grant, *A Civilised Savagery*, 80.
(78) *Hansard* (third ser.), vol.77, 22.
(79) *Ibid.*, 271.
(80) とはいえ，ケープが19世紀後半に併合した地域のなかには，ケープ法ではなく在地の制度や慣習法を用いた統治が行われているところもあり，ケープの政治制度の非人種的性格を強調しすぎるべきではない。この点については，次を参照。Mahmood Mamdani, *Citizen and Subject: Contemporary Africa and the Legacy of Late Colonialism*, Princeton: Princeton U. P., 1996, 65–71.
(81) John Lambert, ''Loyalty Its Own Reward': the South African War Experience of Natal's 'Loyal' Africans', in Greg Cuthbertson et al. (eds.), *Writing A Wider War: Rethinking Gender, Race, and Identity in the South African War, 1899–1902*, Athens, OH: Ohio U. P., 2002, 122–125.
(82) Peter Warwick, *Black People and the South African War 1899–1902*, Cambridge: Cambridge U. P., 1983, 112.
(83) Bill Nasson, *Abraham Esau's War: A Black South African War in the Cape, 1899–1902*, Cambridge: Cambridge U. P., 1991, 33より再引用。
(84) 前川一郎『イギリス帝国と南アフリカ——南アフリカ連邦の結成 1899～1912』ミネルヴァ書房，2006年，236頁。
(85) *AF* (Jan 1902), 123.
(86) Greg Cuthbertson, 'Pricking the 'Nonconformist Conscience': Religion against the South African War', in Donal Lowry (ed.), *The South African War Reappraised*, Manchester: Manchester U. P., 2000, 173.
(87) ASP, BE, s.18/C152/44, J. S. Moffatt to Fox Bourne, 1 Nov 1899.
(88) Hope Hay Hewson, *Hedge of Wild Almonds: South Africa, the 'Pro-Boers' and the Quaker Conscience*, Portsmouth, NH: Heinemann and Cape Town: David Philip, London: James Currey, 1989.
(89) Porter, *Critics of Empire*, 66–70.
(90) ASP, BE, s.18/C87/92, James Reckitt to Travers Buxton, 21 Mar 1900.
(91) Cunningham, *The Reputation of Philanthropy*, 169.
(92) APS to CO, 11 Jan 1901, in *BPP*, Cd.904 (1902), 3–5.
(93) Porter, 'Trusteeship, Anti-Slavery, and Humanitarianism', 210, 215–216.
(94) H. R. Fox Bourne, 'The Aborigines Protection Society and the Boers', *Times* (30 Aug 1901).
(95) 19世紀を通じて，APSは，ブール人の下でのアフリカ人の労働搾取や市民権からの排除といった問題をしばしば取り上げ，それらを厳しく断じてきた。この点については，Swaisland, 'The Aborigines Protection Society and British Southern and West Africa', ch.5.
(96) ASP, BE, s.18/C75/11, C. H. Allen to Travers Buxton, 28 Aug 1901.

(97) ASP, BE, s.18/C75/11, C. H. Allen to Travers Buxton, 28 Aug 1901.
(98) Charles H. Allen, 'The Aborigines Protection Society and the Boers', *Times* (11 Sep 1901).
(99) H. R. Fox Bourne, 'The Aborigines Protection Society and the Boers', *Times* (12 Sep 1901).
(100) ASP, BE, s.18/C150/119, Travers Buxton to Fox Bourne, 13 Sep 1901.
(101) ASP, BE, s.18/C76/64, Fox Bourne to Travers Buxton, 17 Sep 1901.
(102) ASP, BE, s.18/C79/113, Sarah Catchpool to Travers Buxton, 16 Mar 1900.
(103) ASP, BE, s.18/C80/46, Robert Cust to Travers Buxton, 11 Feb 1902.
(104) H. R. Fox Bourne, *Blacks and Whites in South Africa: An Account of the Past Treatment and Present Condition of South African Natives under British and Boer Control*, London: P. S. King and Son, 1900, 91.
(105) 佐伯尤『南アフリカ金鉱業史——ラント金鉱発見から第二次世界大戦勃発まで』新評論，2003 年，213–221 頁。
(106) J. A. Hobson, *War in South Africa: Its Causes and Effects*, London: James Nisbet and Co., 1900, とくに 230–231 頁。
(107) 網中昭世『植民地支配と開発——モザンビークと南アフリカ金鉱業』山川出版社，2014 年，98–116 頁。
(108) 前川『イギリス帝国と南アフリカ』43–44 頁。
(109) *AF* (Jul 1901), 46 より再引用。
(110) Porter, *Critics of Empire*, 61–3, 127–37, 200–206.
(111) Warwick, *Black People and the South African War*, 127–128.
(112) 前川『イギリス帝国と南アフリカ』235 頁。
(113) 佐伯『南アフリカ金鉱業史』222–223 頁。
(114) Warwick, *Black People and the South African War*, 134–136. もっとも，軍で雇用したアフリカ人を金鉱業に融通しようとした試みは，アフリカ人の抵抗もありほぼ失敗に終わった。
(115) Bourne, *Blacks and Whites in South Africa*, 87–88.
(116) APS to CO, 11 Jan 1901, in *BPP*, Cd.904 (1902), 4, 5.
(117) ASP, BE, s.18/C80/38, Robert Cust to Travers Buxton, 6 Jan 1901.
(118) ASP, BE, s.18/C81/72, Sam Garratt to Travers Buxton, 4 Sep 1901.
(119) BFASS to CO, 9 Nov 1900, in *BPP*, Cd.904 (1902), 1.
(120) 前川『イギリス帝国と南アフリカ』96 頁。
(121) 同上書，238 頁。
(122) Lambert, "Loyalty Its Own Reward", 131 より再引用。
(123) 前川『イギリス帝国と南アフリカ』238–241 頁。
(124) *The Annual Report of the Aborigines Protection Society, 1907.*
(125) Porter, *Critics of Empire*, 176–199.
(126) *Anti-Slavery Reporter* 23:2 (1903), 38.
(127) National Archives, CO 291/51, APS to CO, 18 Oct 1902.
(128) *AF* (Mar 1902), 166.
(129) *AF* (Nov 1902), 303.
(130) Jeff Guy, 'Gender Oppression in Southern Africa's Precapitalist Societies', in Cherryl Walker (ed.), *Women and Gender in Southern Africa to 1945*, Cape Town: David Philip, London:

James Currey, 1990, 34–44; Iris Berger, *Women in Twentieth-Century Africa*, Cambridge: Cambridge U. P., 2016, 11–12; Franco Barchiesi, *Precarious Liberation: Workers, the State, and Contested Social Citizenship in Postapartheid South Africa*, Albany, NY: State University of New York Press, Scottsville: University of Kwazulu-Natal Press, 2011, 29. もっとも，南部アフリカでは，西アフリカなどと比較して，ひとりの夫が正式な手続きを経て複数の妻を娶る事例は相対的に少なかった（Natasha Erlank, *Convening Black Intimacy: Christianity, Gender, and Tradition in Early Twentieth-Century South Africa*, Athens, OH: Ohio U. P., 2022, 164, 172)。アフリカ植民地における徴税制度については，次を参照。L. A. Gardner, *Taxing Colonial Africa: The Political Economy of British Imperialism*, Oxford: Oxford U. P., 2012.

(131) H. R. Fox Bourne, *Forced Labour in British South Africa: Notes on the Condition and Prospects of South African Natives under British Control*, London: P. S. King and Son, 1903, 24.

(132) Hugh Cunningham, 'Introduction', in Hugh Cunningham and Joanna Innes (eds.), *Charity, Philanthropy and Reform: From the 1690s to 1850*, Basingstoke and London: Macmillan, 1998, 6–7; Jane Lewis, 'Women, Social Work and Social Welfare in Twentieth-Century Britain: From (unpaid) Influence to (paid) Oblivion?', in Martin Daunton (ed.) *Charity, Self-Interest and Welfare in the English Past*, London: UCL Press, 1996, 209–210; Frank Prochaska, *Christianity and Social Service in Modern Britain: The Disinherited Spirit*, Oxford: Oxford U. P., 2006, ch. 4.

(133) Aborigines Protection Society and British and Foreign Anti-Slavery Society, *Native Labour in South Africa: A Report of a Public Meeting, Jointly Convened by the Aborigines Protection Society and the British and Foreign Anti-Slavery Society, which was held at Caxton Hall, Westminster, on 29th April, 1903*, London: P. S. King and Son, 1903, 2–8.

(134) *Ibid*., 15–18.

(135) *Ibid*., 20.

(136) Porter, *Critics of Empire*, 123–134.

(137) クーパーによると，アフリカ人が植民地の産業社会に取り込まれていく過程で，フォーマルな賃金労働に従事する産業労働者（出稼ぎ労働者も含む）を男性性に，インフォーマル経済に従事する者を女性性に結びつける認識が広がっていった（Frederick Cooper, *Decolonization and African Society: The Labor Question in French and British Africa*, Cambridge: Cambridge U. P., 1996, 2）。

(138) ASP, BE, s.18/C83/11, H. Henson to Travers Buxton, 18 Apr 1903. アフリカ人が労働を通じて怠惰を克服する必要性は，当時南アで活動していたプロテスタント宣教師の間でもさかんに主張されていた（Erlank, *Convening Black Intimacy*, 117–119）。

(139) Bourne, *Forced Labour in British South Africa*, 10 より再引用。

(140) Keletso E. Atkins, *The Moon Is Dead! Give Us Our Money!: The Cultural Origins of an African Work Ethic, Natal, South Africa, 1843–1900*, Portsmouth, NH: Heinemann, London: James Currey, 1993.

(141) Aborigines Protection Society and British and Foreign Anti-Slavery Society, *Native Labour in South Africa*, 2–3, 6.

(142) 金澤周作『チャリティの帝国――もうひとつのイギリス近現代史』岩波書店，2021 年，75–109 頁。

(143) 山本『20 世紀転換期イギリスの福祉再編』39–40，130 頁；パット・セイン（深澤和子・深澤敦監訳）『イギリス福祉国家の社会史――経済・社会・政治・文化的背景』ミネルヴァ書房，2000 年，107 頁；Pat Thane, 'Labour and Welfare', in Duncan Tanner, Pat Thane, and Nick Tiratsoo (eds.), *Labour's First Century*, Cambridge: Cambridge U. P., 2000, 80–82, 85.
(144) 山口みどり「ヴィクトリア期の家族観と女性――男女の領域分離論をめぐって」河村貞枝・今井けい編『イギリス近現代女性史研究入門』青木書店，2006 年，36–39 頁；高田実「福祉と社会――チャールズ・ディケンズの世界」井野瀬久美惠編『イギリス文化史』昭和堂，2010 年，84–85 頁。
(145) Marjorie Levine-Clark, *Unemployment, Welfare, and Masculine Citizenship: 'So Much Honest Poverty' in Britain, 1870–1930*, Basingstoke and New York: Palgrave Macmillan, 2015, 2–3, 32–38.
(146) 森建資『雇用関係の生成――イギリス労働政策史序説』木鐸社，1988 年，第 5 章。
(147) Frederick Cooper, 'Conditions Analogous to Slavery: Imperialism and Free Labor Ideology in Africa', in Frederick Cooper, T. C. Holt, and Rebecca Scott, *Beyond Slavery*, Chapel Hill and London: University of North Carolina Press, 2000, 107–149.
(148) *AF* (Jan 1904), 517–521.
(149) 佐伯『南アフリカ金鉱業史』227–231 頁。
(150) *AF* (Nov 1903), 498.
(151) *AF* (Mar 1904), 29–30.
(152) *AF* (Mar 1904), 31.
(153) 山本『20 世紀転換期イギリスの福祉再編』116–121 頁。公正賃金については，同書 197–199 頁で詳しく説明されている。
(154) 山本によると，生活賃金とは，「「労働者がその生産者および市民としての能力を発揮できるようにする」ための「充分な食料，およびある程度の個人的，家庭的な快適さ・生活上の必要からの自由（comfort）」を得られる水準」を基礎要素とする賃金体系を指す（同上書，124 頁）。
(155) 江里口拓『福祉国家の効率と制御――ウェッブ夫妻の経済思想』昭和堂，2008 年，第 3 章；山本『20 世紀転換期イギリスの福祉再編』124–130 頁。
(156) *AF* (Jun 1904), 121–122.
(157) 佐伯『南アフリカ金鉱業史』231–232 頁。
(158) 中国人労働者問題については，次を参照。Rachel K. Bright, *Chinese Labour in South Africa, 1902–1910: Race, Violence, and Global Spectacle*, Basingstoke: Palgrave Macmillan, 2013.
(159) 佐伯『南アフリカ金鉱業史』232 頁。
(160) 前川『イギリス帝国と南アフリカ』98 頁。
(161) Cunningham, *The Reputation of Philanthropy*, 169.
(162) 木畑洋一「「中国人奴隷」とイギリス政治――南アフリカへの中国人労働者導入をめぐって」油井大三郎ほか『世紀転換期の世界――帝国主義支配の重層構造』未來社，1989 年，90–102 頁；Grant, *A Civilised Savagery*, 82–83, 89–90.
(163) Grant, *A Civilised Savagery*, 80–81, 87–89.
(164) *Ibid.*, 98–101.
(165) 木畑「「中国人奴隷」とイギリス政治」102–110 頁。

(166) Grant, *A Civilised Savagery*, 91.
(167) *AF* (Mar 1904), 33–34.
(168) *AF* (Mar 1904), 35.
(169) *AF* (Mar 1904), 40.
(170) *AF* (Nov 1903), 499–500.
(171) *AF* (Jun 1904), 64.
(172) 木畑洋一『支配の代償——英帝国の崩壊と「帝国意識」』東京大学出版会，1987年，139頁。
(173) *AF* (Mar 1904), 29.
(174) 佐伯『南アフリカ金鉱業史』232–233頁。
(175) *AF* (Apr 1906), 547.
(176) Grant, *A Civilised Savagery*, 91. この点は，中国人労働者の導入に反対する自由党や労働代表委員会によってもさかんに取り上げられた（木畑「「中国人奴隷」とイギリス政治」89頁）。
(177) 前川『イギリス帝国と南アフリカ』185–190頁。
(178) *AF* (Apr 1905), 299.
(179) 前川『イギリス帝国と南アフリカ』190–193頁。
(180) South African Native Affairs Commission 1903–1905（以下，SANAC), *Report*, 26.
(181) *Ibid*., 27; *AF* (Apr 1905), 295.
(182) SANAC, *Report*, 80–81.
(183) *Ibid*., 81.
(184) *Ibid*., 81.
(185) *Ibid*., 82–83.
(186) *AF* (Oct 1905), 419–420.
(187) *AF* (Apr 1905), 297.
(188) *AF* (Oct 1905), 419.
(189) *AF* (Oct 1905), 423–424.
(190) *AF* (Jul 1902), 265.
(191) APS to Co, 9 Jun 1902, in *AF* (Jul 1902), 267.
(192) *AF* (Apr 1905), 301.
(193) *AF* (Apr 1905), 305–306.
(194) APS to CO, 13 Jul 1906, in *AF* (Aug 1906), 604.
(195) 先述した南ア戦争期のアフリカ人政治指導者たちの主張に，そのような姿勢がよくみえる。
(196) Mamdani, *Citizen and Subject*, 4–6, 77; 前川『イギリス帝国と南アフリカ』174–175頁。
(197) 'Mr. R. L. Outhwaite', *Tim*es (10 Nov 1930). オウスウェイトは自由党急進派に属して土地改革などを主張した。1912年から18年にかけて下院議員を務め，当初は自由党所属だったが，第一次世界大戦が始まると独立労働党に籍を移した。
(198) *AF* (May 1908), 140.
(199) Grant, *A Civilised Savagery*, 92より再引用。
(200) *Ibid*., 92.
(201) *AF* (Jan 1906), 457.

(202) *AF* (Apr 1906), 505–506.
(203) *AF* (Apr 1906), 506–507.
(204) Porter, *Critics of Empire*, 291–307. 実際，1907年に刊行されたマクドナルドの著書『労働党と帝国』は，金融資本家を帝国主義の主因として断罪するとともに，帝国支配下にある従属異民族が独自の経路で発展する権利を擁護するなど，その論旨はAPSの主張と軌を一にしていた（J. Ramsay MacDonald, *Labour and Empire*, London: George Allen, 1907, 18, 20–21, 102–103）。
(205) *AF* (Apr 1906), 539.
(206) *AF* (Apr 1906), 543.
(207) Lorimer, *Science, Race Relations and Resistance*, 302.
(208) *AF* (May 1907), 21.
(209) *AF* (May 1907), 26.
(210) *AF* (May 1907), 27.
(211) 前川『イギリス帝国と南アフリカ』242頁；上林朋広「模倣すべき「過去」——南アフリカ・ナタール植民地における武装蜂起と人種隔離政策の形成」佐川徹・竹沢尚一郎・松本尚之編『歴史が生みだす紛争，紛争が生みだす歴史——現代アフリカにおける暴力と和解』春風社，2024年，96–97頁。
(212) APS to CO, 27 Jan 1906, in *AF* (Mar 1906), 490.
(213) *AF* (May 1906), 556.
(214) 稲垣春樹「19世紀前半のイギリス帝国における人道主義と法——英領ジャマイカを事例として」『西洋史学』第270号，2020年，1–20頁。
(215) *AF* (Apr 1906), 530.
(216) *AF* (Jun 1906), 590.
(217) *AF* (Aug 1906), 597–598.
(218) *AF* (Apr 1906), 548.
(219) 前川『イギリス帝国と南アフリカ』243–244頁。
(220) *AF* (Mar 1906), 486–487; *AF* (Aug 1906), 605.
(221) *AF* (Aug 1906), 615; *AF* (Nov 1906), 635.
(222) *AF* (Jan 1907), 678.
(223) John Higginson, *Collective Violence and the Agrarian Origins of South African Apartheid, 1900–1948*, Cambridge: Cambridge U. P., 2015, ch. 4.
(224) *AF* (Nov 1903), 501.
(225) *AF* (May 1907), 38–39.
(226) Porter, *Critics of Empire*, 307–313.
(227) Sarah Roddy, Julie-Marie Strange, and Bertrand Taithe, *The Charity Market and Humanitarianism in Britain, 1870–1912*, London: Bloomsbury Academic, 2019.
(228) 金澤『チャリティの帝国』126–133頁。
(229) ASP, BE, s.18/C152/89, Horatio Watson to Editor, *Morning Leader*, 18 Apr 1903, in *Morning Leader* to H. R. Fox Bourne, 24 Apr 1903.
(230) Grant, *A Civilized Savagery*, 63. モレルは，コンゴ改革運動で共闘したボーンを尊敬してはいたが，政府への請願を重視して大衆運動の組織化に関心を向けないAPSのスタイルには批判的だった（Pavlakis, *Congo Reform Movement*, 64–65）。

(231) *AF* (May 1909), 256.

第 2 章

(1) 金澤周作『チャリティの帝国——もうひとつのイギリス近現代史』岩波書店，2021 年，195–201，207–208 頁。
(2) Frank Prochaska, *Christianity and Social Service in Modern Britain: The Disinherited Spirit*, Oxford: Oxford U. P., 2006, 75–83.
(3) 金澤『チャリティの帝国』208–210 頁 ; Hugh Cunningham, *The Reputation of Philanthropy since 1750: Britain and Beyond*, Manchester: Manchester U. P., 2020, 179–183; Helen McCarthy, 'Associational Voluntarism in interwar Britain', in Matthew Hilton and James McKay (eds.), *The Age of Voluntarism: How We Got to the Big Society*, Oxford: Oxford U. P., 2011, 53–57.
(4) Katharine Bradley, *Poverty, Philanthropy and the State: Charities and the Working Class in London, 1918–79*, Manchester: Manchester U. P., 2009, 96–99.
(5) Cunningham, *The Reputation of Philanthropy*, 29–32.
(6) *Ibid.*, 177–186.
(7) 金澤『チャリティの帝国』183–191，202–203，210–211 頁。
(8) Emily Baughan, *Saving the Children: Humanitarianism, Internationalism, and Empire*, Oakland: University of California Press, 2022, ch. 1. 第一次世界大戦期から戦間期にかけての国際主義，とくに国際連盟の構想とイギリス帝国支配の関係については，マーク・マゾワー（池田年穂訳）『国連と帝国——世界秩序をめぐる攻防の 20 世紀』慶應義塾大学出版会，2015 年，第 1–2 章；後藤春美『国際主義との格闘——日本，国際連盟，イギリス帝国』中央公論新社，2016 年，27–43 頁を参照。
(9) Kevin Grant, *A Civilised Savagery: Britain and the New Slaveries in Africa, 1884–1926*, New York: Routledge, 2005, 141–142.
(10) 金澤『チャリティの帝国』195–197 頁。
(11) Jeffrey Cox, 'From the Empire of Christ to the Third World: Religion and Experience of Empire in the Twentieth Century', in Andrew Thompson (ed.), *Britain's Experience of Empire in the Twentieth Century*, Oxford: Oxford U. P., 2012, 84, 92.
(12) *Ibid.*, 82–83; Prochaska, *Christianity and Social Service*.
(13) Andrew Porter, *Religion versus Empire?: British Protestant Missionaries and Overseas Expansion, 1700–1914*, Manchester: Manchester U. P., 2004.
(14) John Wolffe, *God and Greater Britain: Religion and National Life in Britain and Ireland 1843–1945*, London and New York: Routledge, 1994, 223 より再引用。
(15) Cox, 'From the Empire of Christ to the Third World', 95–99.
(16) Brian Stanley, *The World Missionary Conference, Edinburgh 1910*, Grand Rapids: Wm B. Eerdmans, 2009, 254–260.
(17) *Ibid.*, 260–269.
(18) *ASRAF* (Jul 1910), 115.
(19) *ASRAF* (Jul 1910), 117.
(20) *ASRAF* (Jul 1910), 127–129.
(21) *ASRAF* (Jul 1910), 129–130.

（22）Bernard Porter, *Critics of Empire: British Radicals and the Imperial Challenge* (reprint ed.), London and New York: I. B. Tauris, 269.

（23）19世紀前半に奴隷制廃止運動を率いたT・F・バクストン以降，バクストン家の人々は国内外のフィランスロピーに熱心に取り組んできた。帝国フィランスロピーは，バクストン家の家業といってもよいだろう。

（24）'Buxton, Charles Roden', *ODNB*. ロデン・バクストンの妻ドロシーは，姉のエグランタイン・ジェブとともに，セーブ・ザ・チルドレンを創設した。

（25）'Buxton, Noel Edward Noel-, first Baron Noel-Buxton', *ODNB*. 1928年からセーブ・ザ・チルドレン会長，1931年からASAPS共同会長を務める。

（26）'Wedgwood, Josiah Clement, first Baron Wedgwood', *ODNB*. 陶器製造業で名を馳せたウェッジウッド家の人々は，帝国フィランスロピーと深い関係を有してきた。18世紀後半からイギリスで興隆した奴隷貿易反対運動を象徴するメダルを制作したウェッジウッド社創業者のジョサイアは，ジョサイア・クレメントの高祖父である。

（27）'Harvey, Thomas Edmund', *ODNB*. クエーカーとして，ハーヴェイは第一次世界大戦を批判し良心的徴兵拒否を主張した。第二次世界大戦中に広島への原爆投下を強く批判した最初の政治家でもあった。

（28）'Mr. Arnold Rowntree', *Times* (23 May 1951). 製菓会社を経営しフィランスロピストとしても名高いラウントリー一族のひとり。ジョゼフ・ラウントリーはおじであり，社会調査で有名なシーボームとはいとこの間柄である。

（29）'White, Sir George', *ODNB*.

（30）'Wilson, Henry Joseph', *ODNB*.

（31）'Mr. Aneurin Williams', *Times* (21 Jan 1924).

（32）ここで名前をあげなかった他の参加者としては，J・C・ウェイソン（1848〜1921年），J・W・ウィルソン（1858〜1932年），フレデリック・W・ヴァーニー（1846〜1913年），ジョゼフ・キング（1860〜1943年）がいた。書面で参加の意向を示したのは，W・J・クロスリー（1844〜1911年），アルバート・スパイサー（1847〜1934年），W・J・コリンズ（1859〜1946年），W・H・コーワン（1862〜1932年）である。

（33）*ASRAF* (Apr 1910), 93.

（34）*ASRAF* (Apr 1911), 2.

（35）*Ibid.*, 17–19.

（36）Paul Mulvey, *The Political Life of Josiah C. Wedgwood: Land, Liberty and Empire, 1872–1943*, Woodbridge: Boydell and Brewer, 2010, ch. 1.

（37）'Wedgwood, Josiah Clement', *ODNB*.

（38）Mulvey, *Josiah C. Wedgwood*, 23, ch. 3.

（39）*Ibid.*, 20.

（40）*Ibid.*, ch. 2, 41–42.

（41）Stephen Howe, *Anticolonialism in British Politics: The Left and the End of Empire 1918–1964*, Oxford: Clarendon Press, 1993, 34.

（42）P. S. Gupta, *Imperialism and the British Labour Movement, 1914–1964*, Los Angels: Sage, 2002 (original published in 1975), 33.

（43）Josiah C. Wedgwood, 'Native Lands and Crown Colonies', *ASRAF* (Jul 1911), 58–60.

（44）*Ibid.*, 59–60.

(45) *Ibid*., 60.
(46) *Ibid*., 61.
(47) *Ibid*., 62.
(48) *Ibid*., 63.
(49) Mulvey, *Josiah C. Wedgwood*, 46.
(50) 'Johnston, Sir Henry Hamilton', *ODNB*.
(51) *Ibid*.
(52) P. B. Rich, *Race and Empire in British Politics* (second ed.), Cambridge: Cambridge U. P., 1990, 45.
(53) *ASRAF* (Jul 1913), 53.
(54) *Ibid*., 54.
(55) *Ibid*., 56.
(56) *Ibid*., 56.
(57) *ASRAF* (Jul 1914), 52–54.
(58) *Ibid*., 54.
(59) Grant, *A Civilised Savagery*, 61–62.
(60) *ASRAF* (Jul 1915), 34.
(61) *ASRAF* (Apr 1911), 15.
(62) 'Harris, Sir John Hobbis', *ODNB*.
(63) Grant, *A Civilised Savagery*, ch. 2.
(64) *Ibid*., 66–78; Dean Pavlakis, *British Humanitarianism and the Congo Reform Movement, 1896–1913*, Abingdon and New York: Routledge, 2015, chs. 3–5.
(65) 'Harris, Sir John Hobbis', *ODNB*.
(66) Rich, *Race and Empire*, 38–39.
(67) *Ibid*., 37–41.
(68) John H. Harris, *Dawn in Darkest Africa*, London: Smith, Elder and Co, 1912, 62.
(69) D. A. Lorimer, *Science, Race Relations and Resistance: Britain 1870–1914*, Manchester: Manchester U. P., 2013, 304–305.
(70) *ASRAF* (Oct 1910), 154.
(71) *ASRAF* (Jul 1912), 178–188.
(72) *Ibid*., 188.
(73) *ASRAF* (Jul 1915), 33.
(74) *Ibid*., 34–35.
(75) 1920 年の『反奴隷制報告およびアボリジニの友』でも，協会の名称に対する批判的な意見が引き続き寄せられている現状が報告され，組織名についての良案が求められている（*ASRAF* (Jul 1920), 42)。
(76) Kevin Grant, 'Anti-slavery, Refugee Relief, and the Missionary Origins of Humanitarian Photography ca.1900–1960', *History Compass*, 15:5, 2017, 2–13.
(77) Jane Lydon, *Imperial Emotions: The Politics of Empathy across the British Empire*, Cambridge: Cambridge U. P., 2020, ch. 6.
(78) Kevin Grant, 'The Limits of Exposure: Atrocity Photographs in the Congo Reform Campaign', in Heide Fehrenbach and Davide Rodogno (eds.), *Humanitarian Photography: A History*,

Cambridge: Cambridge U. P., 2015, 79–85.

(79) Pavlakis, *Congo Reform Movement*, 184–191; Grant, 'Missionary Origins of Humanitarian Photography', 12.

(80) Grant, *A Civilised Savagery*, 142.

(81) Peter Walshe, *The Rise of African Nationalism in South Africa: The African National Congress 1912–1952*, Berkley and Los Angels: University of California Press, 1971, 20–22.

(82) *ASRAF* (Oct 1909), 32–35.

(83) *Ibid.*, 36.

(84) *Ibid.*, 20–21.

(85) *Ibid.*, 23.

(86) *Ibid.*, 26.

(87) *Ibid.*, 25.

(88) *Ibid.*, 28.

(89) *ASRAF* (Oct 1911), 106.

(90) *ASRAF* (Apr 1912), 170–171.

(91) ただし，多くの白人農家がいまだにアフリカ人小作人からの地代収入や分益小作制に依存していたこともあり，土地法の施行によりすべてのアフリカ人がただちにリザーブに隔離されたわけではないし，土地法制定後もリザーブ外部でアフリカ人の集団が新たな土地を購入する事例もみられた（Tim Keegan, 'The Sharecropping Economy, African Class Formation and the 1913 Natives Land Act', in Belinda Bozzoli (ed.), *Town and Countryside in the Transvaal: Capitalist Penetration and Popular Response*, Johannesburg: Ravan Press, 1983, 118–122; Belinda Bozzoli, with the assistance of Mmantho Nkotsoe, *Women of Phokeng: Consciousness, Life Strategy, and Migrancy in South Africa, 1900–1983*, Portsmouth, NH: Heinemann, London: James Currey, 1991, 62）。

(92) Jeremy Seekings and Nicoli Nattrass, *Class, Race, and Inequality in South Africa*, New Haven and London: Yale U. P., 2005, 53.

(93) Brian Willan, 'The Anti-Slavery and Aborigines' Protection Society and the South African Natives' Land Act of 1913', *Journal of African History*, 20:1, 1979, 83–86.

(94) *Ibid.*, 86–87, 90–92.

(95) *Ibid.*, 87–90.

(96) *Ibid.*, 92–94.

(97) *Ibid.*, 94.

(98) *ASRAF* (Oct 1916), 49.

(99) *ASRAF* (Jan 1917), 84.

(100) WL, ASP, BE, s.19/D6/2, ASAPS to Louis Botha, 13 Nov 1916.

(101) Willan, 'South African Natives' Land Act of 1913', 98 より再引用。

(102) *Ibid.*, 98 より再引用。

(103) *Ibid.*, 96–100.

(104) WL, ASP, BE, s.19/D5/3, J. H. Harris to Travers Buxton, 17 Nov 1914.

(105) *ASRAF* (Apr 1915), 3–4.

(106) *ASRAF* (Apr 1915), 4.

(107) Saul Dubow, *Racial Segregation and the Origins of Apartheid in South Africa, 1919–1936*, Bas-

ingstoke: Macmillan, 1989, 26–27; 上林朋広「模倣すべき「過去」——南アフリカ・ナタール植民地における武装蜂起と人種隔離政策の形成」佐川徹・竹沢尚一郎・松本尚之編『歴史が生みだす紛争，紛争が生みだす歴史——現代アフリカにおける暴力と和解』春風社，2024 年，101–107 頁。

(108) Willan, 'South African Native's Land Act of 1913', 94–95.

(109) *ASRAF* (Jul 1915), 41–43.

(110) *ASRAF* (Apr 1915), 5–6.

(111) WL, ASP, BE, s.22/G201, Arnold Wynne to Travers Buxton, 14 Apr 1914.

(112) *ASRAF* (Jul 1916), 42–43.

(113) *ASRAF* (Apr 1915), 6.

(114) WL, ASP, BE, s19/D5/3, J. H. Harris to Travers Buxton, 5 Feb 1915.

(115) *ASRAF* (Jul 1915), 43–45.

(116) *ASRAF* (Apr 1917), 3–6.

(117) *Ibid.*, 4.

(118) *Ibid.*, 4–5.

(119) *ASRAF* (Apr 1919), 6–9.

(120) *ASRAF* (Jul 1916), 35.

(121) 五十嵐元道『支配する人道主義——植民地統治から平和構築まで』岩波書店，2016 年，118–119 頁；籔田有紀子『レナード・ウルフと国際連盟——理想と現実の間で』昭和堂，2016 年，50–53 頁。

(122) *ASRAF* (Apr 1918), 2–3. ただし，ASAPS 内部にも意見の相違はあった。たとえばジョサイア・ウェッジウッドなどは，国際組織による熱帯植民地（とくに中央アフリカ）の統治を主張していた（Noel Edward Buxton, 'The International Factor in the African Settlement', *Contemporary Review*, (July 1918), 513)。

(123) *ASRAF* (Oct 1919), 64–68.

(124) 篠原初枝『国際連盟——世界平和への夢と挫折』中央公論新社，2010 年，133–136 頁。

(125) Grant, *A Civilised Savagery*, 140–141.

(126) 五十嵐『支配する人道主義』120–125 頁。

(127) Grant, *A Civilised Savagery*, 153.

(128) Barbara Bush, *Imperialism, Race and Resistance: Africa and Britain 1919–1945*, London: Routledge, 1999, 33–35.

(129) Grant, *A Civilised Savagery*, 139–141, 153–155.

(130) M. D. Callahan, *A Sacred Trust: The League of Nations and Africa, 1929–1946*, Brighton: Sussex Academic Press, 2004, 45.

(131) 同じことはロリマーの主張についても言える。彼は，ハリスの指導下で ASAPS の帝国フィランスロピーが穏健化したと述べているが（Lorimer, *Science, Race Relations and Resistance*, 305），次章でみるように ASAPS 内部にもさまざまな思想をもつ人物がおり，そのなかにはラディカルに帝国支配を批判する者もいた。

第 3 章

(1) E・H・カー（原彬久訳）『危機の二十年——理想と現実』岩波書店，2011 年。

(2) Frank Prochaska, *Christianity and Social Service in Modern Britain: The Disinherited Spirit*,

Oxford: Oxford U. P., 2006; Jeffrey Cox, 'From the Empire of Christ to the Third World: Religion and Experience of Empire in the Twentieth Century', in Andrew Thompson (ed.), *Britain's Experience of Empire in the Twentieth Century*, Oxford: Oxford U. P., 2012, 100–103. 規範的文化としてのキリスト教の影響力については，1960年代に衰退期をみいだすブラウンの研究もあり（Callum G. Brown, *The Death of Christian Britain: Understanding Secularisation 1800–2000*, (second ed.), London and New York: Routledge, 2009），議論が続いている。

（3）John Wolffe, *God and Greater Britain: Religion and National Life in Britain and Ireland 1843–1945*, London and New York: Routledge, 1994, 247–248.

（4）*Ibid*., 168–170.

（5）J. H. Oldham, 'Christian Missions and African Labour', *International Review of Mission*, 10:2, 1921, 183–195; do., 'Population and Health in Africa', *International Review of Mission*, 15:3, 1926, 402–417.

（6）Rob Skinner, *The Foundations of Anti-Apartheid: Liberal Humanitarians and Transnational Activists in Britain and the United States, c.1919–64*, Basingstoke: Palgrave Macmillan, 2010, 42–44.

（7）*ASRAF* (Jan 1926), 166.

（8）J・S・アレン（1892～1949年），J・ガーニー・ブレイスウェイト（1895～1958年），ラブ・バトラー（1902～82年），ヘンリ・キャヴェンディッシュ＝ベンティンク卿，ヴィクター・カザレット（1896～1943年），アーサー・エヴァンズ（1898～1958年），T・W・H・インスキップ（1876～1947年），H・M・メイヤー，ロバート・ニューマン（1871～1945年），アーノルド・ウィルソン（1884～1940年）。

（9）チャールズ・ロバーツ，ハーバート・サミュエル（1870～1963年），ジョン・サイモン（1873～1954年），J・W・ウィルソン，R・W・アレン（1870～1945年），W・A・チャップル（1864～1936年），メーガン・ロイド・ジョージ（1902～66年），T・E・ハーヴェイ，ハーバート・ホールズワース（1890～1949年），リーフ・ジョーンズ（1862～1939年），F・C・リンフィールド（1861～1939年），A・マッケンジー・リヴィングストン（1880～1950年），E・L・マラリュー（1905～79年），ジェフリー・マンダー（1882～1962年），P・M・オリヴァー（1884～1954年），E・H・ピカリング（1881～1957年），ウィニフリッド・ロバーツ（1900～91年），ジェイムズ・ド・ロスチャイルド（1878～1957年），アーチボールド・シンクレア（1890～1970年），H・グレアム・ホワイト（1880～1965年）ロバート・ハミルトン（1867～1944年），ジョン・ハリス。

（10）E・D・モレル，C・G・アモン（1873～1960年），ウォルター・ベイカー（1876～1930年），C・ロデン・バクストン，ノエル・バクストン，レジナルド・フレッチャー（1885～1961年），G・M・ジレット（1870～1939年），J・F・ホラビン（1884～1962年），A・クリーチ・ジョーンズ（1891～1964年），J・M・ケンワーシー（1886～1953年），ジェイムズ・ミルナー（1889～1967年），ベンジャミン・ライリー（1866～1946年），C・スプーア（1878～1928年），アーネスト・サートル（1884～1954年），ジョサイア・ウェッジウッド，セシル・ウィルソン（1862～1945年）。

（11）エレノア・ラスボーン（1872～1946年）。女性参政権運動の指導者で，女性議員の草分け。

（12）メストン卿（James Scorgie Meston, 1865～1943年）が自由党，リットン卿（Victor Bul-

wer-Lytton, 1876〜1947 年）が保守党，ノエル＝バクストン卿（1930 年に男爵位を授かる）が労働党を代表していた。

(13) *ASRAF* (Jul 1932), 61–62.

(14) *ASRAF* (Jan 1932), 167–168.

(15) Stephen Howe, *Anticolonialism in British Politics: The Left and the End of Empire 1918–1964*, Oxford: Clarendon Press, 1993, 35.

(16) *Ibid*., 37–40; Paul Kelemen, ''Individualism is, Indeed, Running Riot': Components of the Social Democratic Model of Development', in Mark Duffield and Vernon Hewitt (eds.), *Empire, Development and Colonialism: The Past in the Present*, Woodbridge: James Currey, 2009, 188.

(17) Paul Mulvey, *The Political Life of Josiah C. Wedgwood: Land, Liberty and Empire, 1872–1943*, Woodbridge: Boydell and Brewer, 2010, 103–123; Stephen Howe, 'Labour and International Affairs', in Duncan Tanner, Pat Thane, and Nick Tiratsoo (eds.), *Labour's First Century*, Cambridge: Cambridge U. P., 2000, 124–125.

(18) Skinner, *Foundation of Anti-Apartheid*, 44.

(19) P. B. Rich, *Race and Empire in British Politics* (second ed.), Cambridge: Cambridge U. P., 1990, 78–79.

(20) WL, ASP, BE, s.19/D3/35, J. H. Harris to Charles Roberts, 23 Jan 1924.

(21) Howe, *Anticolonialism in British Politics*, 47–48. その他の ASAPS 関係者としては，モレルや H・G・ウェルズ（ハリスに誘われて 1924 年に入会）がいる。ハリスは同委員会書記のレナード・ウルフとも頻繁に書簡をやりとりしている。次節で言及するノーマン・レイズ，ジュリウス・レウィン，W・M・マクミランもこのグループに含まれる。

(22) Rich, *Race and Empire*, 78.

(23) *ASRAF* (Jul 1920), 43.

(24) *ASRAF* (Jul 1924), 53.

(25) Mulvey, *Josiah C. Wedgwood*, 121.

(26) *ASRAF* (Jul 1924), 54.

(27) Frederick Cooper, *Decolonization and African Society: The Labor Question in French and British Africa*, Cambridge: Cambridge U. P., 1996, 28–31.

(28) Daniel Gorman, *The Emergence of International Society in the 1920s*, Cambridge: Cambridge U. P., 2012, 134, note 109. 他方でゴーマンは，ハリスを「アフリカ人の自決を支持した最初期のリベラルな国際主義者」と述べているが，本書のこれまでの議論に鑑みれば，これは行き過ぎた評価だろう。

(29) Grant, *A Civilised Savagery*, 159–166.

(30) WL, ASP, BE, s.19/D6/3, ASAPS to Albert Thomas (ILO), 15 Jun 1927.

(31) たとえばオルダムは，世帯主である男性が出稼ぎ労働などで長期間不在になることが「健全な家族生活」を脅かすと指摘し，さらには，そのようにして家族が崩壊することが道徳心の低下を招くと述べている（Oldham, 'Population and Health in Africa', 411）。

(32) パット・セイン（深澤和子・深澤敦監訳）『イギリス福祉国家の社会史——経済・社会・政治・文化的背景』ミネルヴァ書房，2000 年，233 頁；Marjorie Levine-Clark, *Unemployment, Welfare, and Masculine Citizenship: 'So Much Honest Poverty' in Britain, 1870–1930*, Basingstoke and New York: Palgrave Macmillan, 2015, 67.

(33) *ASRAF* (Jul 1928), 56–67.

（34） *ASRAF* (Jul 1928), 58.
（35） WL, ASP, BE, s.19/D3/57, J. H. Harris to Lord Noel-Buxton, 5 Oct 1932; WL, ASP, BE, s.19/D3/75, J. H. Harris to L. B. Golden (Save the Children Fund), 16 Apr 1937.
（36） ‘Olivier, Sydney Haldane, Baron Olivier’, *ODNB*.
（37） Olivier, *White Capital and Coloured Labour* (new ed.), London: Leonard and Virginia Woolf, 1929, 81.
（38） *Ibid*., 67.
（39） Barbara Bush, *Imperialism, Race and Resistance: Africa and Britain 1919–1945*, London: Routledge, 1999, 25–27.
（40） たとえばハリスは，人種混淆に否定的な態度を示している（John H. Harris, *Native Races and Peace Terms*, London: Anti-Slavery and Aborigines Protection Society, 1916, 8; WL, ASP, BE, s.19/D3/73, J. H. Harris to Thomas E. Jones, 10 Sep 1936）。
（41） Gregory Claeys, *Imperial Sceptics: British Critics of Empire 1850–1920*, Cambridge: Cambridge U. P., 2010, ch. 1. 実証主義については，次を参照。光永正明「「人類教」とジェントルマン」川北稔・指昭博編『周縁からのまなざし——もうひとつのイギリス近代』山川出版社，2000 年，82–107 頁。
（42） Claeys, *Imperial Sceptics*, 186–188, 196–197.
（43） Olivier, *White Capital and Coloured Labour*, 47.
（44） *Ibid*., 45–46.
（45） *Ibid*., 257–258. 同じく労働党に所属し，ASAPS の主要メンバーだったロデン・バクストンも，オリヴィエと同様に開発がアフリカ人の搾取につながる可能性を懸念していた（Emily Baughan, *Saving the Children: Humanitarianism, Internationalism, and Empire*, Oakland: University of California Press, 2022, 81–82, 90）。
（46） Olivier, *White Capital and Coloured Labour*, 260–261.
（47） *Ibid*., 262.
（48） *Ibid*., 268–269.
（49） P. S. Gupta, *Imperialism and the British Labour Movement, 1914–1964*, Los Angels: Sage, 2002 (original published in 1975), 32.
（50） なお，平和主義の潮流では宗教と社会主義を結びつける思想が第一次世界大戦期に現れ，その後の労働党関係者に大きな影響を及ぼすようになったという（後藤春美『国際主義との格闘——日本，国際連盟，イギリス帝国』中央公論新社，2016 年，39 頁）。
（51） たとえば，Grant, *A Civilised Savagery*.
（52） ケニアの元医官で，1920 年代後半から労働党のアフリカ政策についてのスポークスパーソンとして存在感を強めた（Kelemen, “Individualism is, Indeed, Running Riot”, 189）。
（53） WL, ASP, BE, s.22/G205, J. H. Harris to Lord Buxton, 17 Jun 1929.
（54） Gupta, *Imperialism and the British Labour Movement*, 169–172. 元南ア総督のバクストン卿も，ハリスに対して，意見書が自治領の内政（たとえば南アの隔離政策）に対する本国政府の介入を求めているのだとしたら，それは「自滅的方針だ」と述べている（WL, ASP, BE, s.22/G205, Lord Buxton to J. H. Harris, 13 Aug 1929）。
（55） *ASRAF* (Oct 1929), 92–96.
（56） WL, ASP, BE, s.22/G205, Norman Leys to J. H. Harris, 17 Apr 1929.
（57） WL, ASP, BE, s.22/G205, Emmeline Pethick-Lawrence to J. H. Harris, 19 Jun 1929.

(58) 'Lawrence, Emmeline Pethick-Lady Petrick-Lawrence', *ODNB*.
(59) WL, ASP, BE, s.22/G205, Emmeline Pethick-Lawrence to J. H. Harris, 19 Jun 1929.
(60) WL, ASP, BE, s.22/G205, Emmeline Pethick-Lawrence to J. H. Harris, 1 Jul 1929. 戦間期には，ペシック＝ローレンスだけでなく，多くのフェミニストや女性活動家が帝国問題に関わり，とくにアフリカ人女性の待遇改善を訴えた。他方で，アフリカ人女性が担うべき役割については意見が分かれた。ペシック＝ローレンスのように，男性と同等の権利および教育の機会を与えるべきだとする主張もあれば，マージェリー・パーラム（後述）のように，女性は社会の安定剤としての伝統的役割を担うべきで，それを助けるような教育を重視する見解も出された（Joanna Lewis, *Empire State-Building: War and Welfare in Kenya 1925–52*, Oxford: James Currey, Nairobi: E. A. E. P, Athens, OH: Ohio U. P., 2000, 60–67）.
(61) Gorman, *The Emergence of International Society*, 57, chs. 2–3.
(62) 赤木誠「変容する福祉実践の場と主体――第一次大戦期における別居手当と家族手当構想」岡村東洋光・高田実・金澤周作編『英国福祉ボランタリズムの起源――資本・コミュニティ・国家』ミネルヴァ書房，2012年，184頁；Levine-Clark, *Unemployment, Welfare, and Masculine Citizenship,* 6–7; Brown, *The Death of Christian Britain*, chs. 4, 6.
(63) Levine-Clark, *Unemployment*, *Welfare*, *and Masculine Citizenship*, ch. 3.
(64) こうした認識は，植民地当局も共有していた。たとえば南ローデシアの植民地政府は，扶養家族をもつ失業中のアフリカ人男性労働者に限定的な援助を行ったが，その背景には，男性稼ぎ主モデルに基づき，家長の救済を通じて彼に家族を扶養する義務を果たさせるという狙いがあった（Edwell Kaseke, 'The Poor Laws, Colonialism and Social Welfare: Social Assistance in Zimbabwe', in James Midgley and David Piachaud（eds.）, *Colonialism and Welfare: Social Policy and the British Imperial Legacy*, Cheltenham, and Northampton, MA: Edward Elgar, 2011, 122–123）。
(65) ただし，西洋社会のように，男性と女性のジェンダー関係は必ずしも固定的なものではなかった。たとえば，アフリカ社会で重要な「尊敬」という概念は，性別のみならず年齢によっても規定されており，年配の女性は権威ある存在として扱われた（Natasha Erlank, *Convening Black Intimacy: Christianity*, *Gender*, *and Tradition in Early Twentieth-Century South Africa*, Athens, OH: Ohio U. P., 2022, 2–3）。
(66) Cherryl Walker, 'Gender and the Development of the Migrant Labour System c.1850–1930: An Overview', in Cherryl Walker（ed.）, *Women and Gender in Southern Africa to 1945*, Cape Town: David Philip, London: James Currey, 1990, 177–186; Philip Bonner, ''Desirable or Undesirable Basotho Women?': Liquor, Prostitution and the Migration of Basotho Women to the Rand, 1920–1945', in *ibid.*, 226–247; 拙稿「戦間期南アフリカにおけるアフリカ人労働者の「不自由さ」と救済の試み――ヨーロッパ人・アフリカ人協議会の活動を中心に」奥田伸子ほか『近現代イギリスの「不自由な」労働者たち（仮題）』広島大学出版会，近刊。なお，ウォーカーによると，アフリカ人女性に対する管理・統制を強化しようとした南アの行政官たちは，イギリスのフェミニストからの批判を憂慮していた（Walker, 'Migrant Labour System', 181）。
(67) 南アでは，婚資や一夫多妻制を取り上げ，アフリカ人社会でのジェンダー関係に外部から介入することの是非をめぐる議論が20世紀後半になっても続いた（Iris Berger, *Women in Twentieth-Century Africa*, Cambridge: Cambridge U. P., 2016, 59–61）。今日でも，

たとえばアフリカ各地で行われてきた慣習のひとつである女性器切除について，女性の権利に対する侵害とみなして規制するか，あるいは（ポスト）コロニアリズムに対抗するための独自の文化として尊重するかをめぐり，議論が続いている。その一方で，アフリカ人が西洋キリスト教文化を自己流にアプロプリエイトし，それを在地の文化と融合させることで新たな文化を構築したり，「伝統」や「慣習」との共存をはかったりしてきたことも忘れてはならない（Erlank, *Convening Black Intimacy*）。

（68） *ASRAF*（Jul 1936），71–73.

（69） 'Angell, Sir（Ralph）Norman', *ODNB*.

（70） *ASRAF*（Jul 1936），74.

（71） *Ibid.*, 75.

（72） *Ibid.*, 74.

（73） *Ibid.*, 73.

（74） A. R. Forclaz, *Humanitarian Imperialism: The Politics of Anti-Slavery Activism, 1880–1940*, Oxford: Oxford U. P., 2015, 173–190.

（75） 'Angell, Ralph Norman', *ODNB*.

（76） Cooper, *Decolonization*, 58–73. 西インドについは，次を参照。John Harrison, 'The Colonial Legacy and Social Policy in the British Caribbean', in Midgley and Piachaud（eds.），*Colonialism and Welfare*, 61–64.

（77） Lewis, *Empire State-Building*, chs. 1–2; 五十嵐元道『支配する人道主義——植民地統治から平和構築まで』岩波書店，2016年，144–149頁。ただし，福祉が帝国の維持という目的のための手段であった点を忘れてはならない。とくに第二次世界大戦中に制定された1940年植民地開発福祉法には，植民地住民の戦争への協力を取りつけつつ，反帝国主義の文化が強いアメリカからの批判をかわすという政治的思惑があった（Havinden and Meredith, *Colonialism and Development*, 201–202）。

（78） Charles Roden Buxton, 'Some African Friends', *Spectator*（28 December 1934），986.

（79） Kelemen, ''Individualism is, Indeed, Running Riot'', 189–191.

（80） アフリカ問題についてのロンドン・グループ（London Group on African Affairs）とアフリカの友（Friends of Africa）は，アフリカの植民地支配に批判的な人々が結成した団体で，心理学者のリヴィ・ノーブル，ジャーナリストのレナード・バーンズ，女性作家のウィニフレッド・ホルトビーらがその中核を占めていた（R. J. Haines, 'The Politics of Philanthropy and Race Relations: The Joint Councils of South Africa, c.1920–1955', unpublished Ph.D. dissertation（SOAS），1991, 215–216）。

（81） WL, ASP, BE, s.22/G433, Conference of African Groups, 20th October, 1936.

（82） マクミランとハリスは，アフリカ会議の運営や植民地問題への姿勢をめぐりときに互いを批判しつつも，率直に意見を言いあえる親密な間柄だった（WL, ASP, BE, s.22/G433, W. M. Macmillan to J. H. Harris, 24 Feb 1937; do., J. H. Harris to W. M. Macmillan, 25 Feb 1937; do., W. M. Macmillan to J. H. Harris, 9 Apr 1937）。マクミランは，南ア問題に関するオリヴィエやロデン・バクストンの見解にも大きな影響を与えた（Charles Roden Buxton, *The Race Problem in Africa*, London: Hogarth Press, 1931, 22, 24）。

（83） Lewis, *Empire State-Building*, 43–44. パーラムについては次を参照。Alison Smith and Mary Bull（eds.），*Margery Perham and British Rule in Africa*, London; New York: Routledge, 2013.

(84) WL, ASP, BE, s.22/G433, Meeting of African Conference, 10th December, 1936.
(85) WL, ASP, BE, s.22/G433, Wilfrid Benson to J. H. Harris, 2 Feb 1937.
(86) WL, ASP, BE, s.22/G433, Memorandum on Labour. Some comments by Major Orde-Browne.
(87) WL, ASP, BE, s.22/G433, Norman Leys to J. H. Harris, 31 May 1937.
(88) WL, ASP, BE, s.22/G433, 'The Industrialisation of the African'.
(89) Forclaz, *Humanitarian Imperialism*, 195–197.
(90) 以下の戦間期南アに関する概要は，次の文献を参照した。Nigel Worden, *The Making of Modern South Africa* (fifth ed.), Chichester: Wiley-Blackwell, 2012, chs. 3–4; レナード・トンプソン（宮本正興ほか訳）『南アフリカの歴史（最新版）』明石書店，2009 年，第 5 章。なお，同時期のアフリカ人の生活や経済については，次章以降でより詳しく論じる。
(91) Saul Dubow, *Racial Segregation and the Origins of Apartheid in South Africa, 1919–1936*, Basingstoke: Macmillan, 1989, 1, 52.
(92) もっとも，都市の経済活動がアフリカ人労働力を必要としている以上，すべてのアフリカ人をロケーションに強制的に移住させることは事実上不可能であり，同法が即座に一律で適用されたわけではなかった。
(93) Helen Bradford, *A Taste of Freedom: The ICU in Rural South Africa, 1924–1930*, New Haven and London: Yale U. P., 1987; Colin Bundy, 'Land and Liberation: Popular Rural Protest and the National Liberation Movements in South Africa, 1920–1960', in Shula Marks and Stanley Trapido (eds.), *The Politics of Race, Class and Nationalism in Twentieth Century South Africa*, Harlow: Longman, 1987, 257–266.
(94) 荒木圭子『マーカス・ガーヴィーと「想像の帝国」――国際的人種秩序への挑戦』千倉書房，2021 年，第 6 章；Sean Redding, *Sorcery and Sovereignty: Taxation, Power and Rebellion in South Africa, 1880–1963*, Athens, OH: Ohio U. P., 2006, 133–135.
(95) *ASRAF* (Jul 1919), 58–59.
(96) Peter Walshe, *The Rise of African Nationalism in South Africa: The African National Congress 1912–1952*, Berkley and Los Angels: University of California Press, 1971, 61–65; Skinner, *Foundation of Anti-Apartheid*, 27–29.
(97) *ASRAF* (Jan 1920), 94. 下船させられた人々は 1919 年 12 月に別便で帰国した。
(98) Walshe, *African Nationalism*, 100–101 より再引用。
(99) *ASRAF* (Oct 1920), 78.
(100) John H. Harris, 'General Botha—Statesman', *Fortnightly Review* (Apr 1917), 652.
(101) Walshe, *African Nationalism*, 102–104.
(102) *ASRAF* (Oct 1923), 135–136.
(103) Bush, *Imperialism, Race and Resistance*, 181–182. 実際，ASAPS と関係の深いパーシー・モルテノやロデン・バクストンは，抑圧的な政策に不満をもつアフリカ人の間でボルシェヴィズムが影響力を強める可能性に警鐘を鳴らした（P. A. Molteno, 'The South African General Election', *Contemporary Review* (July 1929), 172; Roden Buxton, *The Race Problem in Africa*, 14)。
(104) Walshe, *African Nationalism*, 169–187.
(105) WL, ASP, BE, s.19/D3/73, J. H. Harris to Thomas E. Jones, 10 Sep 1936.
(106) Maribel Morey, *White Philanthropy: Carnegie Corporation's An American Dilemma and the*

Making of a White World Order, Chapel Hill: The University of North Carolina Press, 2021, 59–69.

（107） Dubow, *Racial Segregation*, 22–26.
（108） Rich, *Race and Empire*, 76.
（109） WL, ASP, BE, s.19/D3/35, J. H. Harris to Miss E. Gurney Salter, 5 Jun 1924; *ASRAF* (Jul 1924), 57.
（110） WL, ASP, BE, s.19/D3/35, J. H. Harris to Earl Buxton, 6 Jun 1924.
（111） WL, ASP, BE, s.19/D3/37, J. H. Harris to Charles Roberts, 7 Apr 1925.
（112） *ASRAF* (Jul 1925), 53.
（113） WL, ASP, BE, s.19/D3/37, J. H. Harris to H. Henderson, 16 Jun 1925.
（114） *ASRAF* (Jul 1926), 50.
（115） WL, ASP, BE, s.19/D3/40, J. H. Harris to Lord Henry Cavendish Bentinck, 19 May 1926.
（116） WL, ASP, BE, s.22/G194, 'A Letter to General Hertzog'. この意見書には，ASAPS の主要メンバーだけでなく，H・N・ブレイルスフォード，A・フェナー・ブロックウェイ，ジョージ・ランズベリら労働党関係者，教会関係者，フェミニストで平和主義者のヘレナ・スワンウィックなども署名した。
（117） WL, ASP, BE, s.22/G194, Edith Jones to J. H. Harris, 5 Feb 1927.
（118） *ASRAF* (Oct 1926), 111.
（119） Olivier, *The Anatomy of African Misery*, London: Leonard and Virginia Woolf, 1927, 16–20. 同書の執筆にあたり，オリヴィエは ASAPS から書籍や関連資料を借りるなど，さまざまな支援を受けていた（WL, ASP, BE, s.19/D3/40, J. H. Harris to Olivier, 26 Aug 1926）。また，ハワード・ピムの覚書も参照したようであり，オリヴィエの著作を帝国フィランスロピー・ネットワークの所産とみることもできよう（WL, ASP, BE, s.19/D3/40, J. H. Harris to Olivier, 5 Oct 1926）。ただし，すぐ後でみるように，オリヴィエは他の帝国フィランスロピストたちの姿勢を手放しで評価していたわけではなかった。
（120） Olivier, *The Anatomy of African Misery*, 1927, 40.
（121） *Ibid.*, 41–43.
（122） *Ibid.*, 32–33.
（123） *Ibid.*, 137.
（124） *Ibid.*, 70–82.
（125） *Ibid.*, 74.
（126） *Ibid.*, 77.
（127） Skinner, *Foundation of Anti-Apartheid*, 49.
（128） Olivier, *The Anatomy of African Misery*, 82.
（129） *Ibid.*, 82.
（130） *Ibid.*, 149.
（131） *Ibid.*, 151–152.
（132） *Ibid.*, 152.
（133） J. H. Oldham, *Christianity and the Race Problem*, London: Student Christian Movement, 1924, 171.
（134） *Ibid.*, 175.
（135） *Ibid.*, 239–244.

(136) *Ibid.*, 246–247.
(137) Skinner, *Foundation of Anti-Apartheid*, 43–44; Vernon Hewitt, 'Empire, International Development and the Concept of Good Government', in Duffield and Hewitt (eds.), *Empire, Development and Colonialism*, 2009, 33.
(138) *ASRAF* (Jan 1926), 166.
(139) WL, ASP, BE, s.18/C90/22, Jane Cobden Unwin to Travers Buxton, 10 Nov 1909.
(140) WL, ASP, BE, s.22/G191A, John Dube to J. H. Harris, 6 Oct 1921.
(141) WL, ASP, BE, s.22/G191A, J. H. Harris to Lord Buxton, 3 Oct 1921.
(142) WL, ASP, BE, s.22/G191A, J. H. Harris to John Dube, 10 Oct 1921.
(143) WL, ASP, BE, s.22/G191A, Howard Pim to J. H. Harris, 31 Jan 1922.
(144) WL, ASP, BE, s.22/G191A, J. H. Harris to Lord Buxton, 9 Mar 1922.
(145) WL, ASP, BE, s.19/D3/36, J. H. Harris to R. W. Msimang, 3 Sep 1924.
(146) WL, ASP, BE, s.22/G191A, John Dube to J. H. Harris, 8 May 1922.
(147) WL, ASP, BE, s.19/D3/35, J. H. Harris to J. T. Gumede, 12 Dec 1923; WL, ASP, BE, s.19/D3/36, J. H. Harris to R. W. Msimang, 3 Sep 1924.
(148) WL, ASP, BE, s.22/G191A, J. H. Harris to John Dube, 30 May 1922.
(149) Walshe, *African Nationalism*, 210–215.
(150) ハリスは，1936年になっても，アフリカ人政治指導者のひとりであるグメデに対して16年前の借金を返済するよう迫っている（WL, ASP, BE, s.19/D3/73, J. H. Harris to P. J. Gumede, 22 Jul 1936）。
(151) WL, ASP, BE, s.19/D6/3, ASAPS to Private Secretary to the High Commissioner for the Union of South Africa, 9 Jan 1931.
(152) WL, ASP, BE, s.22/G191A, Howard Pim to J. H. Harris, 26 Jun 1922.
(153) WL, ASP, BE, s.22/G191A, John Dube to C. A. Wheelwright, 14 Jun 1922.
(154) WL, ASP, BE, s.22/G191A, J. H. Harris to John Dube, 7 Mar 1922.
(155) WL, ASP, BE, s.22/G191A, J. H. Harris to Howard Pim, 20 Jul 1922.
(156) WL, ASP, BE, s.22/G191A, John Dube to C. A. Wheelwright, 14 Jun 1922.
(157) WL, ASP, BE, s.22/G191A, John Dube to C. A. Wheelwright, 14 Jun 1922.
(158) WL, ASP, BE, s.22/G191A, Howard Pim to John Dube, 26 Jun 1922.
(159) WL, ASP, BE, s.22/G191A, J. H. Harris to Howard Pim, 20 Jul 1922.
(160) バーバラ・H・ローゼンワイン／リッカルド・クルスティアーニ（伊東剛史ほか訳）『感情史とは何か』岩波書店，2021年，第2章，とくに54–77頁を参照。
(161) WL, ASP, BE, s.22/G191A, Howard Pim to J. H. Harris, 4 Dec 1923.
(162) WL, ASP, BE, s.22/G191A, J. H. Harris to A. L. Barrett, 28 May 1925.
(163) WL, ASP, BE, s.22/G191A, J. H. Harris to Lord Buxton, 23 Jun 1925.
(164) WL, ASP, BE, s.22/G191A, Minutes of Meeting held in the House of Lords, Committee Room "A" on Wednesday 22nd July 1925.
(165) WL, ASP, BE, s.19/D3/38, J. H. Harris to J. H. Allen, 29 Jul 1925.
(166) WL, ASP, BE, s.22/G191A, Ohlange Institute. Committee Meeting, 10th Jun 1926.
(167) WL, ASP, BE, s.22/G192, John Dube to J. H. Harris, 11 Jan 1927.
(168) WL, ASP, BE, s.22/G192, John Dube to J. H. Harris, 18 Jan 1927.
(169) WL, ASP, BE, s.22/G192, J. H. Harris to John Dube, 7 Feb 1927.

(170) WL, ASP, BE, s.22/G192, John Dube to J. H. Harris, 23 Mar 1927.
(171) WL, ASP, BE, s.22/G192, J. H. Harris to Lord Buxton, 5 Apr 1927.
(172) WL, ASP, BE, s.22/G192, J. H. Harris to Howard Pim, 28 Apr 1927.
(173) WL, ASP, BE, s.22/G192, J. H. Harris to John Dube, 28 Apr 1927.
(174) WL, ASP, BE, s.22/G192, J. H. Harris to Lord Buxotn, 19 Dec 1928.
(175) WL, ASP, BE, s.22/G192, Lord Buxton to J. H. Harris, 21 Dec 1928.
(176) 他方で，ハリスとデュベの関係がこれで断絶したわけではなかったようだ。1936 年になってもハリスはデュベを「旧友」と呼んでおり，オシャンゲ学院支援のためにさまざまな働きかけを行っている（WL, ASP, BE, s.19/D3/73, J. H. Harris to J. D. Rheinallt Jones, 22 Oct 1936. 次章も参照）。
(177) Roden Buxton, *The Race Problem in Africa*, 43–44.
(178) *ASRAF* (Apr 1933), 32.
(179) WL, ASP, BE, s.22/G196, Travers Buxton to Howard Pim, 6 May 1932.
(180) WL, ASP, BE, s.19/D3/55, J. H. Harris to Charles Roberts, 12 May 1932; *ASRAF* (Jul 1932), 71–72.
(181) David Duncan, 'Farm Labor and the South African State, 1924–1948', in Alan H. Jeeves and Jonathan Crush (eds.), *White Farms, Black Labour: The State and Agrarian Change in Southern Africa, 1910–1950*, Portsmouth, NH: Heinemann, Pietermaritzburg: University of Natal Press, Oxford: James Currey, 1997, 35. もっとも，実際には同法により土地を奪われて行き場を失ったアフリカ人を管理するための方策がなかったので，この法律は厳格には執行されなかった（Alan H. Jeeves and Jonathan Crush, 'Introduction', in *Ibid.*, 16–17）。
(182) John H. Harris, 'The Challenge of the Protectorates', *Contemporary Review* (January 1934), 676.
(183) Dubow, *Racial Segregation*, 164.
(184) *Ibid.*, 159.
(185) *ASRAF* (Jul 1936), 82.
(186) *ASRAF* (Jul 1937), 120–121.
(187) WL, ASP, BE, s.19/D3/71, J. H. Harris to T. E. Harvey, 5 Feb 1936.
(188) *ASRAF* (Jul 1936), 76.
(189) *ASRAF* (Jul 1937), 127–128. このような教会の植民地支配に対するあいまいな姿勢は，イギリス人（支配者）特有の帝国意識に加えて，モインが主張するように，当時のキリスト教における人権論が，フランス革命で提示されたような個人主義的人権理念とは異なり，民主主義を取り込みながら人間の尊厳や人格といった理念を強調しつつ，キリスト教共同体の自立性を維持することに価値をおく相対的に保守的な思想に依拠していたこととも関係していたかもしれない。実際，キリスト教的人権論は，第二次世界大戦後も植民地支配の継続を許容していた（Samuel Moyn, *Christian Human Rights*, Philadelphia: University of Pennsylvania Press, 2015, とくに 170–171）。
(190) WL, ASP, BE, s.19/D3/72, J. H. Harris to W. M. Macmillan, 22 May 1936; do., J. H. Harris to J. D. Rheinallt Jones, 18 Jun 1936; WL, ASP, BE, s.19/D3/77, J. H. Harris to R. A. F. Hoernlé, 20 Oct 1937.
(191) WL, ASP, BE, s.19/D3/74, J. H. Harris to Christabel Mennell, 8 Jan 1937.
(192) *ASRAF* (Oct 1937), 140–141.

(193) WL, ASP, BE, s.19/D3/75, J. H. Harris to Lord Lugard, 21 May 1937.
(194) ハリスは，元南ア総督セルボーン卿に宛てた手紙で，南ア政府に脅しをかけるのではなく，遺憾の意を表すようなかたちの決議文を準備すべだと述べている（WL, ASP, BE, s.19/D3/72, J. H. Harris to Lord Selborne, 21 Apr 1936）。翌月のセルボーン宛書簡では，とくに原住民代表法を念頭に，南アの政策に対して「現時点ではわれわれは何もできない」と吐露している（WL, ASP, BE, s.19/D3/72, J. H. Harris to Lord Selborne, 20 May 1936）。
(195) WL, ASP, BE, s.19/D3/38, J. H. Harris to Lord Buxton, 10 Aug 1925.
(196) WL, ASP, BE, s.22/G194, J. H. Harris to Sidney W. B. Shepstone, 3 Aug 1927.
(197) WL, ASP, BE, s.22/G194, J. H. Harris to Lady Selborne, 21 May 1930.
(198) *ASRAF* (Oct 1934), 110–115.
(199) たとえば，*ASRAF* (Apr 1925), 8; do. (Apr 1926), 35–36; do. (Oct 1929), 78–79. この点については，次の研究でも指摘されている。Bush, *Imperialism, Race and Resistance*, 187.
(200) *ASRAF* (Apr 1926), 36.
(201) WL, ASP, BE, s.22/G194, J. H. Harris to Sidney W. B. Shepstone, 3 Aug 1927.

第 4 章

(1) Witwatersrand University（以下，Wits), Historical Papers（以下，HP), AD1433/Cj 2. 6.1a, Mining Industry Board. Memorandum by Joint Council of Europeans and Natives (1922); Wits, HP, AD1433/Aa 3.1, The "Joint Council" Movement: What it is and How it works (1928).
(2) 協議会およびそれと密接な関係にある南ア人種問題研究所（後述）は，ヨハネスブルク市では社会福祉団体として登録されていた（Wits, HP, AD843RJ/Nb/6.file 2, City of Johannesburg. Questionnaire regarding charitable work)。
(3) Wits, HP, AD1433/Aa 3.1, The "Joint Council" Movement: What it is and How it works (1928).
(4) Christina Cappy, 'The Role of Philanthropic Foundations in Shaping South African Colonial Education Policy in the Early Twentieth Century', in Peter Kallaway and Rebecca Swarts (eds.), *Empire and Education in Africa: The Shaping of a Comparative Perspective*, New York: Peter Lang, 2016, 133–134; Mark Ellis, *Race Harmony and Black Progress: Jack Woofter and the Interracial Cooperation Movement*, Bloomington and Indianapolis: Indiana U. P., 2013, 22.
(5) Ellis, *Race Harmony and Black Progress*, 54; Ellen Condliffe Lagemann, *The Politics of Knowledge: The Carnegie Corporation, Philanthropy, and Public Policy*, Chicago: The University of Chicago Press, 1989, 125–126.
(6) Ellis, *Race Harmony and Black Progress*, ch. 2.
(7) Paul Rich, *White Power and the Liberal Conscience: Racial Segregation and South African Liberalism, 1921–60*, Manchester: Manchester U. P., 1984, 19–20.
(8) Robert A. Hill and Gregory A. Pirio, ''Africa for the Africans': the Garvey Movement in South Africa, 1920–1940', in Shula Marks and Stanley Trapido (eds.), *The Politics of Race, Class and Nationalism in Twentieth Century South Africa*, Harlow: Longman, 1987, 226–229.
(9) 他方で，フェルプス・ストークス財団関係者のなかにも，ジェシー・ジョーンズの報告書が科学的で客観的な観察というよりも執筆者の予断と偏見の産物であるとして，その内容に留保をつける者もいた（Cappy, 'The Role of Philanthropic Foundations', 144–145)。
(10) Cappy, 'The Role of Philanthropic Foundations', 134–135.

（11） Charles Kirk Pilkington, 'The Trials of Brotherhood: The Founding of the Commission on Interracial Cooperation', *The Georgia Historical Quarterly*, 69:1, 1985, 55–80.
（12） 菱田幸子「人種間協力への期待と挫折——1930年代の反リンチ運動を事例に」『アメリカ・カナダ研究』（上智大学）第23号，2005年，92頁，注4。
（13） Ellis, *Race Harmony and Black Progress*, ch. 4.
（14） Rich, *White Power and the Liberal Conscience*, 20–21.
（15） R. J. Haines, 'The Politics of Philanthropy and Race Relations: The Joint Councils of South Africa, c.1920–1955', unpublished Ph.D. dissertation（SOAS）, 1991, ch. 2.
（16） *Ibid.*, chs. 1–2.
（17） Wits, HP, AD1433/Aa 3.1, The "Joint Council" Movement: What it is and How it works（1928）.
（18） Grace Davie, *Poverty Knowledge in South Africa: A Social History of Human Science, 1855–2005*, Cambridge: Cambridge U. P., 2015, 40–44, 46.
（19） *Ibid.*, 44–51; Leila Patel, 'Race, Inequality and Social Welfare: South Africa's Imperial Legacy', in James Midgley and David Piachaud（eds.）, *Colonialism and Welfare: Social Policy and the British Imperial Legacy*, Cheltenham, and Northampton, MA: Edward Elgar, 2011, 75.
（20） Davie, *Poverty Knowledge*, 65.
（21） Wits, HP, AD1433/Aa 3.1, The "Joint Council" Movement: What it is and How it works（1928）.
（22） *Ibid.*
（23） Wits, HP, AD1433/Ab2 file 2, Joint Council News（Feb-July 1935）; Joint Council News（Aug-Nov 1935）.
（24） Wits, HP, AD1433/Ac8, South African Institute of Race Relations. Conference on Race Relations held in Kroonstad, August 25, 1934.
（25） *Ibid.*
（26） Haines, 'The Politics of Philanthropy and Race Relations', 92.
（27） Wits, HP, AD1433/Ad 4, Joint Council of Europeans and Natives and Native Welfare Societies in South Africa. Report by J. D. Rheinallt Jones.
（28） Lagemann, *The Politics of Knowledge*, ch. 1; Patricia L. Rosenfield, *A World of Giving: Carnegie Corporation of New York: A Century of International Philanthropy*, New York: Public Affairs, 2014, 24–28, 95–98; Maribel Morey, *White Philanthropy: Carnegie Corporation's An American Dilemma and the Making of a White World Order*, Chapel Hill: The University of North Carolina Press, 2021; Cappy, 'The Role of Philanthropic Foundations', 135–138; Morag Bell, 'American Philanthropy, the Carnegie Corporation and Poverty in South Africa', *Journal of Southern African Studies*, 26:3, 2000, 483–494; Jeremy Seekings, 'The Carnegie Commission and the Backlash against Welfare State-Building in South Africa, 1931–1937', *Journal of Southern African Studies*, 34:3, 2008, 534–536.
（29） Wits, HP, AD1433/Aa 3.1, The "Joint Council" Movement: What it is and How it works（1928）.
（30） Wits, HP, AD1433/Ba 1.2, Report of Joint Council Conference（1932）. なお，南アにおけるフィランスロピーにおいて，カーネギー財団とフェルプス・ストークス財団はしばしば協調して行動した。両団体の関係者には交流があり，とくにカーネギー財団を率いるケッペルとフェルプス・ストークス財団を率いるアンソン・フェルプス・ストークスは親しい友人だった。協議会の創設を提案したジェシー・ジョーンズも，カーネギー財団と密接な関係にあった。加えて，両団体はロックフェラー財団やオランダ改

革派教会，E・G・マレルベ（後述）のようなアフリカーナー知識人ともつながりがあった。カーネギー財団が南アのプアホワイト調査を支援した背景には，マレルベのケッペルに対する働きかけがあった。この点については，Cappy, 'The Role of Philanthropic Foundations', 138–143.

（31） Wits, HP, AD843B/3.3, C. T. Loram to J. D. Rheinallt Jones, 5 Nov 1933. ロラムは，協議会のモデルともなったCICを主導していたT・J・ウフターとも知己であり，人種問題の分野で南アとアメリカ双方に分厚い人脈を有していた。また，イェール大学に着任して以降は，南アの有望な若者（白人とアフリカ人）がアメリカで学ぶ機会を広げるべく尽力した（Wits, HP, AD843B/3.3, C. T. Loram to J. D. Rheinallt Jones, 25 Jan 1935）。カーネギー財団におけるロラムの活動については，次を参照。Rosenfield, *A World of Giving*, 113–117.

（32） Haines, 'The Politics of Philanthropy and Race Relations', 187–201.

（33） Rich, *White Power and the Liberal Conscience*, 29 より再引用。

（34） Wits, HP, AD1433/Ba 1.2, Report of Joint Council Conference (1932).

（35） Ellen Hellmann, 'Fifty Years of the South African Institute of Race Relations', in Ellen Hellmann and Henry Lever (eds.), *Race Relations in South Africa 1929–1979*, London and Basingstoke: Macmillan, 1980, 4.

（36） Wits, HP, AD1433/Bb 1.1, Cape Conference 1935: Report.

（37） Wits, HP, AD1433/Ba 1.2, Report of Joint Council Conference (1932).

（38） Wits, HP, AD843B/3.9, South African Institute of Race Relations, Report for the Carnegie Corporation of New York.

（39） Wits, HP, AD843B/3.4, J. D. Rheinallt Jones to Thomas Jesse Jones, 12 Jan 1934.

（40） Haines, 'The Politics of Philanthropy and Race Relations', 233 より再引用。

（41） *Ibid.*, 204–205.

（42） Wits, HP, AD843RJ/E/1.2, J. D. Rheinallt Jones to D. L. Smit, personal and confidential, 20 Aug 1935.

（43） Wits, HP, AD1433/Ab 2 file 1, Conference of Joint Councils, Bloemfontein, July 4, 1933.

（44） Haines, 'The Politics of Philanthropy and Race Relations', 206 より再引用。

（45） Wits, HP, AD1433/Ab 1, Sir Clarkson Tredgold to A. L. Saffery, 13 Nov 1933.

（46） Wits, HP, AD1433/Ab 2 file 1, J. D. Rheinallt Jones to Secretaries of JCs, 18 Oct 1933; Wits, HP, AD1433/Ab 2 file 2, A. L. Saffery to Secretaries of JCs and Native Welfare Society, 21 Feb 1935.

（47） Wits, HP, AD1433/Ab 2 file 3, Consultative Committee of Joint Councils. Summary of Activities (July 1933–December 1935).

（48） WL, ASP, BE, s.22/G194, J. D. Rheinallt Jones to J. H. Harris, 25 Jan 1923; WL, ASP, BE, s.22/G194, Edith Jones to J. H. Harris, 16 Jan 1927.

（49） WL, ASP, BE, s.22/G194, John Harris to J. D. Rheinallt Jones, 19 Mar 1929.

（50） WL, ASP, BE, s.19/D3/41, J. H. Harris to Edith Jones, 8 Feb 1927; WL, ASP, BE, s.22/G194, John Harris to Edgar Brookes, 11 Mar 1927.

（51） Wits, HP, AD843RJ/E/1.5, J. D. Rheinallt Jones to Charles Roberts, 29 Jun 1940.

（52） Wits, HP, AD843B/1.2.27, Records of work done in London to July 2nd.

（53） WL, ASP, BE, s.22/G195, Appeal from Howard Pim through Native Legislation Group, Friends

House, London, Nov 1928.

(54) Davie, *Poverty Knowledge*, 72.

(55) Haines, 'The Politics of Philanthropy and Race Relations', 209–217.

(56) WL, ASP, BE, s.19/D3/73, J. H. Harris to A. Creech Jones, 29 Jul 1936. ASAPS はバリンジャーの活動支援のために 25 ポンドの献金を行っている（WL, ASP, BE, s.22/G194, J. H. Harris to Charles Roden Buxton, 3 Jun 1930）。

(57) WL, ASP, BE, s.19/D3/73, J. H. Harris to J. D. Rheinallt Jones, 22 Oct 1936.

(58) WL, ASP, BE, s.22/G196, J. D. Rheinallt Jones to J. H. Harris, 19 Nov 1936.

(59) WL, ASP, BE, s.19/D3/74, J. H. Harris to Mr. and Mrs. Ballinger, 6 Jan 1937.

(60) WL, ASP, BE, s.19/D3/76, J. H. Harris to Mrs. W. G. Ballinger, 18 Jun 1937.

(61) WL, ASP, BE, s.19/D3/76, J. H. Harris to Lord Noel-Buxton, 4 Aug 1937.

(62) 中野耕太郎『20 世紀アメリカ国民秩序の形成』名古屋大学出版会，2015 年，70–72 頁。

(63) Ellis, *Race Harmony and Black Progress*, 80–94; 樋口映美『アメリカ黒人と北部産業——戦間期における人種意識の形成』彩流社，1997 年，50–55 頁。

(64) 'race relations' in *OED*.

(65) D. A. Lorimer, *Science, Race Relations and Resistance: Britain 1870–1914*, Manchester: Manchester U. P., 2013, chs. 5–6.

(66) 'Chicago School, the', in Patrick L. Mason (ed.), *Encyclopaedia of Race and Racism* vol. 1 (second ed.), Detroit: Macmillan Reference, 2013, 366–367；中野『20 世紀アメリカ国民秩序』102–107 頁。

(67) 'Race Relations', in W. A. Darity Jr. (ed.), *International Encyclopaedia of the Social Sciences* vol. 7 (second ed.), Detroit: Macmillan Reference, 2008, 29；Harry Goulbourne, *Race Relations in Britain since 1945*, Basingstoke: Macmillan, 1998, 12–13; Henry Yu, *Thinking Orientals: Migration, Contact, and Exoticism in Modern America*, Oxford and New York: Oxford U. P., 2001, 39–46; 中野『20 世紀アメリカ国民秩序』274 頁。

(68) 'Race Relations', in Darity Jr. (ed.), *International Encyclopaedia of the Social Sciences*, 29–31.

(69) 中野『20 世紀アメリカ国民秩序』87–94 頁。

(70) 同上書，102–108，273–299 頁。

(71) Wits, HP, AD843B/3.6, Anson Phelps Stokes to J. D. Rheinallt Jones, 7 Mar 1933.

(72) Wits, HP, AD843B/3.6, Action arising out of Dr. Phelps Stokes's Letter.

(73) Wits, HP, AD843B/3.6, Anson Phelps Stokes to J. D. Rheinallt Jones, 22 Jun 1933.

(74) Wits, HP, AD843B/3.3, J.D. Rheinallt Jones to Thomas Jessie Jones, 12 Apr 1933.

(75) Wits, HP, AD843B/3.9, F. P. Keppel to Edgar Brookes, 4 Jan 1934; Wits, HP, AD843B/3.9, J. D. Rheinallt Jones to F. P. Keppel, 16 Apr 1934. 世界恐慌の影響でカーネギー財団やフェルプス・ストークス財団の収入が落ち込んだことも，SAIRR に早期の財政的自立を求める要望につながっていたようだ（Wits, HP, AD843B/3.3, C. T. Loram to J. D. Rheinallt Jones, 26 Nov 1932; Wits, HP, AD843B/3.3, C. T. Loram to J. D. Rheinallt Jones, 5 Nov 1933）。

(76) Wits, HP, AD843B/3.6, Anson Phelps Stokes to J. D. Rheinallt Jones, 4 Apr 1933. 実際，レイナールト・ジョーンズはオルダムと書簡のやりとりをし，南ア現地の情報を提供している（Wits, HP, AD843RJ/E/1.1, J. D. Rheinallt Jones to J. H. Oldham, 18 Oct 1933）。

(77) J. H. Oldham, 'Developments in the Relations between White and Black in Africa (1911–1931)', *Journal of the Royal African Society*, 127, 1933, 169–170. 南ア問題に関する帝国

フィランスロピーとエキュメニズムの相互関係については，Skinner, *Foundation of Anti-Apartheid*, 50–51 を参照。

(78) WL, ASP, BE, s.19/D3/56, J. H. Harris to Thomas Jesse Jones, 11 Jul 1932.

(79) 兼子歩「ブッカー・T・ワシントンの政治的権利論における人種・階級・ジェンダー」『北大史学』第 48 号，2008 年，98–100 頁。

(80) 同上論文，103–111 頁；同「ブッカー・T・ワシントンのリンチ批判――20 世紀転換期アメリカ南部における人種・ジェンダー・階級」『西洋史論集』第 12 号，2009 年，70–74 頁。

(81) 兼子「リンチ批判」75–78 頁。

(82) 同上論文，77 頁。

(83) 兼子「政治的権利論」117–121 頁。

(84) 兼子「リンチ批判」86–88 頁。

(85) 上林「アメリカ南部黒人教育」52–56 頁。

(86) 同上論文，53–54 頁。

(87) 同上論文，49–52 頁。

(88) Wits, HP, AD1433/Cj 2. 3, Annual Report to October 31, 1926.

(89) Davie, *Poverty Knowledge*, 66–70; 堀内隆行『異郷のイギリス――南アフリカのブリティッシュ・アイデンティティ』丸善出版，2018 年，113–120 頁。

(90) Barbara Bush, *Imperialism, Race and Resistance: Africa and Britain 1919–1945*, London: Routledge, 1999, 236; Davie, *Poverty Knowledge*, 78–81; 堀内『異郷のイギリス』120–129 頁。

(91) 'Ballinger [nee Hodgson], (Violet) Margaret Livingstone', *ODNB*.

(92) Rich, *White Power and the Liberal Conscience*, 39.

(93) 'Hoernlé, (Reinhold Friedrich) Alfred', *ODNB*.

(94) Richard Elphick, *The Equality of Believers: Protestant Missionaries and the Racial Politics of South Africa*, Charlottesville and London: University of Virginia Press, 2012, 107.

(95) *Ibid.*, 113–114.

(96) 中野『20 世紀アメリカ国民秩序』44–50 頁。

(97) Elphick, *The Equality of Believers*, 132–135.

(98) *Ibid.*, 139–142.

(99) Iris Berger, 'From Ethnography to Social Welfare: Ray Phillips and Representations of Urban Women in South Africa', *Le Fait Missionnaire*, 19, 2006, 92; Rich, *White Power and the Liberal Conscience*, 12–13, 15; Davie, *Poverty Knowledge*, 74–75.

(100) Edgar H. Brookes, *R. J: In Appreciation of John David Rheinallt Jones and His Work for the Betterment of Race Relations in Southern Africa*, Johannesburg: The South African Institute of Race Relations, 1953, 2–3.

(101) *Ibid.*, 13.

(102) *Ibid.*, 3–15.

(103) *Ibid.*, 6.

(104) *Ibid.*, 39. もっとも，フェビアン協会における測定と公開とは，国営企業を民主的に運営するための方策としてウェッブ夫妻が唱えたスローガンであり（江里口拓『福祉国家の効率と制御――ウェッブ夫妻の経済思想』昭和堂，2008 年，197–202 頁），レイ

ナールト・ジョーンズが産業の民主的統制といったフェビアン協会の政策を支持していたかは定かではない。

(105) Wits, HP, AD1433/Ad 2, Note on General Hertzog's Smithfield Proposals.

(106) Saul Dubow, *Racial Segregation and the Origins of Apartheid in South Africa, 1919–1936*, Basingstoke: Macmillan, 1989, 23–25.

(107) *Ibid*., 130–131.

(108) Rich, *White Power and the Liberal Conscience*, 4.

(109) *Ibid*., 5–6.

(110) Paul Rich, *Hope and Despair: English-Speaking Intellectuals and South African Politics 1896–1976*, London and New York: British Academic Press, 1993, 18–20; Dubow, *Racial Segregation*, 25.

(111) こうした考え方は，ピムに限らず当時の都市在住白人の間で広く共有されていた。この点については，次を参照。Vivian Bickford-Smith, *The Emergence of the South African Metropolis: Cities and Identities in the Twentieth Century*, Cambridge: Cambridge U. P., 2016, 85–87.

(112) Dubow, *Racial Segregation*, 22–26; do., *Scientific Racism in Modern South Africa*, Cambridge: Cambridge U. P., 1995, 168–169.

(113) Dubow, *Racial Segregation*, 22.

(114) *Ibid*., 28–29; 上林朋広「模倣すべき「過去」――南アフリカ・ナタール植民地における武装蜂起と人種隔離政策の形成」佐川徹・竹沢尚一郎・松本尚之編『歴史が生みだす紛争，紛争が生みだす歴史――現代アフリカにおける暴力と和解』春風社，2024年，108–112頁。

(115) Dubow, *Racial Segregation*, 27–28; Bell, 'American Philanthropy', 488–489.

(116) Rich, *Hope and Despair*, 24–25; Dubow, *Scientific Racism*, 210–214.

(117) Dubow, *Scientific Racism*, 32–53.

(118) Andrew Bank, *Pioneers of the Field: South Africa's Women Anthropologists*, Johannesburg: Wits University Press, 2016, 16.

(119) Dubow, *Scientific Racism*, 54–55.

(120) *Ibid*., 204.

(121) Rich, *White Power and the Liberal Conscience*, 54–58.

(122) 機能主義人類学がはらむ問題点については，竹沢尚一郎『人類学的思考の歴史』世界思想社，2007年，63，71–73頁。

(123) Dubow, *Racial Segregation*, 34–35.

(124) Wits, HP, AD1433/Ad 4, Joint Council of Europeans and Natives and Native Welfare Societies in South Africa. Report by J. D. Rheinallt Jones.

(125) Rich, *Hope and Despair*, 51–52.

(126) たとえば元首相のスマッツは，1929年の講演で，「都市化した，ないし，脱部族化した（detribalised）原住民」こそが，「人種問題（colour problem）」の根幹に関わる問題なのだと言明している（Mahmood Mamdani, *Citizen and Subject: Contemporary Africa and the Legacy of Late Colonialism*, Princeton: Princeton U. P., 1996, 94）。注目すべきは，「脱部族化」という用語である。この言葉は主として都市に定住するアフリカ人を指しているが，農村部の「部族」社会をアフリカ人のノーマルな帰属先とみなす一方で，都市

に住む人々をそこから逸脱したアブノーマルな存在とみるまなざしを反映している。

(127) Wits, HP, AD1433/Ac 3.3, Introductory Address to the Conference with special reference to the "Future of Natives in the Towns". By J. D. Rheinallt Jones.

(128) こうしたエリート（本文で言及した職業に加えて，熟練労働者，職人，自営業者なども含む）はアフリカ人人口全体の1～2％にすぎなかった。もっとも，エリート（プチ・ブルジョワとも呼ばれる）のなかにも階層差はあり，ごく少数の医師や法律家らが上層を占める一方で，教師や事務員などは下層に位置し，暮らしぶりもアフリカ人大衆と大差なかった（Alan Gregor Cobley, *Class and Consciousness: The Black Petty Bourgeoisie in South Africa, 1924 to 1950*, New York, West Port and London: Greenwood Press, 1990, chs. 1–2)。

(129) Haines, 'The Politics of Philanthropy and Race Relations', ch. 4.

(130) Cobley, *Class and Consciousness*, 90–91.

(131) Rich, *White Power and the Liberal Conscience*, 21–22.

(132) Davie, *Poverty Knowledge*, 71.

(133) Wits, HP, AD1433/Ac 3.3, R. V. S. Thema, 'The Establishment of Joint Councils and a Federal Council'.

(134) アメリカではワシントンとデュボイスは論敵同士であったが，南アのアフリカ人はそうした対立構造を必ずしも重視せず，両者をともにアメリカ黒人の指導者として仰ぎ見る向きが強かったようである（Haines, 'The Politics of Philanthropy and Race Relations', 58)。

(135) Wits, HP, AD1433/Ac 1.2, Conference 1923: Minutes; Elphick, *The Equality of Believers*, 155–156.

(136) Rich, *White Power and the Liberal Conscience*, 23–24.

(137) Wits, HP, AD1433/Ad 9, Advisor's Reports (R Jones's visit to Natal) (1930).

(138) 共産主義に対する防波堤としてのフィランスロピーの役割を強調する言説は，先述の通りイギリスでもみられたし，オーストラリアのような他の自治領・植民地でも広く流布していた（Anne O'Brien, *Philanthropy and Settler Colonialism*, Basingstoke: Palgrave Macmillan, 2015, 123–128)。

(139) Wits, HP, AD843B/39a.11, Replies to Questionnaires by the Industrial Legislation Commission Submitted by J. D. Rheinallt Jones (submitted 24 Nov 1949).

(140) Saul Dubow, *A Commonwealth of Knowledge: Science, Sensibility and White South Africa 1820–2000*, Oxford: Oxford U. P., 2006.

(141) *Ibid.*, ch. 3; 堀内『異郷のイギリス』49–56頁。

(142) Dubow, *A Commonwealth of Knowledge*, chs. 4–5.

(143) *Ibid.*, 163–165; 堀内『異郷のイギリス』61–74頁。

(144) 堀内『異郷のイギリス』61–62頁。

(145) この点については，連邦結成後の『ステイト』も，排他的なアフリカーナーナショナリズムを批判する記事をしばしば掲載していたという（同上書，73–74頁)。

(146) Dubow, *A Commonwealth of Knowledge*, 164.

(147) *Ibid.*, 6, 177.

(148) 堀内『異郷のイギリス』68–70頁。

(149) Dubow, *A Commonwealth of Knowledge*, 175–176.

(150) *Ibid.*, 162–163. ただし，ケープの政治制度が制限選挙制であったことに照らせば，ベックの主張にみられる南ア主義に参加可能なアフリカ人やカラードが，一定の教育や財産を有する少数者に限られることは明白で，白人が主導する政治社会にすべてのアフリカ人が参加することを想定したものではなかったことは付言しておきたい。

(151) マランは，協議会が実質的に主催した 1933 年の全国ヨーロッパ人 = バントゥ会議で議長を務め，白人とアフリカ人の利害の調和を説くなど明らかに協議会の活動を支持する発言を行っている（Wits, HP, AD1433/Ac 6. 10, Conference 1933: Printed Report, 19）。

(152) Haines, 'The Politics of Philanthropy and Race Relations', 135.

(153) Wits, HP, AD1433/Ac 5. 6.2, Chairman's Address.

(154) *Ibid.*

(155) たとえば，Rich, *White Power and the Liberal Conscience*, 27.

第 5 章

(1) Peter Limb, *The ANC's Early Years: Nation, Class and Place in South Africa before 1940*, Pretoria: UNISA Press, 2010, 44.

(2) *Ibid.*, 44; Jeremy Seekings and Nicoli Nattrass, *Class, Race, and Inequality in South Africa*, New Haven and London: Yale U. P., 2005, 63; Eddie Koch, ''Without Visible Means of Subsistence': Slumyard Culture in Johannesburg 1918–1940', in Belinda Bozzoli (ed.), *Town and Countryside in the Transvaal: Capitalist Penetration and Popular Respomse*, Johannesburg: Ravan Press, 1983, 156–170; Alan H. Jeeves and Jonathan Crush, 'Introduction', in Alan H. Jeeves and Jonathan Crush (eds.), *White Farms, Black Labour: The State and Agrarian Change in Southern Africa, 1910–1950*, Portsmouth, NH: Heinemann, Pietermaritzburg: University of Natal Press, Oxford: James Currey, 1997, 21. もっとも，第二次世界大戦以前の南アでは，いまだに約 8 割のアフリカ人は農村部に住んでいた。

(3) Limb, *The ANC's Early Years*, 46–47.

(4) C. H. Feinstein, *An Economic History of South Africa: Conquest, Discrimination and Development*, Cambridge: Cambridge U. P., 2005, 84–89, 116–121. ただし，保護関税による国内産業育成政策は，スマッツ政権下ですでに開始されていた（Bill Freund, *Twentieth-Century South Africa: A Developmental History*, Cambridge: Cambridge U. P., 2019, 30–33）。

(5) オーストラリアでも，老齢年金の受給には資力調査および居住期間と人格に関する審査をクリアしなければならなかった。また，年金は，労働を通じた社会に対する貢献への対価とみなされており，アボリジニが受給対象に含まれなかった点もあわせて，南アとの共通点が多いように思われる（Paul Smyth, 'The British Social Policy Legacy in Australia', in James Midgley and David Piachaud (eds.), *Colonialism and Welfare: Social Policy and the British Imperial Legacy*, Cheltenham, and Northampton, MA: Edward Elgar, 2011, 180–181）。

(6) Jeremy Seekings, 'The National Party and the Ideology of Welfare State in South Africa under Apartheid', *Journal of Southern African Studies*, 46:4, 2020, 1149.

(7) *Ibid.*; do., 'The Carnegie Commission and the Backlash against Welfare State-Building in South Africa, 1931–1937', *Journal of Southern African Studies*, 34:3, 2008, 515–519; Andreas Sagner, 'Ageing and Social Policy in South Africa: Historical Perspective with Particular Reference to the Eastern Cape', *Journal of Southern African Studies*, 26:3, 2000, 525–532; Leila Patel, 'Race,

Inequality and Social Welfare: South Africa's Imperial Legacy', in Midgley and Piachaud (eds.), *Colonialism and Welfare*, 74–75; Franco Barchiesi, *Precarious Liberation: Workers, the State, and Contested Social Citizenship in Postapartheid South Africa*, Albany, NY: State University of New York Press, Scottsville: University of Kwazulu-Natal Press, 2011, 29–34.

（8）Philip Bonner, 'The Transvaal Native Congress, 1917–1920: The Radicalisation of the Black Petty Bourgeoisie on the Rand', in Shula Marks and Richard Rathbone (eds.), *Industrialisation and Social Change in South Africa: Essays on African Class Formation, Culture and Consciousness, 1870–1930*, London and New York: Longman, 1982, 279–283; Peter Alexander, *Workers, War, and the Origins of Apartheid: Labour and Politics in South Africa 1939–48*, Oxford: James Currey, Athens, OH: Ohio U. P., Cape Town: David Philip, 2000, 11. なお，1930年代後半から50年代半ばにかけては，政府の政策や産業界の意向もあり，アフリカ人労働者が労使交渉に参加できる余地が次第に増えたが，同時に，人種の別に基づく組合の分離も推し進められた（宗村敦子「アパルトヘイト下の産業調停委員会制度のもがき——1950年代南アフリカの缶詰労働者組合の労使交渉からの一分析」『関西大学経済論集』第67編第4号，2018年，716–718頁）。

（9）Wits, HP, AD1433/Cj 2.6.1a, Mining Industry Board. Memorandum by Joint Council of Natives.

（10）Wits, HP, AD1433/Cj 2.3, Johannesburg Joint Council of Europeans and Natives. Annual Report 1924–5.

（11）Wits, HP, AD1433/Cj 2.6.3, Johannesburg Joint Council of Europeans and Natives, 'Memorandum on Mines & Works (Colour Bar) Bill'.

（12）この点において，協議会の後世への影響は重要である。実際，グレアムズタウン協議会のメンバーで著名な経済学者でもあったD・H・ホートンは，のちに経済的自由主義の観点からアパルトヘイト体制を批判した。だが，資本主義経済を重視しその立場からアパルトヘイトの瑕疵を指摘するリベラル派（ホートンもその一員）は，1970年代以降，資本主義経済とアパルトヘイトの共犯関係を強調するラディカルな修正主義者からの厳しい批判にさらされるようになった（Paul Maylam, 'The Life and Work of a South African Economist: Desmond Hobart Houghton, 1906–1976', *Journal of History of Economic Thought*, 44:4, 2022, 509–526）。リベラル派とラディカル派の論争の影響は歴史学にも及び，南ア史の再解釈と新たな研究の登場を促した。

（13）Saul Dubow, *Racial Segregation and the Origins of Apartheid in South Africa, 1919–1936*, Basingstoke: Macmillan, 1989, 45–50; Paul Rich, *Hope and Despair: English-Speaking Intellectuals and South African Politics 1896–1976*, London and New York: British Academic Press, 1993, 32. もっとも，デュボウは，リベラル派白人の姿勢の変化を強調しつつ，彼らが隔離思想を完全に放棄したとは言いがたいとも述べている。

（14）Peter Walshe, *The Rise of African Nationalism in South Africa: The African National Congress 1912–1952*, Berkley and Los Angels: University of California Press, 1971, 111–114.

（15）Wits, HP, AD1433/Ac 5.4, Report of the National European-Bantu Conference. Cape Town, February 6–9, 1929, 32–34.

（16）Dubow, *Racial Segregation*, 47–48.

（17）R. J. Haines, 'The Politics of Philanthropy and Race Relations: The Joint Councils of South Africa, c.1920–1955', unpublished Ph.D. dissertation (SOAS), 1991, 124–136.

（18） Wits, HP, AD1433/Cj 2.7.3, Johannesburg Joint Council of Europeans and Natives, 'The Native in Industry'. 刊行年は明記されていないが，1927 年の統計資料が使用されており，また，後述のように本冊子の内容をめぐる議論が 28 年に協議会内部で行われていることから，1920 年代末頃に刊行されたと思われる。

（19） Wits, HP, AD843B/71.4 Leo Marquard to J. D. Rheinallt Jones, 25 Feb 1928.

（20） Wits, HP, AD843B/71.4 Paper read to Durban Joint Council of Europeans and Natives on 26th June, 1928, by J. H. Kirk, commenting on the Report of the Johannesburg Council on "Native in Industry".

（21） William Beinart and Colin Bundy, 'The Union, the Nation and the Talking Crow: The Ideology and Tactics of the Independent ICU in East London', in William Beinart and Colin Bundy, *Hidden Struggles in Rural South Africa: Politics and Popular Movements in the Transkei and Eastern Cape, 1890–1930*, London: James Currey, 1987, 282–284.

（22） Wits, HP, AD1433/Cj 2.7.3, Johannesburg Joint Council, 'The Native in Industry'.

（23） Wits, HP, AD1433/Ad 4, Joint Council of Europeans and Native Welfare Societies in South Africa. Report by J. D. Rheinallt Jones.

（24） Haines, 'The Politics of Philanthropy and Race Relations', 160, 167–168.

（25） Beinart and Bundy, 'The Union, the Nation and the Talking Crow', 271.

（26） *Ibid*., 291 から再引用。

（27） Wits, HP, AD1433/Ad 12, ［Confidential］ Report of Advisor on Tour of Ciskei（continued）.

（28） Barbara Bush, *Imperialism, Race and Resistance: Africa and Britain 1919–1945*, London: Routledge, 1999, 184.

（29） Robert Ross, 'The Politics of African Household Budget Studies in South Africa', *History in Africa* 43, 2016, 210–212.

（30） Wits, HP, AD1433/Ac 5.4, Report of the National European-Bantu Conference. Cape Town, February 6–9, 1929, 130–140.

（31） Alexander, *Workers, War, and the Origins of Apartheid*, 13–15.

（32） ウェッブ夫妻は，労働組合がナショナル・ミニマムの達成とそれを通じた産業進歩に貢献すると考え，これを重視していたが，1910 年代初頭に一部の組合でみられたような暴力的な直接行動主義には批判的だった（江里口拓『福祉国家の効率と制御——ウェッブ夫妻の経済思想』昭和堂，2008 年，175–177 頁）。

（33） Wits, HP, AD1433/Ac 5.4, Report of the National European-Bantu Conference. Cape Town, February 6–9, 1929, 139.

（34） Bush, *Imperialism, Race and Resistance*, 184.

（35） デュベは，1924 年の原住民問題会議にはダーバン協議会を代表して出席しているが（Wits, HP, AD1433/Ac 3.2, Conference of Native Affairs, Johannesburg. Oct. 30–31, Nov. 1, 1924），1929 年の全国ヨーロッパ人＝バントゥ会議には個人の資格で参加している（Wits, HP, AD1433/Ac 5.4, Report of the National European-Bantu Conference. Cape Town, February 6–9, 1929, 59）。ただ，後でも触れるように，その後も協議会との接触は保っていたようである。

（36） Wits, HP, AD1433/Ac 5.4, Report of the National European-Bantu Conference. Cape Town, February 6–9, 1929, 141–147.

（37） Shula Marks, *The Ambiguities of Dependence in South Africa: Class, Nationalism, and the State*

in Twentieth-Century Natal, Baltimore and London: The Johns Hopkins U. P., 1986, ch. 2.

(38) Wits, HP, AD1433/Cj 2.4.4.17, Lawlessness among Johannesburg Natives: Report of Sub-Committee of the Johannesburg Joint Council of Europeans and Natives. 作成年月日は明記されていないが，内容から 1920 年代末のものだと判断できる。

(39) もっとも，協議会や植民地当局が「不安定な婚姻」とみなした関係性は，当のアフリカ人にとってみれば，過酷な都市環境を生き抜くための手段でもあった。ポーセルによると，戦間期の都市では，ロケーションで住宅を得ることを目的に「結婚」するアフリカ人男女も多かった。都市当局が，公営住宅の賃貸対象を既婚者に限定していたからである。女性にとっても，既婚者であることは他の男性からの性暴力や当局からの監視およびハラスメントの対象となるリスクを低減することにつながり，メリットが多かった（Deborah Posel, 'Marriage at the Drop of a Hat: Housing and Partnership in South Africa's Urban African Townships, 1920s –1960s', *History Workshop Journal*, 61, 2006, 59–64）。

(40) パット・セイン（深澤和子・深澤敦監訳）『イギリス福祉国家の社会史——経済・社会・政治・文化的背景』ミネルヴァ書房，2000 年，233–234，236 頁。

(41) P. R. Elson, 'The Great White North and Voluntary Action: Canada's Relationship with Beveridge, Social Welfare and Social Justice', in Melanie Oppenheimer and Nicholas Deakin (eds.), *Beveridge and Voluntary Action in Britain and the Wider British World*, Manchester: Manchester U. P., 2011, 167–168; John Harrison, 'The Colonial Legacy and Social Policy in the British Caribbean', in Midgley and Piachaud (eds.), *Colonialism and Welfare*, 64.

(42) Franco Barchiesi, 'Imagining the Patriotic Worker: The Idea of 'Decent Work' in the ANC's Political Discourse', in Arianna Lissoni et al. (eds.), *One Hundred Years of The ANC: Debating Liberation Histories Today*, Johannesburg: Witwatersrand U. P., Cape Town: South African History Online, 2012, 111–134, 125.

(43) Kathy Eales, 'Patriarchs, Passes and Privilege: Johannesburg's African Middle Classes and the Question of Night Passes for African Women', in Phillip Bonner et al. (eds.), *Holding Their Ground: Class, Locality and Culture in 19th and 20th Century South Africa*, Johannesburg: Ravan Press, Johannesburg: Witwatersrand U. P., 1989, 118–122; Natasha Erlank, 'Gender and Masculinity in South African Nationalist Discourse, 1912–1950', *Feminist Studies*, 29:3, 2003, 653–671. アフリカ人の都市化にまつわる諸問題を「健全な家族」の構築を通じて解決しようとする試みを，結婚，とくにアフリカ人社会の慣習である婚資（ロボラ）の観点から論じたエアランクの近業は，示唆に富む（Natasha Erlank, *Convening Black Intimacy: Christianity, Gender, and Tradition in Early Twentieth-Century South Africa*, Athens, OH: Ohio U. P., 2022, 134–137）。

(44) アイリス・バーガー（富永智津子訳）「南アフリカにおけるジェンダー闘争——アフリカ史の再概念化にむけて」富永智津子・永原陽子編『新しいアフリカ史像を求めて——女性・ジェンダー・フェミニズム』御茶の水書房，2006 年，377 頁。したがって，家事・育児と労働の両立を困難にするような当局の政策に対して，アフリカ人女性たちは激しく反発した（J. C. Wells, *We Now Demand!: The History of Women's Resistance to Pass Laws in South Africa*, Johannesburg: Witwatersrand U. P., 1993, chs. 1–2）。

(45) この点については，次を参照。Jacklyn Cock, 'Domestic Service and Education for Domesticity: The Incorporation of Xhosa Women into Colonial Society', in Cherryl Walker (ed.), *Women and Gender in Southern Africa to 1945*, Cape Town: David Philip, London: James Cur-

rey, 1990, 76–96. 西洋的家事イデオロギーの浸透を，アフリカ人女性キリスト教徒の側から分析したゲイツケルの研究も重要である。Deborah Gaitskell, ''Wailing for Purity': Prayer Unions, African Mothers and Adolescent Daughters 1912–1940', in Marks and Rathbone (eds.), *Industrialisation and Social Change*, 338–357; do., 'Devout Domesticity?: A Century of African Women's Christianity in South Africa', in Walker (ed.), *Women and Gender*, 251–272.

(46) Katie Carline, 'Wise Mothers and Wise Buyers: Marketing Tear and Home Improvement in 1930s South Africa', *Journal of African History*, 63:3, 2022, 300, 306–307.

(47) アフリカ人女性が都市に向かう主な動機は，家計を補助することや，チーフの権威と家父長制に基づく伝統社会の束縛から逃れることなどであった（Cherryl Walker, *Women and Resistance in South Africa* (second ed.), New York: Monthly Review Press, 1991, 14; Belinda Bozzoli, with the assistance of Mmantho Nkotsoe, *Women of Phokeng: Consciousness, Life Strategy, and Migrancy in South Africa, 1900–1983*, Portsmouth, NH, Heinemann, London: James Currey, 1991, 62, ch. 4)。

(48) Eales, 'Patriarchs, Passes and Privilege', 107–122; バーガー「南アフリカにおけるジェンダー闘争」372 頁。なお，パスとアフリカ人女性管理の試み，およびそれへの協議会の対応については，以下を参照されたい。拙稿「戦間期南アフリカにおけるアフリカ人労働者の「不自由さ」と救済の試み――ヨーロッパ人・アフリカ人協議会の活動を中心に」奥田伸子ほか『近現代イギリスの「不自由な」労働者たち（仮題）』広島大学出版会，近刊。

(49) Barchiesi, *Precarious Liberation*, 33–34; do., 'Imagining the Patriotic Worker', 118–119, 121–130; do., 'The Violence of Work: Revisiting South Africa's 'Labour Question' Through Precarity and Anti-Blackness', *Journal of Southern African Studies*, 42:5, 2016, 886–891; Walshe, *African Nationalism*, 142–148. バルキエシは，こうした理念を指して，「労働-市民権結合 (work-citizenship nexus)」という表現を用いている（Barchiesi, *Precarious Liberation*, 24)。

(50) 本来はアフリカ人の伝統的な若者文化のひとつである棒術の腕を競う対決だが，都市部では暴力や抗争に興じるギャングを意味する言葉となっていった。こうした文化／振る舞いの存在は，「脱部族化」の言葉にもかかわらず，都市在住アフリカ人が農村部に由来する慣習から引き続き影響を受けていたことの証左でもあり，都市と農村を截然と区別することの困難さを物語ってもいる。

(51) Wits, HP, AD1433/Ad 4, Joint Council of Europeans and Natives and Native Welfare Societies in South Africa. Report by J. D. Rheinallt Jones.

(52) Alan Gregor Cobley, *The Rules of the Game: Struggles in Black Recreation and Social Welfare Policy in South Africa*, Westport, CN: Greenwood Press, 1997, 17–26; Vivian Bickford-Smith, *The Emergence of the South African Metropolis: Cities and Identities in the Twentieth Century*, Cambridge: Cambridge U. P., 2016, 148–154.

(53) Wits, HP, AD1433/Ac 5.4, Report of the National European-Bantu Conference. Cape Town, February 6–9, 1929, 194–204.

(54) *Ibid*., 195–196.

(55) Haines, 'The Politics of Philanthropy and Race Relations', 97, 175.

(56) Wits, HP, AD1433/Ac 5.4, Report of the National European-Bantu Conference. Cape Town, February 6–9, 1929, 41–42.

(57) Geoffrey A. C. Ginn, *Culture, Philanthropy and the Poor in Late-Victorian London*, London

and New York: Routledge, 2017.

(58) Wits, HP, AD1433/Ac 5.4, Report of the National European-Bantu Conference. Cape Town, February 6–9, 1929, 197–198. テイラーの同僚であるフィリップスは，映画鑑賞会の運営にあたり，鉱山会議所から 1,500 ポンドの機材購入費と年間 5,000 ポンドの助成を受けた（Bickford-Smith, *The Emergence of the South African Metropolis*, 153)。

(59) 第 3 章でも，鉱山会議所所属のタバラーが，勤勉で健全なアフリカ人労働者の育成に寄与するとの観点から，デュベのオシャンゲ学院の支援を訴えたことを論じた。鉱山会議所による映画鑑賞会への支援にも，同様の思惑をみてとることができるだろう。

(60) Cobley, *The Rules of the Game*, 26–32; Koch, "Without Visible Means of Subsistence", 166–170.

(61) Haines, 'The Politics of Philanthropy and Race Relations', 100–101.

(62) Cobley, *The Rules of the Game*, 34 より再引用。

(63) *Ibid*., 33–34.

(64) Wits, HP, AD1433/Ac 3.3, J. D. Rheinallt Jones, 'Introductory Address to the Conference with special reference to the "Future of Natives in the Towns"'. これは都市でのアフリカ人の雇用主（その最大のものは鉱山業）も共有する懸念事項だった（Dubow, *Racial Segregation*, 55–56)。

(65) Wits, HP, AD1433/Ac 3.3, W. M. Macmillan, 'The Native Land Question'.

(66) W. M. Macmillan, 'Overcrowded Native Reserves', *Star* (6 Aug 1932), enclosed in Wits, HP, AD843B/62.

(67) Clare V. J. Griffiths, *Labour and the Countryside: The Politics of Rural Britain 1918–1932*, Oxford: Oxford U. P., 2007, 232–236. なお，戦間期の労働党で農業政策をリードした議員のなかには，ウェッジウッドやノエル・バクストン（マクドナルド政権で農業大臣を務める）など ASAPS 関係者が多かった。

(68) Paul Rich, *White Power and the Liberal Conscience: Racial Segregation and South African Liberalism, 1921–60*, Manchester: Manchester U. P., 1984, 34.

(69) Jeeves and Crush, 'Introduction', 20–21; Seekings and Nattrass, *Class, Race, and Inequality*, 57–62.

(70) Philip Bonner, Peter Delius, and Deborah Posel, 'The Shaping of Apartheid: Contradiction, Continuity and Popular Struggle', in Philip Bonner, Peter Delius, and Deborah Posel (eds.), *Apartheid's Genesis 1935–1962*, Johannesburg: Ravan Press and Witwatersrand U. P., 1993, 10–11.

(71) Jeeves and Crush, 'Introduction', 15–16.

(72) Wits, HP, AD1433/Cj2.7.1, Johannesburg Joint Council of Europeans and Africans, 'General Hertzog's Solution of the Native Question: Native Land Act 1913, Amendment Bill 1927'. 年代は明記されていないが，内容から 1927 年ないし 28 年頃のものと思われる。

(73) Wits, HP, AD1433/Ac 5.4, Report of the National European-Bantu Conference. Cape Town, February 6–9, 1929, 65–72.

(74) 水野祥子『エコロジーの世紀と植民地科学者——イギリス帝国・開発・環境』名古屋大学出版会，2020 年，64–78 頁。

(75) Wits, HP, AD1433/Ac 5.4, Report of the National European-Bantu Conference. Cape Town, February 6–9, 1929, 4–8.

(76) 佐藤千鶴子『南アフリカの土地改革』日本経済評論社，2009年，30–39頁；北川勝彦『南部アフリカ社会経済史研究』関西大学出版部，2001年，74–75頁；Teresa K. Connor, 'Ambiguous Repositories: Archives, Traders and the Recruitment of Mineworkers in the Eastern Cape: 1900–1946', *South African Historical Journal*, 72:1, 2020, 115–116.
(77) Nigel Worden, *The Making of Modern South Africa* (fifth ed.), Chichester: Wiley-Blackwell, 2012, 64–66.
(78) Feinstein, *An Economic History of South Africa*, 94–95.
(79) *Ibid*., 122–123.
(80) Worden, *Modern South Africa*, 66–67.
(81) Wits, HP, AD1433/Ad 11, [Confidential] Eastern Province Tour; Wits, HP, AD1433/Ad 12, [Confidential] Report of Adrisor on Tour of Ciskei (continued).
(82) Wits, HP, AD843B/34.4, Memorandum of Evidence to be Presented by the Bloemfontein Joint Council before the Native Economic Commission.
(83) Wits, HP, AD1433/Ac 6.10, Fifth National European-Bantu Conference Bloemfontein July 5, 6, 7, 1933 Report, 17.
(84) *Ibid*., 18–19.
(85) *Ibid*., 20.
(86) *Ibid*., 20. 科学と救済対象への共感は，20世紀初頭のアメリカにおけるソーシャルワークのキーワードでもあった（松原宏之『虫喰う近代――1910年代社会衛生運動とアメリカの政治文化』ナカニシヤ出版，2013年，96–97頁）。次章でもみるが，社会調査を重視する協議会は南アにおけるソーシャルワークの発展とも深く関係しており，この点でもアメリカ（とイギリス）から多くの示唆を受けていたといえよう。
(87) Wits, HP, AD1433/Ab2 file2, Joint Council News, January 1935.
(88) Morag Bell, 'American Philanthropy, the Carnegie Corporation and Poverty in South Africa', *Journal of Southern African Studies*, 26:3, 2000, 493–494.
(89) マレルベは，のちにSAIRR理事長にも就任する。
(90) Grace Davie, *Poverty Knowledge in South Africa: A Social History of Human Science, 1855–2005*, Cambridge: Cambridge U. P., 2015, 82–91.
(91) Rich, *Hope and Despair*, 27–37.
(92) Wits, HP, AD1433/Ad 14, Report of the Advisor on Tour: Johannesburg—Bloemfontein—Cradock—Grahamstown—Port Elizabeth—Cape Town.
(93) R. F. A. Hoernlé, 'Race-Mixture and Native Policy in South Africa', in I. Schapera (ed.), *Western Civilization and the Natives of South Africa*, London: George Routledge and Sons, 1934, 270–274. ただし，人種混淆に対する忌避感が白人とアフリカ人の双方で強い現状において，異人種間の性関係や婚姻を奨励しているわけではないとも述べている（*ibid*., 274–279）。
(94) Dubow, *Racial Segregation*, 133.
(95) Wits, HP, AD843B/71.2, F. Postma and L. J. du Plessis to J. D. Rheinallt Jones, 17 Nov 1934.
(96) Haines, 'The Politics of Philanthropy and Race Relations', 284–286.
(97) Wits, HP, AD1433/Ab 2 file 1, Consultative Committee of Joint Councils To Joint Councils and Native Welfare Societies. Native Unemployment.
(98) 協議会指導者層の共産主義への警戒心は，この時代においても強固だった。たとえば

レイナールト・ジョーンズは，南ア共産党と通じていた協議会関係者が彼の私的な書簡の内容を党に漏らしていたことを知ると，当該人物を厳しく非難した（Wits, HP, AD843RJ/E/1.2, J. D. Rheinallt Jones to Alan. J. Davis, 19 Nov 1935)。

(99) Wits, HP, AD1433/Ac 6.10, Fifth National European-Bantu Conference Bloemfontein July 5, 6, 7, 1933 Report, 32.

(100) *Ibid.*, 27.

(101) Rich, *White Power and the Liberal Conscience*, 67.

(102) Wits, HP, AD1433/Ad 4, Joint Council of Europeans and Native Welfare Societies in South Africa. Report by J. D. Rheinallt Jones.

(103) Wits, HP, AD1433/Ad 11, [Confidential] Eastern Province Tour.

(104) Wits, HP, AD1433/Ac 8, Conference on Race Relations, held in Kroonstad, August 25, 1934.

(105) Wits, HP, AD1433/Ad 9, Advisor's Report.

(106) Wits, HP, AD1433/Ab 2 file 1, Consultative Committee of Joint Councils of Europeans and Africans To Secretaries of Joint Councils and Native Welfare Societies, 23 Apr 1934.

(107) Wits, HP, AD1433/Cj 2.6.13, South African Institute of Race Relations. 'Native Unemployment and the "Civilised Labour" Policy'.

(108) Haines, 'The Politics of Philanthropy and Race Relations', 274–275.

(109) Wits, HP, AD1433/Ac 6.10, Fifth National European-Bantu Conference Bloemfontein July 5, 6, 7, 1933 Report, 35–36.

(110) *Ibid.*, 36–37.

(111) Wits, HP, AD1433/Ad 12, [Confidential] Report of Advisor on Tour of Ciskei (continued).

(112) Wits, HP, AD1433/Ad 14, Report of the Advisor on Tour: Johannesburg—Bloemfontein—Cradock—Grahamstown—Port Elizabeth—Cape Town.

(113) 第1章注154で述べた通り，生活賃金とは，「「労働者がその生産者および市民としての能力を発揮できるようにする」ための「充分な食料，およびある程度の個人的，家庭的な快適さ・生活上の必要からの自由（comfort)」を得られる水準」を基礎要素とする賃金体系を意味する。

(114) Wits, HP, AD843B/34.4.2, Memorandum of the Minimum Wage Presented by the Bloemfontein Joint Council of Europeans and Bantu to the Wage Board, on April 21, 1932.

(115) Wits, HP, AD1433/Ac8, Conference on Race Relations, held in Kroonstad, August 25, 1934.

(116) *Ibid.*

(117) Wits, HP, AD1433/Aa 3.10, The Civilised Labour Policy and the Displacement of Non-European Labour.

(118) Feinstein, *An Economic History of South Africa*, 86 より再引用。

(119) たとえばバイナートは，東ケープのポンドランドを事例に，アフリカ人社会で出稼ぎ労働が重要性を増してくるプロセスを跡づけている（William Beinart, *The Political Economy of Pondoland 1860–1930*, Cambridge: Cambridge U. P., 1982)。

(120) Wits, HP, AD1433/Aa 3.10, The Civilised Labour Policy and the Displacement of Non-European Labour.

(121) レイナールト・ジョーンズは，1934年に刊行された論文でも都市のアフリカ人労働者を区別して考察する必要性を強調している。なおこの論点は，1933年に出版された政府の原住民経済委員会報告書でも明記されており，当時の原住民問題についての専門

家の間では常識となりつつあったと考えられる（J. D. Rheinallt Jones, 'Social and Economic Condition of the Urban Native', in I. Schapera (ed.), *Western Civilization and the Natives of South Africa*, London: George Routledge and Sons, 1934, 171–176）。

(122) Wits, HP, AD843B/71.1, J. D. Rheinallt Jones to P. G. Dovey, 1 Sep 1932.

(123) Wits, HP, AD843B/71.1, J. D. Rheinallt Jones to P. G. Dovey, 1 Sep 1932.

(124) Wits, HP, AD843B/71.1, Cape Peninsula Joint Council to Minister of Native Affairs, 16 Oct 1933.

(125) Wits, HP, AD843B/71.2, Patrick Duncan to J. D. Rheinallt Jones, 21 Jun 1934.

(126) Rich, *Hope and Despair*, 68–72.

(127) *Ibid.*, 72–77; 上林朋広「模倣すべき「過去」——南アフリカ・ナタール植民地における武装蜂起と人種隔離政策の形成」佐川徹・竹沢尚一郎・松本尚之編『歴史が生みだす紛争，紛争が生みだす歴史——現代アフリカにおける暴力と和解』春風社，2024年，112–115頁。

(128) Wits, HP, AD843B/71.4 E. H. Brookes, 'Memorandum on the Questions'.

(129) Union of South Africa, *Report of Native Economic Commission 1930–1932*, 3.

(130) Wits, HP, AD843B/71.1, Norman L. Rice to J. D. Rheinallt Jones, 17 Oct 1932.

(131) 水野『エコロジーの世紀と植民地科学者』85–93頁。

(132) Wits, HP, AD1433/Ac 6.10, Fifth National European-Bantu Conference Bloemfontein July 5, 6, 7, 1933 Report, 18。

(133) *Ibid.*, 43.

(134) *Ibid.*, 43.

(135) こうした姿勢は，当時のイギリス帝国における植民地科学者たちの議論を反映するものでもあった。この点については，水野『エコロジーの世紀と植民地科学者』104–108頁を参照。

(136) 佐藤『南アフリカの土地改革』26–27，66頁。

(137) Sean Redding, *Sorcery and Sovereignty: Taxation, Power and Rebellion in South Africa, 1880–1963*, Athens, OH: Ohio U. P., 2006, 27.

(138) Haines, 'The Politics of Philanthropy and Race Relations', 259より再引用。

(139) Wits, HP, AD1433/Ad 11, [Confidential] Eastern Province Tour.

(140) Wits, HP, AD1433/Ad 12, [Confidential] Report of Advisor on Tour of ciskei (continued).

(141) Wits, HP, AD843B/71.1, 'P. E. Native Unemployed Fund: An Appeal for Support' (Newspaper Clip).

(142) Wits, HP, AD843B/71.1, 'Port Elizabeth Native Unemployed Fund'.

(143) Wits, HP, AD843B/71.1, Hon Secretary, Potchefstroom Joint Council to J. D. Rheinallt Jones, 10 Sep 1932.

(144) Wits, HP, AD1433/Ad 11, [Confidential] Eastern Province Tour.

(145) Wits, HP, AD843B/71.1, 'P. E. Native Unemployed Fund: An Appeal for Support' (Newspaper Clip).

(146) Wits, HP, AD843B/71.1, D. G. Shepstone to J. D. Rheinallt Jones, 18 Oct 1932.

(147) Wits, HP, AD843B/71.1, Charles F. Martin to J. D. Rheinallt Jones, 19 Oct 1932.

(148) Wits, HP, AD843B/71.1, Eshowe Joint Council to J. D. Rheinallt Jones, 24 Aug 1932. 1930年代後半まで，サトウキビ農場はアフリカ人の労働条件を規制する法規の適用対象外と

されており，劣悪な待遇と雇用主による暴力のため，出稼ぎ先として不人気だった。また，多くの農場はマラリア発生地帯に位置していた。マラリアはとくに 1928 年から 32 年にかけて猖獗を極め，貧困で栄養状態が悪いゆえに免疫力の低い多くのアフリカ人労働者の命を奪ったとされる（Alan H. Jeeves, 'Migrant Workers and Epidemic Malaria on the South African Sugaer Estates, 1906–1948', in Jeeves and Crush（eds.）, *White Farms, Black Labour*, 114–122）。マラリア拡大を懸念する声は，同時代人の間でも強かった（Wits, HP, AD1433/Ba 1.2, Conference of Joint Councils（European-Native）to be held at Pietermaritzburg on Saturday, 26th November, 1932）。

(149) Wits, HP, AD1433/Ba 1.2, Conference of Joint Councils（European-Native）to be held at Pietermaritzburg on Saturday, 26th November, 1932.

(150) Wits, HP, AD843B/71.1, Eshowe Joint Council to J. D. Rheinallt Jones, 24 Aug 1932.

(151) Wits, HP, AD1433/Ad 11, [Confidential] Eastern Province Tour.

(152) Wits, HP, AD843B/71.1, Hon. Secretary, Pretoria Joint Council to J. D. Rheinallt Jones, 8 Oct 1932.

(153) *Ibid.*

第 6 章

(1) Peter Limb, *The ANC's Early Years: Nation, Class and Place in South Africa before 1940*, Pretoria: UNISA Press, 2010, 44–46; C. H. Feinstein, *An Economic History of South Africa: Conquest, Discrimination and Development*, Cambridge: Cambridge U. P., 2005, 123; Jeremy Seekings and Nicoli Nattrass, *Class, Race, and Inequality in South Africa*, New Haven and London: Yale U. P., 2005, 53; Alan H. Jeeves and Jonathan Crush, 'Introduction', in Alan H. Jeeves and Jonathan Crush（eds.）, *White Farms, Black Labour: The State and Agrarian Change in Southern Africa, 1910–1950*, Portsmouth, NH: Heinemann, Pietermaritzburg: University of Natal Press, Oxford: James Currey, 1997, 5–12.

(2) 同時代の都市在住アフリカ人の生活や文化についての観察としては，たとえば，ヨハネスブルク協議会メンバーのマーガレット・バリンジャー（第 4 章参照）による次の論考がある。Margaret Ballinger, 'Native Life in South African Towns', *Journal of the Royal African Society*, 148, 1938, 326–338.

(3) Wits, HP, AD843B/34.1, South African Institute of Race Relations, Report of Enquiry into Wages and Cost of Living of Natives at Kroonstad, Orange Free State.

(4) Wits, HP, AD1433/Bb 2.2.2, 'White and Black Co-operation'.

(5) Jeeves and Crush, 'Introduction', 20–25.

(6) Feinstein, *An Economic History of South Africa*, 127–135.

(7) Bill Freund, *Twentieth-Century South Africa: A Developmental History*, Cambridge: Cambridge U. P., 2019, 38–39.

(8) Deborah Posel, 'The Case for a Welfare State: Poverty and the Politics of the Urban African Family in the 1930s and 1940s', in Saul Dubow and Alan Jeeves（eds.）, *South Africa's 1940s: Worlds of Possibilities*, Cape Town: Double Storey, 2005, 68–76. 同時に，ポーセルは，こうした提言が社会秩序の安定化をはかることで白人支配の強化を目指すものだったとも指摘している。

(9) Grace Davie, *Poverty Knowledge in South Africa: A Social History of Human Science, 1855–*

2005, Cambridge: Cambridge U. P., 2015, 106; Franco Barchiesi, *Precarious Liberation: Workers, the State, and Contested Social Citizenship in Postapartheid South Africa*, Albany, NY: State University of New York Press, Scottsville: University of Kwazulu-Natal Press, 2011, 35–36.

(10) Davie, *Poverty Knowledge*, 105–109.

(11) *Ibid*., 118–122.

(12) Wits, HP, AD843RJ/Nb/12, J. D. Rheinallt Jones, 'Social Work and the Non-European'.

(13) Davie, *Poverty Knowledge*, 113. 実際，この時期のレイナールト・ジョーンズの著作には，ラウントリーらの名前やイギリスでの社会調査で明らかになった労働者階級の生活への言及が頻繁にみられる（Rheinallt Jones, 'Social and Economic Condition of the Urban Native', 177, 181）。

(14) Wits, HP, AD843B/34.1, South African Institute of Race Relations, Report of Enquiry into Wages and Cost of Living of Natires at Kroonstad, Orange Free State.

(15) Wits, HP, AD1433/Cj 2.3, Statement on the Native Bills passed of a Meeting of the Johannesburg Joint Council of Europeans and Africans held on Monday, October 21st, 1935.

(16) Wits, HP, AD1433/Cj 2.6.7, Johannesburg Joint Council of Europeans and Africans, 'Natives in Urban Areas'. カタログには1929年とあるが，1936年原住民土地信託法への言及があるので，それ以降のものである。

(17) Wits, HP, AD843B/34.4, 'Natives to Press for Minimum Wage', enclosed in John Dube to J. D. Rheinallt Jones, 14 Aug 1937.

(18) Wits, HP, AD843B/34.4, John Dube to J. D. Rheinallt Jones, 14 Aug 1937.

(19) Wits, HP, AD1433/Bb 2.2.2, 'White and Black Co-operation'.

(20) Wits, HP, AD843B/39a.5, G. K. Charters to Resident Magistrate, Kokstad, Jun 1936.

(21) *Kokstad Advertiser*（31 Jul 1936）, enclosed in Wits, HP, AD843B/39a.5.

(22) Wits, HP, AD843B/39a.5, S. J. Halford to the Secretary, Mount Currie Farmers Association, 29 Jul 1936.

(23) 'Recruiting of Native Labour'（Press clipping）, enclosed in Wits, HP, AD843B/39a.5, S. J. Halford, Chairman of Kokstad Joint Council to J. D. Rheinallt Jones, 31 Aug 1936.

(24) Wits, HP, AD843B/39a.5, S. J. Halford to J. D. Rheinallt Jones, 31 Aug 1936.

(25) ヨハネスブルク協議会が1930年に刊行した「アフリカにおける強制労働」というパンフレットには，鉱山での労働が原因で結核を患うことへの不安や低賃金への不満から，アフリカ人が鉱山労働を好まないという指摘がみられる（Wits, HP, AD1433/Cj 2.7.6, Johannesburg Joint Council of Europeans and Natives, 'Forced Labour in Africa'）.

(26) Katharine Bradley, *Poverty, Philanthropy and the State: Charities and the Working Class in London, 1918–79*, Manchester: Manchester U. P., 2009, 102–104; Joanna Lewis, *Empire State-Building: War and Welfare in Kenya 1925–52*, Oxford, James Currey, Nairobi: E. A. E. P, Athens, OH: Ohio U. P., 2000, 69–71.

(27) Wits, HP, AD1433/Cj 2.6.15, Johannesburg Joint Council of Europeans and Africans, 'Native Juvenile Destitution and Delinquency'.

(28) Wits, HP, AD1433/Cj 2.4.4. 13, Minutes of a meeting of a committee on juvenile delinquency, 24 Aug 1937.

(29) Wits, HP, AD1433/Cj 2.4.4. 13, Minutes of a meeting of a committee on juvenile delinquency,

28 Sep 1937.

(30) Wits, HP, AD1433/Cj 2.4.4. 13, Minutes of a meeting of a committee on juvenile delinquency, 24 Aug 1937.

(31) *Ibid.*

(32) David Goodhew, 'Working-Class Respectability: The Example of the Western Areas of Johannesburg, 1930–55', *Journal of African History*, 41:2, 2000, 249–250.

(33) Wits, HP, AD1433/Cj 2.6.15, Johannesburg Joint Council of Europeans and Africans, 'Native Juvenile Destitution and Delinquency'.

(34) 非行の主因を貧困と両親の共働き（とくにそれにともなう母親の不在）に帰する言説は，当時の南アで広くみられた。たとえば，オレンジ自由州クルアンスタットの事例を分析したリッチの論考を参照。Paul Rich, 'Managing Black Leadership: The Joint Councils, Urban Trading and Political Conflict in the Orange Free State, 1925–1942', in Phillip Bonner et al. (eds.), *Holding Their Ground: Class, Locality and Culture in 19th and 20th Century South Africa*, Johannesburg: Ravan Press, Johannesburg: Witwatersrand U. P., 1989, 185–186.

(35) Wits, HP, AD1433/Cj 2.6.7, Johannesburg Joint Council of Europeans and Afiricans, 'Natives in Urban Areas'.

(36) Iris Berger, *Women in Twentieth-Century Africa*, Cambridge: Cambridge U. P., 2016, 45–47; do., 'An African American 'Mother of the Nation': Madie Hall Xuma in South Africa, 1940–1963', *Journal of Southern African Studies* 27:3, 2001, 547–566; Shireen Hassim, *The ANC Women's League: Sex, Gender, and Politics*, Athens, OH: Ohio U. P., 2014.

(37) モニカ・セハス「女性の眼でみるアパルトヘイト——1950 年代「南アフリカ女性連盟」（FSAW）の事例」富永智津子・永原陽子編『新しいアフリカ史像を求めて——女性・ジェンダー・フェミニズム』御茶の水書房，2006 年，279–305 頁。

(38) Wits, HP, AD843RJ/Pn2/5/file 3, Cecilia Kuse to Edith B. Jones, 29 Jul 1942.

(39) 佐藤千鶴子『南アフリカの土地改革』日本経済評論社，2009 年，52–53 頁。

(40) Wits, HP, AD843B/62.3, Edith Jones to D. B. Molteno, 8 Jul 1940. 農村部での「文明化」の事業に対するアフリカ人の反応については，次を参照。Belinda Bozzoli, with the assistance of Mmantho Nkotsoe, *Women of Phokeng: Consciousness, Life Strategy, and Migrancy in South Africa, 1900–1983*, Portsmouth, NH: Heinemann, London: James Currey, 1991, 62, 74.

(41) Wits, HP, AD843B/10.12, J. D. Rheinallt Jones to H. Mary White, 4 May 1944.

(42) Colin Bundy, 'Land and Liberation: Popular Rural Protest and the National Liberation Movements in South Africa, 1920–1960', in Shula Marks and Stanley Trapido (eds.), *The Politics of Race, Class and Nationalism in Twentieth Century South Africa*, Harlow: Longman, 1987, 268–269.

(43) Wits, HP, AD843B/10.13, Zoutpansberg Joint Council of Europeans and Bantu, 'Prosperity for the Bantu!'.

(44) ポール・ジョンソン（真屋尚生訳）『節約と浪費——イギリスにおける自助と互助の生活史』慶應義塾大学出版会，1997 年。

(45) Clifton Crais, *Poverty, War, and Violence in South Africa*, Cambridge: Cambridge U. P., 2011, 90–95.

(46) Wits, HP, AD1433/Cj 2.7.7, Johannesburg Joint Council of Europeans and Natives, 'Summary of Native Disabilities'. 刊行年は明記されていないが，内容から 1929 年以降と判断できる。

（47）Feinstein, *An Economic History of South Africa*, 123–127; Peter Alexander, *Workers, War, and the Origins of Apartheid: Labour and Politics in South Africa 1939–48*, Oxford: James Currey, Athens, OH: Ohio U. P., Cape Town: David Philip, 2000, 18.

（48）たとえばヨハネスブルクのロケーションでは，戦時中に食料価格は6割上昇し，なかでも必需品の値段は9割近く上がった（Alan Gregor Cobley, *Class and Consciousness: The Black Petty Bourgeoisie in South Africa, 1924 to 1950*, New York, West Port and London: Greenwood Press, 1990, chs. 1–2, 37）。

（49）Nicoli Nattrass, 'Economic Growth and Transformation in the 1940s', in Dubow and Jeeves (eds.), *South Africa's 1940s*, 26–31; Hilary Sapire, 'The Stay-away of the Brakpan Location, 1944', in Belinda Bozzoli (ed.) *Class, Community and Conflict: South African Perspectives*, Johannesburg: Ravan Press, 1983, 381–394; David Duncan, 'Farm Labor and the South African State, 1924–1948', in Jeeves and Crush (eds.), *White Farms, Black Labour,* 39–40; Alexander, *Workers, War, and the Origins of Apartheid*, chs. 3–4.

（50）Peter Walshe, *The Rise of African Nationalism in South Africa: The African National Congress 1912–1952*, Berkley and Los Angels: University of California Press, 1971, 264–268, 271–279.

（51）上林朋広「部族と普遍の間――Z・K・マシューズの原住民法研究から見る南アフリカ市民権要求の論理」石井紀子・今野裕子編『「法-文化圏」とアメリカ――20世紀トランスナショナル・ヒストリーの新視角』上智大学出版，2022年，108–112頁。

（52）Wits, HP, AD843RJ/E/1. 5, J. D. Rheinallt Jones to D. L. Smit, 25 Sep 1941.

（53）Nigel Worden, *The Making of Modern South Africa* (fifth ed.), Chichester: Wiley-Blackwell, 2012, 99–103.

（54）Jeremy Seekings, 'The Carnegie Commission and the Backlash against Welfare State-Building in South Africa, 1931–1937', *Journal of Southern African Studies*, 34:3, 2008, 526–536; Leila Patel, 'Race, Inequality and Social Welfare: South Africa's Imperial Legacy', in James Midgley and David Piachaud (eds.), *Colonialism and Welfare: Social Policy and the British Imperial Legacy*, Cheltenham, and Northampton, MA: Edward Elgar, 2011, 75.

（55）Margaret Tennant, 'Beveridge, the Voluntary Principle and New Zealand's 'Social Laboratory'', in Melanie Oppenheimer and Nicholas Deakin (eds.), *Beveridge and Voluntary Action in Britain and the Wider British World*, Manchester: Manchester U. P., 2011, 136–137.

（56）Jeremy Seekings, 'Visions, Hopes and Views about the Future: The Radical Moment of South African Welfare System', in Dubow and Jeeves (eds.), *South Africa's 1940*, 50–53; Barchiesi, *Precarious Liberation*, 36–37.

（57）Seekings, 'Visions, Hopes and Views about the Future', 45–50.

（58）Davie, *Poverty Knowledge*, 114.

（59）Alan Gregor Cobley, *The Rules of the Game: Struggles in Black Recreation and Social Welfare Policy in South Africa*, Westport, CN: Greenwood Press, 1997, 140.

（60）Alexander, *Workers, War, and the Origins of Apartheid*, chs. 3, 5. もっとも，その背後には秩序の維持という思惑も存在していた。限定的な福祉の拡大は，アフリカ人の不満を緩和し彼らの戦争協力をつなぎとめるための手段でもあった（Andreas Sagner, 'Ageing and Social Policy in South Africa: Historical Perspective with Particular Reference to the Eastern Cape', *Journal of Southern African Studies*, 26:3, 2000, 534; Seekings, 'Visions, Hopes and Views about the Future', 59–60）。

(61) Davie, *Poverty Knowledge*, 114–115, 129–138.

(62) Saul Dubow, 'Introduction: South Africa's 1940s', in Dubow and Jeeves (eds.), *South Africa's 1940s*, 9 より再引用。

(63) *Ibid*., 7–10.

(64) Dubow and Jeeves (eds.), *South Africa's 1940s*.

(65) Alexander, *Workers, War, and the Origins of Apartheid*, 34.

(66) Keith Shear, 'At War with the Pass Laws?: Reform and the Policing of White Supremacy in 1940s South Africa', *Historical Journal*, 56:1, 2013, 210–225.

(67) Dubow, 'Introduction', 2–3. これに対して，たとえばフロインドは，当時の為政者の間で人種隔離の完全な撤廃を考えていた者はいなかったと指摘し，1940 年代における「リベラルないし社会民主主義的な南ア」の実現可能性を想定する議論を批判している（Freund, *Twentieth-Century South Africa*, 73–81）。だが，本章の議論からも明らかなように，協議会に代表される「リベラルないし社会民主主義的な南ア」のヴィジョンは，都市部では勤勉な労働者たる定住アフリカ人への福祉の拡充，農村部ではリザーブの開発を推し進めることで，アフリカ人の無秩序な都市化を阻止しようとするものだった。第二次世界大戦期を通じてその主張はいくぶん変化するが，白人支配と人種隔離の思想を完全に放棄したわけではない。隔離政策の撤廃と民主主義の実現を強く求めていたのは，むしろアフリカ人ナショナリズムであり，当時のスマッツ政権がそのような主張を受け入れなかったのは言わずもがなのことである。この意味でフロインドは，ここで取り上げたデュボウとジェーヴィスの編著書が提起した議論をやや誤解しているように思われる。なお，フロインドの著書では，当時の南ア政府が産業発展を主目標に据えたうえで，それに資するような社会政策（都市に定住する勤勉なアフリカ人労働者の生活改善やリザーブの開発など）を推し進めようとした点が強調されているが（*Ibid*., 79, 80），協議会のヴィジョンがそれと多くの点で重なりあうものだったことは，本書がこれまで論じてきた通りである。

(68) Wits, HP, AD843B/39a.12, O. Clark to J. D. Rheinallt Jones, 26 Mar 1941.

(69) Wits, HP, AD843B/39a.12, Secretary of Pretoria Joint Council to J. D. Rheinallt Jones, 28 Mar 1941.

(70) Wits, HP, AD843B/39a.12, Mina Soga to J. C. Smuts, 26 Mar 1941.

(71) Wits, HP, AD843B/39a.12, Mina Soga to J. D. Rheinallt Jones, 26 Mar 1941.

(72) Wits, HP, AD843B/39a.12, J. D. Rheinallt Jones to Mina Soga, 9 Apr 1941.

(73) Wits, HP, AD843RJ/E/1.5, Urban Native Administration Report of Discussions at Sessions of the Council-in-Conference of the South African Institute of Race Relations, held in East London on July 1–2, 1941.

(74) Marijke du Toi, 'Mothers' Pensions and the 'Civilised' Black Poor: The Radicalised Provision of Child Maintenance Grants in South Africa, 1921–1940', *Journal of Southern African Studies*, 44:6, 2018, 984–988. ただし都市在住者のみで，支給額はカラードに対するそれの 5 割であった。

(75) 児童手当は 1942 年の『ベヴァリッジ報告』にも盛り込まれたが，第一子の扶養は親の責務とされ，第二子以降に支給されることが提言された。家族手当法は，1945 年に成立した。家族手当の実現をめぐる経緯については，赤木誠の論考を参照のこと。赤木誠「両大戦間期イギリスにおける家族手当――調査・運動・制度設計」『社会経済史

学』第71巻第4号，2005年，459–478頁；同「変容する福祉実践の場と主体——第一次大戦期における別居手当と家族手当構想」岡村東洋光・高田実・金澤周作編『英国福祉ボランタリズムの起源——資本・コミュニティ・国家』ミネルヴァ書房，2012年，184–204頁。

（76）J. D. R. Jones and R. F. A. Hoernlé, *The Union's Burden of Poverty*, Johannesburg: South African Institute of Race Relations, 1942, 26.

（77）Wits, HP, AD843RJ/E/1.5, Urban Native Administration Report of Discussions at Sessions of the Council-in-Conference of the South African Institute of Race Relations, Held in East London on July 1–2, 1941.

（78）R. J. Haines, 'The Politics of Philanthropy and Race Relations: The Joint Councils of South Africa, c.1920–1955', unpublished Ph.D. dissertation（SOAS）, 1991, 262–263.

（79）Wits, HP, AD843B/3.13, J. D. Rheinallt Jones to W. G. Ballinger, 1 Feb 1937; W. G. Ballinger to J. D. Rheinallt Jones, 8 Feb 1937.

（80）Wits, HP, AD843B/3.13, South African Institute of Race Relations to Arthur Creech Jones, 21 Feb 1940. その一方で，SAIRRは，バリンジャーの妻マーガレット（当時はアフリカ人を代表する連邦下院議員）との関係は維持したいと語っている。

（81）Paul Rich, *White Power and the Liberal Conscience: Racial Segregation and South African Liberalism, 1921–60*, Manchester: Manchester U. P., 1984, 75より再引用。

（82）Wits, HP, AD843B/3.13, J. D. Rheinallt Jones to R. F. A. Hoernlé, 17 Apr 1937.

（83）Wits, HP, AD843B/3.13, South African Institute of Race Relations to Arthur Creech Jones, 7 Nov 1939. クリーチ・ジョーンズからは，状況の改善を願う趣旨の返答が届いた（Wits, HP, AD843B/3.13, Arthur Creech Jones to A. Lynn Saffery, 10 Apr 1940）。

（84）Wits, HP, AD843B/3.13, Letter from Mr. D. M. Buchanan, K. C. to the Advisor, Dated 29th October, 1943. ブキャナンが辞任を決意した直接のきっかけは，すぐ後で触れるクーマの書簡に対するSAIRRの対応に不満を抱いたことにあった。

（85）Wits, HP, AD1433/Ab 2 file 4, Minutes of A Meeting of Transvaal Joint Councils held on Saturday, March 16th, 1940. In the Bautu Men's Social Centre.

（86）Phil Child, 'Blacktown, Mass-Observation, and the Dynamics of Voluntary Action in Mid-Twentieth-Century England', *Historical Journal*, 63:3, 2020, 758–766.

（87）Wits, HP, AD1433/Cj 2.7.8, The Rt Rev G. H. Clayton, Bishop of Johannesburg, 'Who Pays for Bantu Progress?'（Published for the Johannesburg Joint Council of Europeans and Natives by the South African Institute of Race Relations）.

（88）*Ibid.*

（89）Wits, HP, AD1433/Ab 2 file 4, Minutes of A Meeting of Transvaal Joint Councils held on Saturday, March 16th, 1940. In the Bautu Men's Social Centre.

（90）Wits, HP, AD1433/Bb 2.2.2, 'White and Black Co-operation'.

（91）*Ibid.*

（92）Rich, *White Power and the Liberal Conscience*, 73–75.

（93）Wits, HP, AD1433/Ab 2 file 4, Minutes of A Meeting of Transvaal Joint Councils held on Saturday, Match 16th, 1940. In the Bantu Men's Social Centre.

（94）Martin Legassick, 'Race, Industrialization and Social Change in South Africa: The Case of R. F. A. Hoenrle', *African Affairs*, 75, 1976, 226.

(95) 上林「部族と普遍の間」106–107 頁；Rob Skinner, 'Christian Reconstruction, Secular Politics: Michael Schott and the Campaign for Right and Justice, 1943–1945', in Dubow and Jeeves (eds.), *South Africa's 1940s*, 248.
(96) Wits, HP, AD1433/Ab 2 file 4, Minutes of A Meeting of Transvaal Joint Councils held on Saturday, March 16th, 1940. In the Bautu Men's Social Centre.
(97) Wits, HP, AD843RJ/E/1.5, Quintin Whyte to E. H. Brookes, 28 Jan 1944.
(98) Davie, *Poverty Knowledge*, 115–116.
(99) Barchiesi, *Precarious Liberation*, 38–39.
(100) Alexander, *Workers, War, and the Origins of Apartheid*, 80–85, 102–106; Nattrass, 'Economic Growth', 27, 32.
(101) Barchiesi, *Precarious Liberation*, 37–40.
(102) Wits, HP, AD843B/22.3.1, Memorandum to Professor C. W. de Kiewiet (draft). たとえば ANC 議長クーマは，1946 年に国連総会で演説し，南アで白人と共通の市民権獲得を目指すアフリカ人の運動を支援するよう国際社会に訴えた（Cobley, *Class and Consciousness*, 129）。
(103) Wits, HP, AD843B/1.2.20, 'International Aspects of Race Relations'. Address–Johannesburg Rotary Club, Johannesburg, 17/12/46.
(104) Wits, HP, AD1433/Cj 2.3, Johannesburg Joint Council of Europeans and Natives. Annual Report. April 1945–March 1946.
(105) Wits, HP, AD1433/Cj 2.3, Johannesburg Joint Council of Europeans and Natives. Annual Report April 1946–March 1947.
(106) Wits, HP, AD1433/Cj 2.6.36, Resolution Passed at a meeting of the Johannesburg Joint Council of Europeans and Africans, held on the 13th September, 1948, and forwarded to the Prime Minister and the Minister of Native Affairs.
(107) Wits, HP, AD1433/Cj 2.3, Johannesburg Joint Council of Europeans and Natives. Annual Report. April 1948–March 1949.
(108) *Ibid.*
(109) *Ibid.*
(110) Wits, HP, AD843B/39a.11, South African Institute of Race Relations. Preliminary Draft of Evidence for the Industrial Legislation Commission, for discussion by the Executive Committee.
(111) *Ibid.*
(112) *Ibid.*
(113) Wits, HP, AD843B/39a.11, Replies to Questionnaires Issued by the Industrial Legislation Commission Submitted by J. D. Rheinallt Jones.
(114) *Ibid.*
(115) Dubow, 'Introduction', 11 より再引用。
(116) Roland Burke, 'Despairing at 'A World Made New'?: South Africa Encounters the Post-war Human Rights Idea', *Journal of Imperial and Commonwealth History*, 48:2, 2020, 351–369.
(117) Wits, HP, AD843B/39a.11, South African Institute of Race Relations. Preliminary Draft of Evidence for the Industrial Legislation Commission, for discussion by the Executive Committee.
(118) Wits, HP, AD843B/39a.11, Replies to Questionnaires Issued by the Industrial Legislation Commission Submitted by J. D. Rheinallt Jones.

（119） Wits, HP, AD843B/71.6, Quintin Whyte, 'Migrant Labour. Address Given to the Theosophical Society, Johannesburg. November, 16th, 1945'.

（120） 1947年に原住民法審議会に提出した意見書でも，出稼ぎ労働がアフリカ人の家族に与える悪影響が強調されている（Wits, HP, AD1433/Cj 2.6.33, Evidence submitted by the Johannesburg Joint Council of Europeans and Africans to the Native Laws Commission）。

（121） 上林「部族と普遍の間」116–117頁。

（122） Wits, HP, AD1433/Ac 9.5, National Conference of Joint Councils: Minutes of National Conference of Joint Councils held at the Jubilee Social Centre, Johannesburg, on July 3rd and 4th, 1950, 7.

（123） *Ibid*., 10–12.

（124） *Ibid*., 10.

（125） *Ibid*., 12–14.

（126） Wits, HP, AD1433/Cj 2.3, Johannesburg Joint Council of Europeans and Africans. Annual Report. April 1950-March 1951.

（127） Haines, 'The Politics of Philanthropy and Race Relations', 311.

（128） *Ibid*., ch. 10.

（129） Ellen Hellmann, 'Fifty Years of the South African Institute of Race Relations', in Ellen Hellmann and Henry Lever (eds.), *Race Relations in South Africa 1929–1979*, London and Basingstoke: Macmillan, 1980, 8, 13–15.

（130） Barbara Bush, *Imperialism, Race and Resistance: Africa and Britain 1919–1945*, London: Routledge, 1999, 229–232.

（131） *Ibid*., 232.

（132） *Ibid*., 232.

（133） Marc Matera, 'The African Grounds of Race Relations in Britain', *Twentieth Century British History*, 34:3, 2023, 424.

（134） Bush, *Imperialism, Race and Resistance*, 232–233.

（135） ロンドンのセツルメント運動に焦点をあてながら第一次世界大戦期から20世紀後半までのフィランスロピーを検討したブラッドリーは，とくに第二次世界大戦後に移民や人種に関係する問題がフィランスロピーの関心をひきつけるようになった点を，移民たち自身の相互扶助のありようや白人フィランスロピストとの対立も含めて論じている（Bradley, *Poverty, Philanthropy and the State*, ch. 6）。

（136） Paul B. Rich, *Race and Empire in British Politics* (second ed.), Cambridge: Cambridge U. P., 1990, 176.

（137） B.E. s.22/G513, *Le Play House Bulletin Racial Relations Section*, No. 72, Nov. 1949.

（138） *Ibid*.

（139） ユダヤ系のポラックは1903年に南アに渡り，同地で弁護士として活動していたM・K・ガンディーと出会った。その後，ガンディーが指導するインド系住民の権利擁護のための運動に参加し，ガンディーの右腕として『インディアン・オピニオン』を編集したり，南アにおけるインド人の苦境を訴えるために各地を遊説したりした（Ashwin Desai and Goolam Vahed, *The South African Gandhi: Stretcher-Bearer of Empire*, Stanford: Stanford U. P., 2016, 80–83）。

（140） Rich, *Race and Empire*, 176.

(141) 人種関係への取り組みを通じて共産主義に対抗しようとしたのは，ホドソンも同じであった（Brett Bebber, 'The Architects of Integration: Research, Public Policy, and the Institute of Race Relations in Post-Imperial Britain', *Journal of Imperial and Commonwealth History*, 48:2, 2020, 324–325）。

(142) Wits, HP, AD843B/1.2.27, Records of work done in London to July 2nd.

(143) Mark Clapson, 'The American Contribution to the Urban Sociology of Race Relations in Britain from the 1940s to the early 1970s', *Urban History*, 33:2, 2006, 265.

(144) Matera, 'African Grounds of Race Relations in Britain', 419–433.

(145) Rich, *Race and Empire*, 193–196; Bebber, 'The Architects of Integration', 327–328.

(146) Clapson, 'The American Contribution', 268.

(147) これらのテーマについては，たとえば次を参照。Harry Goulbourne, *Race Relations in Britain since 1945*, Basingstoke: Macmillan, 1998, chs. 3–7; Rich, *Race and Empire*, 196–204: Clapson, 'The American Contribution', 253–273; Matera, 'African Grounds of Race Relations in Britain', 415–439; 浜井祐三子『イギリスにおけるマイノリティの表象――「人種」・多文化主義とメディア』三元社，2004年；安達智史『リベラル・ナショナリズムと多文化主義――イギリスの社会統合とムスリム』勁草書房，2013年。

(148) Goulbourne, *Race Relations in Britain*, 21–24.

(149) Marc Matera et al., 'Making Race: Empire, Social Democracy, Deindustrialization', *Twentieth Century British History*, 34:3, 2023, 558. 同号は，20世紀イギリスにおける人種関係の歴史を特集しており，研究の最前線と課題を知るうえで有益である。

(150) Goulbourne, *Race Relations in Britain*, 152.

終　章

(1) 中野耕太郎は，世紀転換期アメリカでの新移民の規制に関わる議論において，労働効率や自立性といった経済の観点が果たした役割を明らかにしている（中野耕太郎「新移民とホワイトネス――20世紀初頭の「人種」と「カラー」」川島正樹編『アメリカニズムと「人種」』名古屋大学出版会，2005年，146–149頁）。また，戦間期のフランスで移民問題の専門家として活躍したウィリアム・ウアリドに着目した中村（渡辺）千尋の研究によると，ウアリドは，「組織化」というキーワードのもとで，国内の労働需給に基づく移民の受け入れを提言していた。背景には，移民が自国の労働者と労働市場で競合するのを回避することで，国内の賃金水準を維持する狙いがあったという（中村（渡辺）千尋「両大戦間期フランスの移民政策に関する一考察（1）――ウィリアム・ウアリドの議論を中心に」『経済学研究』（千葉大学）第33巻第3•4号，2019年，85–101頁）。もちろん，移民／出稼ぎ労働者の人種という点で南アと欧米には違いがあるが，こうした議論が協議会の主張に何らかの影響を与えていたかについては，検討の余地があるのではないか。

(2) Wits, HP, AD1433/Cj2.6.21, Johannesburg Joint Council of Europeans and Africans. "Memorandum on the Simplification of the Pass Laws to be Submitted to the Native Affairs Commission".

(3) Doug Hindson, *Pass Controls and the Urban African Proletariat in South Africa*, Johannesburg: Ravan Press, 1987, 59–68.

(4) キース・ブレッケンリッジ（堀内隆行訳）『生体認証国家――グローバルな監視政治と

南アフリカの近現代』岩波書店，2017 年，とくに第 5 章。

（5）Franco Barchiesi, *Precarious Liberation: Workers, the State, and Contested Social Citizenship in Postapartheid South Africa*, Albany, NY: State University of New York Press, Scottsville: University of Kwazulu-Natal Press, 2011.

（6）Franco Barchiesi, 'The Violence of Work: Revisiting South Africa's 'Labour Question' Through Precarity and Anti-Blackness', *Journal of Southern African Studies*, 42:5, 2016, 875–876; 宮内洋平『ネオアパルトヘイト都市の空間統治――南アフリカの民間都市再開発と移民社会』明石書店，2018 年；上林朋広「歩きながら考える南アフリカの歴史」『アフリカ』第 64 巻第 1 号，2024 年，12–15 頁。

（7）第 5 章注 49 参照。

（8）筆者は，協議会がアフリカ人に初めて自由労働イデオロギーを伝えたと主張しているわけではない。協議会に参加する以前から，アフリカ人エリートたちはミッション学校などでの教育を通じて，このような規範を多かれ少なかれ身につけていた。筆者が言わんとしているのは，協議会への参加を通じてアフリカ人エリートたちが自由労働イデオロギーの重要性をさらに強く認識することで，この理念が南ア社会にますます浸透していく契機となったのではないか，その意味で協議会は自由労働イデオロギーの拡大を促すひとつの媒介として重要な役割を担ったのではないか，ということである。いずれにせよ，前出のバルキエシの研究も含め，自由労働イデオロギーが 20 世紀を通じてどのように存続し，その過程でいかに南ア社会（とくにアフリカ人社会）にビルドインされていったのかについて，十分に明らかにされているとは言いがたい。今後の南ア史研究における重要な課題のひとつであろう。

（9）金澤周作『チャリティの帝国――もうひとつのイギリス近現代史』岩波書店，2021 年，210–217 頁。

（10）ピーター・N・スターンズ（上杉忍訳）『人権の世界史』ミネルヴァ書房，2022 年，156–157 頁。

（11）https://web.archive.org/web/20050518021628/http://www.makepovertyhistory.org/whoweare/members-a.shtml（2024 年 4 月 21 日閲覧）。

（12）Dane Kennedy, *The Imperial History Wars: Debating the British Empire*, London: Bloomsbury, 2018, とくに第 9 章参照。

（13）一例として，オリヴァー・ダウデン文化・メディア・スポーツ大臣（当時）が 2021 年に『テレグラフ』に寄稿した次の記事をあげておく。Oliver Dowden, 'We won't allow Britain's history to be cancelled', *The Telegraph*（15 May 2021）.